鯨岡 峻 著

関係の中で人は生きる

―――「接面」の人間学に向けて―――

ミネルヴァ書房

関係の中で人は生きる
―― 「接面」の人間学に向けて ――

目　次

序　章　「接面」の人間学のために……………………………………… *1*
  1　研究のスタートと基本となる考えの模索………………………… *1*
    （1）現象学からの学びとフィールドでの体験　*1*
    （2）思索の軌跡と一連の著作　*3*
  2　「接面」の人間学に向けて……………………………………………… *7*
    （1）これまでの研究を振り返って　*7*
    （2）本書の概要　*8*

第1章　「接面」という概念が導かれるまで………………………… *11*
  1　現象学に惹かれる……………………………………………………… *11*
    （1）難解な現象学　*11*
    （2）「現象学的還元」の私なりの理解　*13*
    （3）「生きられる還元」という考え方に辿り着く　*15*
    （4）「生きられる還元」から「共に生きるための臨床的還元」へ　*18*
  2　関係発達という考え方に至るまで…………………………………… *20*
    （1）ウェルナーからの影響　*20*
    （2）メルロ＝ポンティの「ソルボンヌ講義録」のインパクト　*22*
    （3）実際に人の生きる現場に赴いて　*25*
    （4）個体能力発達論批判　*27*
    （5）〈育てられる者〉から〈育てる者〉へ　*29*
  3　関係発達論の第1主題：「間主観的に分かる」ということ………… *32*
    （1）間主観的現象について　*33*
    （2）間主観性についての私の理解　*36*
    （3）間主観的現象を客観科学の枠組みで取りあげることの不可能性　*39*
    （4）間主観性についての私の議論が誤解を招きやすかった事情　*40*
    （5）間主観性の問題を考えるための方法論と認識論　*41*
  4　関係発達論の第2主題：両義性という考え方……………………… *42*
    （1）「人間存在の根源的両義性」という考えに至るまで　*43*
    （2）両義性の概念と交叉の考え　*46*
    （3）人間を両義的な存在として捉える　*48*
    （4）両義性の概念からこれまでの自分自身を振り返る　*51*
    （5）育てる営みの両義性　*52*

5　関係発達論の第3主題：主体という概念………………………………56
　（1）主体という概念はなぜ取り押さえにくいのか　56
　（2）主体とは一つの両義性である　58
　（3）主体という概念はそれを定義しようとする人間を内に含み込む　64
　（4）主体という概念と当事者性の問題　65
　（5）主体という概念と相互主体性の問題　67

第2章　なぜ接面パラダイムなのか……………………………………73

　1　「接面」の概念に至る経緯と二つの観察枠組みの違い………………73
　　（1）「接面」の概念を思いつくに至る経緯　73
　　（2）1989年の論文の図と当時の問題意識　77
　　（3）1989年の論文の図と2013年の著書に示された図の異同　79
　2　「接面」とは……………………………………………………………81
　　（1）当初考えられていた「接面」　82
　　（2）改めて「接面」とは何か　85
　　（3）「接面」の成り立ちの条件：相手に気持ちを持ち出すこと　86
　　（4）「接面」で生じていること　89
　　（5）「接面」の成り立ちに浸透している当事者間の歴史性　91
　3　エピソード記述と「接面」……………………………………………92
　　（1）人に関わる実践は「接面」で感じ取られることに基づいている　92
　　（2）保育のエピソード記述と「接面」の実際　93
　　（3）具体例から「接面」について言えること　120
　4　「接面」と関係発達論の諸概念との関係……………………………127
　　（1）「接面」と間主観性　128
　　（2）「接面」と主体および相互主体的関係　130
　　（3）「接面」と関係発達　134
　　（4）「接面」と関係発達論の諸概念との関係の図解　137
　5　客観主義パラダイムと接面パラダイム………………………………141
　　（1）「接面」を取りあげるか，それを排除するか　142
　　（2）観察者（実践者）の代替不可能性を認めるか，認めないか　142
　　（3）観察者（実践者）の当事者性を認めるか，認めないか　145
　　（4）実感の水準で心を問題にするのか，しないのか　147
　　（5）エヴィデンスなのか，読み手の了解可能性なのか　149

（6）実践者は「接面」の当事者である　*152*
　6　「接面」の人間学を展望する ································· *153*
　　（1）「接面」の人間学の基軸　*153*
　　（2）関係発達生涯論　*154*
　　（3）関係発達保育論　*157*
　　（4）関係発達教育論　*161*
　　（5）関係発達障碍論　*165*
　　（6）関係発達看護論　*170*
　　（7）関係発達介護論　*174*
　　（8）関係発達臨床論　*177*

第3章　「接面」とエピソード記述 ································· *181*
　1　「接面」，意識体験，エピソード記録 ····················· *181*
　　（1）エピソード記録を書くまで　*181*
　　（2）意識体験とは　*183*
　　（3）意識体験と当事者性　*185*
　　（4）意識体験からメタ意味へ　*187*
　2　エピソードを描くことと「接面」 ························· *188*
　　（1）エピソード記録からエピソード記述へ　*188*
　　（2）メタ観察とメタ意味　*194*
　　（3）メタ観察と「接面」　*198*
　3　エピソード記述を読むことと「接面」 ················· *199*
　　（1）〈エピソード〉の了解可能性　*200*
　　（2）書き手の声が聴こえることと「接面」　*204*
　　（3）「接面」で起こっていることを巡る保育者間の討論　*205*
　4　実践をエピソード記述に綴ることと「接面」 ········· *207*
　　（1）K指導員によるYさんの事例　*208*
　　（2）K指導員によるTさんの事例　*218*
　　（3）K保育士によるYくんの事例　*232*
　　（4）三つのエピソード記述を読んで　*239*

目　次

第4章　当事者研究のために……243
1　広義の「当事者研究」とは……243
（1）語られる対象から語る主体への立場の転換　243
（2）自分のことを自分が語る　245
（3）「浦河べてるの家」の当事者研究　246
（4）体験の当事者性とその理解について　248
（5）広義の当事者研究に向けて　249
（6）障碍や慢性疾患の子どもをもつ親の当事者研究　250
（7）広義の当事者研究の観点から従来の事例研究を振り返る　251
2　書籍『障碍のある子とともに歩んだ20年』より……253
（1）私と原さんの関係　253
（2）著書の「まえがき」から　254
（3）娘の誕生の前後　256
（4）保育所入所を巡って　265
（5）地域ぐるみの療育活動の開始　270
（6）子どもと保護者が集う「おもちゃの家」の設置　279
（7）訪問教育を利用することを巡って　283
（8）原さんの当事者研究を読んで　284
3　書籍『慢性腎疾患の子どもとその母親・家族の関係発達の諸相』より……286
（1）渡部さんについて　286
（2）最初の発症　289
（3）薬の副作用　292
（4）思春期と容姿への自意識：怠薬　294
（5）結核の発病　299
（6）息子から母へ……伝えておきたいこと　307
（7）渡部さんの当事者研究を読んで　318
4　論文「てんかんと発達障碍を抱えた子どもとその母親の関係発達の諸相」より……319
（1）頼さんについて　320
（2）最初の発作　324
（3）母国での発作　330
（4）長期入院　337
（5）療育，保育の場で　345

（6）大学院に進学して　*350*
　　（7）頼さんの当事者研究を読んで　*358*
　5　三つの当事者研究を読んで……………………………………*360*
　　（1）当事者という意味　*360*
　　（2）三つの当事者研究が与えるインパクト　*362*
　　（3）当事者研究への抵抗　*363*
　　（4）当事者研究に取りあげられなかったこと　*365*
　　（5）当事者研究から教えられたこと　*366*

文献一覧　*369*
あとがき　*373*

序章
「接面」の人間学のために

　接面の考えに辿り着くまでの経緯については、第1章で詳しく論じるので、ここでは私の研究者としての歩みについての大まかな外観と、主要著作が出版される経緯を簡単に紹介して、第1章の先触れとしたいと思います。

　処女作『心理の現象学』を世に問うたのが1986年でしたから、論文と翻訳を別にすれば、本書の出版までおよそ30年間、著作のための執筆活動を続けてきたことになります。1冊を何とか書き上げたかと思うと、すぐさまその不十分なところが見えてきて、それを補うためにまた次の著作に向かうというように、我ながらまさに牛歩の歩みのごとく、少しずつ少しずつ前に進んできた感じがします。

第1節　研究のスタートと基本となる考えの模索

（1）現象学からの学びとフィールドでの体験

　学部学生の頃、留年までして哲学から心理学に専攻を鞍替えしたのに、当時の行動科学的心理学にも飽き足らなくなって、自分流の心理学、というよりも自分が納得できる学問を漠然と模索し始めてから、50年近くにもなります。大学院生の頃、後輩に「愚痴吹きクジラ」と揶揄されながらも、現状の心理学への納得のゆかなさを自分なりに煮詰め、何とか手応えのある心理学研究をと思って、模索に模索を重ねて今日に至ったと言えばよいでしょうか。そんな私だったので、20代後半に大学で教鞭をとり始めてからも、一風変わった研究者、心理学の異端児、難しい人間、と周りから見られていたようでした。

　大学で教鞭をとり始めた若い頃、現状の心理学に満足できない思いには駆ら

れるものの，ではどういう心理学ならば自分に納得できるのかと問えば，もちろん当時の私には簡単にその答えが見出せません。しかしいまから振り返ってみれば，その問いに何とか答えを導き出そうとして悪戦苦闘を重ねてきたのがこれまでの私の研究者生活だったようにも思います。

　大学院生になる前後から，現象学を手探りで学ぶ中で，現象学の基本的な考え方の中に何かしら自分の目指すべき道への突破口があるのではないかと思い始め，大学に勤め出して間もない頃に出会ったメルロ＝ポンティの「ソルボンヌ講義録」に大きな刺激を受けて，この線を煮詰めていけば何かに出会えるという直観めいたものがありました（これについては第1章で詳しく触れます）。人の生きる現場に赴いて，その生き様に直接触れ，そこでの私の意識体験を現象学的に反省してそこから人の生の本質に迫る。30代前半の私にはそのような試みが現象学の精神のように考えられていました。そしてその方向に自分の目指す心理学があるはずだという直観めいたものがありました。しかし，では具体的に何から始めるのかとなると，取り掛かる糸口がすぐに見えてきたわけではありません。

　ともあれ，発達心理学者を標榜する以上は，生きた子どもに接する必要があります。こうして30代半ばになって，私はようやく幼稚園や保育園のフィールドに赴くようになり，そこで得た体験と現象学からの学びを重ね合わせることを通して，少しずつ自分の目指す道を探り始めました。それはいまから振り返って見れば，決して方向性としては間違っていなかったと思いますが，当時はこの道でよいのだという確信があるわけではありません。ですからその模索の歩みは，確信がないままの，まさに手探りの歩みであり，私にとっては難渋の道のりでした。30代前半から40代前半にかけての頃が私にとっては最も苦しい時代だったと言えるかもしれません。

　その重苦しい状況を打ち破る突破口になったのがフィールドでの関与観察の経験から行き着いた「間主観性」という概念でした。これは，現象学の影響を受けながらも，現象学がいうところの間主観性という概念とは若干ずれた，むしろそれを自分流に換骨奪胎して，自分の得た体験を忠実に表現しようとして

行き着いた概念でした。つまりそれは，私が他者に接しているときにその他者の思いや意図がおのずから私に摑めてくるという事情を表現しようとした概念です。この概念を突破口にして，従来の発達研究とは異質の，自分の体験にできるだけ忠実な研究への足場がようやくわずかばかり組み立てられてきました。40代前半に出版された『心理の現象学』(前掲書) と初めての学会誌論文となった「母子関係と間主観性の問題」(1986年) にそれが色濃く現れています。

　こうして，フィールドでの関与観察の経験が積み重ねられる一方，従来の発達の考え方を批判的に考え直すための枠組み，つまり，発達を「育てる―育てられる」という関係の時間的変容と捉える考え方がどうにか出来上がってきて，後の「関係発達論の構築」という題目の学位論文に繋がる，発達についての新しい考え方の構想が固まりかけました。しかし，第1章で詳しく述べるように，その構想を整理して学位申請論文にまとめるまでには，「両義性」という概念に辿り着かなければならず，最終的に学位申請論文を京都大学に提出して(1994年)，母校に戻ることになったのは1995年，そのとき私はもう50歳を過ぎていました。

(2) 思索の軌跡と一連の著作

　学位論文を提出したものの，学位審査の順番待ちという事情があって学位取得が遅れたために，学位論文の審査前にそれを著書のかたちで世に問うことができません。そこで，処女作の『心理の現象学』から10余年を経て，第2作目，第3作目として，まずは『原初的コミュニケーションの諸相』(1997年) を，次いで『両義性の発達心理学』(1998年) を先行して出版し，それからその2作に遅れて『関係発達論の構築』と『関係発達論の展開』(1999年) を，学位論文を2分割するかたちで同時に出版することになったのでした。

　この『関係発達論の構築』において，間主観性，関係発達，両義性という，関係発達論を構成する主要な3本柱の概念が提示され，また粗削りながら，関与観察とエピソード記述の方法論もそのおおよその輪郭を示すことができました。そしてその考えを一般向けに解説したものが『保育のための発達心理学』

(2001年）であり，『〈育てられる者〉から〈育てる者〉へ』(2002年）でした。またそれまでの保育の世界との繋がりから得た経験をもとに，『よくわかる保育心理学』(2004年）を妻との共著のかたちでまとめることができました。そしてそれまでの私の粗削りな方法論を整理し直し，「関与観察とエピソード記述」という観察の実践とその記録の仕方を一体化した方法論を整理したものが『エピソード記述入門』(2005年）でした。それはまた，私のそれまでの縦断観察研究や保育の場での経験はもとより，私が京都大学で学生指導や院生指導に取り組む中で得た多数の経験を反映したものでもありました。

　そうこうしているうちに早くも私は京都大学の定年を迎える歳になりました。母校の京都大学には教員としてわずか12年しか在籍しなかったことになります。学位をもたせることのできた院生が10人にも満たない私が退官講義をするなどおこがましいと思っていたので，退官講義は断り，それに代わるものとして『ひとがひとをわかるということ』(2006年）を書きました。これは京都大学に戻ってから毎年書き綴ってきた何冊もの著書を通覧して，そのまとめを目論んだ著作です。この本の原稿を用意する中で，私ははじめて「主体」という概念と本格的に格闘し，粗削りながらもその輪郭を何とか私なりに描き出してみました。それまで私は間主観性，関係発達，両義性の三つの概念によって関係発達論を組み立てることができると考えてきたのですが，この主体という概念，さらにそこから導かれる相互主体性という概念を吟味することを通して，これらの概念は私の関係発達論のミッシングリング（見失われた環）だったということに思い至ります。つまり，この概念に辿り着いてようやく，関係発達論を4本柱からなるものとして提示しなければならないこと，そのいずれの柱を欠いても関係発達論が成り立たなくなると考えるようになりました。そして，定年を迎えるにあたってようやくここまで辿り着いたかという感慨と共にこの書を世に送り出したのでした。気が付けば『心理の現象学』を出版してからちょうど20年が経過していました。

　京都大学を定年退官後，私は中京大学に職を得てそれに携わる傍ら，京都市営保育所の嘱託になって京都市営保育所の保育の現場の巡回指導，保育者の階

序　章　「接面」の人間学のために

層別研修の指導を引き受け，また全国私立保育園連盟からの依頼もあって，「保育通信」にしばしば書く機会を得，保育の世界に深く関わりをもつようになりました。こうして，関係発達論の立場から保育の現場を振り返ってあるべき保育のかたちを模索する一方で，保育者がその保育場面をエピソードに描いて，それをもとに保育を振り返り，現行の保育を見直すという実践に私自身が深くコミットすることになりました。考えてみれば，研究者になりたての頃，対人関係が苦手で，現場に出ることさえ億劫だった私が，保育の実践の場に深くコミットするなどとは当時は想像だにできなかったことです。

　ともあれ，そのような定年退官後の保育現場との関わりの中から，『保育のためのエピソード記述入門』(2007年)，『エピソード記述で保育を描く』(2009年)，『保育・主体として育てる営み』(2010年)，『子どもの心の育ちをエピソードで描く』(2013年)，『保育の場でどのように子どもの心を育むのか』(2015年) 等々，エピソード記述を中心にした保育関係の一連の著作が生まれました。

　それまでの私の方法論，つまり「関与観察とエピソード記述」という方法論は，基本的には関与観察の場で私自身の体験した出来事をエピソードに描くという，私の研究のための方法論でした。それを整理してまとめたのが『エピソード記述入門』だったことはすでに述べましたが，この方法論はよく煮詰めれば客観科学の方法論とは相容れない，別のパラダイムに繋がる内容をもつものです。しかし，この著書を世に送り出した時点では，自分の方法論と客観科学の方法論が相容れないこと，ひいてはパラダイムの違いにまで行き着くことは展望していたものの，その新しいパラダイムがどのようなものであり，実践の世界とどう繋がっているかにまで深く考えが及んでいませんでした。

　ところが保育の現場と深く切り結ぶ経験と，保育者の描く保育のエピソード記述を多数読む経験を通して，私は「他者の描いたエピソードを読んだ私が，なぜこのように他者の体験エピソードを理解できるのか」という問いに目を向けるようになりました。つまり，それまでの「描く」ことを中心に考えてきた方法論を，「読む」ことを含めて拡充する必要があると考えるようになりました。それによって，『エピソード記述入門』で行き着いた「読み手の了解可能

5

性」という問題をさらに煮詰める必要に迫られたばかりでなく，それまで考えてきた間主観性，両義性，主体性（相互主体性）という概念はもちろん，関係発達という考え方全体を保育の世界で得た経験を通してさらに掘り下げ，練り直す必要があると考えるようになりました。それが『エピソード記述を読む』（2012年）という著書の出版に結びつき，これを土台にして，ようやく2013年に私は「接面」の概念に辿り着くことになり，その簡単なスケッチを挿入したのが『子どもの心の育ちをエピソードで描く』（2013年）と『なぜエピソード記述なのか』（2013年）でした。

特に『なぜエピソード記述なのか』は，私の方法論と認識論を示してパラダイムの問題に踏み込んだ最初の本でしたが，やっと探し求めていたものによようやく行き着いたという手応えを感じてはいたものの，その時点ではまだ「接面」という概念が私の研究の歴史の中でどういう位置付けになるのか，関係発達論の4本柱とどのような関係をもつのか，どのような領域にまでその概念が及ぶのかなどを丁寧に議論する余裕がなく，また事例研究や当事者研究とどのように結びつくのかの問題意識もまだその時点では希薄だったと言わなければなりません。

ここに，まずはこの「接面」という考えをベースにこれまでの保育に関わる一連の議論を振り返り，この「接面」の概念こそ，保育実践にとって，とりわけ子どもの心を育てるという保育課題にとって，不可欠の概念であると主張したのが『保育の場でどのように子どもの心を育むのか』（2015年）でした。そして，大風呂敷を広げるような感じがないでもありませんでしたが，この接面の考えから，大きく「接面の心理学」あるいは「接面の人間学」が展望されることに触れ，こうしてようやく本書に辿り着くことになったのでした。

京都大学を定年になる年にも，それまでの研究の集大成を図る意図の下で『ひとがひとをわかるということ』を出版しました。その私は2015年度いっぱいで中京大学からも離れますから，大学の教員としてはこの年度が最終年度になります。そのこともあって，これまでを振り返って改めて自分の研究の集大成となるべき著書を，と思ったのも事実です。しかしそれ以上に，やっと辿り

着いた「接面」の概念と「接面パラダイム」という構想こそ，私が若い頃から長年追い求めてきた学問のかたちなのだという思いと，そこに辿り着いてみてようやく手応えらしいものを得たという感慨とを，これまで私の著書と付き合ってくださった読者の皆さんに何とか伝えたいと思い，それが本書を執筆する強い動機となりました。

第2節 「接面」の人間学に向けて

(1) これまでの研究を振り返って

　振り返ってみると，私は大学院生になった頃から，現象学を学ぶことを通して，見ること，欲すること，言葉を紡ぐことが，人間を人間として理解していく上に欠かせないものだと漠然と考えてきました。つまり，なぜ私は目の前の他者を事物を見るように見ることができないのかと問うことを通して，「見る」という問題を「見る―見られる」の関係の問題として考える必要があると考えてきました。これが大学紛争の最中に提出された私の修士論文の中心的な問題でした。また私は精神分析学の影響を受ける中で，なぜ人は自分の欲望を貫きたいと思いながら他者の前でそれを貫き通せないのかと問うことを通して，人間関係を常に欲望の充足という観点から捉え直し，その欲望の充足の如何が人を幸せから不幸せまでを揺り動かすと考えてきました。そして私の言葉がいかに私の思いを表現したものであると同時にそれを隠蔽するものであるかを考えてきました。要するに，自分自身の対人関係を振り返る中で，見る，欲する，言葉を紡ぐという三つ組問題が少なくとも自分が心理学にコミットする理由だと自分なりに考えてきたということになります。

　若い頃のものの考え方は，確かに荒削りで幼稚な面があるのは否めません。しかし，これまでの一連の著書を振り返ってみると，こうした私の若い頃のものの考え方は，いろいろにかたちを変えて私の著書に忍び込んでいることに改めて気付かされます。実際，私のこれまでの著書を大まかに振り返れば，私は①人間を常に対人関係の中で問題にしたいと思ってきたこと，②また人間を常

に欲望充足との関連で見てきたこと，さらに③人間を常に時間軸の中で変容する存在として見てきたこと，が分かります。①は私が終始一貫して自分と他者との関係を自分の側から問題にしてきたこと，そのエッセンスが「間主観的に分かる」というテーマだったことに気付きます。②は，相互主体的関係が常に相互の欲望と欲望の絡み合いとして変容するものだということであり，その考え方が，「相手を主体として受け止め，主体としての自分の思いを相手に返す」ことがすべての対人関係の基本だという主張に繋がります。そして③は言うまでもなく関係発達の視点から対人関係を含めてすべての人間（乳児から老人まで）のありようを考えることに繋がります。

　そうしてみると，私が明らかにしたいと思ってきたのは，人が周囲の人と交わって生きることへの関心，そう言ってよければ，人間学的，人間論的な興味関心だったと言えるかもしれません。ただしその関心は，まずもって，この「私」という捉えにくいところのある，また難しいところのある人間を何とか理解しようというところに向けられたものでした。そうしていまようやく行き着いたのが，「接面」という概念であり，「接面パラダイム」という人間の内面を真正面から扱うことのできる枠組みです。この到達地点に立って，この40余年の研究者生活を振り返ることは，私の研究の深まりの歴史を振り返ることであると同時に，私自身についての自分なりの理解が深まる歴史を振り返ることだったような気がします。何と言っても，私という存在自体が①②③の視点の交叉するところに成り立つ不思議な存在なのですから。

　その私の研究の営み，あるいは私の人生の営みを振り返ることが，果たして読者の皆さんにどれほど役に立つかは分かりませんが，探し求めていたものにやっと辿り着いたという私の感慨を，読者の皆さんに是非とも伝えたいと思って本書に取り組みました。

（2）**本書の概要**

　本書は四つの章からなります。

　第1章は「接面」という概念が導かれるに至るまでの経緯を明らかにする内

容です。私の研究を一貫して貫いてきたのは現象学的な精神なので，それへの関心が私の研究にどのように結びついてきたのかを縦糸にして，そこに関係発達論を構成する4本の柱，つまり，関係発達，間主観性，両義性，主体性（相互主体性）の4本がどのように横糸になって絡みつくかという観点から，これまでの私の研究の歴史を振り返ってみたいと思います。

　第2章は改めて「接面」という概念を紹介し，接面パラダイムと客観主義パラダイムがどのように相容れないのかを明らかにしながら，さらにそこに「接面の当事者」という考えを持ち込んで，エピソードは接面の当事者がその接面で起こっていることを中心に描くものだということを述べ，それを通して接面を問題にする学問領域がどこまで及ぶのか，「接面の人間学」の射程を展望し，併せて当事者研究への繋がりを予告してみたいと思います。

　第3章は接面で生じているものは目に見えず，接面の当事者にしか把握できないものなので，それはエピソードに描くしか，そこで得られた体験を他者に伝えるすべがないというかたちで，エピソード記述の成立根拠を示してみます。そしてこれまでのエピソード記述関連の著作を整理しながら，エピソードを書くことと読むこととの繋がりを再度考え，最後に実践の立場の人のエピソード記述を紹介して，「接面の人間学」の射程を展望してみたいと思います。

　第4章は「接面の人間学」が広く当事者研究を意味すること，つまり，自分の描いたエピソードが基礎資料となる研究は常に接面の当事者の研究になることに触れ，これは広い意味での当事者研究であるという私の立場を提示する内容です。具体的には私自身が関わりのあった3人の当事者研究を私が読むという内容ですが，それを通して，近年言われている狭義の「当事者研究」を超える意図を示すことができればと考えます。

*

　養育であれ，保育であれ，教育であれ，看護であれ，介護であれ，あるいは臨床であれ，すべての対人実践は「接面」で営まれています。その接面で起こっていることは，その当事者には摑めても第三者には近づくことができません。つまり，対人実践の最も重要な部分は客観科学のパラダイムでは接近できない

内容を抱えています。そこに入り込むには接面パラダイムに立つしかありません。そこに入り込むための手順の一つがエピソード記述であり，そこから生まれる研究が「接面の人間学」です，というのが本書の基本的な主張です。

　おそらく，本書の内容は接面での営みが中心にくるさまざまな実践の立場の方々（保育士，教師，看護師，介護士，等々）には容易に理解してもらえるのではないかと思っていますが，問題は研究者です。真に実践と切り結ぶ覚悟のある研究者ならばこの接面パラダイムに立つしかないと私は思っていますが，客観主義パラダイムは頑健です。本書がその頑健な壁に穿たれた「蟻の一穴」になれば，というのが私のささやかな願いです。

第1章
「接面」という概念が導かれるまで

　この章ではまず，行動科学的心理学への飽き足らなさから現象学を独学で学び，紆余曲折を経てようやく発達の領域を自分の研究すべき道と定めるに至った経緯を述べます。そして処女作『心理の現象学』(1986年) 以降，最新の『保育の場で子どもの心をどのように育むのか』(2015年) に至るまでの一連の著作を振り返り，関係発達，間主観性，両義性，主体という関係発達論の主要概念がどのようにして導かれてきたかを明らかにして，「接面」という概念が導かれるに至るまでの道程を跡付けてみます。

第1節　現象学に惹かれる

　この節では私が学生時代以来，行動科学的心理学に違和感を覚え，現象学に強く惹かれて，それを何とか自分のものにしようと努めた20代半ばから，40代の初めに『心理の現象学』を書くに至るまでの，現象学からさまざまなことを学ぶ経緯を中心に振り返ってみたいと思います。それが，現象学の精神に沿って人間的事象の本質（意味）に迫るという私の半世紀近い研究生活の基礎となっているものだからです。

（1）難解な現象学

　当時の「現象学ブームの到来」という時代背景の影響なのか，あるいは現象学の精神が当時，世界中に広がった反体制運動に通底するものがあってその影響を受けたからなのか，そのあたりははっきりしませんが，私は学部を卒業する前後から，メルロ＝ポンティの著作を中心に現象学関係の著書を読み漁るよ

うになり，次第にそれに惹かれるようになりました。

　それというのも，恩師の園原太郎先生の講義に惹かれて心理学研究室に籍を置くようになったものの，私の所属するその心理学研究室は行動科学（客観科学）の立場を取っていて，その研究の進め方全体に違和感を覚えていたからです。私は青年期以降，「人を見る，人から見られる」という問題を私自身の気掛かりな問題としてずっと抱き続けてきていました。しかし，行動科学的心理学の向かう方向は，私の興味関心の向かう方向とはずれているように見えました。転専攻までして心理学に鞍替えしたのに，行動科学的心理学は厳密な言説を導こうとするがあまり，実証科学の枠内での議論に終始し，肝心の人間的事象そのものから遊離してしまっているように見えたのです。ではどうすれば心理学は自分の興味関心に応えてくれる心理学になり得るのか，そのことを考えてあれこれ模索するうちに，現象学の一連の著作に出会い，そこに何かヒントがありそうだと思えて現象学に接近したのでした。

　とはいえ，現象学は体系だった一つの学説ではありません。フッサールを始祖としながらも，サルトル，メルロ＝ポンティ，ハイデガー等々，現象学者を自認する人，しない人を含めて，現象学を講じる人の数ほど現象学理解があると言えるほど，その理解は学者によってさまざまでした。ですから全くの素人で独学によって現象学を学んだ私は，その難解さに辟易するところがあったのも事実です。

　しかし，当時の行動科学的心理学に馴染めないものを強く感じていた私には，「事象そのものへ」という現象学のスローガンがとても新鮮で，正鵠を射ているように思われました。というのも，あるがままの事象に接近して，その事象の隠された本質（目に見えない本質）を掘り起こそうという現象学の根本精神は，心理学が本来あるべき姿に近づくための手がかりを与えてくれそうに思われたからです。

　難解さには辟易しましたが，それでも自分の納得できる心理学はこの方向にあると強く思ったのは確かでした。その学び方に心許なさを感じながらも，特に気になったのは，事象の本質を目指すという現象学の手続きに含まれる「現

象学的還元」という概念でした。そこで，この概念をしっかり理解しようと思って現象学関連の書籍を次々に読み進めていったのですが，遺憾なことに，ほとんどの現象学者は，現象学的還元はこのような主旨で行われるというように，事象の本質に行き着くための一般的な手続きとしてそれを説明するだけにとどまり，現象学的還元を具体的事象に即して実行に移してみせて，その事象の隠された本質を実際に抉り出し，私のような初心者に「なるほど」と思わせてくれるような現象学の論文や著書に，ついぞお目にかかることがなかったのです。ですから，現象学から学ぶ，それを自分のものにすると言いながらも，私は手探りでそれを進めなければならず，いつも「このような理解でよいのか」という不安に付きまとわれていました。

　その苦しみの中で導きの糸となったのは，メルロ＝ポンティの『知覚の現象学』(1945/1967，1974年) や，『眼と精神』(1953，1964/1966年) に収録されている「ソルボンヌ講義録」の一つの「人間の科学と現象学」という講義録でした。『知覚の現象学』やこの講義録に出会ったおかげで，この難解な概念の理解が少し進んだ気になったものでした。

(2)「現象学的還元」の私なりの理解

　以下，私なりの現象学的還元の理解を示してみます (これは『エピソード記述を読む』(東京大学出版会，2012年) の80頁以降に書いたことを書き直したものです)。

　現象学の狙いは事象の本質 (本質的な意味) に行き着くことです。ある事象は常に何ものかとして (ある意味をもった何ものかとして) 私たちの前に立ち現れてきますが，それがそのままその事象の本質なのではありません。私たちがある事象に対して「それは○○だ」と判断するとき，私たちはそれとして意識できないかたちで，つまり，自分の中に住み着いている自分でも気付かないさまざまな予断や思い込みや価値観の下で，「それは○○だ」と判断しているに過ぎないことが多いからです。

　そこで現象学では，さしあたり生まれてくる「それは○○だ」という素朴な

判断（自然的態度による判断）をいったん留保して，自分の中に住み着いている自明な予断や思い込み，常識的な価値判断や信念といったものを可能な限り洗い出し，それを括弧に入れようと試みます。これが「現象学的還元」と呼ばれる反省の作業の中身です。

　しかし，実際にこの還元を実行しようとしてみると，これで十分，これで思い込みや予断を免れることができたというところまで完全に還元できるかと言えば，それは到底できないことです。しかし，可能性としてその徹底した還元がなされれば，その事象はそれらの予断や思い込みからくる歪んだ見え姿から解き放たれて，まさに純粋なかたちでその「あるがまま」を私たちに見せてくるはずだというふうに現象学は考えます。

　この反省の手続きに並行して，その事象を捉えようとする自分の視点を可能な限り想像の中で変容させ，その還元された「あるがまま」としての見え姿をこのように捉えてよいかどうか，いやそれとは別の捉え方があるのではないかと，次々に反省を巡らせ，そういう想像的変容の試みの中にいわば不変の「核」として浮かび上がってくるもの，それがその事象の本質であるというのが，現象学的な認識の基本的なあり方だと言ってよかろうと思います。

　現象学にとって必要な一つの認識の手続きとして考えられるこの現象学的還元に関して，メルロ＝ポンティは『知覚の現象学』の序文で次のように述べています。少し長くなりますが引用してみます。

　　われわれは徹頭徹尾，世界と関係していればこそ，われわれがこのことに気づく唯一の方法は，このように世界と関係する運動を中止することであり，あるいはこの運動の我々との共犯関係を拒否することであり，あるいはまた，この運動を作用の外に置くことである。それは常識や自然的態度がもっている諸々の信念を放棄することではなくて，むしろこれらの確信がまさにあらゆる思考の前提として，〈自明なもの〉になっており，それと気づかれないかたちで通用しているからそうするのであり，従って，それらを喚起しそれとして出現させるためには，われわれがそれらを一時さし控えなければならないからそうするのである。還元についての最上の定式とは，おそらく，フッサールの助手だったオイゲン・フィ

ンクがこれに与えた定式であって，このとき彼はこれを，世界を前にしての「驚き」だと称したのである。……中略……反省はさまざまな超越が湧出するのを見るためにこそ一歩後退するのであり，われわれを世界に結びつけている指向的な糸を出現させるためにそれを緩めるのだ（邦訳『知覚の現象学1』12頁）。

　私は若い頃にこの一文に接したとき，ここに人間科学としての心理学が学びとるべき現象学的還元の意味があると考えました。つまり，常識や自明な判断が間違っているから捨て去るという意味ではなく，私たちの思考の前提となって〈自明なもの〉になってしまっている常識や自明な判断をそれとして喚起し出現させるために，それを括弧に入れようとするのです。そしてある事象を前にしたときの素朴な驚きや違和感が，かえってそれまでの自分の思考の前提を露わにし，それまでの自分と事象との関係を露わにしてくれることになるのですから，これが現象学的還元の意味をもつことになると考えることができます。
　しかしながら，現象学的還元の主旨は先の一文からおおよそ分かりましたが，ありとあらゆる出来事について，その還元を実行し，その事象と自分とのあいだに張り巡らされている指向の糸を自分に見えるものにするということが本当にできるものかどうか，現象学者たちは本当にそれを実行しているのだろうかというのが，幾多の現象学に関連した著作を読んで，いつも行き着く私の疑問でした。
　現象学的還元を事象の本質に辿り着くための方法手続きと考えたい当時の私にとって，先にも触れたように，現象学者たちが何らかの具体的な事象を取り上げてその還元を実行に移してみせた具体例がないということは大いに不満でした（その例外となるのが現象学的精神医学を目指すブランケンブルクの『自明性の喪失』(1971/1978年) だったことは後に触れます）。

（3）「生きられる還元」という考え方に辿り着く

　現象学的還元の理解と格闘しながら私がようやく辿り着いたのは，次のような気付きでした（これに気付いたのは就職して十数年経過した，40歳手前の頃のこ

とで，これが『心理の現象学』(世界書院，1986年) という処女作に結びつきました)。すなわち，哲学者ならぬ人間科学を目指す一介の研究者にとって，自分一人の反省の努力，自分一人の想像変容の努力では，とても現象学がいうところの現象学的還元は果たせそうにありません。しかし，さまざまな人との出会いの中で，それらの人の生きざまから「はっと気付かされる」かたちで，自分の中に住み着いていた自明な判断や思い込み，予断，臆見が自分に見えてくるというような経験は折々にあり，それはある意味で現象学的還元の手続きと同じ意味をもつものではないかということへの気付きです。この気付きはブランケンブルクの上掲書を読んだときに確信に近いものになりました (これは世にいう「目から鱗が落ちる」という体験に類似のものだと言ってもよいと思います)。

　つまり，現象学的還元は，還元を目指す主体 (経験的自我と呼ばれる存在) のあくまで意図的な反省の作業として考えられるものですが，他者との出会いの中で「はっと気付かされる」かたちで我が身に生まれる「驚き」は，先のメルロ＝ポンティの序文で触れられていたオイゲン・フィンクの「世界を前にしての驚き」と同様，むしろ無意図的ないし予測されないかたちで身に被るもの，むしろ受動的，無意識的に生まれるものではないかと思われました。そこで私はこれを能動的，意識的な反省の作業としてなされる哲学的な現象学的還元と区別して，「**身に被る還元**」あるいは「**生きられる還元**」と名付けてはどうかと考えました。ただし，現象学的還元との対比では受動的ですが，ただ漫然とそれが訪れてくるのを待っていればよいという意味で受動的と言っているのではありません。自分の中に住み着いている普段は気付かれないさまざまな予断や思い込みを可能な限り明らかにしようという暗黙の意図をもって生活世界に関わっているところに，何らかの事象や自分とは存在根拠を異にした人 (たとえば障碍を負った人，死の床に就いている人，突然の事故で肉親を亡くした人，等々) や異文化との出会いがあり，そのとき「はっと気付かされる」かたちで自分の足元を構成しているそれらの予断や思い込みが見えてくるということを言いたいのです。いわば反省の繰り返し (能動) が飽和状態になっているところに特定の他者との出会いや異文化との出会い (受動) があると，あたかも小

さな結晶の粒が飽和溶液に投げ入れられたときのように，一挙に大きな結晶を析出させるという比喩が，ここでの能動と受動の関係を考えるのにふさわしいかもしれません。

　ブランケンブルクは，先に引いた『自明性の喪失』の中で，統合失調症に苦しむアンネの「私は自然な自明性が壊れているんです」という語りを引いて，そこに統合失調症の苦しみの本質を見ようとした経緯を詳しく跡付けています。つまり，私たちにとって常識や規範のような共同主観的なものは「自然な自明性」（考えるまでもない当たり前のこと）としてあるものですが，患者アンネにとってはそれが壊れてしまって何が自明なものかが分からなくなっています。その自明性の破れがアンネの苦しみの出所になっているとブランケンブルクは言うのです。ここに自然な自明さとは，誰にも分かっている当たり前のこと，普段は特に考えを巡らせるまでもなく分かっているちょっとしたことです。たとえば，洗濯の手順は考えるまでもなく分かりきったことで，その手順を考えないと先に進めないということはありませんが，しかし，アンネはその一つひとつの手順をいちいち考えて行為に移すのでないと前に進めないと訴え，それを「自然な自明さが壊れている」と述べたのです。

　現象学的精神医学を目指すブランケンブルクにとって，そのアンネの「自然な自明性が壊れている」という言葉は，まさにフィンクのいう「驚き」として受け止められ，そこから統合失調症の苦しみの本質が目指されることになりました。この箇所を読んで，私もアンネの言葉に大きな衝撃を受けました。というのも，私たちの日常性を構成しているそのような自然な自明性が，私たちの生活にとってそれほど重要な意味をもつものであることは，アンネの言葉に出会うまで思ってもみなかったことだったからです。しかし，アンネのようにそれが一旦壊れてみれば，たちまち普段の生活が営めなくなってしまいます。しかしこの驚きは，心理学という枠の中で還元を目指そうとしていた私にとって，大きなヒントになりました。つまり，私が反省の努力を重ねても自分の中に住み着いている自然な自明性に遂に気付けなかったけれども，アンネのようなそれが壊れた人と出会う中で，「はっと気付かされる」かたちでそれが自分に見

えてくることがあるということへの気付きです。
　『心理の現象学』の第2章では，この「生きられる還元」という考えについて次のように書いています。

　　　出会ってくる事情への自然的態度から脱却するために方法的に意識された還元（現象学的還元）ばかりでなく，いわば一種の出会いの中から生まれる，「生きられる還元」というものもあるのではないか。つまり，現象学的反省の主体が認識論的動機のもとに意識的に行う還元ばかりではなしに，世界が裂けるその瞬間に「身に被る還元」というものがあると思われるのである。……中略……われわれはこのような「生きられる還元」によって切り開かれる領野を訪ね，それを十分に探査することが，単なる記述の立場を超えた現象学的な心理学の任務ではないかと考える。言い換えれば，他者との出会いの中で，これまで不可視だった生の諸次元が不意に開示されるというような身に被る還元＝生きられる還元を通して，他者の，そしてわれわれの世界への根の下ろし方を具体的に浮き彫りにすることができるし，またそうしようと努めなければならないということである。

　今から30年も前の，堅苦しい若書きの文章ですが，自分以外の人の生きざまとの出会いから何かの新たな気付き（自分の存在を揺さぶり，震撼させるような気付き）を得るという構図を「生きられる還元」と呼ぼうという主旨は，読者の皆さんにもお分かりいただけるだろうと思います。

（4）「生きられる還元」から「共に生きるための臨床的還元」へ
　ブランケンブルクにとって，アンネの言葉はまさに「これだ！」というかたちで響き，彼はそのことを著書の中で精緻に描き出す方向に進みます。「統合失調症の本質は何か」という問いに答えるのが学知のあり方だと考える限り，それは当然のことでしょう。しかし，統合失調症の苦しみの本質が「自然な自明性が壊れていること」だとしても，それが分かった後に，精神科医であるブランケンブルクは患者アンネにどのように接していくのでしょうか。自然な自明性が壊れていることが人間の精神を正常と異常に二分するものだとしても，

そうだと分かった後にもその患者は生き，精神科医である自分もまた患者と共に生きるという現実の中で，彼はアンネにどういう支援をしていくことが考えられるのでしょうか。あるいはどういうふうにアンネと共に生きる展望を見出すことができるのでしょうか。残念ながらブランケンブルクの著作からはそのような問いは聴こえてきませんでした。

　この問いは，私が実践の立場に関わることが増える中で，次第に重みをもつようになってきました。これに関連して，『関係発達論の構築』（1999年）では，「生きられる還元」に加えて，「臨床的還元」という言葉を用いて，それまでの反省的な還元理解の枠を越えようとしています。つまり，人が人と共に生きるためには自己身体を他者に向かって解放することが必要であり，あるいは他者の志向を我が身に引き受ける姿勢が必要であるという理解が私の中に生まれてきました。実際，関与観察を実行する際に，自分に住み着いたさまざまな自明性を抉り出すことは当然必要なことですが，生活世界の中で周囲の人と共に生きていくためには，その還元以前にこの身体が生きた身体として機能して，その他者との接面からいろいろなものを生き生きと感じ取ることができるようにならなければなりません。自分の中に閉じこもって，他者を外側から眺めているだけでは，人に関与することはできないからです。そのことを踏まえると，「現象学的還元」のような知性主義的な還元ばかりでなく，また他者の生き様に接することからもたらされる「生きられる還元」だけでもなく，まずは関与する相手とのあいだに「共に生きる」姿勢を自然にもてるように自己身体を還元することが不可欠です。これを「臨床的還元」と呼んだのですが，これは私にとっては関与観察をする際に避けられない問題としてあり，また実践者にとっては，実践の相手にいつもすでに気持ちを向け，その相手の志向を身に引き受ける姿勢をもつこと（保育における「養護の働き」）の必要性に通じるものです。そしてこれは，後に見るように，相手とのあいだに接面をつくる上にも，また支援を必要とする人に深い配慮を示す上にも欠かせない，実践の本来的態度に通じるものだと言っても過言ではありません。

　以上，私が現象学をどのように摂取してきたか，またそこからどういう精神

を学び取って自分の学問の礎にしてきたかを概観してきました。これを詳しく見てきたのは、この現象学についての自己流の理解の仕方が、それ以後の私自身の研究を深く規定し、個別具体の人の生き様に接して、そこから人が生きることに関する本質的な意味を掘り起こそうという私の学問の基本姿勢に繋がってきたからです。

第2節　関係発達という考え方に至るまで

「子どもから大人へ」というこれまでの発達のイメージを「〈育てられる者〉から〈育てる者〉へ」と少しイメージをずらしてみるだけで、発達のイメージはもとより、発達の考え方が大きく変わることに気付いて以来、私は自分の考える発達についての考え方を「関係発達論」と呼んできました。この節では関係発達という考え方が導かれるまでの経緯を整理してみます。

(1) ウェルナーからの影響

　私が発達の領域に進むきっかけになったのは、恩師の講義の中でウェルナー&カプランの『Symbol Formation』(1963年、邦訳名は『シンボルの形成』、1974年出版) が紹介され、それに興味をもったことでした。以来、偶然も働いて、私はこの本と、さらにウェルナーがドイツから米国に亡命した後に書いた『Comparative Psychology of Mental Development』(1948年、邦訳名は『発達心理学入門』、1976年出版) を畏友の浜田寿美男さんと翻訳することになり、これを通して発達の領域がいつしか私の専門であると周りから見られるようになりました。この二つの本の翻訳とそこから学んだウェルナーの発達論については、『ひとがひとをわかるということ』(2006年) の冒頭に簡潔にまとめられていますから、それをここに引用しておきます。

　　ウェルナーの理論がどういうものであるかについては、つい最近 (2005年) 出版の運びとなった『心理学群像2』の第37節「ウェルナー——比較発達論的全体心

第1章 「接面」という概念が導かれるまで

理学を目指して―」に詳しく書いていますので、それをご参看願いたいと思います。ウェルナーは1920年代からナチス台頭直前の1930年代にドイツで展開された広義のゲシュタルト運動の流れを汲み、要素論的なものの見方を排し、全体論的有機体論的な見方に立って人間を考えるという、極めて豊穣な思想の下に発達研究に取り組んだ人です。

　ウェルナーの『シンボルの形成』(1963/1974)と『発達心理学入門』(1948/1976)は、その思想を深く学ぶ上に大いに役立ちました。私がとにもかくにも発達の領域に接近したのは、このウェルナーの本との出会いがあったからだといっても過言ではありません。もちろん、完成態を措定しそこに向かう定向変化を「発達」と考えて、今日の発達心理学の基礎を築いた一人がウェルナーです。そこには私が批判することになった個体能力発達論も含まれていますが、しかしそれを超えて、有機体論的、全体論的な人間の見方は、その後の私の関係論的な見方にも相通じるところがありました。その意味では、私はウェルネリアンの一人だといっても間違いではありません。

　この一文にもあるように、ウェルナーの思想は私の関係発達論に大きな影響を及ぼしています。特に全体論的なものの見方は、私の関係論的なものの見方に一脈通じるところがあります。実際、ウェルナーの発達論の思想は、胎生発生、個体発生、系統発生、微視発生、比較動物学、比較文化学（文化人類学）に及ぶ、壮大な思想で、単に「子どもから大人へ」という従来の狭い枠内で発達の考えを示した人ではありません。ナチスの迫害によって米国に亡命するまで在籍していたハンブルク大学には、哲学にカッシーラーが、精神医学にクレッチマーがいて、ウェルナーはその二人の影響を強く受けていたこともあって、精神発達という観点から多領域を全体として論じるという大変な思想家でした。その詳細については、上の一文でも触れた『心理学群像2』の第37節にも、また二つの翻訳書の解説にも書きましたので、それをお読みいただければと思います。

　このように深い影響を受けたにもかかわらず、私の関係発達論そのものはウェルナーの学びから直接導かれたわけではなく、関係発達論への突破口を開いてくれたのはむしろ前節で少し触れたメルロ＝ポンティの「ソルボンヌ講義

録」との出会いでした。

（2）メルロ＝ポンティの「ソルボンヌ講義録」のインパクト

現象学の学びの過程で，邦訳の『眼と精神』に収録された二つの「ソルボンヌ講義録」の内の「人間の科学と現象学」が大いに役立ったことについては，前節で述べました。ここでソルボンヌ講義録について簡単に紹介しておきましょう。講義録と言っても，メルロ＝ポンティ自身が書いた講義レジュメではなく，メモに基づく口述の講義を学生がノートに取り，講義後にそのノートをタイプで打ってそれを文章にし，メルロ＝ポンティの校閲を経て紀要のような雑誌に掲載したものを，メルロ＝ポンティの死後にまとめて出版したという代物です。『眼と精神』に収録された2本の講義録を含め，メルロ＝ポンティの手になる児童心理学や教育学に関する講義録は9本ありましたが，1970年代の半ばに，ふとしたことから，私はこの講義録全体を手に入れることができました。

関係発達という考えに接近する上で私にとって意義深かったのは，講義「幼児の対人関係」と講義「大人から見た子ども」の講義録でした（後の方の講義録は哲学の木田元先生と共訳で『意識と言語の獲得』（1993年）という訳書名でみすず書房から出版されています）。

これらの講義録から読み取れる文言の数々は，メルロ＝ポンティが発達心理学者（ワロンやギヨームなど）や精神分析学者（メラニー・クライン，ヘレーネ・ドイッチュ，ラカンなど）の書いた本を彼独自の読み方で半ば換骨奪胎して紡ぎ出したと言ってもよいものです。テキストの要約のような読み方ではなく，テキストの文言がメルロ＝ポンティのそれまでの多様な人生経験や読書経験（そこには当然フッサールの現象学も含まれます）をくぐり抜ける際におのずから紡ぎ出されるというかたちの，いわば創造的な読み方だと言えばよいでしょうか。ある意味では当たり前の出来事を取りあげながら，しかしそれは我が国の発達心理学の現状に照らせば，みな何らかの「新しさ」を感じさせるもので，その基底にあるのは，子どもを周囲の他者との関係の内で見ていこうとする関係論的な考え方です。これが私の関係発達の見方に大いに影響を及ぼしました。

第1章 「接面」という概念が導かれるまで

 以下，上に取りあげた三つの講義録の中から，私が関係発達という考え方をするようになる上で深く感銘を受けた文章を切り取って以下に示してみます。いちいち解説は施しませんが，ここではそれらの文言が私の関係発達という考えの基盤になったものだという点だけ確認できれば十分です。

　他人についての経験は，言わば私の身体の自発性によって私に告げ知らされるといったものです。まるで，私の意識が教えてくれないものを私の身体が教えてくれると言わんばかりなのです。それというのも，私の身体は他人の行為を自分の身に引き受け，その他人の行為と「対」になり，さらには「志向の越境」を実現するからであって，こうした志向の越境がなければ，私は他人という概念をさえもちえなかったでしょう。(「人間の科学と現象学」から)

　他人は彼自身のところから私の身体の運動的志向の圏内に入り込み，かの「志向的越境」(フッサール)に身を投じることになり，そのおかげで私は他人にも心理作用を認めたり，また私自身を他人の中に運び込んだりすることになるのです。フッサールは，他人知覚は「対の現象」のようなものだと言っていました。この言葉は決して比喩ではありません。他人知覚においては，私の身体と他人の身体は対にされ，いわばその二つで一つの行為を成し遂げるのです。つまり私は，自分がただ見ているだけに過ぎないその行為を，いわば離れたところから生き，それを私の行為とし，それを自分で行い，また理解するわけです。また逆に，私自身の行う動作が他人にとっても志向的対象となり得ることを，私は知っています。こうして私の志向が他人の身体に移され，他人の志向も私の身体に移されるということ，また他人が私によって疎外され，私もまた他人によって疎外されるというそのことこそが，他人知覚を可能にするのです。(「幼児の対人関係」から)

　自己自身の像(鏡像)は，自己認識を可能にしてくれると同時に，一種の自己疎外をももたらします。私はもはや，私が直接に感じている通りのものではなく，鏡が私に提供してくれる私の像なのです。……中略……鏡像は，幼児を，彼が実際に〈ある〉ところのものから転じて，自分をこうであると〈みる〉そのおのれの姿，あるいは自分はこうであると〈想像する〉その姿に振り向けるという意味で，非現実化的機能を果たすわけです。最後に，そうした直接的な自己の疎外，

鏡の中に見える自己によってなされる〈直接的な自己の押収〉は，すでに，自己を見つめる他者によってなされる〈自己の押収〉がどんなものであるかを素描していることになります。(「幼児の対人関係」から)

　3歳の幼児が他人の眼差しによって制止されるというのも，彼は，自分が単に自分自身の目に見える通りのものではなく，他人が見ているところのものでもあると感ずるようになったからです。前に述べた鏡像の現象が一般化されているわけです。鏡像とは，自分は単に内的経験によってそうであると信じていたとおりのものではなく，自分はまた鏡の中に見えるこの像でもあるのだということを，幼児に教えるものです。他人の眼差しも，鏡像と同様，私が空間の一点に限局されたこの存在であるということ，つまり，〈生きられている私〉とは似ても似つかないこの〈目に見える代役〉で〈も〉あるということを，私に教えてくれます。(「幼児の対人関係」から)

　大人と子どもは向かい合わせに立てられた二枚の鏡のように，おたがいを無限に映し合うのです。子どもとはわれわれ大人がこうだと信じている当のもの，子どもはこうあってほしいと望んでいるわれわれの子ども像の反映にほかなりません。(「大人から見た子ども」より)

　(ヘレーネ・ドイッチュの『女性心理学1・2』を読んで) 妊娠はありとあらゆる不安，懸念，両価的感情をともないます。妊娠したことに対して女性が抱くのは，常に複雑な感情です。というのも，彼女の個人的な生活と，まさしく種と呼ばねばならないものの侵入とのあいだにはつねに潜在的な葛藤があるからです。そこには女性のあらゆる不安の目覚め，つまり自分の周囲のものに対する不安の目覚めだけでなく，彼女の幼児期のさまざまな葛藤の目覚めもあるのです。
　　　　　　　　　　……中略……
　「母親は自分の子どもを，一方では自分自身の延長，自分自身の分身とみなし，他方では独立した存在，自分にとっての一人の証人とみなします。そのため，子どもを前にすると決まって両価的感情が生じ，その感情のいずれが支配するかによって，気まぐれな行動をしてしまうことになります。自分でも気づかずに，彼女は，自分の子どもが伸びのびと育ってくれればよいと思う願望から，子どもがいつも自分のものであってくれればよいと思う願望へ移っていくのです。この両価的態度から無数の葛藤が生じてくることもあるのですが，特に，母親が自分自

身の過去の心的外傷経験から自由になるのに成功していないときにはそうなります。

……中略……

　両親自身の幼児期の記憶が，自分の子どもたちに対する彼らの行為を二重に規定しています。(1)彼ら自身，自分の両親に同一化し，そこから権威的，抑圧的な行為が生じてきます。(2)彼らはまた自分たちの子どもに同一化し，そこから共犯的・連帯的行為が生じます。（「大人から見た子ども」より）

　講義録の一部を紹介してみました。上に引用した講義録の一部は，私の関係発達の考えにさまざまなかたちで取り込まれていることに気が付かれた読者もおられると思います。こうした「はっとさせられる」短い文言が講義の随所に散りばめられていて，それを当時の私はまさに目が覚める想いで一心不乱に読み込んでいたのでした。そして，この講義録をしっかり読み込めば，新しい発達心理学への突破口がきっと見つかるはずだという手応えめいたものを，当時（1970年代後半頃）すでに私は感じ始めていました。それが数カ月間のうちに9本の講義録全部を翻訳するという熱の入れ方になっていたのでしょう。

　それと併せて，この講義録でメルロ＝ポンティはヘレーネ・ドイッチュやメラニー・クラインをはじめ精神分析学関連の資料を多数引用していましたから，私も大急ぎで精神分析の理論を学ぶ必要を感じ，関連する書物を読み漁り，人間を欲動論的に見る必要があることを結局はこの講義録から教えられることになったのでした。

（3）実際に人の生きる現場に赴いて

　講義録を読むにつけ，やはり生き生きとした人の生き様にじかに触れなければ，自分に納得のいく体験を通した子ども理解には行きつけないという現象学仕込みの考え方が私の内部に次第に強く湧き起こり，30代半ばになってようやく，それまでデスクワークばかりだった私は，重い腰を上げてフィールドに足を運ぶことになりました。これとても自分から求めてというより，周りから現場に引きずり出されて，という方が当たっていました。

一つには，私の通う大学の近所の保育の場から保育を見てほしいという要請があったこと，もう一つは当時の「ことばの教室」の先生から障碍のある子どもを実際に見て何かのコメントをしてほしいと求められたことがあり，指導するものなど何ももっていなかったにもかかわらず，ともかく現場に引きずり出されてしまったという事情がありました。

　このようにして遅ればせながら保育や教育臨床のフィールドに出始め，そこでさまざまな子どもに接する体験を得，また保育や障碍児教育に携わる人たちと関わる経験を得るようになりました。その中で，『原初的コミュニケーションの諸相』(1997年）の冒頭に書いたように，なぜ保育者には簡単に子どもの気持ちが掴めるのに私には掴めないのかという，後の「間主観的に分かる」という問題に直面することになったのでした。

　そうした主に保育現場や臨床現場で経験を積むことに加えて，本格的なフィールド研究に繋がったのが『エピソード記述を読む』の119頁から123頁に紹介したN乳児院での妻との共同研究でした（1980年）。それは乳児院側からの研究委託を受けるかたちで行ったものです。その頃には，戦後間もない頃の乳児施設を悩ませたかつての「ホスピタリズム」は影を潜め，発達検査で見る限り，家庭育ちの子どもと乳児院育ちの子どものあいだに差は見られないと言われるまでになっていました。ところがN乳児院の当時の院長は，当該乳児院の全国大会での発表に際して，発達検査の結果では確かに違わないけれども，実際に接してみると家庭育ちの子どもと乳児院育ちの子どもはどこか違う感じがあり，その違いを明らかにしたいのだけれどもその研究方法が分からない，そこで私たちに研究委託をということになったのでした。

　そこで私と妻は一般家庭に赴いて，母と子の関わり合う場面をビデオに撮り，また乳児院で職員と乳児が関わり合う場面をビデオに撮ってその接し方の違いを明らかにしようとする一方，母子間で，また子どもと職員間でなされる言語的，非言語的コミュニケーションの中身を明らかにするためのチェックリストを自己流に作成し，家庭の母親群と乳児院の職員群とでどのように子どもと取るコミュニケーションに違いがあるかを明らかにするという研究に取り組むこ

とになりました（当時はまだ数量的な研究の残滓が私の中にもあったことがそこからうかがわれます）。その経過の中で，Kくんという自閉症を疑われる一人の子どもに出会い，その子のコミュニケーションの育ちを特定の保育者との関係のありようから明らかにするという，それ以降の研究を先取りするような研究にも取り組むようになりました（『エピソード記述を読む』（東京大学出版会，2013年）の122-123頁に概要が示されていますが，詳しくは北海道大学教育学部紀要（1988年）に掲載された英語論文を参照してください）。

フィールドでの最初の研究が，初期の母子関係，あるいは「子ども―保育者」関係であったことが，関係発達の考え方が整理されていく上で重要な意味をもったことは言うまでもありません。この研究を起点に，初期の母子関係をコミュニケーションの原初形態を追い求めるというかたちで明らかにしようとしていた矢先，当時の国立特殊教育総合研究所の重点領域研究に誘われ，それに加わることになりました。そしてその研究費を使って一組の「子ども―養育者」関係を縦断的に観察し，そのコミュニケーションのありようを明らかにするという研究に取り組むことができるようになり，関係発達についての基礎データが蓄積されていくことになりました。

（4）個体能力発達論批判

ソルボンヌ講義録から学んだことと，フィールドでさまざまな子どもや保育者に出会ったこととが重ね合わされて，私はそれまでの発達心理学のものの見方に批判を向けるようになりました。発達心理学への批判そのものはすでに『心理の現象学』でも僅かばかり示していましたが，それはまだ現場でのさまざまな事象に裏打ちされた批判ではなく，ソルボンヌ講義録で触発されたものの見方からのいわば理論的な批判にとどまっていました。それが数々の現場体験やフィールド観察を踏まえることによって，より具体的な発達心理学批判に結びつき，それが関係発達という考え方に次第に近づく足場となりました。

その批判の骨子は次の3点に要約されます。つまり，一つにはウェルナーの完成態に向かって定向変化することを発達と見るこれまでの発達の見方は，理

論的には「子どもの誕生から能力的に完成する大人まで」を守備範囲にすることを暗に意味しますが，そのような見方では人間の一生涯を視野に入れた発達論には結びつかないこと，二つには，これまでの発達の考えが子どもの成長的事実（育った結果）を繋ぎ合わせるかたちで組み立てられているだけで，そこには「育てる」大人の側の問題，ひいては「育てる―育てられる」という子ども―大人間の関係性の問題を取りあげる観点が含まれていないこと，三つには，「育てる―育てられる」という関係性の中で，子どもや大人が抱くそれぞれの心の問題が真正面から取りあげられていないこと，の3点です。

これを裏返せば，少なくとも私の考える発達論は①発達を誕生から死に至る人間の生涯過程を視野に入れて考えるものであること，②発達を「育てる―育てられる」という関係性の中で考えるものであること，③発達を能力面ばかりでなく心の面をも視野に入れて考えるものであること，の3点を基礎に組み立てられるものであると言えます。

今述べたことは理論的観点からする批判ですが，フィールドに出てみると，個体能力発達の考え方に立つ発達検査や知能検査が現場に影響し，それを保育の場に分かりやすくまとめた「発達の目安」があたかも保育の目標であるかのような扱いになっていて，能力面の発達が一人の子ども丸ごとの発達と置き換えられているような現状がありました。そういう子どもの発達の見方が保育の世界に定着し，それが「自明な見方」になっていて，多くの保育者において，子どもの内面にまで目を向けた子どもの見方ができなくなっていました。いわば子どもを見る目が疎外され，ありのままの子どもが見えなくなっている現状があって，それが私にはとてももどかしく思われました。これは理論面からではない，実践面からの個体能力発達論批判と言ってもよいものです。

こうした考えの背景には，先に取りあげたソルボンヌ講義録の印象深い断片，つまり，大人と子どもは向かい合わせに置かれた2枚の鏡のようなものだという言説や，大人と子どもは相互に同一化を向け合うのだという言説があり，それが②の「育てる―育てられる」という関係性の中で発達の問題を考える姿勢を導いたことは言うまでもありません。

第1章 「接面」という概念が導かれるまで

　しかし他方で，現象学の精神は自分自身の体験に根ざすことを求めています。それはつまり，私自身が発達という枠の中で誕生から今日まで生きてきたこと，それゆえ，発達という考えは私自身の過去，現在，未来を包含するものでなければならないということを含意します。考えてみれば，これまでの心理学は基本的に「他者についての心理学」であって，人間を研究する者もまた人間であるにもかかわらず，研究する人自身がその研究対象に含まれるという構図をもち得ていませんでした。しかし，私自身，誕生から今日に至るまで「発達」という枠の中で成長を遂げてきた人間のはずです。ですから，発達に関して導かれるあらゆる言説は，何らかのかたちで自分の今に通じているはずだし，またそうでなければならないはずです。

　私自身を振り返ってみたとき，私は単に能力を完成させる方向だけで成長してきたわけではないことは言うまでもありません。幼少の頃，学童の頃，そして思春期の頃，青年の頃，さらには成人して後も，私はさまざまな葛藤や悩みを抱えて生きてきました。能力的な進歩・向上はその一部にしか過ぎません。社会人として一人前に生きるということが自分の人格にどのように結晶化しているのか，そうした私自身のこれまでのまるごとの成長を理論化できなければ，現象学の精神に照らしてそれは真の発達論にはなり得ないはずです。そういう確信もあって，これまでの個体能力発達論では不十分であると考え，発達心理学の改造に取り組むことになったのでした。

(5)〈育てられる者〉から〈育てる者〉へ

　自分自身の来し方を振り返り，今を見つめ，これからを展望することのできる発達論をと考えていたときに，従来の「子どもから大人へ」という発達図式の「子ども」を「育てられる者」に，「大人」を「育てる者」に置き換えてみると，「子どもから大人へ」という図式は「〈育てられる者〉から〈育てる者〉へ」と書き換えられることに気付き，そのように書き換えてみると，それまでの「能力的完成に向かう定向変化」という考えが一挙に塗り替えられ，人間の生涯発達に向けて大きな展望が開けてくる手応えがありました。それが以下の

29

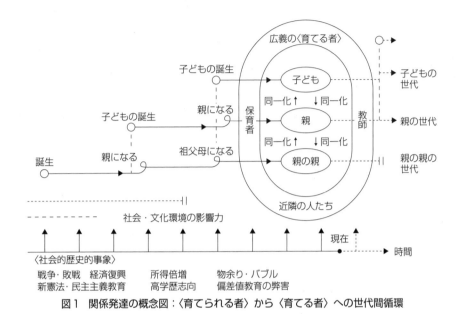

図1　関係発達の概念図：〈育てられる者〉から〈育てる者〉への世代間循環

図1を書くことに結びつきました。

　ここでこの図を詳しく説明する余裕はありませんが，①〈育てられる者〉の発達のあるところには，必ず〈育てる者〉の発達もあること，つまり，各世代の生涯発達過程が少なくとも3世代で同時進行するものであること，②一人の子どもの発達は，「育てる─育てられる」という関係性の中に生じるものであること，③その関係性の中身は，行動的関係ばかりでなく，図に見られるような同一化を向け合う関係でもあり，そのことが両者の内面に悲喜こもごもの心が喚起される源になること，の3点は，この図を概観するだけで見えてくるはずです。そしてこの簡単な図の中に，乳児院での観察の経験，Yくんとその母親の4年間に及ぶ縦断観察を通して得られたさまざまな実感が織り込まれ，さらに自分自身がこれまで潜り抜けてきた数十年の人生，つまり〈育てられる者〉から〈育てる者〉へと生涯発達過程を潜り抜けてきたことが織り込まれていることは言うまでもありませんが，それに加えて，「ソルボンヌ講義録」の言説の一部も反映されていることは明らかです。

ともあれそれをまとめると次のように言えるでしょう。まず，

「**人間の一生涯は，その時間経過の中で〈育てられる者〉の立場から〈育てる者〉の立場に移行し，さらに〈介護し・看取る者〉の立場から〈介護され・看取られる者〉の立場に移行していく過程であり，しかもそれが世代から世代へと循環していく過程である**」というふうに人間の生涯に亘る関係発達の基本構造を定式化することができます。

つまり，関係発達というのは，育てる大人と育てられる子どもが「育てる―育てられる」という関係で結びついて，その関係そのものが時間軸を動いて変容していく様を取りあげようというのがその主旨です。この定式を踏まえて私は最近，「**発達とは，人間の一生涯に亘る身・知・心の面に現れてくる成長・変容の過程である**」と再定義しました。ここであえて「身・知・心の面」と書いたのは，従来は「心身の発達」と言いながら，心の面はほとんど不問に付されたまま，身体運動面と知恵の面だけに限局されて発達が考えられてきたこと，しかし「心」の面こそ，一人の子ども（人間）の主体としての育ち（発達）を考えるときには欠かせない面であること，さらに「心」に目を向けると，そこには「育てる―育てられる」という子どもと大人の関係性の問題，ひいては「思う―思われる」という心と心の関係性の問題が直ちに浮上してくること，そして一人の子どもの発達上に現れてくるさまざまな負の様相は，「心」の面の問題と深く繋がっていること，これらの点を考えなければならないと思われたからです。

この図が最初に描かれたとき，図1の二重の楕円は内側の楕円だけにとどまっていて，関係はもっぱら親子の関係として捉えられていました。それがこの図のように内側の楕円の外側にもう一つの楕円が描きこまれて二重になったのは，私が京都大学を退官後，保育の場に入り込み，その場に生きる数々の親子や保育者を目の当たりにしてきたからでした。この間の詳しい事情については，『保育・主体として育てる営み』（2010年）や『子どもは育てられて育つ』（2011年）を参照していただければと思います。

以上が「〈育てられる者〉から〈育てる者〉へ」という標語にまとめられる

関係発達という考え方の概要です。これが関係発達論の一つの柱を構成しています。上に示した図そのものは常識の範囲を出るものではありませんが，どんな人であれ，この関係発達という時間軸を離れて存在しないという意味では，関係発達という考えは，人間の見方の欠かせない座標軸の一つであると言わなければなりません。乳児や幼児を問題にするときも，学童や青年を問題にするときも，あるいは若い社会人となった大人や，子どもの親になった人，カウンセリングを求める人，カウンセリングに従事する人，あらゆる人は時間軸の中で成長・変容する存在であり，そこでは誰しも周囲の人との関係発達から切り離されません。それゆえ，この関係発達という視点は一人の個別具体の人間を理解するための重要な枠組みの一つだと言うことができます（後に見るように，この関係発達という視点は「接面の人間学」の一つの基軸になるものです）。

　しかしながら，この関係発達を精緻に議論しようと思うとき，私には間主観性や両義性や主体という概念を視野に含まなければならないことが次第に見えてきました。これが第3節以降の議論に繋がります。

第3節　関係発達論の第1主題：「間主観的に分かる」ということ

　1986年に発表した処女論文「母子関係と間主観性の問題」から今日に至るまで，私の研究を他の研究から明確に切り分けてきたのは「間主観的に分かる」という問題を取りあげるか否かであったといっても過言ではありません。初期の母子関係をはじめ，二者間の関係性の機微を捉えるためには，二者間の行動的相互作用という行動科学の観察態度をどうしても超えなければならないという思いがこの概念を取りあげることに繋がりました。これについての30年に及ぶ研究の歩みは『エピソード記述を読む』（前掲書）の第4章「間主観的現象の理解とエピソード記述」にかなり整理されて議論されていますから，本節ではそれを抜粋するかたちで紹介し，この問題が「接面」の概念の先触れになるものだという事情を明らかにしたいと思います。

(1) 間主観的現象について

まずその第1節では次のように述べられています。

> 私にとっての最初の学会誌論文「母子関係と間主観性の問題」(1986)で間主観性の問題を最初に取り上げたとき，私はその論文の冒頭で，「intersubjectivity という用語は，間主観性，相互主観性，共同主観性，相互主体性，間主体性など，研究者の問題関心のありように従って，さまざまに訳し分けられている」ことを指摘し，この概念は「両義的であるとともに曖昧さを含んだ概念である」とも指摘しています。そしてそのような問題性を孕んだ概念をなぜ用いる必要があるかといえば，母子間の関係性の機微を捉えるためには，「母子間の行動上の相互作用を詳細に記述するだけでは不十分で，そのような相互作用の中で母親が子どもの下に何を感じ取っているかというような，母子間の主観的，間主観的な経験を，母親，子ども，観察者の相互的関係の中で記述する必要が出てくる」からであるとしています。
>
> ここには，二者間で営まれている関係の機微に間主観性が絡んでくるという事実関係の問題と，その母子間の間主観的な関係の機微を観察者が間主観的に把握するという認識論上の問題とを同時に取り上げる必要性が示唆されています。つまり，母親に子どもの気持ちが「分かる」という事実に関わる問題と，その母子を観察している観察者にそのことが「分かる」という研究上の問題とを切り離すことができないという指摘です。

この引用文の最後の3行はこれからの議論にとっても肝心な部分です。

次に第2節では「間主観的現象とは何か」と題して次のように述べられています。

> それは，最も広く取れば，それぞれが別個の主体である二人（ないしそれ以上）の人間のあいだで，広い意味で何かが一方から他方へ「通じる」こと，あるいは双方で何かが「通じ合う」こと，「分かち合われる」ことであるといえます。……中略……現在の私の問題関心からすれば，「子ども―養育者」間，あるいは「子ども―保育者」間，さらには「クライエント―セラピスト」間などの相互主体的な関係の営みにおいて，一方の主体である相手について，もう一方の主体で

ある自分に何かが「分かる」、「感じられる」「伝わってくる」という事態が生まれ、それがその営みを動かしていくという問題を扱う上で欠かせないのがこの概念だということができます。

　しかしながら、この繊細な現象は、二者間に無条件に生じるものではありません。いくつかの条件が組み合わされたときに初めて生まれてくるものです。しかもそれは多くの場合、誰の目にも見えるようなものではなく、それゆえに学問的には扱うのが難しいのですが、それにもかかわらず、日常の対人関係にはしばしばみられる現象であり、それが実際の対人関係を動かすという点では極めて重要な意味を持つものです。

　そしてこの現象の中でも私がどうしても取りあげなければと思ったのが次のような事態であることに触れています。

　　（私が特に問題にしたいのは）、関わり合う一方の当事主体の主観において、相手から何かが「通じてくる」、「浸透してくる」、相手とのあいだで何かが「感じられる」、「分かる」、「分かち合われる」、等々と表現される場合です。これは当事主体の主観において生起する事象なので、第三者的な行動観察の枠組みでは捉えられません。言い換えれば、それは当事主体が一人称で語るか、観察者がその場に関与しながらそれを間主観的に感じ取って一人称で語るか、いずれにしても、一人称でその体験を語らない限り、そこに辿りつけない独特の現象だといわなければなりません。

　次の第3節と第4節では、「広義の情動」が二者間で相互に浸透・共鳴・通底することが、相手の気持ちが分かるという意識体験に結びつくという事情を多数の具体例を挙げて説明しています。これは本書の第2章において「接面で生じていること」として議論される内容でもありますから、その際に詳しく論じることにします。

　第5節では行動科学の枠組みの下で間主観的現象を取りあげようとしたトレヴァーセンを引き合いに出して、彼らが中心的に論じた「子どもの意図が母親に摑める」という事象が、どういう権利で研究者に取りあげることができるの

か，そこが精緻に議論されていないというかたちでこの種の研究を批判しています。それはまた，研究者の立ち位置の問題が不問に付されていることへの批判でもあります。そのことは次の文章に端的に示されています。

　そもそも「相手の意図が（私に）分かる」というような目に見えない間主観的現象は，本来は当事主体の体験として一人称において語られるしかないものではないか（行動科学の客観的観察になじまない現象ではないか）というのが私の主張です。
　ここに，もっぱら第三者の立場でこの間主観的現象について語るのか，当事主体の立場で（私という一人称の立場で）この現象を語るのかという，認識論的に大きな問題が関わってきます。実際，養育者，保育者，教師，看護師，臨床家というように，当事主体が実際に誰かに関わる人である場合はもちろん，観察者＝研究者であっても，実際にその場に臨んで直接的に人に関与しながら観察している限り，観察者はサリヴァン（1953, 1954）の言う「関与しながらの観察」の態度を取るしかなく，行動科学の要請通りに無関与的な観察者として振舞うことは難しいはずです。そしてここに，当事主体の体験が当事主体によって語られて初めて，間主観的現象の存在が確認できるという私の立場が明らかになります。

こうして第6節において，間主観的現象は当事主体の体験において生じるもので，第三者には見えないものだという私の立場が明らかにされます。

　いまの議論から分かるように，「相手の思いが分かる」ということは，生活の場にはごく普通に見られるものであり，それがなければ通常の対人関係が営めないはずのものです。それは，研究者が外部観察的に言い当てる事象であるよりは，むしろ当事主体によってごく普通に「生きられる」事象です。ですから，この間主観的現象は，まずもって，当事主体の体験の問題として考えられるのでなければなりません。その際，行動科学の枠組みにこの現象を引き込み，そこに「推論」や「解釈」を持ちこんで強引に説明してしまうのではなく，まずはその当事主体の体験を当事主体に語ってもらうことが重要になってきます。そして，研究者がその当事主体であるときには，研究者自身がその体験を一人称で語ることが必要になってきます。……中略……

では研究者はどのようにして，当事主体である母親に「この子に私の意図が通じた」と分かる経緯が「分かる」のでしょうか。……中略……当該母子の外部にいながらも，その場に一緒にいてその母子に関心を向け続けている関与観察者が，「この子に私の意図（思い）が分かった」と母親が語るこの間主観的現象をどのように体験しているのかと問うことが問題です。つまり，母親に間主観的に分かることを，その場の当事主体の一人である関与観察者がどのように間主観的に分かるか，という，二重になった「間主観的に分かる」が問題になるからこそ，一方の主観が二人のあいだを通って他方の主観に移動するのだとか，一方の主観が他方に共有されたのだとかというかたちで，「間主観的」という用語を使わなければならなかったのです。

　以上，『エピソード記述を読む』の第4章の断片を綴ってきました。1986年の論文で初めて「間主観性」の問題を議論してから25年間の研究の軌跡をまとめて，私の考える間主観性の問題が，二者間で分かり合えるという事実関係と，二者間で分かり合えていることが観察者である私に分かるという認識論上の問題に跨るというように，接面の考えのすぐそばまで来ていることがこれらの断片からも分かると思います。その経緯についてもう少し述べてみましょう。

（2）間主観性についての私の理解
　上に見た第4章には，行動科学の立場で間主観的現象を扱ったトレヴァーセンが引用されています。私は1986年の学会誌論文の後，1989年に『母と子のあいだ』という編訳著をミネルヴァ書房から出版しました。これはロックが編集した"Action, Gesture, and Symbol"（1978年）という論文集と，バロワが編集した"Before Speech"（1979年）という2冊の論文集から，9本の論文を抜き出して妻と共同で翻訳し，それに私の論文を1本加えて一冊の本にしたという風変わりな編訳著です。これらの外国論文は今日の文脈で言えば，質的研究あるいはナラティブ研究の走りとも言えるもので，写真と図以外，数量的な資料は一つもないという当時の発達研究論文としては型破りな内容の論文が含まれているものでした。その中でもトレヴァーセンは第1次間主観性という概念

によって，二者の身体が共鳴し合う・響き合うというかたちで二者のあいだに繋がりが生まれる事態を捉え，また第2次間主観性という概念によって9カ月以降の乳児が母親の意図を把握できるようになるという事態を明らかにしようとしていました。それらの研究が私のフィールド体験と響き合って，私なりの「間主観的に分かる」という事態の捉え方との異同が問題になり，学会誌論文とこの編訳著の論文集に載せた私の論文が生まれたのでした。

　私の編訳著に取りあげた9本の外国論文は，生き生きした事象に迫るという点ではこれまでの発達研究に見られない興味深い内容をもつものであったのですが，行動科学という枠の中で考えようとするために，研究者の立ち位置がどこにも見えてきません。トレヴァーセンの場合でも，間主観的現象が第1次から第2次へと発達するという文脈で議論されるばかりで，母と子のあいだで起こっている間主観的現象がどういう立ち位置でトレヴァーセンに記述可能なのかという問題が，少しも論じられていないのです。

　その後に現れ，精神医学にも発達心理学にも大きな影響を及ぼしたスターンの『乳児の対人世界』(1985/1989年) においても，間主観的現象を論じながら，それを論じるスターンの立ち位置は不明のままです。彼は「主観的領野への量子論的飛躍」を語っていながら，母子間の間主観的関係をどのような権利で研究者であるスターンが問題にできるのかという点については何も明らかにしていません。つまり，スターンがその場に居合わせて，母が子どもの思いを間主観的に把握するところをスターン自身が間主観的に把握するというのでなければそのように書けないだろうと思う内容のことが述べられているにもかかわらず，やはり研究者による解釈という概念を手放さないのです。

　そこには確かに難しい問題があります。実際，間主観的に分かるということについては，「それはいつでも，誰にも分かることなのか」という問いが常に私に突きつけられてきました。相手の気持ちが間主観的に分かるときと，分かろうと思っても分からないときがあるということをどのように考えればよいのかというのは，対人関係を考える上でも避けて通ることのできない問題です。つまり，母であれば誰でもいつでも間主観的に分かるのかという問題と，母が

間主観的に分かることが，そこに居合わせた研究者であれば誰でもいつでも分かるのかという二重の疑問がそこにあるわけです。ですから，『原初的コミュニケーションの諸相』以降の著書の中で，間主観的に分かるにはどういう条件が必要なのか，その必要条件の分析を行って，「相手に気持ちを持ち出す」「相手の気持ちに自分の気持ちを寄り添わせる」といった議論をすることになったのでした。

　確かに身近な人間同士であっても，相手が何を思っているか，何を考えているかが素通しで見えるように分かるというわけではありません。商談をまとめようとしている二人の間では，言葉の背後に隠されている相手側の真意をお互いに探り合って，しかもなおそれが摑めないという事態はしばしば生まれるはずで，そこで間主観的に摑めるものがないからこそ，まさにお互いに「腹の探り合い」をしなければならないのでしょう。

　しかしだからと言って，「腹の探り合い」を引き合いに出して，すぐさま人の気持ちなど分かるはずがない，分かり合えないと一般化して考え，相手の気持ちは「解釈」するしかない，探り合うしかないと考えるべきなのでしょうか。日常の身近な対人関係，とりわけ，母子間や子ども—保育者間，あるいは患者—看護師間の関係に見られる「間主観的に分かる」事態を，安易に無意味なもの，あるいは単なる解釈として排除してしまってよいのでしょうか。

　「こうしてほしいという相手の気持ちが分かった」という「間主観的に分かる」ことの中心的な事態は，何の疑問もなくそのように「分かる」事態から，少し怪しいかな，これは解釈かなという疑念が湧き起こる中での「分かる」事態や，後に誤解であることが「分かる」までの幅広いスペクトラムがあることを私は認めています。そして日常生活の中で身近な間柄の対人関係が深まれば，その間主観的に分かることが次第に容易になり，誤解や解釈が減るということも事実でしょう。

　いずれにしても，表情や行為からの純然たる「解釈」としてではなく，情動の伝播，情動の浸透・共鳴・通底の結果としておのずから「分かる」という事態を確保しなければ，通常の対人関係の機微を掬い取ることができないという

のが，当時の私の譲れない思いとしてあり，しかもそれが客観科学の要請と相容れないことが何よりも問題だったのです。

　若い人たちの日常会話の中の「わかる，わかる」といった安易な「分かる」とも違い，また学者のしかつめらしい解釈の結果としての「分かる」とも違うことを言うために，敢えて「間主観的に分かる」という言い方をしてきたのでした。

（3）間主観的現象を客観科学の枠組みで取りあげることの不可能性

　後のパラダイムの議論に通じるこの難問，つまり客観科学の枠組みではこの間主観的事象に接近できないということは，最初の学会誌論文のときから自覚していました。ですから，この間主観的事象が問題になる領野こそ，客観主義と対決するための土俵だと考えてきたわけです。最初の学会誌論文では僅かしかこの点に触れていなかったので，その穴埋めを図るつもりで書いたのが先ほど紹介した論文集に収録した私の論文でした。

　初めて接面を取りあげて議論した『なぜエピソード記述なのか』でもこの点に触れ，そこで接面を説明するために描いた図が，実はこの論文集に収録した客観的観察と，関与しながらの観察（関与観察）の違いを示す図を元に描き直したものであることに触れています（ちなみに，この論文集の図と『なぜエピソード記述なのか』で取りあげた図は，本書の第2章に図10，図11として再掲されてその異同が議論されています）。

　しかしながら，早くからパラダイムの違いの問題として間主観的現象の問題を取りあげながらも，それが研究者＝観察者の立ち位置の自覚の問題に繋がること，研究者が「関与しながらの観察」（関与観察）の当事者であるからこそ，自身の体験としてその間主観的に分かったことが描き出せるのだというところまで自覚が深まるには，エピソード記述についての自分自身の経験や他者の書いたエピソード記述を読むという経験が必要だったのだと，今更ながら思わずにはいられません。というのも，日常の対人関係の中で随所に起こる「間主観的に分かる」事態は，普段はそれとして気付かれずに，当然のこととして通り

過ぎていくものだからです。相手の気持ちが分かるから次の対応が生まれるのにもかかわらず，そのことが一般的には意識されません。同じ事態で，間主観的に分かる人もいれば分からない人もいるという中で，それに従って対応のあり方が異なるにもかかわらず，それがそれとしてはなかなか自覚されないのです。

そこから考えれば，「間主観的に分かった」ことを取りあげること自体が，一つの自覚化の過程の結果だということになります。つまり，関与しながらの観察者の，あるいは対人実践に従事する人の，一つの意識体験としてしか「間主観的に分かる」という事態に接近できないのです。そのことがしっかり自覚できるまでは，客観主義の枠組みとは違うことは言い立てることができても，自分の拠って立つ立場と客観主義の立場がどう違うのかということがなかなか言えず，それが「接面」という概念を打ち出すまではなかなか見えてこなかったのです。先に引いた次の一文，つまり**「母親に子どもの気持ちが「分かる」という事実に関わる問題と，その母子を観察している観察者にそのことが「分かる」という研究上の問題とを切り離すことができない」**という一文こそ，その自覚を端的に物語るものに他なりません。

これはトレヴァーセンやスターンに限らず，最近の質的研究あるいはナラティブ研究にも言えることです。自分の立ち位置をどれほど自覚して研究に臨むか，それなくしては，客観主義パラダイムとの対決は叶わず，その質的研究は単に数量的研究の予備段階の研究にとどまるか，数量的研究領域の片隅に僅かばかりの表現の余地をお情けで分け与えてもらうことに甘んじるか，そのいずれかになってしまうのではないでしょうか。

（4）間主観性についての私の議論が誤解を招きやすかった事情

「間主観的に分かる」という現象を取りあげようとするとき，同じ場面で「間主観的に分からない」という事態が起こることをどのように説明すればよいか，また間主観的に分かったつもりでなされた対応が，相手からそうではないとして拒まれることがあるということをどのように説明すればよいか，これ

らが最初の学会誌論文以降，常に私の頭を悩ませてきた問題でした（そのような批判が私に向けられてきたということでもあります）。それが先にも触れた「間主観的に分かる」ことの条件分析に繋がり，「相手に自分の気持ちを持ち出す」「相手の気持ちに自分の気持ちを寄り添わせる」といった必要条件を導くことになり，その過程で得られたエピソードから，「成り込み」や「情動の舌」という概念にも行き着いたのでした（『関係発達論の構築』参照）。

ところが，必要条件として導いたはずの上の条件が，実践の場に持ち込まれると，「あなたに子どもの気持ちが摑めないのは，子どもに成り込まないからだ，子どもに情動の舌を伸ばさないからだ」というような発言がしばしば私の耳に届き，私の主張が正しく理解されていないことを思い知らされました。というのも，意識して持ち出すかどうかという議論ではなく，間主観的に分かった結果を分析的に見ればそのように言えるということに過ぎなかったからです。つまり，間主観的に分かったことを後で振り返れば，気持ちを持ち出していた，情動の舌が伸びていたということを言いたかったわけで，気持ちを意識して持ち出せば分かる，意識して情動の舌を伸ばせば分かるということではないということに注意を喚起する必要に迫られました。この間の事情も，多数の著書で「間主観的に分かる」という事態を繰り返し取りあげなければならなかった理由です。

（5）間主観性の問題を考えるための方法論と認識論

「間主観的に分かる」という問題は，実際には「関与観察」に携わっていたときに私の意識体験の中から導かれたもので，それはそのときに描いたエピソードと切り離せないものでした。つまり，「間主観的に分かる」という問題は，「二者間の関係性」「関与観察」「エピソード記述」という三つ組問題として取りあげない限り，その現象の存在そのものも，またその現象の記録も手にすることができないということです。学会誌論文に取りあげた具体例も，編訳著の私の論文に取りあげた具体例も，みな私の関与観察の中で得られた意識体験をエピソードに描いたからこそ第三者に供することができたのでした。

そういうわけですから,「間主観的に分かる」という事象を真正面から取りあげるためには,「関与観察とエピソード記述」という方法論をどうしても整備する必要があります。しかし,それは従来の客観主義的観察の枠組みとは明らかに異なる方法論として提示されなければならないものでした。つまり,実験的手法のように,観察者は無関与のまま,たくさんの被験者(実験協力者)にある課題場面を与え,それへのさまざまな反応の平均値から一般的言説を導くという行動科学方法とは真っ向から異なり,観察者がその事態に関与しながら,そこで得られた意識体験,とりわけ「間主観的に分かる」という事態についての意識体験をエピソードに描いて,それを基本データとしながら,その出来事の意味(その人が周囲の人と共に生きるということに関わる意味)を追い求めるという一連の手順が方法論として明確に示されなければなりません。そのことの大枠は1989年の論文に掲載した図にうかがえますが,まだその問題意識は十分とは言えませんでした。

　人が人と共に生きる中には無数の出来事が生起します。その中で,関与観察者に「図」として浮かび上がるものをその全体の流れの中から切り取り,それをエピソードとして示しながら,なぜそれが「図」として意識されたのかの考察や,その事象の当事者にとっての意味を吟味するというように,そのエピソードが「図」になるところから,それにメタ観察を加えてその意味を掘り起こすまでの一連の作業を方法として示す必要がありました。

　学位論文となった『関係発達論の構築』でもある程度はその方法論の整備を行いましたが,それを本格的に行ったのが『エピソード記述入門』(2005年)でした。ここでもこの方法論は「間主観的に分かる」という問題に接近するために生まれたものであることに触れられています。

第4節　関係発達論の第2主題:両義性という考え方

　関係発達論を他の理論と区別する最も大きなものは,間主観性の概念もそうですが,両義性の概念もそうです。両義性という用語はメルロ＝ポンティの身

体の両義性という考えを発端として，私の内面で次第に多面的に練り上げられていった概念ですが，振り返って見れば，私自身が悪戦苦闘して生きてきた自分自身の内面と深く結びついた概念でもありました。実際，両義性という概念が人の生き様のあらゆる局面に深く関わっていることにようやく気付いたときに，それまで捉えにくいと思っていた自分自身の生き様がやっと摑まえられたという実感がありました。本節では，私が両義性の概念に出会って以降，それに精神分析学の欲動論の考えが結びついて，次第にその概念が深められてゆく経緯をまず取りあげ，この概念がどれほど多元的に人間の生き様を貫いているかを明らかにして，次節の主体や相互主体的関係という考えに繋いでみたいと思います。

（1）「人間存在の根源的両義性」という考えに至るまで

メルロ＝ポンティは『知覚の現象学』の中で身体の両義性について述べています。つまり，「身体は見るものであると同時に見えるものでもある」と言うのです。私は思春期以降，他者を見る私が他者から見られるものでもあるということにずっと悩まされてきた人間だったので，メルロ＝ポンティのこの身体の両義性の議論に飛びついたことは言うまでもありません。そして私は見る主体でありながら他者から見られる客体でもあるという言い方で，私たちが身体をもつがゆえにこの種の両義性から逃れられないのだと考えるようになりました。これが学生や院生時代にメルロ＝ポンティの考えに惹きつけられた大きな理由の一つだったのだと思います。

さらにメルロ＝ポンティは右手が左手を握る例を引いて，それぞれの手が握る能動であって握られる受動であると述べ，それを「能動と受動の交叉」と呼ぶとともに，それを敷衍して，握手のような二者間の身体的関係もまた，握る右手と握られる左手の関係と同様に，「能動—受動の交叉」という考えで説明できるとしていました。つまり身体のもつ両義性から二者身体間の両義性を議論しようとしたのです。これが『知覚の現象学』や『行動の構造』(1942/1964年) から読み取ることのできた身体の両義性の概念でしたが，『眼と精神』に

含まれる「ソルボンヌ講義録」の中の「幼児の対人関係」の講義録においては，メルロ＝ポンティはメラニー・クラインなど精神分析の心の両価性（アンビヴァレンツ）の概念を援用して，二者の心的関係がいかに両義性を孕んでいるかにも言及し，両義性の概念が身体の問題だけでなく心の問題にも関わってくることに触れています。

　こうした議論を敷衍するかたちで，私は「愛の両義性」もまた能動―受動の交叉を含むものと捉え，私の講義では次のようなレジュメを用意して学生に説明してきました。ここに私が両義性という概念をどのように理解したかの一端が現れています。

　　愛の両義性について（京都大学時代の講義レジュメから）
　　〈育てられる者〉と〈育てる者〉との心的関係の中でも，「愛する―愛される」という関係は特に重要であることは論を俟たない。
　　愛という言葉は何かしら肯定的な響きをもつ。愛するとは，相手の気持ちを受け止め，相手を思い遣り，相手を大事にし，そのためにはおのれの都合をも一時棚上げして相手におのれを与え，それによって相手が喜んでくれることを嬉しく思い，それゆえ相手と共にあることを喜び，相手と気持ちが一つになることを志向することである。逆に愛されるとは，おのれを思い遣ってもらえる，おのれの存在を認めてもらえるというかたちで相手から好かれ大事にされることを幸せと感じることであり，それゆえ相手と共にあることを喜び，それによって気持ちを繋ぎたいという欲求が満たされて安心感が得られることである。
　　このようにいうと，愛するはもっぱらの能動，愛されるはもっぱらの受動であって，しかも肯定的かつ願わしいもののように聞こえるが，はたしてそうだろうか。ここで「愛する―愛される」という営みの能動と受動は交叉していると見なければならない。相手を顧みずに一方的に愛するなどということは，本来の愛にはありえないはずのことである。そこでは相手が喜んでくれるかどうかを顧慮し，相手の出方におのれを合わせてゆくという受動性が常に働いている。真に愛する者は，相手の気持ちを我がものにしようとして，かえって相手に従属する面をもたざるを得ないし，また愛される者は，受動性に身を委ねているようでいて，それによって相手を自分の思い通りに動かそうとする一面をどこかにもっている。
　　そうしてみると，愛する能動はその裏面に相手への従属という受動を抱え，愛

される受動はその裏面に相手を動かす能動を抱えているといわねばならない。しかも，「愛する―愛される」という関係は，その当初においては一方が愛する能動，他方が愛される受動と規定することができるとしても，いずれ両者の愛が深まれば，双方が相手を愛しつつ相手から愛されるという関係に移行していくはずで，この場合にも愛し合う二人の一方において，愛すると愛されるは二重になっている。ここに，「愛する―愛される」という関係が両義性を孕んでいるということの一端がある。

　そして，今述べたことのなかに，愛が必ずしも肯定的なものとは限らないこと，つまり愛は肯定的であって同時に否定的な面を抱えずにはおれないという意味での両義性を指摘することができる。「愛する」は，相手を大事に思い，相手におのれを与えつつも，他面ではその相手に与える優しさによって密かに相手を我がものにしよう，相手を虜にしようとする一面をもつ。逆に「愛される」は，相手から与えられる優しさに引き寄せられ，それを喜びとしながらも，一方ではその優しさの虜になっておのれを見失い，他方では大事にしてくれる相手を自分の願いが叶うように振り回してしまう一面をもつ。このようにいえば，愛は必ずしもその心地よい言葉の響きどおりに肯定的なものではなく，相手から束縛されたり，相手の虜になったりというようにして，おのれの全き自由を奪われ，おのれを見失いかねない危険な一面をもつことに気付くだろう。愛し合うカップルの愛が深まれば深まるほど，ヤマアラシジレンマに陥り易くなるというのは，「愛する―愛される」の関係が双方とも相手を束縛するかたちで傷つけ，相手の虜になるかたちでおのれを見失うことになりやすいからである。

　「愛する―愛される」という関係は，二者間の境界線が消えて一つの円になるような，自他合一の一体感を究極のかたちでは志向するものだといえる。しかし，そのような幸せな一体感は短時間のものであって，二者は間もなく再びそれぞれの個に切り分けられる。一体感は幸せであると同時に，おのれの主体性という点からすれば，そこにおのれが呑み込まれ，消失する危険と背中合わせだからである。だからといって，おのれはおのれだということに凝り固まれば，結局のところ他者と気持ちを繋ぎたいという欲求は満足されない。おのれの主体性の確立を重要な目標にしている青年期や青年期後期だからこそ，ヤマアラシジレンマに陥りやすいのだともいえる。

　人はその人生を生きる上で，一個の主体として生きるということと，気に入った相手と共に生きるということとは，両方とも実現したい根源的な願いである。ところが，いま見たように，愛は一方では強い一体感を目指し，それが満たされ

る限りで幸福感が得られるものであるが，しかし他方では，そこで燃焼し尽くそうと志向する結果，そこに埋没し，そこに呑み込まれ，おのれを見失う危険をも併せもつものであった。してみると，主体性を際立たせつつ，共生を目指すという人生における究極の目標にとって，過剰な愛は，その目標実現を損なう危険性をもつと言わねばならない。

学生向けのレジュメなので少し硬い趣がありますが，このような愛の両義性についての考え方はさらに「自立と依存の両義性」にも敷衍され，そこから「育てられる者が育てる者になる」「育てる者はみなかつては育てられる者でもあった」というふうに，「育てる─育てられる」ということにも両義性が孕まれていることが見えてきました。こうして「子どもの存在自体が両義性を孕んでいる」「大人の存在自体が両義性を孕んでいる」という考えが視野に入ってきて，『両義性の発達心理学』(1998年)ではそれらの両義性に加えて，「他者に投げ出されていることと，自己に収斂することの両義性」というかたちで自己の両義性に触れ，また二者間での「映し合うことの両義性」，さらには保育の営みが抱える「認め・支えることと教え・導くこととの両義性」，保育の場が抱える「個と集団の両義性」など，養育の場，保育の場に縦横に張り巡らされている両義性に言及することになり，その結節点として，「人間存在の根源的両義性」という考えに辿り着いたのでした。

(2) 両義性の概念と交叉の考え

両義性の概念には，これまでの議論から分かるように，メルロ＝ポンティの「能動と受動の交叉」という考え方が深く沁み通っています。私はこれを老子の陰陽モデル（以下の図2参照）で説明してきました。つまり，一方が能動，他方が受動と切り分けられずに，一方が能動であって同時に受動でもあり，他方もそうだというように，握手や抱擁に見られる二者身体の両義的関係を考えれば，二者間で能動と受動が交叉している事情が見えてきます。母子間の「抱く─抱かれる」という関係にしても，母親が抱く能動，子どもは抱かれる受動

第1章　「接面」という概念が導かれるまで

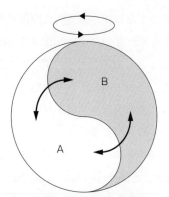

図2　能動─受動の交叉を説明
するための概念図

と単純に切り分けることはできません。母親は抱く能動でありながら，抱かれる子どもの抱かれ具合に合わせるという受動性を抱え，子どもは抱かれる受動でありながら，母親の抱き具合に自分の身体を沿わせるという能動性を宿しているというように，両者がともに能動であって受動であり，しかもそれが交叉していると考えなければ，しっくりくる抱っこは説明できません。この間の事情を表現しようとしたのがこの図2です。

　Aの領域の凸の部分は能動を，凹の部分は受動を表すとすると，Aの領域は能動であって受動を表し，同じようにBの領域は能動であって受動を表し，Aの凸とBの凹，Aの凹とBの凸が上手く嚙み合ったときが，両者が交叉した状態であると考えれば，この図は母子間の「抱く─抱かれる」をはじめ，上に見たすべての能動と受動が交叉する事態を説明することができます。

　さらにこの図2は，Aの領域とBの領域を隔てる境界線に強い斥力と引力が同時に働いているとみなすと，斥力が強まれば二つの領域は分離して結局は二つの独立した円に収斂し，引力が強まれば合体して一つの切れ目のない円になると見ることができます。前者が別個の独立した二者身体のイメージに，後者は二者が一体となって境界線のない円のイメージになると考えれば，この図は男女間のエロス的な関係にまで拡げてその両義的関係を議論することができる図としても扱えるでしょう。

47

さらにこの図を回転させてみれば，両義的な関係にある二項は単に相容れない面をもつというだけでなく，互いに他に転化する可能性をもつという点にも目を向けることができるようになります。「育てる―育てられる」という関係に孕まれる両義性も，映し合いの両義性もみな他への転化という視点が重要な意味をもちます。これは「愛の両義性」ばかりでなく，後に見る「育てる営みの両義性」を説明する際の鍵となる部分でもあります。
　こうしてこの図は「能動と受動の交叉」を説明する図という意味を越えて，「対立する二項の相互転化」というより広い意味での両義性を説明する図としても重要な役割を果たすことになりました。そしてこの図は，二者間の関係を常に行動的相互作用という観点からしか取り扱えない行動科学の枠組みに対するアンチテーゼの意味をもつものでもあることは，今や明らかでしょう。

（3）人間を両義的な存在として捉える

　身体の両義性から，身体と身体の関係に孕まれる両義性，さらには「愛する―愛される」，「育てる―育てられる」という身近な二者関係に孕まれる両義性を経て，私は次第に人間の存在そのものに両義性が孕まれていると考えるようになりました。そのきっかけになったのは，「ソルボンヌ講義録」に取りあげられた精神分析関係の著作です。わけても英国の対象関係学派の乳児の対象希求性という概念やフロイトのエスという概念がヒントになり，また私自身のフィールド観察での経験と，自分自身がこれまでの身近な人たちとの関係の中で味わったさまざまな体験が重ね合わされる中で，私の中に**人間は自己充実欲求と繋合希求欲求という二つの欲望を抱えて生きている**という考えが生まれてきました。そしてこの二つの欲望が一人の人間の内部でときにあちら立てればこちら立たずになるところに，人間存在が根源的に葛藤を抱えて生きざるを得ない理由があるのだと考えるようになりました。
　このように人間を二つの根源的な欲望を抱えて常にその充足を目指して生きる存在とみなしてみると，その欲望が充足されるか否かによって，一人の人間にありとあらゆる感情（正と負，正と邪のまさに喜怒哀楽の感情）が現れてくる

第 1 章 「接面」という概念が導かれるまで

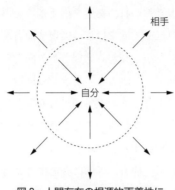

図3　人間存在の根源的両義性に
ついての概念図

事情が納得できるようになってきます。これが図3に示される「人間存在の根源的両義性」の概念図に結びつきました。

　この図3の中心に向かうベクトルは自己充実欲求を表すもので，自分が，自分でと，自己を他から切り分けて破線の円弧の内部に収斂する方向性をもち，自己主張し自己実現を目指す動きに代表される欲望を表しています。他方，相手に向かって破線の円弧から外側に向かって発散するベクトルは，相手と共にあることを求め，相手と気持ちを繋いで安心を得るというように他と繋がれることを希求する欲望，つまり繋合希求欲求を表しています。

　この二つの欲望は，先にも触れたように，フィールド観察の中から気付かされたものであると同時に，精神分析学の考え方がヒントになったものでもあります。そしてこの二つの欲望がしばしば「あちら立てればこちら立たず」の関係になり，そのとき人は二つの欲望に引き裂かれる思いに駆られるという事情を，このように点線の円弧のところから内側に向かうベクトルと逆向きに外側に発散するベクトルとで表現しようとしたのでした。そしてこれが老若男女を問わず，人間の一生を貫く欲望の基本であることを言おうとして，少々厳めしいけれども，これを「人間存在の根源的両義性」と名付けたのでした。

　この図3には若干の補足説明が必要です。この図は人間が自己充実欲求と繋合希求欲求という互いに相容れない面のある二つの欲望をもち，それゆえに人

間がその内部で二つに引き裂かれ、葛藤を抱えざるを得ない事情を示す上には都合がよいのですが、自己充実欲求はその実現に他者を必要とすることがあり、そのために他者の出方を参照しながら発揮される面をもたざるを得ませんし、他方、繋合希求欲求は他者と繋がることを求める欲望でありながら、やはりそれは自己の欲望である以上は、その充足満足も充足されなかったときの不満も自己に回収されるはずです。それらのことを考えると、自己充実欲求の中心に向かうベクトルは中心に到達すると、そこから裏面に回って他者を指向する外側に向かうベクトルをもち、他方の外側に発散する繋合希求欲求のベクトルは、他者によって充足されれば（あるいは充足されなければ）そこから裏面に回って自己の中心に向かって回帰するベクトルになると考えられなければなりません。それはまるで二つの欲望が相互に反転するかのような両義的イメージです。

　さらに、最近になってからのことですが、この二つの欲望は子どもが最初の誕生を過ぎる頃から子どもの内部でしばしば重ね合わされ、子どもは周囲の重要な他者に自分の存在をいつも肯定してほしいという「根源的な存在承認欲求」をもつようになると考えるようになりました。幼児はそのためにこの欲求を満たしてくれる他者を執拗に求め、満たされればそれが自己肯定感に繋がり、またそれを満たしてくれる他者をそれまで以上に信頼するようになります。逆に周囲の他者からその存在承認欲求を満たしてもらえなければ、子どもは周囲の他者に対して信頼感を育めず、また自分に自己肯定感をもてなくなってしまいます。ところがその事情を大人は逆手に取って、自分の願いを聞き入れれば子どもの存在承認欲求を満たすように対応するというふうにして、子どもを大人の意のままに翻弄するということもしばしば起こります。聞き分けをよくしてくれれば愛してあげるという最近の保護者や保育者の条件付きの愛情の示し方にそれが端的に現れています。

　そうしてみると、この根源的存在承認欲求が充足されるか否かもまた、子どもが幸せと不幸に振り分けられる危うい面をもっていることに繋がっています。こうして根源的な二つの欲望から派生するこの欲望にも、複雑な両義性が孕まれていることを見ないわけにはゆきません。このことは京都大学を定年退官以

降，保育の場に頻繁に出かけて多数の乳幼児の様子を観察し，また若い保護者の動向を見る中から導かれた考え方でした。

　ともあれ，人間存在が抱える根源的な欲望の充足のありようが，人と人の関係を大きく揺るがす事情は，これまでの議論からおおよそ明らかになったのではないでしょうか。

（4）両義性の概念からこれまでの自分自身を振り返る

　私は思春期以降，いつも次のような一連の二項対立に悩まされてきました。純粋と不純，正義と邪悪，本音と建前，表と裏，子どもであることと大人になること（ありのままでよくて，ありのままでよくないこと），個人と社会，自由・権利と義務・責任，幸せと不幸，喜びと不満，愛と憎しみ，等々，挙げればきりがありませんが，人間が直面するありとあらゆる正と負の感情や正と邪の心が自分の内部で渦巻く中で私は生きてきました（他の人も多かれ少なかれ似たようなものだと思います）。正義は常に念頭にありながら，しかしそれだけに徹することができず，決して褒められない邪悪な心もときに頭をもたげます。純粋で清純を求めながら，淫らな思いにも引き寄せられ，幸せを求めながら，幸せと思えずに絶えず不満を抱え，現状に踏みとどまりたいと思う一方で，現状を乗り越えてもっと高みに立ちたいと願い……というふうに，いつも正と負，正と邪，清と濁，表と裏，現状肯定と現状止揚に引き裂かれている自分を意識してきたと思います。

　表向きはともかく，対立する二項のうちの望ましい一方だけを単純に生きるなどということには決してならず，周囲他者との関係のありようの中でその両面が自分の内部に立ち現れてきます。そこから生まれる正負両面のさまざまな感情は人間の二つの根源的欲望が充足されるか否かによってもたらされるものだということが，ようやく自分のこととして理解することができるようになりました。上に見たような多様な二項対立は，人間という存在がもつ両義性（ambiguity）あるいは内面の両価性（ambivalence）という考えで理解できるものですが，これが個別具体の人間を捉える際の基本的な人間観になりました。

それはまさしく私自身が生涯発達という時間軸の中でそのような両義性と両価性に隅々まで貫き通されて生きてきたからに他なりません。

しかしそれは私にだけ該当することではなく，おそらく身近な他者たちにも該当するものだと考えれば，なぜ人間関係がいつもこのように錯綜するのかも理解できるのではないでしょうか。このことが次節で見る「主体」や「相互主体的関係」という考えにも繋がってきます。

（5）育てる営みの両義性

本節で最後に取りあげておきたいのは，育てる営みもまた両義性を孕むという点です。

『両義性の発達心理学』では，保育の場の両義性という文脈で，保育者の「保育する」という営みの中身を「認め・支えることと，教え・導くことの両義性」と捉えるべきことについて触れています。そこには〈育てられる者〉という規定のうちに次の〈育てる者〉になることが展望され，逆に〈育てる者〉という規定の内にすでに〈育てられる者〉として生きてきた過去が息づくという事情，つまり「子どもの存在両義性」「大人の存在両義性」という考えで取りあげられてきたことが重ね合わされています。

ところが，京都大学に配置換えになってしばらくした後，私は保育の世界に深く入り込むようになり，全国私立保育連盟の委嘱によって新「保育所保育指針」の改定に向けて提言を書くことになりました。そこで「保育所保育指針」を吟味しながら読み進めてみると，そこには「養護と教育を一体のものとして扱うのが保育」という文言が記されています。保育内容としての「養護」とは「生命の保持と情緒の安定」と括られる内容であり，「教育」とは5領域としてまとめられる内容です。しかし，子どもを前にしたときの保育者の働きという観点がどうも指針には十分ではなく，保育者の働きに重点を置いて保育の営みを考え直してみると，私がそれまで保育者の「認め・支えることと教え・導くことの両義性」と考えてきたことが，保育者の保育の営みの現実に近いのではないかと考えるようになりました。

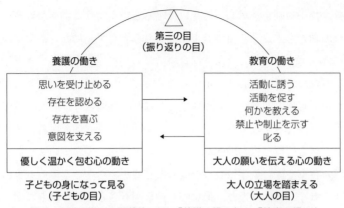

図4 育てる営みの両義的二面:「養護の働き」と「教育の働き」

　こうして,「認め・支える」を「養護の働き」と,そして「教え・導く」を「教育の働き」と置き換え,その二項が両義的に振り向けられるのが保育の営みだと主張するようになりました(『保育・主体として育てる営み』などを参照してください)。そこには津守真先生の「保育的関係」と「教育的関係」という考えも重ね合わされています。こうして導かれたのが図4のヤジロベエの図でした。左側の「養護の働き」の箱の中身は,子どもの思いを受け止める,子どもの存在を認める,というように,子どもが大事という思いから子どもを優しく包もうとする保育者の働きを言おうとするものです。そして子どもの「いま,ここ」の思いをそのように受け止めることができるのは,保育者がかつては子どもであり,それゆえ眼の前の子どもの姿にかつての自分を見るような思いに駆られ,そこに自然と共感が生まれるからでしょう(左図の下に「子どもの身になって見る(子どもの目)」と書いたのはそのためです)。この「養護の働き」が保育者への子どもの信頼感を育むことに繋がり,またそれが子どもの内部に跳ね返って子どもの自己肯定感になると考えれば,この「養護の働き」が子どもの心を育てる上で重要な意味をもつことは明らかです。

　他方,右側の「教育の働き」の中身は,一歩先んじて大人になった保育者が,自分が育てられて育ったように,幼い子どもが一歩一歩大人に近づいてくることができるように,大人の願うことや期待することに向けて,誘い,促し,教

え，導き，禁止や制止を示し，ときには叱るというように働きかけることです。この二つの働きもまた「あちら立てればこちら立たず」になりやすいので，これをヤジロベエで繋いでこれを「保育の営みの両義性」と呼んできたのでした。

当初は保育の営みの両義性を示すものとして取りあげたこの図4は，保育所保育指針の「養護と教育」という言葉としばしば混同され，また昨今の保育だ，幼児教育だ，果ては学校教育だという文言が飛び交う異様な保育行政が展開される中で，さらに捻じれた理解が生まれる結果になってしまいました。そこで，大人主導の養育や保育や学校教育を改める必要があるという思いも手伝って，この図4をもう一度振り返り，保育園も幼稚園もさらには学校もなかった太昔を想像してみて，そこでも大人が子どもを育ててきたはずだと考えを巡らせたときに，その育てる営みの本質をこの図の「養護の働き」と「教育の働き」の二つとして捉え直すことができるのではないかと考えるようになりました。

つまり，「育てる営み」の本質という点から考えれば，保育のみならず，家庭の子育ても，学校教育も，そこでの大人の働きはみなこの図で考えることができるのではないかということです。そしてこの図に照らしてみると，家庭でも，保育の場でも，また学校教育の場でも，まずもって大人の「養護の働き」がきわめて弱体化していることがはっきり見えてきます。それが多くの子どもの呈する負の状態と直結していることは明らかです。他方で，「教育の働き」が重視されて「教育，教育」という言葉が溢れかえっている昨今ですが，子どもを一人前の大人に育てていく上で本当に必要な教育とは何かを考えたときに，いま言われている教育は，上の図で言おうとしている「教育の働き」からすると，きわめて捻じれて歪んだ教育の働きになってしまっていることも見えてきます。

要するに，この図を参照してみれば，今の子育ても保育も，ひいては学校教育も，大きく改変を迫られるはずです。こうして，それまでは「保育の営みの両義性」と名付けてきたこの図の題目を「育てる営みの両義性」と書き換えたのでした。

ところで『両義性の発達心理学』において，この保育の場の両義性を取りあ

げたところでは,「認め・支える」と「教え・導く」の二つの項については,次のように述べられていました。

> 保育の営みに見られるこの二つの面は,いずれも本質的に重要な二本の柱として保育の営みを構成するものであるが,……中略……それぞれは,もっぱらの「認め・支える」でも,またもっぱらの「教え・導く」でもない,認め・支えながら教え・導き,教え・導きながら認め・支えるという,きわめて両義的なあり方を求められる。

この一文を受けて,『保育の場で子どもの心をどのように育むのか』(2015年) では,次のように書いています。

> 「養護の働き」を示しながらしかしその裏にはすでに「教育の働き」が暗黙裡に用意されており,また「教育の働き」の裏ですでに「養護の働き」が作動しつつあるというように,二つの項の間には捻じれた両義的関係があるのにもかかわらず,このヤジロベエの図では,二つの面が「あちら立てればこちら立たず」を表現してはいるものの,二つのあいだの交叉する両義的関係がなかなか見えてこないのです。……中略……
> この図を繋ぐ左右の矢印は,確かに左の箱と右の箱が相互に影響を及ぼしあっていることを示唆していますが,これだと単なる影響関係としか見えません。あるいは,今は「養護の働き」,次は「教育の働き」と二つの働きが単に前後して子どもに振り向けられるかのようにも見えます。そうではなくて,上に述べたように,「養護の働き」を振り向けるときには既に「教育の働き」がそこから滲み出ていたり,もっぱら「教育の働き」を向けているように見えて,実は「養護の働き」が暗黙裡にそれを下支えしていたり,という意味で,二つの働きは切り分けられないのです。

次節ではたくさんのヤジロベエの図が出てきますが,両義性を表すためのヤジロベエの図が必ずしも交叉の概念を表現するものではないために,両義性の複雑な中身が図に表現しきれていません。この点は予めお断りしておかなけれ

ばなりません。

　いずれにしても,「育てる営みの両義性」が,次節の「主体の両義性」と深く結びついていることは言うまでもありません。

第5節　関係発達論の第3主題：主体という概念

　他とは異なる個性をもち,さまざまなものの考え方や心の動かし方をして,世界に唯一無二の存在として独自に生きる個人,それは私のことでもあり,あなたのことでもあるわけですが,そういう個人を指す言葉として主体という概念は欠かせないと以前から考えてきました。

　この主体という概念をどのように取り押さえればよいかという問いは,私が研究者になって以来,ずっと苦しめられてきた問いでした。それはそもそも「私」という人間をどのように取り押さえればよいかがなかなか分からなかったからでもあります。本節ではこの主体という概念をどのように考え,また相互主体的に生きるということからどのようなことが見えてくるかについて考えてみたいと思います。

（1）主体という概念はなぜ取り押さえにくいのか

　本書の序章でも触れたように,私が主体という概念について本格的に取り組んだのは『ひとがひとをわかるということ』においてでした。そこでは主体という概念を取り押さえるのが難しいという事情を次のように述べています。つまり,①主体とは私を周囲から切り分けて主題化する意味をもつものであること,②私という主体は他の主体との関係において成り立つものであること,③私という主体は「である」と「なる」が交叉するところに成り立つものであること,そしてそれらをまとめて④主体とは一つの両義性であると述べています。また『保育・主体として育てる営み』では,子どもを主体という言葉で表現するのは,(ア)今を生きているのはその子自身だという意味で,(イ)その子が成長・変容する存在だという意味で,(ウ)その子が自分に「閉じる」面をもつと同時に

自分を他者に「開く」面をもつという意味においてである，としています。

上に示した文言にこの概念を取り押さえるのが難しい事情が見て取れますが，①②③は主体が自分の体験に即して自分を振り返ったときに考えつくことを中心にまとめられているのに対し，(ア)(イ)(ウ)は子どもを外側から見て取りあげられていることが分かります。つまり主体は，主体である本人の内側から描き出す場合と，主体について論じる人が，主体である子どもや他者を外側から眺めて語る場合とがあり，その内側からの視点と外側からの視点が交叉する中に主体という概念が浮かび上がってくると考えてもよいかもしれません。これも主体という概念が扱いにくい理由の一つでしょう

上記2冊の著書の議論を整理すると，第1に，主体という概念は個人を周囲他者から切り分けて際立たせる意味合いをもつものでありながら，では当の個人だけで自己完結的に定義できるかと言えばそうではなく，常に他者たち（他の主体たち）との関係の中で初めて成り立つものであるという意味では，他の主体と深く結びつくかたちでしか定義できないという問題があります。『両義性の発達心理学』ではこれを自と他が共軛的関係にあるというふうに表現していました（共軛とは，車の両輪の意味で，車軸で繋がった両輪は，片方が回ればもう片方も回るという意味です）。私の関係発達論が関係論的立場に立って独我論的立場を排するのは，主体という個に定位した概念が他の主体との関係と切り離せないと考えるからです。

第2に，一人の主体は，正負両面の意味において「いま，ここ」において「現にこのようにある」というふうに際立ちながら，しかしそれはこれまで周囲他者たちの育てる営みの中で，「そのようになった」というように，時間軸の中で形成されてきた面を抱え，また将来，異なるかたちに変容する可能性があるはずだということを含意しています。つまり，いま現在の当の主体の正負の姿が，常に過去からいまへ，いまから未来へという時間軸の中で変容することが視野に入れられていなければなりません。

第3に，主体は通常は閉じた円で表示されることが多いと思いますが，図3からも分かるように，他の主体に開かれていることによって他者との関係が生

まれるのですから,自らに閉じつつ,他に開かれているという特徴を持たざるを得ません。この両義性が主体にとっては肝心な点で,それがこれまでこの概念が取り押さえにくかった理由の一つでもあったでしょう。

(2) 主体とは一つの両義性である

前節で取りあげた両義性という概念に出会って以来,私は主体を「根源的な二つの相反する欲望に貫かれた存在」と考えるようになり,そこから主体が両義的な存在であることが見えてきて,主体についての考えが少し整理されてきたように思います。それと同時に,前項で取りあげた主体を取りあげる際のさまざまな観点を念頭に置き,さらに育てられて育った主体が一人前の大人として当該社会を生きる存在であると考えたとき,私はまず主体についての最も大枠の捉え方として,**主体とは自分が自分らしく生きながら同時に周囲の人と共に生きる存在である**というふうに考えました。

「主体」についての上の太字の文言には,二つの面があることに注意しなければなりません。「自分の思いをもって自分らしく生きる」という面と,「周囲の人と共に生きる」という面ですが,前者は,「私は私」の心をもって生きる面と,後者は「私は私たち」の心をもって生きる面とみることができます。これをまとめたものが以下の図5です。

1)「私は私」の心

まず「私は私」の心とは,「こうしたい」「こうしたくない」「こうしてほしい」という自分の思いを貫こうとする心の動きに代表されるものです。乳児期の「おっぱいがほしい」,幼児期の「この玩具がほしい」に表れているように,それは自分の思いを主張し,自分の思いを実現するかたちで自分を前に押し出そうとする,**自己充実を目指す心の動き**だと言えます(これが図5の左の箱の一番下にある**自己充実欲求**の意味で,これはまた,人間存在の根源的欲望の一方に対応するものです)。そこには,自分の思い通りにしたい,自分でやりたい,自分を認めてほしい,自分のすることを肯定してほしいという「私は私」の思いが根底にあります。そして自分が周りから認められ大事にされるのに応じて,

第1章 「接面」という概念が導かれるまで

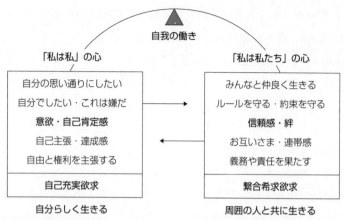

図5 一個の主体は「私は私」の心と「私は私たち」の心の二面の心からなる

「自分は大事なのだ」「自分は自分らしくあってよいのだ」という自己肯定感が生まれます。そのように自己肯定感が生まれるのに応じて，内側から意欲が湧いてきて，こんなふうにして遊んでみたい，こんな工夫をしたいと前向きに世界に進み出るようになり，そこで得られる肯定的な結果から，「自分はいろいろなことができる」という自信や自己効力感が生まれてきます。またそれが自己肯定感に流れ込んで，自己肯定感がさらに確固としたものになってきます。それが自己主張や自己発揮に繋がり，さらには自己実現を目指すようになって，大きくなれば自由と権利を主張することにも繋がるでしょう。要するに，人の生涯を通して，人の心の動きの半分はこの「私は私」の心が充実するか否かによって，幸せから不幸せまでのスペクトラムのあいだを行き来するというふうに見ることができます。これが左の箱の中身です。

2)「私は私たち」の心

他方，「私は私たち」の心は，親や保育者など子どもから見て重要な大人が子どもの存在を肯定し，子どもを大事に思うことによって（つまりは「養護の働き」によって），子どもの内部に重要な大人と「一緒がいい」「繋がっていたい」という**心の動き**が生まれ（これが図5の右の箱の一番下の**繋合希求欲求**と書かれている意味で，これは人間存在が抱えるもう一方の根源的欲望に対応していま

す），それが満たされるときにその大人に対する信頼感が育まれることに基礎を置いています。それが原初の「私は私たち」の心ですが，そこから次第に，友達と一緒がいい，友達と繋がって遊びたいというふうに，繋がることが喜びになってきて，本格的な「私は私たち」の心が成り立ってくると考えられます。要するに，繋がりや絆を求める心，繋がりや絆を喜ぶ心が「私は私たち」の心の中核にくるということです。こうしてそこには，自分が大事にされたいと思うように相手を大事にすること，自分が尊重されたいと思うように相手を尊重することというように，「お互いさま」の感覚が次第に生まれてきます。喧嘩をしても後で「ごめんね」が言え，それに「いいよ」と応じられるようになるのも，「私は私たち」の心の動きの一つでしょう。それが右の箱の中身です。

　私たち大人自身を振り返ってみても，私たちが自らを「一個の主体である」と言えるのは，単に自分を前に押し出して，好き勝手，やりたい放題をする人間という意味ではなくて，まさに唯一無二の「私」として生きようとしながら，しかし同時に「私たち」としても生きようと努めることを指しているはずです。単に自己主張できる，自己実現を目指している，自己決定できるという姿だけが主体としての大人の姿なのではありません。それらが主体として生きる上に欠かせない面だというのは当然ですが，それに加えて，家族のことを考え，職場の対人関係をうまくもっていくように努め，みんなと気持ちよく共に生きることを目指し，社会の一員として義務や責任を果たすという面も，主体として生きることの中に含まれてこなければなりません。それが「人間」という漢字が示している意味（人の間に生きるという意味）ではないでしょうか。

　ここでも，主体を構成する二つの心は図5のように左右のヤジロベエで繋がれています。この図5は二面の心がときに「あちら立てればこちら立たず」の相反する事情を説明するのには好都合ですが，この図もまた二面の心が交叉する事情を十分に掬いあげるには至っていません。つまり，「私は私」の心が充実してくる中で周囲他者への関心が強まり，その周囲他者との関係が生まれ，そこに「私は私たち」の心が立ち現れてくる一端があります。他方で，「私は私たち」の心が次第に充実してくると，そこでの経験（認められている，肯定

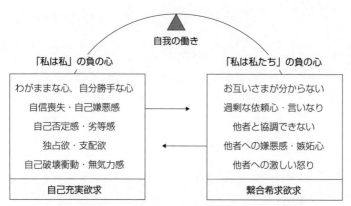

図6 主体であることの負のヴァージョン

されているという経験)が「私は私」の心に取り込まれて，自己肯定感や意欲がさらに強められていくというように，両者はお互いに強め合う面ももっています。それは「私は私」の心と「私は私たち」の心が交叉するということですが，その事情がこのヤジロベエの二つの箱ではなかなか説明しがたく，かろうじて箱と箱のあいだを結ぶ両方向の矢印で説明してきたにすぎませんでした。

しかもこの図5は主体のもつ二面の心の正の面を表すにとどまり，主体が負の二面の心ももつ事情をほとんど説明していません。負の心に捉えられた青年たちを念頭に置くとき，彼らもまた一個の主体であることを考えれば，主体は常に正の心をもって生きるというふうには考えられず，正負両面に亘って「私は私」と「私は私たち」の心が動くと考えられなければなりません。そこで『保育の場で子どもの心をどのように育むのか』(2015年)では上の図6で主体がもつ二面の心の負のヴァージョンを描いてみたのでした。

3) **主体は正負の心を抱える**

本来は図5の裏面に図6があり，しかも表面と裏面がしばしば反転すると考えられなければなりませんが，しかしその間の事情をなかなか図に表現することができません。読者の皆さんにはこの図5と図6がそういう関係にあることをお考えいただきたいと思います。

いまの議論は，以下に示す信頼感と自己肯定感の成り立ちを示した図7が，

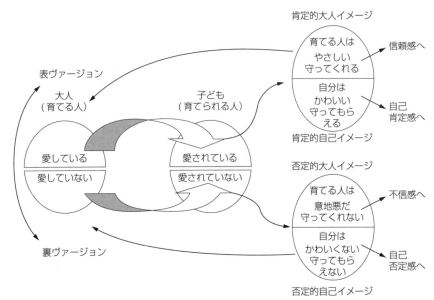

図7 信頼感と自己肯定感，不信感と自己否定感が生起する事情を示す概念図

表ヴァージョンと裏ヴァージョンからなる事情にも繋がっています。大人の「あなたを愛している」「あなたは大事」という思いが，反復して経験されることを通して，子どもの内部にそのように愛してくれる大人への肯定的なイメージが成り立ち，またそのとき，そのように扱ってもらえる自分に肯定的なイメージを抱くことができるようになります。そしてそれが結局のところ，子どもにとっては愛を向けてくれる大人への信頼感に通じ，また「あなたが大事」という大人の思いが反転して子どもの「私が大事」という自己肯定感の成り立ちに通じています。その間の事情を示したのが上段の表ヴァージョンです。

しかし「あなたを愛する気持ちになれない」「あなたを大事と思えない」というふうに大人が思う場面もしばしばあり，それがもしも反復されれば，下の裏ヴァージョンに転化してしまうこともあるでしょう。それがこの図7の意味です。大人の心のもちよう次第で子どもの幸せや不幸せが決まることを示したこの図7の表ヴァージョンと裏ヴァージョンは，図5と図6が表裏で不断に反転していると考えることと重なり，主体の抱く多様な心が正と負に絶えず反転

第1章 「接面」という概念が導かれるまで

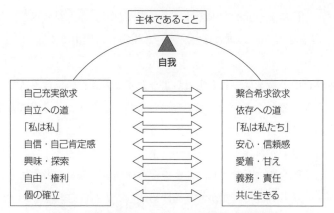

図8 主体であることの多元的な両義性（両面性）

する可能性をもつことを示す具体例としてイメージすることができるでしょう。それはまた，単純に子どもは大人に愛されて育つ存在だとは言い切れない事情を示唆するものでもあります。つまり，大人の抱える根源的両義性が正負の現れをするがゆえに，それが子どもの心の中に流れ込んで子どもの心が正負の現れ方をすることに繋がるのです。

人間の心は「ヒト・モノ・コト」との関係の中で多様な現れ方をしますが，少なくとも重要な大人との関係で言えば，これまで述べてきたようなことになるはずです。

4）主体を貫く多元的な両義性

このように見てくると主体を貫く多次元的な両義性が見えてきて，それらが主体という概念を取り扱いにくいとした理由でもあったことが分かってきます。その間の事情を際立たせる目的で，『エピソード記述を読む』では図5をさらに少し改変して次のような図8を描いてみました。

この図8は，左右の箱の中に配置された二項がそれぞれに対立する意味と交叉する意味をもつことを念頭に置きながら，主体が多元的な両義性に貫かれている事情を表現しようとしたもので，この図に示されている左と右が対になった7項のそれぞれは，主体を貫く両義的次元とみなしてもよいものです。つまり，主体という概念は何処で裁断しても，そこに両義性が立ち現れてくるとい

うように，主体は多次元的な両義性に引き裂かれていると見るべきでしょう。以上が，「主体とは一つの両義性である」と規定した理由です。

（3）主体という概念はそれを定義しようとする人間を内に含み込む

　主体を定義するべくあれこれ考えを巡らせているときに不思議に思うのは，主体を定義する者自体が主体であるという事実です。自己言及についてはなにかしら「嘘臭さ」が付きまといますが，主体について語るとき，あくまで他者を主体として論じるにとどまり，考察を巡らす当の本人をその主体という概念からこっそり切り分けて，頬かむりを決め込むことは許されません。主体の願わしい面も願わしくない面も，主体を定義する本人にすべて覆い被さってくるものであるはずだからです。

　私が主体という概念に自己実現や自己発揮や自己主張という願わしい面を見るだけに満足できず，主体はときに絶望の淵に沈み，這い上がる気力をなくし，人に迎合し，自己憐憫や自己欺瞞に陥ることがあるというふうにその負の面にも言及するのは，そうした正負の二面を私自身が自分の人生の中で確かに生きてきたからです。それゆえ，これらの概念を定義付ける際に，他者だけを外側から見て，他の主体がみなこうであるからこのように規定できるというようには決してなりません。自らが主体として生きてきた経験，つまり内側から体験された主体としての数々の正負の生き様が，その規定の中に反映されないわけにはいきません。その意味では，主体という概念は三人称で語ることと一人称で語ることとの狭間にあるものだと言わなければなりません。これについては先にも少し触れました。

　考えてみれば，心理学は生きた人間を問題にする以上は，どのような場合であれ，研究する主体を研究対象の側に引き込まずには済まされないはずです。発達のところで議論したように，発達を研究する人自体が発達するのですから。人間を対象にする学問はそれゆえ，ある種の自己言及性を免れ得ないはずなのですが，それを無視しようとするからこそ客観科学を標榜しなければならなかったのかもしれません。

ですから，主体に関するあらゆる言説，ひいては主体が多次元的な両義性を孕むという本書での主張のすべては，まずもって私自身が該当し，私自身の主体としてのこれまでの生き様を説明するものでなければなりませんでした。

（4）主体という概念と当事者性の問題

　ここで主体という概念を当事者ないし当事者性という概念と結びつけて議論しておく必要があります。というのも，当事者性という問題は次章で取りあげる「接面」という概念とも深く関係してくるからです。ここで言いたいのは，一人の主体は何らかの事象を常にその当事者として生きることだという点です。人間は誰しも自分の人生を当事者として生きているはずで，それが主体の生きる姿に他なりません。誰によっても代替されないがゆえに当事者なのですが，それが主体であることの重要な面であり，それゆえに主体は自分の人生に自ら責任を負わなければならないことにもなるわけです。

　たとえば，我が子が慢性疾患や障碍を抱えていることが医学的に明らかにされたとき，その出来事を一人の主体として受け止めて生きる母親や，その出来事を一人の主体として受け止めざるを得ない当の子どもは，紛れもなくその出来事を生きる当事者です。その現実を誰に代わってもらうわけにもいきません。また，診断が下り絶望の淵に突き落とされているその母親の思いに寄り添い，その子の将来を共に考えようとする支援者も，主体としてその出来事に接する人なのですから，その出来事の当事者の一人と言わなければならないでしょうし，それゆえにその出来事を傍観して済ますことはできません。無関与であれば無責任を決め込むこともできるでしょうが，支援は何と言っても何らかの関与を伴う以上，支援者もまたその支援の場を一人の主体として生きるからには，無責任を決め込むことはできないはずです。

　そこから振り返れば，さまざまな事例に登場する個別具体の個人，たとえば自閉症スペクトラムと呼ばれる一人の子どもは，単にそのようなカテゴリーで括られる一人の子どもに過ぎないのではなく，常に当該事象（自閉症スペクトラム）を生きる主体として，つまり当事者としてその事象を生きているはずで

す。その意味で，個別具体の相においてある事象を生きている主体は，みなその事象に関して当事者性を有していると見なければなりません。それは自分の置かれた立場を誰かに代わってもらうわけにいかないことと同義です。言い換えれば，当事者性とは自分は代替不可能だということと同義なのです。

　子どもを主体として見るということは，当の子どもが自分の人生の主体（当事者）であること，つまりはその子が自分の人生を当事者として生きているということを認めることであり，その子を主体として尊重するということは，まさにその意味で理解されるのでなければなりません。

　そうしてみると，さまざまな実践の場，あるいは臨床の場では，それに従事する人が主体であるという観点を見失ってはならないことになるはずです。ところが，特定のマニュアルに従って対応すればそれでよいという行動中心主義の立場が，実践の場や臨床の場に蔓延しています。そのとき，支援を受ける側の主体性の問題も，支援する側の主体性の問題も視野から外れ，実践者や支援者がほとんどロボット的な対応に終始して済まされる結果になってしまいます。マニュアル通りの対応は，それに従事する人をロボット化し，主体であることを見失わせるのです。

　私はいま保育者に自分の保育をエピソードに綴って振り返ることを推奨し，そこから保育者の多数のエピソード記述を読むという経験を積み重ねてきました。そこから分かってきたことは，子どもを主体として受け止めて対応している保育者が自分の体験をエピソードに描くということは，自分もまたその場で主体として生きていること，そしてその出来事の当事者なのだということに気付く契機となるということでした。つまり，エピソード記述を通して，自分もまた保育の場の主体なのだということを再確認できるようになったことが，保育者の当事者意識を強め，それがこのようにエピソード記述が保育の世界に広がるようになった理由だと考えるようになりました。保育者が黒衣になったままの保育記録や事例や日案の書き方は，保育者の主体としての声を奪います。これに対して保育者が自分の体験をエピソードに綴ったものからは，その保育者の声が聴こえ，その保育者が主体としてその場を生きていること，つまりそ

の場の当事者の一人であることが読み手にはっきり伝わってきます。

　これについては第3章のエピソード記述の箇所でも再度触れますが，差し当たりは，主体がある事象を生きるということは常にその事象の当事者として生きることであるという点に注意を喚起しておきたいと思います。関係発達論は，したがって，ある事象に関わる当事者たちをすべて主体として捉えることを必須の要件としているというふうにも言えます。関係発達論が常に個別具体を志向し，人の生き様を安易にカテゴリー化することを避ける理由もそこにあります。

　これまでの議論をまとめると，ある人が主体となるのは，他の主体から主体として認められたときであり，また他者を主体として認めることができたときだということになります。このことが次項の相互主体的関係に通じています。

（5）主体という概念と相互主体性の問題

　自己と他者という基本的な二者関係の問題設定を，根源的な両義的欲望を抱えた主体と主体の関わり合いと捉え直してみたのが次の図9でした。

　このように図示してみると，それまでの二者関係の問題，つまり母子関係はもとより，子どもと保育者の関係，子どもと教師の関係，あるいは友人関係，恋人関係，夫婦関係，さらには看護師—患者関係，カウンセラー—クライエント関係，インタビュアー—インタビュイー関係など，ありとあらゆる二者関係は，相互主体的な関係として考えるべきことが見えてきます。そしてそのように考えて初めて，それぞれの二者関係は互いに幸せを目指して関わっているはずなのに，なぜそこで両者とも葛藤を経験せざるを得ないかの事情も見えてきます。裏返して言えば，それらの二者関係を相互主体的な関係と見てこなかったからこそ，個と個の相互作用という行動科学的な問題設定がなされ，二者間の行動を変えることしか議論の対象にならず，また心の問題がいっさい蓋をされたままで済まされることになってきたのでした。

　他方で，主体は「いま，ここ」において「〜である」と規定できる一面をもちながら，将来に向かって「〜になる」ことを展望する存在でもあります。そ

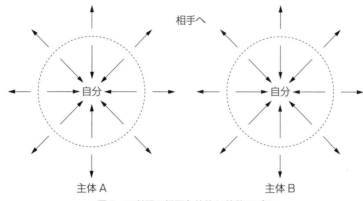

図9　二者間の相互主体的な葛藤モデル

のように考えれば，主体概念は発達の考えと切り離せないことが分かるはずです。そして主体があらゆる次元で両義性に開かれていると考えれば，主体概念は両義性の概念と切り分けられないことも分かると思います。そして主体は他の主体との関係の中で間主観的に「分かる―分からない」という事態を生きるほかはなく，それによって相互主体的な関係を変容させていくのですから，主体概念ひいては相互主体性の概念は，間主観性の概念とも切り離せません。

　こうして主体概念を手にすることによって，まず発達を「育てられる者」と「育てる者」との相互主体的な関係の中での営みとして考えることができるようになります。それが関係発達という考えにほかなりません。そして主体が二面の心をもつことを念頭に置けば，主体の発達は個体の能力発達に限局して考えることは不可能で，心の育ちにも目を向けなければならないことは明らかです。そして心の育ちに目を向ければ，そこから相互主体的な関係のありようが浮かび上がってきます。また主体は多次元的な両義性を孕んでいるので，その相互主体的関係には，さまざまな次元の両義性が顔を出し，それが相互主体的に生きる人々の生の実相に複雑な彩を与える事情も見えてきます。

　そして主体が主体として世界に登場してくる経緯を考えれば，むしろ相互主体的な関係が先にあって，そこから主体が主体として析出してくると言わなければなりません。関係論の立場からすれば，個としての主体が自存するわけで

はなく，主体が主体として世界に登場するためには，他の主体の存在が欠かせず，またその他者（他の主体）との関係の深まりが欠かせません。その点では，個が主体として登場するためには，共に生きる他者との相互主体的な関係がそれに先立っていなければならないと言わなければなりません。

　関係発達論は，周囲から切り分けられた個の発達を考えることができないというところから導かれたものです。つまり，個の発達は常に他との関係の営みの中からしか立ち現れてこないというのが関係発達論の特徴ですが，それを主張するためには，「育てる―育てられる」という関係が常に相互主体的な関係であることが視野に入っていなければなりません。言い換えれば，相互主体的な関係としての「育てる―育てられる」という関係の営みから一人の主体としての子どもがこの世に登場し，周囲から育てられる中で主体として自己形成し，ようやく主体として一人前になります。ところが一人前になった主体は，今度は次の世代を育てることを通して，次の世代が主体としてこの世に進み出ることを促すという役割を担わなければなりません。このようにして，主体が「育てる―育てられる」の世代間循環に巻き込まれながら成長・変容を遂げるというふうにして，発達の世代間循環を考える枠組みが成り立ち，これを関係発達と捉えてきたのでした。

　さらに，この世のありとあらゆる対人関係を相互主体的な関係と見ることが関係発達論の大きな座標軸の一つとなっており，そこに到達した時点からこれまでの私の研究の歴史を振り返ってみると，この主体ないし相互主体的関係という考え方が関係発達論の欠かせない「本質的次元」であることが見えてきます。『ひとがひとをわかるということ』において，この主体および相互主体性という考えがそれまでの私自身の研究のミッシングリング（見失われた環）だったと述べたのはこうした理由からでした。

＊＊＊

　『ひとがひとをわかるということ』という10年前に書いた本は，それまでの私の研究を通覧してまとめたものでした。そこでは，この第1章で取りあげた「関係発達」「間主観性」「両義性」に加えて，「相互主体性」ないし「主体」と

いう概念が，関係発達論を緊密に織り成すためには欠かせないミッシングリングだと述べて，その時点での私の主体概念を整理してみたのでした。それから10年，この間私は京都大学を定年退官後，中京大学に籍を置きながらも主に保育の世界に入り込んで，一方では保育現場を改めて深く観察する経験を重ねて保育論を自分なりに考え，他方ではこれまで関係発達論をいろいろな点から顧みて，それを深め，また整理してきたと思います。

　本章に取りあげたのは，いわばこの10年間に私が考えたことを取り込んで，関係発達論をより精緻に議論するようになったことの，その中身だと言っても過言ではありません。保育現場の観察の成果の一つは，たとえば図1を二重の楕円に書き換えて，関係発達という考えを振り返ってみるところにも表れています。図の上では楕円が二重に書き込まれただけですが，その背景には保育で出会う現実やそれを取りあげたさまざまなエピソード記述の具体例があります。あるいは「育てることの両義性」をこのように取りあげることは，保育の場に関わらなければ到底無理だったかもしれません。そしてそれによって両義性の概念も鍛え直され，交叉の概念も深められたように思います。それが主体概念をさらに多元的な両義性という観点から議論することに繋がり，取り押さえにくいこの概念の輪郭がかなり見えてきた感じもします。そして間主観性の議論はエピソード記述の方法論の考え方の深化とともに，以前よりもより精緻になり，それが次章で取りあげる「接面」の概念にも結びついたのでした。

　それはまた，現実に深く切り込んで，そこでの体験を深く反省しながら物事の本質を目指すことというふうに理解してきた現象学の精神が，現象学を意識することなく，ようやく私自身のものの見方に深く沁み込んで，その観点から現場を見たり，他の人の書いたエピソードを吟味したりする際の大きな力になってきたことにも表れています。実践と理論の往還運動とは，処女作『心理の現象学』以来，言い続けてきたことですが，京都大学を定年になって以降，ようやくそれが「足が地につく」感じになってきたと言ってもよいかもしれません。

　こうして，『ひとがひとをわかるということ』から10年を経たいま，ようや

く「接面」という概念に出会い，これによってこれまでの考え方を再度整理し直すことができると思うようになりました。それが本書を準備する動機になったことは「はじめに」でも書いた通りです。以上の経緯を踏まえて，次章では「接面」の概念を詳しく取りあげ，本章で取りあげた問題群とどのように結びつくのか，またこの概念を手にすることによって，人間科学がどのような方向に作り替えられるべきかについても，議論してみたいと思います。

第2章
なぜ接面パラダイムなのか

　この章では，まず接面の概念を思いつくに至った経緯を述べて，これが客観主義的観察のパラダイムと相容れない新しいパラダイムを提示することに繋がることに触れ，次に接面が問題になる場面をエピソードで示しながら，接面とはどのようなものかを明らかにし，さらには接面を構成する主体相互の関係を取りあげて，接面と間主観性の問題，接面と相互主体性の問題，さらには接面と関係発達の問題を論じ，最後に接面と実践領域との結びつきに触れて，接面の概念がどのような射程をもつのかを示してみたいと思います。

第1節　「接面」の概念に至る経緯と二つの観察枠組みの違い

　この節では，二つの観察枠組みの違いから接面という概念を思いつくに至る経緯を述べ，そこから二つのパラダイムがどのように違うのかを明らかにしていきます。

(1)　「接面」の概念を思いつくに至る経緯
　2012年の終わり頃，『なぜエピソード記述なのか』の原稿と『子どもの心の育ちをエピソードで描く』の原稿を同時に準備していた私は，エピソード記述が単なる記録の取り方の一種ではないこと，またあまたある質的研究の単なる一つの研究法ではないことを強く意識しながら，エピソードを書く試みが，行動科学の客観主義とエヴィデンス主義に真っ向から対立する新たなパラダイムの提起に繋がるものだという思いに駆られていました。それというのも，保育や教育や看護など実践の現場に行動科学の知見（マニュアルやプログラムなど）

が乱暴なかたちで入り込んで，本来の実践のあり方を疎外しつつあるように見え，それを何とかしたいという思いを募らせていたからです。他方でエピソード記述を用いて自らの実践を描き始めた保育の世界では，その試みを通して保育者が自らの実践を振り返り，実践の質を高めることができるようになりつつあったことも「何とかしたい」という思いを倍加させていました。

　行動科学の立場と私のエピソード記述の立場の違いがパラダイムの違いからくるものだということは，すでに1986年，最初の学会誌論文を書いたときにおおよそ気付いていました。しかし，その違いをどのように表現すれば他の人々（研究者や実践者）に分かってもらえるのか，そこを煮詰めきることができないまま今に至っていました。「間主観的に分かる」ということが私の考える新しいパラダイムの鍵を握るものだということにはかなり早くから気が付いていたにもかかわらず，その主張だけで客観主義パラダイムと闘っていけるのか，私自身の内部でもまだ心許ないところがあって，そのことに焦燥感を抱いていたということもありました。そんな状況の中で，実践の場に入り込めば入り込むほど，実践の立場は行動科学の立場とはそもそもパラダイムを異にしているのではないかという思いが強まりました。このことが『なぜエピソード記述なのか』の冒頭を激越な調子で書き始めた理由でした。その一部を以下に引用してみます。

　　人と人の関係を問題にしようとするときに，人が人に関わる実践の場も，人と人の関係を扱う諸科学も，今やその関係を単に行動と行動の関係に還元してしまい，実践の場では「人の行動を如何に変えるか」に関心を限局し，また人間諸科学も行動を変えるための理論を組み立てるのに躍起になっているように見えます。「行動中心主義」は確かに実践に携わる人には（そして保護者にも）分かり易いものです。特に自分は何をすればよいのか，関わる相手に何をしてあげればよいのかというように，「なすべき行動」を明確に示すことを求める人，あるいは「なすべき行動のマニュアル」を求める人にとっては，この「行動中心主義」は課題解決の道筋を示すもののようにさえ思われるかもしれません。人を外側から見れば確かに「行動」が捉えられます。人と人の関係も，外側から見れば行動と

行動の関係のように見えます。けれども，行動を（行動だけを）取り上げることによって，人と人が関わり合うときに生じていることを真に掬い取っていることになるでしょうか。……中略……

　客観科学は当事者性を排除して，常に無関与の立場の研究者が研究対象を外側から見るところに成り立つ学問です。ですから，客観科学を目指す人間諸科学も，この第三者の視点を守ろうとし，当事者の視点を無視ないし排除しようとしてきました。そしてその学問の姿勢が実践の現場にも持ち込まれるために，実践の動向も当事者性を排除して，行動中心主義に大きく傾斜してきているのだと思います。私はそこに現在のさまざまな実践の場の危機があると見ています。実践の場は，本来，人と人の接面で生じている心と心の絡み合いの機微から次の展開が生まれていく場です。……中略……実際，保育者や教師や看護師や支援者はその接面で相手や自分の心の動きを感じ取り，それによって相手への対応を微妙に変化させて関わっているはずだからです。それなのに，その接面で生じていることを全て無視して，行動と行動の関係に還元する行動科学の影響を，これほどまでに安易に受け入れて行ってよいものでしょうか。

　このように実践現場に対して強い危機感を抱く一方で，いまエピソード記述がようやく実践現場に影響をもち始め，研究の立場と実践の立場が対等に議論できる素地ができてきたという思いも強まりました。そんな事情の中で，このパラダイムの相違を読者にも分かるかたちで明確にしなければと強く思うようになり，『エピソード記述入門』で行き着いた「読み手の了解可能性」という問題意識をさらに掘り下げて，客観科学の認識のあり方（エヴィデンス主義）とエピソード記述の認識のあり方（了解可能性）との違いをも，パラダイムの違いとして示さなければならないと強く感じていました。

　そういう思考の流れの中で二つの原稿を用意し，双方ともかなり進捗したところで，私はパラダイムの違いを観察枠組みの違いからもう一度考え直してみようと思い立ちました。客観主義的観察と関与観察の違いについては，すでに何度も繰り返し議論してきたところでしたから，何をいまさらとも思いましたが，認識論の違い，ひいてはパラダイムの違いは，結局のところこの二つの観察枠組みの違いからきているはずだと改めて思ったからです。

そこで，『ひとがひとをわかるということ』でも取りあげた，1989年の『母と子のあいだ』に収録した私の論文を再度読み直して，二つの観察枠組みの違いを示した二つの図を見比べていたときに（本章78頁の図10を参照してください），母と子と観察者の三者で共有される情動領域を示す部分が，母と子の「あいだ」，母親と観察者の「あいだ」，子どもと観察者の「あいだ」を示すと同時に，三者に共通の「あいだ」をなしていることにふと気付き，この三つの「あいだ」を一つの「接面」と考えてみたらどうだろうかという考えが浮かんできたのです。

　その考えはその時点ではあくまで一つの思い付きに過ぎなかったのですが，そこからあれこれ考えを巡らせているうちに，この「接面」という考えをキーワードにしてパラダイムの違いを明確にできるのではないかと思い始めました。そのときにまず頭を駆け巡ったのは，三者のあいだを繋ぐ情動の行き交う領域を接面とみなせば，二つのパラダイムの違いは，この接面を取りあげるか否かの違いであり，さらには観察者の代替可能性を認めるか認めないかの違いであり，ひいては客観科学＝行動科学の立場と対人実践の立場との違いだということでした。そのことに気付いたとき，大袈裟に聞こえるかもしれませんが，長年，模索してきたのに行き着けなかったところへ急に辿り着くことができたというような，曰く言い難い感慨が私の中に生まれました。そこから，いま思い付いたこの接面という概念は本当にパラダイムの違いを際立たせるのに有効な概念なのかどうかを慎重に吟味してみなければならないと思い始めました。そしてその吟味を経てようやく，この接面の概念こそは人の生き様に，ひいては実践の中身に直結しているものであり，客観科学では踏み込むことのできない領野であるという確信が生まれました。そしてこの接面の当事者がその接面に生じた意識体験を描くことがエピソード記述なのだと改めて気付きました。そこで，それまで書き進めていた『なぜエピソード記述なのか』と『子ども心の育ちをエピソードで描く』の原稿を大幅に書き改めることになったのでした。

第2章　なぜ接面パラダイムなのか

（2）1989年の論文の図と当時の問題意識

　二つの観察枠組みの違いは，最初の学会誌論文以来，客観科学を目指す研究者の観察方法と，間主観的現象を取り扱いたい私の観察方法との違いとして考えられてきたものです。そこでまず，少々長くなりますが，1989年の編訳著に含まれる私の論文の「関与しながらの観察について」という節で述べられていることを以下に引用してみます。というのも，いまから四半世紀前に，すでに二つの観察枠組みの違いがかなりしっかり捉えられていると思われたからです。

　　この観察方法（関与しながらの観察）には長所も短所もある。長所は何よりも観察対象の広義の情動の動きが研究者に間主観的に通底して，研究者にある種の手応えをもたらすことである。先の例で母親が「欲しいのね」と言ったのを，研究者が母親はそのとき赤ん坊が欲していると間主観的に感じてそう言ったのだというとき，それは母親の「欲しいのね」という言語表現から推論的に導かれた言説ではなく，むしろ研究者もその場でそのように間主観的に感じ，母親の言語表現の意味を直接的に了解できたことを言おうとしたものである。言い換えれば，その場で研究者が間主観的に何かを感じ取るとき，研究者と母親の心的過程が同型的になって，その結果，同型的な間主観的感じが得られるという具合になっている。……中略……

　　研究者にとって，その手応えこそ，その母子の関係について何事かを語り，それを公共的認識にもたらそうとするときの動機的基盤になるものである。その意味では，関与しながらの観察は人を対象とする研究の初次的段階には不可欠なものだと言えるだろう。

　　図の(a)と(b)は，客観的（無関与的）観察と関与しながらの観察を対比させるための概念図である。(a)では研究者は母子の外側に位置している。研究者は事実的にはその場に現前しているが，しかし客観主義の理念からすれば研究者は無色透明かつ，誰によっても代替可能であることが必要条件になっている。つまりそこでの研究者はもっぱらなる認識主観，あるいは目そのものと言ってもよかろう。

　　これに対して(b)の研究者の位置を論定するのは難しい。図は，研究者がその場に居合わせたときに，自らの存在が母親や子どもと同型的になり得るがゆえに，1）子どもについて母親と同型的な間主観的把握が可能になること，2）自らと母親のあいだにも通底的な関係が成り立って，母親について何らかの間主観的把

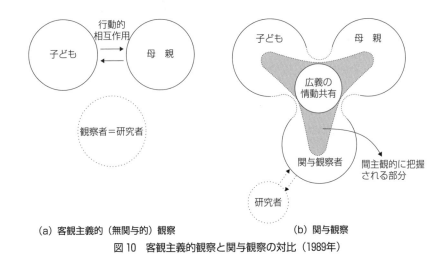

(a) 客観主義的（無関与的）観察　　　　　　　　　　(b) 関与観察
図10　客観主義的観察と関与観察の対比（1989年）

握が可能になっていること，3）母子の関係の場そのものにも何らかの間主観的な感じを得る可能性があること，この3点を表示しようとしたものである。……中略……

そして繰り返し述べてきたように，関与の場に身を置けばいつも自動的に何かが間主観的に通底してくるわけではないこと，あるいは「出会ってくるもののすべてに虚心に自らを開く態度」（ブランケンブルク）がいつも可能ではないことも，再度強調しておかねばならない。そこに研究者の主体性が絡み，「いついかなるときにもそのように」ではなく，「その都度ある条件の下に」という制約を伴うから，研究者は誰によっても代替可能とは言い難い面をもっている。とりわけ脱目的かつ虚心に自らを開くという態度は，取ろうと意図すれば簡単に取れる態度ではなく，ある種のアート性を伴い，しかもその態度の下に捉えられたものを記述する態度とは相克する性格を含んでいる。そのことが，この観察方法に対する「主観的，恣意的」という非難に繋がってきたことは言うまでもない。

それにもかかわらず，私たちはこの観察方法を取る以外に，母子の間主観的関係の領域に接近することはできないと考える。そして，間主観性の領域を経由しなくては，母子の関係の内実に接近することはできないのである。

これを読むと，まだ二つの観察の枠組みの違いがパラダイムの違いなのだと

第2章 なぜ接面パラダイムなのか

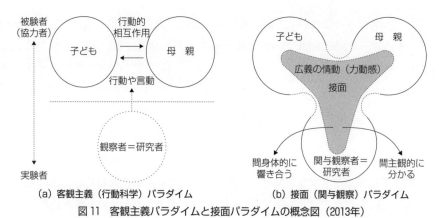

(a) 客観主義（行動科学）パラダイム　　　　(b) 接面（関与観察）パラダイム
図11　客観主義パラダイムと接面パラダイムの概念図（2013年）

明確に指摘するところまではいっていませんが，この二つの観察枠組みの違いに関して言うべきことは，ほとんど言い得ていることが分かると思います。

(3) 1989年の論文の図と2013年の著書に示された図の異同

上で1989年の論文に掲載した図を図10として示しましたから，2013年の著書に掲載した図を図11として掲げて，その異同を振り返ってみましょう。

まず，客観主義的観察の枠組みを示す図には変更がありませんが，1989年の「関与しながらの観察」の図と2013年の接面パラダイムの図には若干の違いが認められます。1989年の図では，三者のあいだで広義の情動共有がなされているというところに力点が置かれ，間主観的把握（相手の気持ちの動きが感じられる，分かる）がそれによって可能になるという点をこの図で説明しようとしています。つまり，「関与しながらの観察」において間主観的把握が可能になるのは，三者のあいだで広義の情動共有が可能なるからだという点をこの図で強調したかったわけです。そして関与観察者がその場に関与してその情動を共有する局面と，その場から超越して（脱自的に）その場を外側から眺め，その場で起こっていることを記述する局面との違いを意識して，関与観察者と研究者を二様に表しているところが2013年の図と異なるところです。このことについては次節で改めて「接面とは何か」を議論するときに重要になってきますから，

これについてはそこで詳しく取りあげることにします。

『エピソード記述入門』では，「関与しながらの観察」（関与観察）は本来，関与と観察の両方に同じウエイトがあるはずなのに，関与観察に臨む私自身，これまでは観察の方にウエイトを置き，関与の側にあまりウエイトを置いていなかったと自己批判しています。この1989年の論文では，当然ながら，関与の側にはまだ十分な力点が置かれていません。このことは，私が研究者の立場から出発したために，どうしても観察の側に大きなウエイトが置かれていたことに拠っています。しかし，私自身の関与観察の経験が積み重ねられ，また実践の場で実践者たちの実践を関与観察する機会が増えたことによって，観察と関与が切り分けられないことが強く意識されるようになり，この自己批判が可能になったのだと思います。

そのことから振り返ると，関与観察を自分の研究のための観察枠組みとしてしか考えていなかった1989年の時点と比べると，定年退官後，保育の実践現場に赴き，保育者の描くエピソード記述を多数読むことになったここ10年の経験が，この接面という概念に辿り着くためには必要だったのだという気もしてきました。

ただし，今回，これまでの接面の議論を振り返ったときに，関与観察という研究者の視点と，実践者の視点とを重ねて考えすぎているのではないかという反省も生まれてきました。つまり，研究者の関与観察と実践者の実践とは全く同じなのかという問題です。客観主義パラダイムとの対比で言えば，接面パラダイムは研究者の関与観察も実践者の実践も包含するパラダイムだと言ってよいのですが，接面の構成の仕方が両者で同じかと問われれば，研究者と実践者とでは微妙な点で同じとは言いかねるところもあるように思われます。たとえば，目の前の子どもの存在のありようを身に引き受けるその姿勢，あるいは子どもの気持ちに自分の気持ちを寄り添わせる姿勢，さらには子どもとの関わりの歴史（時間）において，明らかに実践者の方に一日の長があります。しかし他方で，取りあげた場面についてのメタ観察に関しては理論的背景などの点で，やはり研究者の側に一日の長があると言ってよいでしょう。このように，両者

の立場にはやはり微妙な違いもあるはずで，その違いをすべてなくしてしまってよいかどうかは確かに問題です。

　それはともあれ，1989年の図の三者のあいだに生起する広義の情動領域を2013年の図では一様な灰色で示し，これを「接面」とみなすと，**客観主義的観察枠組みは接面を消去ないし無視することによって成り立つ枠組み，関与観察の枠組みは接面で起こっていることを重視する枠組み**というふうに，両者の違いを明確にすることが可能になり，それによって，客観科学に通じる道と実践に通じる道との違いが明らかになると考えたのでした。(2013年の図ではこの二つの観察枠組みの違いを早々とパラダイムの違いであるという観点から題目を付けていますが，ここではまず観察枠組みの違いとして「接面」の概念を取りあげるにとどめ，それがパラダイムの違いでもあるという点については第4節で詳しく述べたいと思います)。

　客観主義的観察の枠組み（客観主義パラダイム）では，観察の客観性を担保するための条件として観察者の代替可能性を掲げます。ですから，観察者の当事者性は当然，排除ないし回避されなければならないものです。これに対して，関与観察の枠組み（接面パラダイム）では，観察者（実践者）はその接面の当事者の一人です。この点も，接面を消去ないし無視する客観主義的観察（客観主義パラダイム）との相違を際立たせるものです。この「接面の当事者」という論点は，後段で接面を構成する主体という考え方との関連で詳しく論じてみたいと思います。

第2節　「接面」とは

　この節では，前著までの接面理解を整理して，この概念がどういう意味で使われようとしているかを明らかにし，次に読者の接面理解に役立つように，保育者の描いたエピソード記述の中から接面が問題になるものを取りあげ，さらにこの概念をここ2年のあいだの経験を踏まえていろいろな観点から再度振り返り，未整理の部分を抉り出してみたいと思います。

(1) 当初考えられていた「接面」

　まず,『なぜエピソード記述なのか』では, 序章第5節の「行動中心主義を乗り越えるためのエピソード記述」の第3項「**新しいパラダイムのキーワードは接面**」において, 大略次のように接面につての理解をまとめています（一部変更しています）。

　　　前者（行動中心主義）は接面を消し去ることで, 客観主義の枠組みを遵守し, 観察者の代替可能性の条件を満たし, それによって, あくまで研究対象についての行動や言動を明らかにすることを目指す枠組みです。つまり観察者＝研究者は黒衣で, 研究者は研究対象の外側にいるということが前提とされています。他方, 後者は接面の一方の当事者である研究者自身がその接面で起こっていることを自らの身体を通して感じ取ることに重きを置く枠組みです。私のこれまでの著書で繰り返し議論してきた, 研究者自身に「間身体的に響いてくる」「間主観的に分かる」という事態は, まさにこの接面で感じ取られるものであり, それは研究者が接面の一方の当事者であるからこそ可能になるものです。さらに後者は, 関与観察者＝研究者の位置に実践者がくると考えれば, 実践者とその相手との関係にそのまま引き写すことのできる枠組みだと言えます。
　　　接面で生じているのは, 目に見える行動や言葉はもちろんですが, それだけではなく, 目には見えない相手の心の動き, 自分の心の動き, さらにはその場の雰囲気といった, 接面の当事者に感じ取ることができても, 接面の外部にいる第三者には感知できない豊饒な何ものかです。こうして観察枠組みの違いを「接面を無視ないし消去する枠組み」と「接面で生じていることを重視する枠組み」に区別してみると, いろいろなことが見えてくると思います。

　以上のことから二つの観察枠組みが互いに相容れない真っ向から対立するものであることがはっきり分かります。次に『子どもの心の育ちをエピソードで描く』で接面について述べていることを以下に要約してみます。

　　（1）人と「人の接面では何が起こっているのか」という重要な問い
　　　この人と人の接面で生じている双方の心の動きは, 目に見えるものではありま

第2章　なぜ接面パラダイムなのか

せん。そこでの心の動きはその接面の当事者にしか摑めないもので、第三者にはそれを把握することができません。

　ここに一つの大きな岐路があるように私には思われます。つまり、接面で生じている目に見えない心の動きをその接面の当事者である実践者（保護者、保育者、教師、看護師、等々）が捉えて（感じ取って）、その関わりの機微（心の動き）に入り込み、そこから相手への対応を紡ぎだそうとするのか、それとも、その接面で生じていることを無視して、あくまでも人と人の関わりを第三者の観点、つまり行動と行動の関係として見てその対応を考えるか、の岐路です。

（2）心は接面を通して感じ取られるものである

　いま「接面で何が感じ取られるか」と問い、そこではその接面の当事者の一人である保育者に子どもの心の動き（思い）が捉えられ、また自分の心の動きが捉えられると述べました。これを逆に見れば、人の心は接面を通してその当事者に感じ取られる以外に把握される道はないし、問題にすることが出来ないということです。

　ここに重大な問題があります。つまり、学者が客観主義の立場を守ろうとして築き上げてきたものの考え方と、実践者が実践を通して手に入れていることとは大きく隔たっているということです。

　この見方の違いをはっきり意識できれば、対人場面の記録において「記録は客観的でなければならない」とか、「客観的に捉えられる指標に基づいて議論をしなければならない」というのは、客観主義を信奉する学者の立場の言い分であって、実践の立場の言い分とは違うものだということを確認できるのではないでしょうか。行動科学が客観主義の枠組みを取る限り、子どもの心や研究者や実践者の心に接近することはできません。ですから「子どもの心を育てる」保育や教育を目指すためには、この枠組みを捨て、むしろ接面を重視する必要があると考えるようになりました。これが関与観察という立場、つまり研究者自身が人の生きる場に関与しながら、その接面に生じたものを取りあげていくという方法を導くことに繋がり、それを具現したものがエピソード記述なのです。そしてそれを実践の立場に引き写して考えたときに、子どもと保育者の接面で生じたことをその接面の当事者である保育者がエピソードに描き、それに基づいて保育を振り返る必要があるという主張がおのずから生まれてきました。

（3）接面で生じていることは必ず子どもに跳ね返っている

　さて、これまでは接面で生じていることを大人がいかに捉え、それに基づいていかに対応を紡ぎ出すかという観点から議論を重ねてきましたが、接面で生じて

83

いることは，そのもう一方の当事者である子どもにも当然跳ね返っています。とりわけ，その接面で生じている大人の心の動きとその姿勢（子どもを主体として受け止めよう，子どもの存在を認めよう，子どもの今のありようを身に引き受けよう）は，子どもの心に浸透して，その心の動きを強めたり（受け止めてもらえた，認めてもらえた），弱めたり（受け止めてもらえなかった，認めてもらえなかった），いずれにしてもその子の心の成り行きに大きな影響をもたらします（情動調律が可能なのは，接面を通して保育者の情動が子どもに浸透するからです）。それがその子の心の育ちに繋がるのです。

　（４）接面で起こっていることを中心に取りあげるのがエピソード記述である
　こうしてようやく，なぜ保育の場にエピソード記述が必要なのかという問いに答えることができるようになります。つまり，接面で起こっていることは目に見えないので，接面で感じ取られたものは，それをエピソードのかたちで描かない限り，それはその接面の外にいる人には分からない，というのがその答えです。接面を通して子どもの心の動きを摑むことのできた保育者は，そこで感動したり，心を痛めたり，腹立ちを覚えたり，嬉しくなったりと，喜怒哀楽の感情を必ず経験します。エピソードを描くというのは，そのような接面において心を動かされた自分の体験を描くということなのです。

　要約すると，まず行動を問題にする客観科学の立場と，心を問題にする実践の立場（関与観察の立場）を対比して，それが接面を無視ないし排除する立場と接面を重視する立場の違いに重なることを指摘しています。そして，心を問題にできるのは接面の当事者だけである点に触れ，客観科学は心を取りあげないどころか，心を取りあげるための条件をもたないのだと主張しています。さらに，接面で起こっていることはそれを取りあげる当事者ばかりでなく，もう一方の当事者である子ども（相手）にも反響していることに触れています。そして最後に，この目に見えない接面での情動の動きや心の動きを感じ取った当事者は，それをエピソードに描かない限り他者にその接面で生じていたことを伝えることができないとして，エピソード記述が必要になる根拠を示しています。

　以上の議論を踏まえ，現時点で私が「接面」という概念をどのように理解し

ようとしているかを以下にまとめてみます。

（2）改めて「接面」とは何か

　大雑把に言えば，「接面」とは，人と人が関わる中で，一方が相手に（あるいは双方が相手に）**気持ちを向けたときに，双方のあいだに生まれる独特の雰囲気をもった場**であると定義できるでしょう。

　大人と子どもの関係で言えば，子どもの幸せを願う大人が，子どもに根源的配慮性を示すときに生まれる独特の場がそれだと言ってよいでしょうし，子どもの側から言えば，自分の存在承認欲求を満たしてほしいと思って気持ちを大人に向けたときに，それに大人が応えてくれようとするときに生まれる独特の場がそれだと言ってよいでしょう。

　ここに根源的配慮性とは，いたいけな子どもを優しく包もう，守ってあげようという愛護の気持ち，あるいは，子どもが自分らしくあることに自信がもてるように（自己肯定感がもてるように），その子の思いを尊重し，その思いを我が身に引き受け，その子の存在を大事に思う気持ち，要するに大人の「養護の働き」の出処がそれだと言ってもよいと思います。

　看護の世界でいえば，患者への根源的配慮性，つまり，病める人の幸せを願い，病める人が少しでもその人らしく生きることができるように，患者の志向を汲み，患者の思いを受け止め，患者のニーズに応えようとするときにそこに生まれる独特の場，患者側から見れば，自分の苦しみや悩みやさまざまなニーズを分かってもらいたいと思って看護する人に向ける気持ちと，それに看護する人が応えようとする気持ちが重なるときに生まれる独特の場だと言ってもよいでしょう。

　人が人と共に生きる中では，子どもやお年寄りや病める人のように，自分一人の力で生きることが難しくなっている存在，いわゆる社会的弱者に対して，誰かが愛他の精神をもってその弱者のニーズに応えていかなければなりません。保育，児童養護，看護，介護など社会福祉の仕事はすべて，その仕事に当たる人に社会的弱者への根源的配慮性が求められています。その広い意味での「支

援する―される」という場の中心にくるのが接面だと言ってもよいと思います。

　さらに愛し合う二人のように，相手の幸せを願って，相手の思いを尊重し，相手を主体として受け止め，相手がより幸せに生きられるように，また相手に喜んでもらえるように，相手の思いを身に引き受けようという気持ちを持って臨む者同士のあいだに生まれる独特の場が接面だと言ってもよいでしょう。

（3）「接面」の成り立ちの条件：相手に気持ちを持ち出すこと

　人と人が関わり合えば必ずそこに接面が生まれるかと言えばそうではありません。その意味で，接面は二者間，あるいは複数の人間同士のあいだにある物理的空間を指すものではありません。だとすると，どういう条件を満たすときに，その独特の空間ないし場を接面と呼ぶことができるかが問題になります。

　ここで重視したいのは，気持ちを持ち出す，気持ちをそこに向ける，気持ちを相手に寄り添わせるというように，一方が相手に，あるは双方が相手に，気持ちや志向を向けることが接面の成り立ちの条件となっているという点です。気持ちを持ち出すとか，向けるとか言うと，何やら一方の側の能動的な働きのように聞こえますが，では意図して接面を創ろうとすればそれだけで接面が成り立つかと言えばそうではありません。意識していないのに，気が付いたら相手に気持ちが持ち出されてしまっていたという事態がしばしば起こります。

　ここでこれまで接面の成り立ちの分かりやすい例として紹介してきた簡単なエピソードを再掲してみます。

　　〈午睡のエピソード〉　　　　　　　　　　　　　　　　　　　A保育士
　　　3歳児の午睡の部屋で，なかなか寝付けないBちゃんを担任の私が背中をとんとんして寝かせていた。Bちゃんが眠れば全員入眠という状況で，少し離れたところで寝ていると思っていたAくんがむっくり上半身を起こし，私の方を見た。Aくんと目が合った私は，Aくんの「せんせい，きて，ぼくもトントンして」という思いが摑めたので，「わかったよ，Bちゃんが寝たら行ってあげるからね，もうちょっと待っててね」という思いで無言のまま頷いてみせると，それがAくんにも分かったようだった。

この場面で，Aくんも書き手の担任保育者も一言も言葉を発していません。しかし，Aくんと目が合った担任の先生は，そこに生まれた接面からAくんの思いが摑めたので頷き，Aくんも担任の思いが摑めたので上半身を起こしたままで先生が来るのを待つことができました。
　これと同じ状況で，Aくんの思いが摑めないまま，「起きちゃダメでしょ！寝なさい！」と一喝する保育者がいることを考えるとき，そこに接面が成り立っているかどうか（気持ちを持ち出して接面を創ろうとしているかどうか）の違いが，保育者の対応の違いになっていると考えることができます。
　ところが，保育関係者にはきわめて分かりやすいと言われるこの具体例に対して，行動科学の立場の研究者は「Aくんは本当に来てほしかったのか，その証拠はあるのか」と問いを立て，それに証拠を出せないとなると，ならばそれはこのエピソードの書き手の思い込みに過ぎないと言って，切り捨てるのです。
　確かに，Aくんと目があったときに，誰にも「Aくんがトントンしてと言っている」と受け止められるとは限らないでしょう。「午前中のトラブルのことで，私に何か伝えたいことがあったのかな」と午前中の保育のことがピンときた人もいるかもしれません。ですから，午睡中に目が合えば，必ず「トントンして」という要求とは限らないというのはその通りですが，このエピソードの書き手にとっては，このときのAくんの思いが接面でこのように感じ取られたから，だからそのように対応し，このエピソードを書いたのです。そのことが保育では大事なことだと思うのです。
　さて，この例で書き手のA保育士は，少し離れているところから向けられたAくんのまなざしに「先生，来て」という意味を感じ取り，それに応じようとしていますが（その声にならないつぶやきを聞き届けようとしていますが），そこに生まれている独特の場をいま接面と呼びたいのです。そこに接面が成り立ったのは，いまこの瞬間に先生がその子に気持ちを向けたからというわけではないでしょう。むしろそのまなざしにふと気付いたとき，そこにはすでに接面が成り立っていたという方が当を得ています。ふと気づいたというところから考えれば，今から向けるというより，すでに向けてしまっていたと言わなければ

なりませんが，しかしそのことを当の本人は意識していないのです。これが先に大人の根源的配慮性と呼んだものにあたります。

　他方で，先生がAくんの眼差しに気付く前に，Aくんはすでに先生にまなざしを向けていました（先生の方に気持ちを持ち出していました）。そこから考えれば，Aくんは先生の気持ちを呼び寄せたいと思っていたと言ってもよいかもしれません。

　いずれにしても，親や保育者が（あるいは関与観察者が）子どもに気持ちを向けるときというのはそのような事態ではないでしょうか（気持ちを向けるというと大人の側の能動性が際立つ感じなので，子どもの思いを大人が我が身に引き受ける姿勢をいつもすでにとっていたという言い方が，より正確にその事態を言い当てているかもしれません）。他方で，子どもはいつも自分の存在を親や保育者に認めてほしいと思い，「ここにきて，私を見て」という思いをいつも大人に向けているように思います（大人はしばしばそれに気付いていないかもしれませんが）。

　そうしてみると，子どもと大人の非対等的な関係の中で，子どもの「存在承認欲求」と大人の「根源的配慮性」（つまり「相手を主体として尊重する」「相手の思いを我が身に引き受ける」という態度）が結びつくとき，あるいは患者と看護師の関係で言えば，患者のニーズと看護師の患者への「根源的配慮性」が結びつくとき，そこに接面が成り立ってくると考えることができます。恋人同士であれば，お互いに相手を主体として尊重し，相手の幸せを願う根源的配慮性が双方で結びつくとき，そこに接面が成り立つと考えることができます。ですから，お互いに「いつもすでに気持ちを相手に向ける」状態にあるとき，そこに「接面」が成り立つと言えるのではないでしょうか。

　これまでの議論を子育てや保育，教育に引き寄せて言えば，子どもの「存在承認欲求」は大人の「養護の働き」（子どもを優しく包み，子どもの思いを受け止め，子どもの存在を認め，子どもの思いを身に引き受ける大人の働き）を求めるものであり，それに応えるのが大人の「養護の働き」であり，それは大人の「根源的配慮性」から導かれるものだと言えます。裏返して言えば，子どもが親や

保育者に働きかけてそこに接面をつくろうとするのは，大人から「養護の働き」を引き出して，自らの「存在承認欲求」を満たそうとするからだということになるでしょうし，大人がそこに接面をつくろうとするのは，「養護の働き」によって，子どもの思いを我が身に引き受け，子どもの主体としての思いをできるだけ叶えてやろうとし，子どもが自分らしくあることに自信がもてるように（つまり自己肯定感をもてるように），また大人に信頼感を抱けるように子育てや保育や教育をしていきたいと思っているからでしょう。

　裏返して言えば，そのような根源的な配慮性を示そうという構えがないままに，決められたプログラムやスケジュール通りに事を運ぼうとする人は，自分の「こうしよう」「こうさせよう」という考えが先に立つので，そこに接面は生まれず，結局，大人主導の（実践者主導の）対応しか生まれてこないことが考えられます。ですから，保育者主導の保育，教師主導の教育，看護師主導の看護，支援者主導の支援は，みな相手とのあいだに「接面」をつくることができない結果だと言わなければなりません。

（4）「接面」で生じていること

　接面では，接面の当事者間にさまざまな正負の気持ちや情動の動きが行き交います。まず，子どもの内部でいろいろな気持ちや感情（情動）が動いているのが大人の側に伝わってきます。たとえば，接面で目が合った瞬間に，子どもの，「こうしたい」「こうしたくない」「これがいい」「これはいや」「しまった」「がっかりした」「腹が立った」等々の思いが伝わってきます。保育者の体に抱きついてきたときにも，「どうして僕の気持ちを分かってくれないんだ」という不満や怒りの気持ちが伝わってきたり，「甘えられて嬉しい」という気持ちや，「悔しかったよ，先生」という思いが伝わってきたりします。「目が合った」「体に抱きついた」といった行為が，その接面で上のような意味に感じ取られるのです。そのような意味はみな，子どもの正負の気持ちや情動の動きが基になっています。嬉しいときのワクワク感，ドキドキ感，気持ちが落ち込んだときのションボリ感，腹が立ったときのイライラ感，等々の情動の動きや，

さらにはゆったりした気持ち，潑剌とした気持ち，意気消沈した気持ち，ぐったりした気持ち，飛び上らんばかりの嬉しい気持ち，激しい怒り，等々，スターンが「生気情動」と呼んだ広い意味での情動の動きは，みな接面で感じ取られるものです。

　目が合ったという行動的事実，抱きついたという行動的事実は客観的に観察可能ですが，そのときに接面から感じ取られたその行動的事実の意味は，『エピソード記述入門』でも触れたように，必ずその接面で，「～としての意味」をまといます。上に見たように，「こうしてほしい」「これをしたくない」「しまった叱られる」，等々の意味です。泣くという行動的事実も，悔しいという意味，悲しいという意味，寂しいという意味，さらには甘えたいという意味など，多様な意味をまとうことが可能ですが，それが「いま，ここ」での接面をくぐり抜ける際に，それが「甘えたい」という意味として，その接面の当事者に感じ取られるから，「そうか，甘えたいんだね，いいよ，先生のお膝においで」という対応が自然に取れるのです。それは泣きに対する解釈の結果ではありません。つまり，実践の立場の人が接面で感じ取るのは，行動的事実に貼り付いた意味ではなく，その行動的事実がその接面においてまとう「～としての意味」なのです。そして，そのようにその意味を感じ取ることができるのはそこに生まれた接面の当事者だけです。ですから，その感じ取った意味は客観的にそうだと確かめられるものではありません。

　ここに，保育をはじめとする対人実践の営みにとって，接面が鍵を握るという理由があります。客観的に証拠を出せるものに限ってしか物が言えないというふうに限定する限り，この接面で感じ取られる意味はみな当事者の一方的な主観的産物ということになってしまうでしょう。そうではなくて，目が合った，抱きついたという行動的事実がその接面で当事者に「～の意味として」感知され，それが実践を動かしていくということなのです。

　そのとき大人（保育者）の心の中でもさまざまな思いや感情（情動）が動いているのが実感できるはずです。「そうだね，こうしてあげたいね」「それはこまるよ，それはやめてね」「どうしてそうするの，いけないでしょう」等々の

思いや，上に述べたのと同様のワクワク，ドキドキ，イライラ，ハラハラ，モヤモヤ，といった情動の動きや，ほっとする安心感，期待感，がっくり感，しっくり感，腹立ちなど，さまざまな正負の情動が湧き起こります。

　人と人の接面で起こっているこのような気持ちや情動は，人と人の身体を介して一方から他方に通じる性質をもっています。つまり，相手の内部で動いている情動は接面を通して相手からこちらへと通底し，こちらの内部で動いている情動も接面を通して相手に通底します。それがお互いが分かり合うための情動的基盤になっています。つまり，従来，「相手の気持ちが摑めた」「相手の気持ちが身に染みた」「こちらの気持ちが相手に伝わった」というふうに語られてきたことは，このように接面の当事者に相手の思いやさまざまな情動が通底し，浸透してくるという事実に対応しています。

（5）「接面」の成り立ちに浸透している当事者間の歴史性

　二人のあいだに生じるちょっとした行動的事実が（「抱きついた」「笑った」といった行動的事実が）「いま，ここ」の接面で「ある意味として」接面の当事者に感じ取られるのは，その接面にそれまでの二人の関わりの歴史が刻み込まれているからです。Ａくんが抱きついてきたという行動的事実をある保育者が「やっとＡくんも甘えてくるようになった」と感じ取るのは，Ａくんはこれまでなかなか自分から保育者の傍に来る子どもではなかった，いつも一人で遊んでいて，不安な表情をたたえていた，早く自分とのあいだで信頼関係を築かなければと思っていた，等々，Ａくんとの関係の歴史が下地としてあって，それが「いま，ここ」に生まれた接面の背景になっているから，その抱きついてきた行動的事実が，この保育者にはその接面で「やっと甘えてきた」という意味に感じ取られたのです。もしもＡくんが家庭での扱いに難しい問題を抱えていることが分かっていて，朝から表情が冴えず，顔が少し腫れている感じがあったなら，保育者はＡくんの抱きついてきたその行動的事実に，むしろ「怖かった，辛かった」という意味を感じ取っていたかもしれません。

　このように考えれば，接面はその接面に接する当事者同士の関わりの歴史や

いま現在の生活的背景が常にそれを支えていて，それがちょっとした行動的事実を「〜としての意味」に感じ取らせるのだと言えるでしょう。

エピソード記述に〈背景〉が欠かせないというのも，エピソードに取りあげられる接面の成り立ちにその接面の当事者同士の関係の歴史が刻み込まれていて，〈背景〉にそれが書き込まれていないと，エピソードの理解が難しくなるからです。

第3節　エピソード記述と「接面」

この節では保育実践の様子が描かれた一連のエピソードを通して，接面がどのようなものかを明らかにするとともに，保育実践の機微がこの接面で感じ取られる子どもの心の動きに基づいていることを示していきたいと思います。ここでは保育のエピソードしか取りあげませんが，看護でも，障碍者支援でも同じことが言えるはずです。

(1) 人に関わる実践は「接面」で感じ取られることに基づいている

人を相手にする実践は，みな接面を通して感じられる相手の思いや情動の動きに基づいています。2歳児のAちゃんが砂のケーキに白いマーガレットの花びらを振りかける様子に，保育者が「Aちゃんは白いケーキにしたかったんだね」と言葉を掛けるのも，Aちゃんの思いが接面から伝わってくるからです。あるいは3歳児のTくんに対して，「そっか，Tくんは，風で雲がどんどん吹き飛ばされていくのが面白いと思ってさっきから見ていたんだね，そうだねぇー，面白いねぇ」と保育者が共感する言葉を掛けるのも，Tくんの思いが接面から感じ取られたからでしょう。

このように，保育であれ，看護であれ，障碍者支援であれ，人を相手にする実践のほとんどはこの接面から感じ取られることに基づいて展開されています。逆に，そこに接面が生まれず，そこから何も感じ取るものがなければ，保育者主導，看護師主導，支援者主導の実践しか生まれないでしょう。それがマニュ

アルを求め，プログラムを求めるいまの実践の実態に繋がっています。

(2) 保育のエピソード記述と「接面」の実際

　以下に取りあげるのは，多様な保育場面を描いた保育者たちのエピソード記述です。それらのエピソードを読めば，①接面がどのようなものか，②その接面で何が起こっているか，③その接面で感じ取られたものを保育者がどのような意味として捉えたか，が分かるはずです。

❖ エピソード１：「抱っこして」

Ｋ保育士

〈背　景〉

　Ａくん（３歳10カ月）は，複雑な家庭事情にあり，また母親が病気がちであるため，月に一度は，親元を離れて１週間ほど他所に預けられることがある。そのためか，気持ちが不安定になりやすく，クラスの中でトラブルとなることも多かった。近くに来た友だちを突き飛ばして自分の居場所を守ろうとしたり，友だちの泣き声に反応して大声で威嚇したりする等，ちょっとしたことに敏感に反応する姿があった。大人に対しては，注意を引くような行動をわざとしたり，大人の表情を見て動いたりする姿があった。そんなＡくんの甘えたい気持ちや大人の気を引きたい気持ちを受け止め，しっかり信頼関係を築いて，Ａくんが保育園で安心して過ごせるように心がけなければと思っていた。

〈エピソード〉

　Ｂくんたちがお母さんごっこをして遊んでいる横から，「エーン，エーン」の泣き声が聞こえてきた。振り返るとＡくんで，Ｂくんのように床に寝転がって泣きまねをしている。そんなＡくんの姿は初めて見るものだったので，私はちょっと驚き，Ａくんは何を求めているのだろう，どう言葉をかけたらいいのだろうと一瞬迷っているうちに，思わず私の口から「あらあら」と声が出た。

私のその声に恥ずかしくなったのか，Ａくんはテーブルの下に入り込み，見つけて欲しい感じで泣きまねを続けている。そこで「どうしたの？　テーブルの下で泣いているのね。抱っこしてほしいのね，おおよしよし」とお母さんの声色で声を掛け，テーブルの下から出てきたＡくんを，赤ちゃんをあやすように抱きかかえてみた。

　いままでＡくんが赤ちゃんを演じる姿はなく，またＡくんの方から抱っこを求めてくることもなかった。また私が抱っこやおんぶをしても，体と体のあいだで何かしっくりこない感じがあり，すぐに降りてしまうことが多かった。

　ところが今回は抱っこをしても降りようとすることはなく，しばらく赤ちゃんになって「エーン，エーン」と声を出し続けていたので，抱っこしたまま部屋の中をゆっくり歩きながら，赤ちゃんをあやすように話しかけてみた。この時はまだお互いの体のあいだにしっくりこなさが少しあったが，少し経つとＡくんは泣きまねをやめ，そっと私の肩に頭を持たせかけてきた。この時，Ａくんの体から緊張がサッとぬけ，二人の体のあいだがしっくりきて，気持ちよく抱っこすることができた。私はそのとき一瞬，「やっと甘えられた，こんなふうにしていいんだね」というＡくんの心の叫びが聞こえた気がしたが，そう思ったのも束の間，Ａくんはすぐに「おりる」と言い，何事もなかったように他の遊びに移っていった（後略）(『保育・主体として育てる営み』より)。

🌱 私からのコメント

　虐待もあったという難しい家庭環境の中で育てられているＡくんのエピソードです。寝転がって泣きまねをしている姿を見て「いつもと違う」と感じた時点で，書き手の気持ちはすでにＡくんに向けられ，そこに**緩やかな接面**ができあがっていたのでしょう。その接面で書き手はＡくんの甘えたい気持ちを感じ取り，優しいお母さんの声色で声を掛けることになったのだと思います。そしてしばらく抱っこしてＡくんが書き手の肩に頭をもたせ掛けてきたときに，先ほどよりももっと**密度の濃い接面**がそこに生まれ，体から緊張がさっと抜けたのが感じ取られます。その時，「やっと甘えられた，こんなふうにしていいん

だね」というＡくんの心の叫びが聞こえてきた気分になったのでした。

　このエピソードには二様の接面が現れているように見えます。一つは，お母さんごっこの遊びを見守っていたときに，書き手がＡくんに対して気持ちを持ち出したところで生まれている緩やかな接面です。Ａくんの難しい家庭事情が書き手には分かっていて，甘える機会の乏しいＡくんには，チャンスがあれば甘えさせてあげようという気持ちがいつもすでに働いていました（これが保育者の「根源的配慮性」と呼んできた中身で，これが「育てる」という営みを構成する「養護の働き」であることは繰り返し述べてきました）。

　もう一つは，Ａくんの体から緊張が抜けてしっくり抱っこできるようになったときの，二人の身体と身体のあいだに生まれた濃密な接面です。緩やかな接面での関わり合いの下で，いわば緩やかな接面が凝縮されて濃密になったとでもいうべき接面です。この濃密な接面でＫ保育士が感じ取った緊張の抜ける様子についての記述は，読者のほとんどが了解できるところだと思います。この緊張の抜ける感じに続けて「やっと甘えられた，こんなふうにしていいんだね」と書き手が書く部分については，書き手の思い込みだと思う人もいるかもしれません。

　私はこのエピソードのこの箇所をこれまでは「間主観的に分かること」の代表例として取りあげてきました。つまり，緊張が抜けたという誰にも了解できる身体感覚に基づきながらも，それを「やっと甘えられた，こんなふうにしていいんだね」という「**意味として**」意識された事態を，単なる推論やあてずっぽうな思い込みとは区別して，「間主観的に把握されたこと」「間主観的に分かったこと」と述べてきたのでした。つまり，解釈ではなく，そのようなＡくんの思い（主観）が，二人のあいだ（間）を通って，保育者の心（主観）に入り込んできた事態だと考えたのでした。

　この，誰にも了解できる身体感覚のちょっとした変化を「〜の意味として」意識する部分は，この接面の当事者である書き手の固有性，独自性が大きく関わってくるところです。誰もが同じようにその意味を意識できるわけではなく，それが可能になるのは，Ａくんと書き手の関わりの歴史，Ａくんについて得た

これまでの背景情報など，書き手の保育者の固有性を構成するものが基盤にあり，それが接面に浸み込んでいるからです。それゆえに，もしも読み手が書き手と同じようにAくんの家庭的背景やAくんと書き手とのこれまでの関わりの歴史をエピソードの〈背景〉からある程度共有することができれば，この「〜としての意味」も決して書き手の恣意や思い込みではなく，「なるほど」と了解可能な意味となるに違いありません。

このように見てくれば，このエピソードには①緩やかな接面と②濃密な接面を考えなければならないこと，また接面で感じ取られたものが意識されたときに，「〜としての意味」が意識に浮上し，言葉になる事情が分かると思います。

このエピソードについてはここまでですが，書き手の根源的配慮性は，Aくんを優しく抱っこして甘えを許容するという「養護の働き」にだけ働いているわけではありません。書き手はAくんが負の経験を乗り越えて，他の子どもと楽しく遊べるようになってほしい，自分らしく意欲的に生活してほしいと願ってもいます。この願いは，書き手の「教育の働き」に浸み込んで，Aくんの興味がもっと広がるように他の友だちとの遊びに誘ったり，他児への乱暴な振る舞いを制止したり叱ったりする働きかけになり，さらにはAくんの制作活動に手を貸したりすることにも繋がっていたはずです。それもまた根源的配慮性という言葉に包含されるものです。

このように考えれば，育てるという営み，つまり保育がいかに奥行きの深い営みであるか，それを実際に実行に移すことがどれほど大変なことかが読み手にも分かるだろうと思います。保育の営みで何より大切なのは，先の接面で感じ取ったことが客観的に正しいかどうかではなく，保育者が子どもとの接面で感じたことを身に引き受けて対応することによって，子どもが保育者に分かってもらえたと思えるようになることです。その「分かってもらえた」という思いが保育者への信頼感と自分への自己肯定感の出処になるのです。

❖エピソード2:「せんせいに,してほしいもん」

S保育士

〈背　景〉

　Kくん（2歳8カ月）は,年長組の兄との2人兄弟で,兄の真似をしてバスケットボールをしたり,サッカーをしたりと,活発で元気な男の子。一緒に2歳児クラスのさくら組に移行してきたSくんとRくんと仲が良く,一緒に汽車つなぎをしたり,ままごとをしたりと好きな遊びを見つけて楽しんでいる。また自分でできることが多く,生活面であまり手がかからないが,そのことが逆に少し気になっていた。「できない,やって,先生と」などと,多くの子どもができることでも甘えてやってもらいたいのに,Kくんはあっさりしていて,甘えるような姿はあまりなかったからだ。絵本を見るときは膝に座ってくるが,それ以外は,くっつきにくることも少なく,抱っこしても身体を硬くしているような感じだった。一緒に会話をしたり,遊んだりすることはあっても,なんとなくKくんとの距離を感じ,Kくんが安心して自分を出せる存在になりたいと思いながら過ごしていた。

〈エピソード〉

　おやつの時間になったとき,Kくんのパズルが仕上がり,「できた！」と声を上げる。「ほんとだ,上手にできたね」と声をかけてパズルを覗き込みにいくと,「うん！　もっかいしよう」とKくんはまたパズルを崩し始めた。おやつよりもパズルが楽しいんだなと思いながらも,「Kくん,おやつはまだいい？」と聞いてみると「うん,これ終わってから」と自分で決めるのだとばかりにKくんは答えた。「そっか,わかったよ」と私が言うと,「先生,見とって,K,わかるよ」とKくんは私をパズルに誘い込んだ。今までは,できないところは「先生,これどこ？」と聞きながら遊ぶ様子はあったが,"見とって"と一緒にしたがるようなところはあまりなかった。うまく言えないが,Kくんの持つ自分だけの領域に入るのを許されたような気がして,なんだか嬉しかった。

「これは……ここや」などと，絵や形を見ながらどんどん仕上げていく様子にすごいなぁ，上手になったなぁと思い，パズルが完成したとき，「お〜できたね，パズル上手になったね」と話すと，Kくんは「うん。K，おやつ食べてくる」とパズルに満足した様子で，あっさり答えて，手を洗いにいった。そしてトイレの前で「おしっこもでる」ともぞもぞとズボンとパンツを下ろし，トイレに向かう。私もトイレの前で待っていると，チョロチョロ……とおしっこの音。お，ちゃんとでてるな，と中を覗き込むと，Kくんと目が合い，私が「おしっこのいい音聞こえたよ」と言うと，Kくんははにかむような表情を見せた。トイレから出てきたので「パンツはこうか」と声をかけると，そのはにかんだ表情で，ぼそっと「K，できんもん。S先生にしてほしいもん」と言う。いつもなら自分でさっさとはいてしまうKくんとは全く反対の姿にびっくりしたが，初めて甘えてきてくれたような気がして嬉しくなった。「そうなん，じゃあ今日は一緒にしようね」と手伝おうとすると，Kくんも身体を私の方に寄せ，一緒にパンツやズボンをはいていった。一緒にズボンをはいたときのKくんとの触れ合いは，いつも触れる手や身体の感じと違い，Kくんとの距離や手のもたれかかる感じが近くて，力も抜けていて，私とKくんとの心の距離が近くなったような気がして，とても嬉しくて，あったかくなった（後略）（『保育・主体として育てる営み』より）。

🌱 私からのコメント

〈背景〉から分かるように，書き手はAくんがもっと自分に甘えてきてほしいと思い，機会があれば一対一の対応をしようと，もう一人の担任と話し合っていたのでしょう。そのような構えの下にある書き手ですから，パズルを見守っているときからすでに書き手はKくんの下に気持ちを持ち出し，そこには緩やかな接面が生まれていたと思います。それがトイレの後，目が合ったあたりからその接面の密度が濃くなり，さらに手や身体が触れ合ったときにはもっと濃くなって，その接面でAくんのいろいろな情動が伝わってきたというエピソードでした。ここでも前エピソードと同様に，温かい目で見守っているときの

緩やかな接面と，身体が触れ合ったときの密度の濃い接面が際立っています。そうしてみると，どうやら**接面の密度の濃さ**という考えも必要になってくるように思います。つまり，気持ちを向けて様子を見ているとき，目が合ってお互いに気持ちを向け合うとき，さらに身体接触が伴われてくるときというように，接面はただ空間的にそこに生まれるというだけでなく，そこに流れる情動の密度が凝縮されて濃くなったり，ゆったりと緩やかになったりと，密度が変化することを考える必要もあるのではないかということです。

　何気ないエピソードですが，一斉に片付けさせ，一斉におやつに向かわせる保育をしている保育者ならば，パズルが一旦仕上がったところで，片付けるように働きかけ，保育者主導でおやつに向かわせるところでしょう。このエピソードでそのような対応にならなかったのは，緩やかな接面の下で書き手はAくんのもっとパズルがしたいという思いを受け止めよう，パズルができるようになったAくんを認めてあげよう，それによって自分との信頼関係をもっと深めていきたいという気持ちがあったからです。つまり，Aくんとのこれまでの関係の歴史から，「養護の働き」が自然に紡ぎ出され，それが緩やかな接面をつくり出すことに繋がっていました。そこに他の保育者とは違うこの書き手の固有性，独自性が働いています（しかしそれはこの保育者だけでなく，その園全体がそのような保育の方向性を持っていたから，この保育者の固有性や独自性がこのように働いたことを見逃すべきではありません）。そうした書き手の対応が，Aくんの中に潜在していた，先生に甘えてみたい，先生大好きという思いを掘り起こし，実際に先生に甘えてみる行為を生んだのでしょう。ここには示しませんでしたが，書き手はこのエピソード記述の〈考察〉で，「こういうちょっとしたことの積み重ねが信頼関係に繋がるのだと思った」と述べていますが，その通りだと思います。

　いずれにしても，接面で起こっている目に見えないそれぞれの心の動きが，こうしてエピソードに記されてみると，それが読み手にも分かり，接面での目に見えない出来事が実際の保育の展開の鍵を握っている事情も分かってきます。

❖エピソード3:「鬼って,たのしいよ」

S保育士

〈背　景〉
　4歳児クラス23名(男児10名・女児13名)を5人の保育士で保育している。Hくんは1歳児からの入園で母子家庭。友だちとの関わりの中で思うようにならないと大きな声を出して強く主張したり,手足が出てしまったりするところがよくある。

　クラスが変わった4月は不安の見られた子もいたが,体を動かして遊ぶことが好きな子どもが多く「こおり鬼しよう」と誘い合い,じゃんけんで鬼を決め,鬼になると帽子を裏返しにして帽子の色を変えて遊び出す姿があった。

　そんな中,Hくんは「Hもする！」とこおり鬼をしようと来るが,じゃんけんで鬼になると「鬼やだ！　つかれるから」と言って抜けたり,他児に代わってもらったりしていた。また,逃げて鬼にタッチされると「強く押さないで」「もうやめる」と抜けていくことが多かった。それでも,保育者がこおり鬼を一緒にしていると「Hも！」と入ってくるというくり返しだった。そして「先生,H汗かいたよ」「さっき○○くんに貸してあげたよ」などと伝えてくるようになり,「いっぱい走ったもんね」などと共感して返すと,嬉しそうにして自慢気な表情になるHくんだった。

〈エピソード〉
　夕方園庭に出ると「こおり鬼しよう！」とRくんが私を誘ってきて,側にいた数人も集まり,じゃんけんで鬼決めをしたところに,「入れて」とHくんたちも入ってきて7,8人になった。さっきのじゃんけんでAくんが鬼に決まっていたが「いっぱいなったから鬼ふたりにしよ！」とRくんが言う。そこでもう一度じゃんけんをし,Hくんがもう一人の鬼になった。いつもは嫌がるのに,「よし！　ぼくとAくんが鬼だからね」とはりきるHくんだった。そしてAくんと小さな声で何か話しながら帽子を白に裏返す。2人で友だちや私を追いか

けるが,なかなか捕まらない。途中,私は別の遊びをしていた子が呼びに来たので,ちょっと抜けて再び戻ってくると,こおり鬼のあそびが続いていて,HくんとAくんがまだ鬼をしていた。「つかまったらストップだよ」と時折言い合ったり「今度あっちいく！」と話したりしながら2人で鬼を楽しむ姿があった。「ずっと鬼してたの？」と声をかけると,Hくんは「うん,ずっと鬼でもいいよ」と嬉しそうにいう。保護者が迎えに来てやめる子も出て,結局この遊びは終わりになったが,Hくんは「あ〜つかれた〜」,Aくんは「おもしろかったね〜」と2人で嬉しそうに話す姿があった。

　数日後,園庭に出てまたこおり鬼しようと5,6人でじゃんけんをしているところにHくんが来て,「入れて！」と一人ひとりに訊き,私にも訊いてくる。「いいよ！」と応える周囲の子,私も「いいよ」と伝える。Kくんが鬼になってもするかな？　先日の楽しかった経験があるから,きっとするだろうな,と思って見ていた。じゃんけんで人数が減っていく中,Tくんが鬼に決まると,Tくんは「鬼やだ！　やめる！」と座り込む。「えっ！　じゃんけんで決めたじゃん！」とRくんが言い,他児も「Tくんが鬼だよ！」と言っている。私はその様子を見守りながらTくんに声をかけるタイミングを計っていた。すると,そばにいたHくんが「Tくん,鬼ってたのしいよ！」と声をかけた。私はHくんの思いがけない言葉にはっとした。「やだ！　しない！」と返したTくんの顔をHくんは覗き込んでいる。言葉にはならないけれど,鬼が楽しいことを伝えようとしていることがその表情から分かった。Tくんにみんなの思いを伝えたいと思っていた私は,Hくんの思いがけない言葉に温かい気持ちになり「Hくんも前は鬼が嫌だったんだよね……でもこの間から鬼が楽しくなっていっぱい遊んだんだよね……」と声をかけた。その時,Rくんが「じゃ,もう一回じゃんけんしよう！」と言ってもう一度輪になる。座っていたTくんもHくんと手をつなぎ輪に入った。

　じゃんけんでHくんが鬼になり「よーし！」と走り出す。数人にタッチしたあと,ちょっとすねて陰に隠れていたTくんのところに行き,「Tくん,鬼たのしいよ,一緒にする？」と声をかけていた。「うん」と頷くTくんに「ぼう

し反対（裏返し）だよ！」と知らせ，手をつないで走り出す。そして私のところに駆け寄ってきて「先生，Tくんね，ぼくと一緒に鬼するって！」とちょっと小さめの声で言う。「そっか，よかったね」と私が言うと，嬉しそうに「うん！」と頷き，周囲の子どもたちに「Tくんも鬼になりました～！」と大きな声で伝えながら走っていった。2人で挟んでタッチしたり「あっちにもいるよ！」などと声をかけ合あって追いかけたりしながら，しばらく遊びが続いた。そんな様子を見ながら，HくんがTくんにかけた言葉を嬉しく感じていた。遊び終わって「あ～つかれた！」と給食に向かおうとするHくんに「Hくん，先生ね，すごく嬉しい気持ちになったよ」と伝えると「うん，Hくんもうれしい！　汗かいた！　先生，鬼，楽しかったよ！」と満足げな表情だった。その後の給食のときも「先生，（お皿）ピカピカだよ！」と伝えてきて「きれいに食べたね。いっぱい走ったもんね」と言うと「Tくんといっぱい走ったからね。鬼って楽しいんだよ」と満足気だった（後略）（今回初掲載）。

私からのコメント

　自分の思い通りにならないと，すぐ手や足がでるHくんですが，書き手はそういうHくんが何とかみんなと楽しく遊べるように，Hくんらしく振る舞えるようにと思って，保育に臨んでいたのでしょう。いつもは鬼決めで鬼になると，すぐに抜けてしまうHくんだったのに，Aくんと一緒に鬼になったからか，この日は鬼を楽しみます。そして次には，鬼をやりたがらないTくんに鬼が楽しいことを伝え，Tくんと一緒に鬼を楽しむという展開です。

　この保育場面は，自分もこおり鬼に参加しながら，子どもたちを温かく見守っている保育者と子どもたちのあいだに生まれた緩やかな接面の下で展開されています。自分の思い通りにならないとすぐに膨れて抜けていくHくんのような子どもに対して，多くの保育者は早くルールに従った遊びができるようにと働きかけることが多いですが，書き手はここでHくんを優しく見守っています。それはただHくんのしたい放題を傍観しているというのではありません。気持ちを持ち出し，そこに接面をつくる中で，鬼になるのは嫌だという気持ちを受

け止めながら，でも鬼になるのも楽しいし，鬼ごっこのルールも知って，楽しく遊んでほしいという願いもしっかり持っている中での見守りです。

　そんな温かい接面の中で，鬼を楽しんだ後のHくんを認め，さらにHくんがTくんにかけた言葉にHくんの心の成長を感じ，それを「先生も嬉しかった」と返すところに，Hくんを一個の主体として尊重し，Hくんの思いを我が身に引き受け，HくんがHくんらしく主体として成長してほしいというこの保育者の願いが凝縮されています。Hくんも，Hくんのことを認めてあげようという先生の温かい気持ちが接面から伝わるから，嬉しかったのだと思います。

　何気ないこおり鬼の遊びが，友達同士の関係を育むだけでなく，子どもと保育者の信頼関係を育み，子どもの主体としての心を育むことを可能にしているのは，そこに温かい接面が成り立ち，またそれが時折凝縮されて二人のあいだに密度の濃い接面をつくりだしているからです。保育の世界では，よく「遊びを通しての指導」が言われ，ルールのある遊びを通して，ルールに従うことを学ぶと言われますが，こうして描かれたエピソードをじっくり読んでみると，ここでもその接面にHくんと書き手の関わりの歴史が浸み込み，書き手ならではの固有性が浸み込んでいて，それが遊びの展開の背景をなしているのが分かります。確かに遊びが子どもを育てるのですが，その遊びがどのように展開されるかの鍵を握っているのは，そこに醸し出される接面とその当事者である保育者なのです。

❖ **エピソード４：「わかってる」**

S保育士

〈背　景〉

　４歳の女児Hちゃんは，４人家族で上に兄がいる。０歳のときから保育園に通ってきていて，夜８時までの超延長保育をたびたび利用している。私はHちゃんの担任をしたことはないが，延長保育や朝の保育ではこれまでにも一緒に遊ぶ機会があった。４歳児になったHちゃんはとても負けん気が強く，一番に

なりたいなどの思いが強くある。運動会のかけっこの練習では，一等になりたいがために，ゴールテープ目掛けてジャンプして飛び込んでくるほどであった。自分の思いが叶わないときには，泣いてすねてしまうことがしばしばあった。今年度，私はフリー保育士として保育に参加している。

〈エピソード〉

　その日フリーの私は朝の10時からクラス応援に入った。雲梯(うんてい)のところで4歳児クラスの担任とHちゃんが話をしていた。一列に並んで順番に雲梯をしようというときに，一番になりたかったHちゃんは他児を押しのけて先頭に並ぼうとしたらしい。そこで担任がそれはいいことかなとHちゃんと話をしていたところだった。けれども担任の話はHちゃんの耳に入らない様子で，Hちゃんは担任に砂を蹴ってかけたり，叩いたり，かなり気持ちが昂ぶっている様子を見せ，Hちゃんは雲梯から離れていった。それからしばらくクラスの子どもたちの雲梯遊びが続いた。その遊びが終わりかけた頃，Hちゃんが雲梯のところに戻ってきたので，私は最後に一緒に雲梯をやってみようと誘ってみたが，Hちゃんは応じなかった。

　クラスのみんながお部屋に帰り始め，Hちゃんもすねながらもみんなについてきたが，部屋の入口のところで立ち尽くしてしまった。少し俯いて立ち尽くしたまま，目はしっかりとクラスのみんなや担任の姿を捉えていた。そんなHちゃんの姿を私は気付かないふりをしてそっと見ていた。クラスのみんなから，立ち尽くすHちゃんに「先生に叱られた」などと男の子たちの少しはやし立てる言葉が投げかけられ，それを聞いたHちゃんはそんな男の子たちをキッと睨みつけた。

　このままではと思い，まずは二人きりになろうと思ってHちゃんを誘ってみた。「先生，やかん返しに行くけど，Hちゃんついてきてくれる？」と私が言うと，Hちゃんは初めはとても厳しい顔でこちらを見ていたが，空のやかんを差し出すと，すんなり手にとってついてきてくれた。

　やかんを返し終わって，さあ話でもと思ってHちゃんを振り向くと，上目づ

かいでこちらを見るHちゃんと目が合った。するとHちゃんは緊張したような何とも言えない顔つきになって「わかってる」と一言つぶやいた。そこで私は「そうか」とだけ告げ，黙って園庭の見える廊下に一緒に座った。するとHちゃんは私の肩に手を載せてきた。ならばと，すこし嫌がる素振りのHちゃんを膝に抱っこして，しばらく気持ちが落ち着くのを待った。私の膝やお腹にじんわりとHちゃんのぬくもりが伝わってきたところで部屋に戻った。

その帰り道，Hちゃんは黙って私の手を引いていく。抱っこしていたのはほんの2，3分だったと思うけど，それがよかったかな，などと考えているうちに部屋に着き，部屋に着いたと思ったら，Hちゃんはまた下を向いてすねた顔をし始めた。やっぱりちゃんと話をしなければいけなかったかなと思っていたら，Hちゃんと目が合った。私がそこで軽く頷いて見せると，Hちゃんはしばらくもじもじしたあと，担任の先生のところに行き，「(叩いてしまって) ごめんなさい」と謝った。Hちゃんが自分で考えて謝りにいったのだと担任に伝えるとともに，私は素直にHちゃんを褒めた。担任も一緒になって褒めてくれたので，Hちゃんはやっとほっとした落ち着いた表情になった。(『保育・主体として育てる営み』より)

🌱 私からのコメント

やかんを返し終わって，書き手が少しお説教じみたことを言おうかと思っていて，ふとHちゃんと目が合うと，Hちゃんの方から「わかってる」という言葉が返ってきます。その時そこに生まれた接面から，書き手はHちゃんの思いが掴めたので，「そうか」とだけ返しますが，Hちゃんも目が合ったときの書き手との接面から，書き手が何を言おうとしていたかが掴めたのでしょう。もしかしたら，「わかってる」や「そうか」の言葉がなくても，目が合ったときに生まれた接面から二人はお互いの思いを感じ取ることができたのかもしれません。それほど接面から感じ取られるものは豊饒です。人と人のコミュニケーションは，接面を介することによって言葉がなくても相当奥深いところまで気持ちを通い合わせられることが，こうしたエピソードから分かる感じがします。

こうしたことが対人関係の機微をなしているのに，そこに踏み込まずに対人関係を考えていくことができるでしょうか。

ここでも，多くの保育者がHちゃんを担任のところに連れて行って「ごめんなさい」を言わせる対応をしてしまうことを念頭に置けば，書き手の保育者の「いま，ここ」での対応の中に（一対一になってHちゃんが落ち着いてから，自分の言うべきことを言おうと思っていた対応の中に），すでにこの保育者の子どもに対する根源的配慮性（「養護の働き」）が働いていることを見ておかなければなりません。

このエピソードには二人の思いが交叉する接面が何カ所か生まれています。まず他児たちの雲梯遊びが終わってからHちゃんが雲梯に戻ってきたときに生まれた接面です。そこの描写は詳しくありませんが，書き手が一緒に雲梯をしようと働きかけるにとどめてお説教を控えたのは，その接面から，お説教を跳ね返すほどのHちゃんの面白くない気持ちが感じ取られたからでしょう。次はやかんを返しに行った後で目が合った瞬間に生まれたときの接面です。

そこに生まれた接面で，Hちゃんが紡いだ「わかってる」という言葉は，蹴って砂を掛けた担任の先生に謝らなければいけないことは分かっている，という意味だけではないでしょう。その接面から書き手の一対一になろうとした思いも感じ取っての「わかってる」だったに相違ありません。そして，部屋に戻って，Hちゃんが謝るのを逡巡し，そこで書き手と目が合ったときに生まれた接面です。その接面から，Hちゃんは書き手の「いまでしょ，いましかないよ」と背中を押す思いを感じ取って，ようやく「ごめんなさい」と言えたのだと思います。

このエピソードの展開は，ですから，二人のあいだに生まれた接面がときに途切れ，ときに微妙に変化しながらも，その都度二人の目に見えない心の動きが相手に伝わる重要な役目を果たしていたことが分かります。

お説教というのは「教育の働き」ですが，それが子どもを育てる上で意味をもつのは，決して「ごめんなさい」という言葉を言わせることではなく，自分がいけなかったということに自分で気付けるようにもっていくことができたと

きです。そのためには，頭ごなしに叱って規範を示すのではなく，まずは子どもの存在を認める（子どもの思いを尊重する）という「養護の働き」が下地として働いて，Hちゃんの「いま，ここ」の思いを受け止め，その上でどうしたらよかったかを考えるように促す「教育の働き」が重ねられたとき，ようやく規範が規範として子どもに受け入れられていくのです。そうしてみると，このエピソードでも中心的な役割をしているのは書き手の懐深い「養護の働き」です。それが接面に沁み通っているからこそ，そこに「教育の働き」が結びついてくるのでしょう。

　自分がいけなかったという心の動きを伴わないまま，ただ「ごめんなさい」という言葉を言えば，それで謝ったことにしてしまう保育が横行する中，これほど子どもの思いに寄り添った対応にはなかなか出会えません。しかし，こうした保育が子どもの心を育てる上で求められているのです。

❖エピソード5：「つばしても，すき？」

K主任保育士

〈背　景〉
　Aくんは0歳からの入園で，両親との3人暮らしの4歳男児。母親は大変感情の起伏の激しい人で，Aくんが2歳頃から，人前でAくんを強く叱ったり，ときには手が出たりすることもあり，当時担任だった私も，母親に酷いことを言われてショックを受けた経験がある。Aくんはそんな家庭での厳しい扱いがあるためか，自分の気持ちを言葉で相手に伝えたり，友だちの気持ちを感じ取ったりすることが難しく，トラブルが絶えず，友だちからも仲間外れにされがちである。しかし，Aくんにもよいところがあり，人懐っこく私を求めてくるところもあった。私はいまは主任の立場になったため，Aくんに対して担任だったときのようには関われないが，機会があるたびに，Aくんの思いを受け止め，Aくん大好きだよという思いを伝えようとしてきた。

〈エピソード〉
　夕方，お迎えを待つ自由遊びの時間に，「Aくんがブロックを黙って取ったー！」とBちゃんが泣きながら私のところに訴えて来たので，Aくんのそばにいって話を聞こうとした。するとAくんは「だってこれが欲しいんだもん！これがいるんだもん！」と顔を真っ赤にして大声でまくしたてる。そこで「うん分かった。このブロックを使いたかったんだね。欲しかったんだね」というと，Aくんは「そうだよ！　Bちゃんがかしてくれないんだもん。だからとったんだよ」とだんだん興奮してきて，話を聞こうとしている私の顔につばを吐きかけた。私は自分の顔につばがとび，一瞬とても不快で，腹が立ち，多分露骨に嫌な顔をしたと思う。Aくんもハッとして私と目が合い，「しまった」という顔をした。私は内心の怒りをおさえて，「Aくん，先生，Aくんのつばが顔にとんで，すごく嫌な気持ちだよ」と言った。Aくんはうなだれたまま黙っていた。「先生は，Aくんと話をしたいんだよ」と言うと，Aくんは上目づかいに私を見て，「つばしても，Aくんのことすき？」と小さな声で訊いてきた。私もそこでハッとして，「うん，つばしてもAくんのこと好きだよ」と答えると，Aくんは自分のTシャツの裾で黙って私の顔のつばをふき，うなだれていた。私もすっかり気持ちが落ち着いたので，「Aくん，Bちゃんのブロックを使いたいときには『貸して』って言うんだよ。そしてBちゃんが『いいよ』っていったら貸してもらおうね」と言うとAくんは黙って頷き，それからBちゃんにブロックを返しに行った（『保育・主体として育てる営み』より）。

🎵 私からのコメント
　難しい家庭環境で育ち，何かあるとすぐにトラブルになるAくんですが，書き手はそんなAくんをかばうように普段は優しく対応する人で，だからAくんも書き手の保育者が大好きです。ところが興奮するとつばをはく癖のあるAくんが，Bちゃんとのトラブルで興奮してつばをはいたとき，トラブルの話を聞こうとしゃがんだ先生に，はいたつばが偶然かかってしまいました。腹立たしい気持ちになった書き手が強い叱る言葉をかけようとした次の瞬間，Aくんと

第2章 なぜ接面パラダイムなのか

目が合い，そこに接面が生まれ，そこからAくんのハッとして，「しまった」という思いが先生に伝わってきます。それが分かって先生もハッとして，叱る言葉を呑み込み，怒りを鎮めて穏やかに言葉をかけることができました。目が合ったところから，先生が穏やかに言葉をかけるまでの短時間のあいだに，二人のあいだではどれほど複雑な思いが行き交ったことでしょうか。つばがかかったことが分かってハッとしたAくんは，大好きな先生が怒っている，先生に嫌われる，嫌われたくない，などの思いが湧き起こったに違いありません。その思いが先生に伝わって，腹を立てかけていた先生にいつもの優しい気持ちが甦り，こういう対応になったのでしょう。その接面で双方が感じたことは当事者にしか分かりませんが，それを描いたエピソードから私たち読み手も，その接面での出来事をまるで自分も同じように感じ取るかのように，二人の心の動きを想像することができます。これもこれまでは書き手がAくんの気持ちを間主観的に摑んだエピソードという文脈で取りあげてきたものですが，接面という概念を持ち込むことによって，その機微が読み手にももっとしっかり伝わるのではないかと考えます。

　ここに生まれた接面には，Aくんと先生とのこれまでの関わりの歴史が刻み込まれ，母親から辛く当たられているAくんに何とか優しく接していこうという先生の「養護の働き」が浸み込んでいたと思います。だからこそ，Aくんの「叱られる」という思いが分かり，怒る気持ちを呑み込むことができたのでしょう。目が合った瞬間に負の情動が二人のあいだを行き交いますが，そこで気持ちを立て直して，再びAくんを温かく包むことができたというのは，K先生の人柄であり，それはK先生ならではの固有性と独自性です。そのとき，壊れかけていたAくんの先生への信頼感が修復され，それと背中合わせになっている自己肯定感が立ち上がって，AくんはBちゃんにブロックを返しに行ったのでしょう。

　そうして振り返ってみると，保育の営みはまさに接面で起こっていることがその展開の鍵を握っていることが分かると思います。

❖エピソード6：「生きてる音」

K主任保育士

〈背　景〉
　Dくん（4歳）とMちゃん（6歳）は，4人兄弟の2番目と3番目の姉と弟。とても明るく，朗らかな姉弟で，小学2年生の長女，2歳の三女と仲良く遊んだり，けんかをしたりと家庭でのほほえましい様子をこまめに保護者が連絡帳等で伝えてくれる。父母も大らかな子育てをなさっており，子どもたちのやりたいことを面倒がらずにやらせてあげている姿を垣間見ることも多く，頭が下がることもしばしばだ。そんなことが影響しているのか，Dくんは発想がおもしろく，おもしろいことを言ってびっくりさせられたり，笑わされたり，感心させられたりすることがしょっちゅうある。しかし父が最近大病を患い，手術・入院と続き，子どもたちもその間寂し気だったり，甘えてきたりすることが時々見られた。父の退院後はまた元気な笑顔を多く目にするようになり安心していた。私はいまは主任という立場で，朝夕しか一緒に遊ぶ機会がなく，寂しさを感じながらも，このDくんやMちゃんたちのユニークな発言を耳にするたびに，かわいいなとほのぼのとした気持ちになっていた。父が手術した後，「おなかに傷がある」とDくんが目を丸くして私に教えてくれたが，心配そうな表情も見られたので，「父ちゃん早くげんきになったらいいねえ」と話をしたりしていた。

〈エピソード〉
　冬の寒いある朝，登園してきたMちゃん，Dくんと3人で「寒いね〜」と言い合って室内で体をくっつけたり，さすったり，だっこしたりして遊んでいた。Dくんが，座った私のひざに立っておしゃべりしているとき，ちょうどDくんの心臓が私の目の前にあり，耳を押しあてると，トクトクと心臓の鼓動が聞こえてきた。「Dくんの心臓の音が聞こえるよ」と言うと，Mちゃんに教え，Mちゃんも耳を押しあてて「ほんとだ！ 『生きてる音』がする！　トトトトっ

てする！」と言った。それを聞いたDくんはMちゃんと交代してMちゃんの鼓動を聴いて「ほんとだ！『生きてる音』だ！ 父ちゃんの音と一緒だ！」と目を輝かせた。Mちゃんも「父ちゃんの音と一緒だ。父ちゃんお腹を切ったけど，元気になったからこの音がするよねえ」と2人で上気した顔を見合わせて言い合っていた。2人の明るく嬉しそうな表情を見て，「父ちゃん元気になってよかったねえ」と私も心から2人に言うと，「うん！」と頷き，しばらくまた3人で心臓の音を聴きあって遊んでいた。（『エピソード記述で保育を描く』より）

私からのコメント

　父親が大病をして入院手術となったあと，退院して子どもたちにも笑顔が戻った頃のエピソードです。保育者が何気なく目の前のDくんの心臓に耳を当てたところから生まれたちょっとした遊びがその後の思いがけない展開をみたという内容です。

　〈背景〉から分かるように，父の手術を心配していた子どもたちに対して，主任である書き手が心を砕いて子どもたちの不安な気持ちをしっかり支えていこうという大きく優しく包むような「養護の働き」がすでに働いていたのでしょう。緩やかな接面がすでに3人を覆っていたのだと思います。そこでたまたま心臓の音を聴くというちょっとした遊びが生まれ，そのときその接面が，それまでの緩やかな接面から凝縮された接面に変化し，ふとしたDくんの発言をきっかけに，子どもたちの父親を想う気持ちが保育者に伝わり，子どもたちもまたその接面からこの保育者の優しい思いを感じ取っていたに違いありません。

　読み手によって，子どもの側にウエイトを置いて父親を思う子どもたちの気持ちの動きに何かを感じる人もいれば，保育者の側にウエイトを置いて書き手の懐深い「養護の働き」に感じ入る人もいると思います。ですからこのエピソードの了解可能性は多元的ですが，しかし，読み手に生まれる了解は，みなこの接面から感じられてくるものに基づいていることは確かです。

　ここでは〈背景〉が重要な役割を果たしています。温かい家庭，伸び伸びし

た子育て，伸び伸び育つ子ども，父の大病，手術，入院，子どもたちの心配，それを心配する保育者という背景の内容が，ここで保育者が優しい気持ちを持ち出して子どもたちを包み，そこに緩やかな接面を生み出すことに寄与していることは明らかです。朝，ふとしたことから心臓の音を聴き合う遊びをしたというだけなのではありません。遊びをきっかけに，子どもたちの父親を思う気持ちが書き手に伝わってきたことがこのエピソードを書かせることになったのです。子どもたちの言葉の背後にある父親を思う気持ちは，接面でまず書き手に感じ取られ，その描写を通して私たち読み手に感じ取られるという構図になっています。このエピソードは，ですから，まさに接面での出来事を描き出したものになっています。何気ないエピソードですが，そこに保育者の人柄が表れ，「養護の働き」のもつ大切さが改めて分かるだろうと思います。

❖エピソード7：「こんな保育園，出ていったるわ！」

K保育士

〈背　景〉

　もうじき6歳の年長男児Sくん。3歳下に弟がいる。とても複雑な家庭事情を抱えていて，そのせいか，クラスの中での乱暴な言動が目立ち，担任として困ることが多い（弟も噛み付き等の乱暴が目立つと聞いている）。母親は精神障碍があって，いまも病院に通っている。気分の浮き沈みが激しく，不安定になったときは，Sくんにもしょっちゅう手を挙げているらしい。あるときお迎えの折に，「こいつのせいで私の頭がおかしくなる！」と言って，私の目の前でSくんを強く叩くこともあった。Sくんの実父とは数年前に別居し，1年前に新しい父親ができたが，この人も最近家を出たので，それ以来，母親の精神状態はいっそうひどくなっている。母親は就寝が遅く，朝も遅いので，兄弟の登園が昼近くになることもしばしばである。なお私の園は4，5歳の異年齢保育をしている。

第2章 なぜ接面パラダイムなのか

〈エピソード〉

　朝のお集まりのとき，Sくんが「見せろ」といったワッペンを，取られたくなかったKくんが体をよじって取られまいとすると，SくんはKくんの頭をパシーンと叩き，立ち上がってKくんのお腹を蹴り上げた。大声で泣き出すKくん。あまりの仕打ちに，私は「どうしてそうするの！　そんな暴力，許さへん！」と強く怒鳴ってしまった。くるっと振り返って私を見たSくんの目が怒りに燃えている。しまったと思ったときはすでに遅く，Sくんは「こんな保育園，出ていったるわ！」と肩を怒らせて泣きべそをかき，部屋を出て行こうとした。私はSくんを必死で抱きとめて，「出て行ったらあかん。Sくんはこのクラスの大事な子どもや！」と伝えた。泣き叫び，私の腕の中で暴れながらも，抱きしめているうちに少し落ち着き，恨めしそうな顔を向けて，「先生のおらんときに，おれ，死んだるしな！」と言った。

　私とSくんのやりとりを他の子どもたちが不安そうに見ていたので，Sくんを抱き止めたまま，子どもたちに「みんなSくんのことどう思った？」と訊いてみた。子どもたちは，私が心配しているのとは裏腹に，Sくんを大事に思う気持ちを次々に伝えてくれた。私は涙が出るほど嬉しかったが，ふと気がつくと，Sくんが私の体にしがみつくようにしている。そこで，子どもたちにお礼を言って，「Sくんが先生に話があるみたいやし，今日は朝の会は終わりにして，みんな先に遊んでてくれる？」と声をかけた。

　子どもたちが園庭に出て室内で二人きりになると，Sくんは「あのな，うちでしばかれてばっかりやねん。うち出て行って，反省して来いって，いつもいうねん。出て行って泣いたら怒られるし，静かに反省したら，家に入れてくれるんや」と話し出した。私は「そうやったんか，Sくん，しんどい思いしてたんやな」と言ってSくんを抱きしめた。「先生はSくんのこと大好きや，先生，何が嫌いかしってるか？」と言うと，「人を叩いたり，蹴ったり，悪いことすることやろ？」とSくん。そして「遊びに行く」と立ち上がると，「Kちゃんにごめんいうてくるわ」と言って走って園庭に向かった。（『エピソード記述で保育を描く』より）

🌱 私からのコメント

　難しい家庭環境で暮らしているせいか，乱暴が目立つＳくんです。書き手は普段はそのＳくんをかばいながら優しく接してきていましたが，今日の暴力があまりに酷かったので，思わず強く叱ってしまいました。振り返ってＳくんと目が合った瞬間に二人のあいだにはどんな激しい情動が渦巻いていたことでしょうか。それがＳくんの「出ていったるわ！」の言葉になり，「出ていったらあかん！」という保育者の言葉になりました。抱き止めた書き手の腕の中でＳくんがもがき暴れたとき，そこには濃密な接面が生まれていたに違いありません。そこでは二人のどんな思いが交錯したことでしょうか。

　そして，少し落ち着いて，二人きりになったときに生まれた穏やかな接面から，Ｓくんはいつもの優しい先生を感じる中で，日頃のさまざまな思いが溢れ，その一部が言葉になりました。書き手もその接面からいろいろなものを感じ取り，そこからさまざまな思いが生まれ，その一部が言葉になりました。言葉になりきらないさまざまな思いが交叉して，少しほっとした時間が流れますが，私たち読み手も，このエピソードの中に立ち現れるさまざまな接面を通していろいろなものを感じ取り，一人の読み手として，Ｓくんの思いや書き手の思いに思いを馳せることができるようになります。

　普段はＳくんに対して優しい態度で接し，温かいオーラで包んで，何とか家庭での面白くない気持ちを和ませようとしてきた先生です。ですから，いつもはＳくんとのあいだに穏やかな接面をつくろうとしてきたのに，あまりの暴力にそこで強烈な負の情動が湧き，思わず強く叱ってしまいました。その先生の怒りにＳくんも興奮し，怒り，「出ていったるわ！」と激しい言葉を吐き出します。そのＳくんを先生が抱き止め，「出ていったらあかん！」と伝えるとき，Ｓくんはその濃密な接面から何を感じ取っていたでしょうか。抱き止められ，少し落ち着いてきたとき，信頼する先生に叱られた，見捨てられるという思いが少し弱まり，見捨てられたくない，引き留めてほしいという思いが湧き起こって，もがきながらも先生にしがみつくことになったのでしょう。先生の側でも，あまりの暴力に思わず叱ってしまったけれども，怒り狂ったＳくんを見た

瞬間，書き手も「しまった」と思い，その負の情動を何とか収めて，必死でSくんを抱き止め，「Sくんはこのクラスの大事な子どもや！」とSくんを包みました。それはSくんが何よりも望んでいたことでしたから，暴れながらも次第に落ち着くことができたのでしょう。ここはスターンの言う「情動調律」がまさに発揮された箇所です。

　怒りの感情に一瞬とらえられたけれども，再度優しい先生に戻ることができ，「Sくんのこと大好きや」と伝えたところで，Sくんの先生に対する信頼感は叱られる前よりも強められ，それと結びついている自己肯定感も，一旦は崩れかけましたが，修復されてよりいっそう強い自己肯定感に塗り替えられたに違いありません。そこから「よい子」の自分が立ち上がったので，自分から「Kちゃんにごめんいうてくるわ」と言えたのでしょう。

　このエピソードを振り返ると，負の情動にとらえられて強く叱った直後に，再度優しい保育者が復活したところが何といっても際立ちます。ウィニコットのいう「母は，叱っても怒り狂ってはならず，優しい母として生き残らなければならない」という一文は，まさにいまの優しい保育者の復活に表れていると言えます。この復活を導いたのは，やはり日頃からSくんに優しく接していこうという書き手の「根源的配慮性」，つまり「養護の働き」がいつも働いていたからだと思います。

❖エピソード8：「せんせい，お話して」

H主任保育士

〈背　景〉

　我が園の延長保育は18：00〜19：00までの1時間，0歳児から5歳児までの合同保育である。日によって延長保育の利用人数は変るが，保育士3名で対応している。子どもの人数が多い日は，代替などで主任保育士をしている私も保育室に入ることがある。

　この日は5歳児クラス5名，4歳児クラス2名，3歳児クラス2名，2歳児

クラス4名，1歳児クラス4名の17名の利用があった。延長保育担当のS先生と当番のE先生，私の3名で延長保育の時間を過ごしていた。

〈エピソード〉
　延長の保育室に行くと子どもたちが駆け寄ってきて，5歳児クラスのYちゃんが私のひざに座った。5歳児クラスのMちゃんは私の背中から肩に手を置いてきた。周囲の子どもたちもそれぞれの玩具を握ったまま寄ってきた。いつも赤ちゃんだった頃の話を聞きたがるYちゃんが「YとMちゃんが赤ちゃんやったとき，先生，オムツを換えてミルクもやったとやろ？」と顔を見上げて言う。「そうよ，Yちゃんはお腹がすいたらひっくり返って泣いて，先生，Yちゃんを落とすんじゃないかって思って，ぎゅーって抱っこしたよ。でもお腹がいっぱいになったらご機嫌であそんでいたよ」，「あっ，Y，いまもお腹がすいたら不機嫌になるってママが言う」とYちゃんが言うので，聞いていたみんなで笑った。
　私の肩越しに顔をのぞかせていたMちゃんが「Mは？」と言う。「Mちゃんは抱っこしてって，手をのばしてきたよ。だからたくさん抱っこしたよ」と私が応えていると，周囲にいる子どもたちも「僕は？」「○○は？」と口々に聞いてくる。S先生も一緒に子どもたち一人ひとりの出来事を話していると，他の子どもも遊びながらも自分が言われるのを待っているようだった。自分の話になると私の顔を見て目を離さない。時折，E先生やS先生，お友だちと目を合わせて笑い合う姿が見られた。
　1歳児クラスのTちゃんの番になると，年長のRくんが「ベッドで最初，寝とったね」と言い，Mちゃんも「おやつ，まだいるってテーブル，バンバンって叩きよった」などと言って，それぞれが見てきたTちゃんの姿を伝えていた。Tちゃんも遊ぶ手を止めてRくんやMちゃんの言葉をじっと聞いているようだった。
　会話の最中に1歳児クラスのHちゃんが「抱っこ〜」と言って手を伸ばしてきた。私のひざに座っていたYちゃんが「おいで〜」と自分のひざを叩いて呼

んだ。Hちゃんは私とYちゃんのあいだに体を滑り込ませてきた。するとYちゃんは私のひざからスーっと降りた。Hちゃんは「ドシン，いい」とわらべうたのおひざ遊びを要求してきた。私とHちゃんが歌いながら遊んでいると，周りにいた1,2歳児クラスの子どもたちも私のひざに次々座ってくる。Hちゃんは後からきたお友だちに「降りて」といわんばかりに体を押したり，手を引いたりする。私が「一人がいいの？」と聞くと「うん，うん」と頷く。ひざに座っていた1,2歳児の子どもたちに「Hちゃん一人がいいって，どうしたらいいかな」と尋ねていると，そばで見ていたYちゃんとMちゃんが「おいで」と誘って1,2歳児のお友だちを自分のひざに座らせた。まだ，立っている1,2歳児を見て，年長のRくんとSくんも「おいで」と言ってひざに座らせた。S先生とE先生も交じり一緒にわらべうたをはじめると，周りにいた3,4歳児の子どもたちも同じように遊び始めた。Yちゃんが「Yが○○組（2歳児クラス）やったとき，○○ちゃん（当時年長児）とあそんだことがある。楽しかった」と思い出話のように言い始めた。RくんやMちゃんも「うん，あそんだ」と自分たちがしてもらったことを口々に言い始めた。

　数分前からお迎えに来ていたMちゃんのお母さんは，子どもたちとの会話やわらべ歌を聞いて「先生，Mはお迎えの間もこうやってたくさんのお友だちに囲まれて過ごしてきたんですね」としみじみと言われた。Mちゃんは「ねえ，ママ，Mが赤ちゃんやったとき，先生にいっぱい抱っこしてもらったって！」と飛び跳ねながら先ほど聞いたことを伝えていた。Mちゃんとお母さんは話をしながら帰っていかれた。

　延長保育の子どもたちは，それからも遊びが続き，お母さんのお迎えを待って帰っていった。

〈考　察〉

　年長クラスの子どもたちは心も体もしっかりと成長している。でもまだまだ甘えたい気持ちもあり，延長保育では私のひざに座ったり，おんぶしてもらったりすることを喜ぶ。そして赤ちゃんだった頃の話を聞いて，家族や先生たち

にしっかり愛情を受けてきたことを確認するかのように「話をして」とせがんでくる。そんなとき，「愛されているよ」「あなたのことが大事だよ」という思いを伝えるようにしている。子どもたちは誰かの小さい頃の話を聞くと「自分は？」と聞きたがる。そして自分のことだけでなく，お友だちのこともしっかり聞いている。4，5歳児クラスになると，自分よりも小さいお友だちについて，まるで大人のように自分の目で見て聞いたことを伝えようとする。こうして人と人との関わりや思いが連鎖して，遊びだけでなく気持ちも継承されていくのだなと思う。

　Hちゃんが「抱っこ〜」と言ったとき，「おひざにおいで」と誘ったYちゃんは，自分がしてもらった優しい体験が甦り，まだ「膝からおりたくない」という思いと「小さい子が言っているから」という思いが交叉して，私の膝から降りたのだろう。こうやって今までも自分の気持ちと葛藤しながらいろいろな場面を過ごしてきたのだろう。小さいクラスの子どもたちも，成長するにしたがってYちゃんやMちゃんのように，小さいお友だちに手を差し伸べられるようになるといいなと思った。

　延長保育は家族を待つ時間と帰るお友だちを見送るという複雑な思いが交叉する時間でもある。そんな時に私たち保育者の関わりはとても重要だ。同じ時間を共有する子どもたちも仕事を終えてお迎えに来られる保護者の方も，安定した気持ちで帰路について夜を穏やかに過ごしてほしいと思う。そして明日への思いを抱いて眠りについてほしいと思う。

　保育園で過ごす朝も日中も延長保育も，出会う保育士や友だちとの時間が温かいものであってほしいと願う。そして大人から子どもへ，大きい子から小さい子へ受け継がれていく思いが優しく繋がっていけばいいなと思う（今回初掲載）。

🌸 私からのコメント

　〈考察〉まで読み終えて，ほっこりした気持ちになったエピソードだったのと，これが初出のエピソードだったということもあって，全文を取りあげるこ

とにしました。

　エピソードそのものは，主任さんが延長保育の様子を描いたものです。延長保育の時間はお迎えを待つまでの繋ぎの時間，預かるだけの時間というようなイメージを持つ人が多い中で，子どもたちがどのような思いを抱いて過ごしているのか，それを見守り支える保育者はどのような思いで子どもたちに接しているのかが，とてもよく分かる，また胸に温かいものが込み上げてくるエピソードだったと思います。

　まず，エピソードの前半部で，子どもたちが書き手の主任さんに群がるように集まってくるのは，主任さんの身体から「おいで，いいよ」という無言のオーラが醸し出され，そこに温かく包んでもらえるような接面が生まれているからでしょう。それはまた，それまでに培った子どもたち一人ひとりとの信頼関係が背景にあるからだと思います。何かをさせようと身構えている人ではなく，温かく包もうという「養護の働き」がオーラになって出ている人だから，子どもたちは吸い寄せられるように近づいてくるのだと思います。抱っこを求め，先生に一対一で関わってほしいという思いは，年長児だ，年少児だ，の区別はありません。

　ここには，全体を包む温かい雰囲気のような接面（保育者の「養護の働き」からつくり出される接面）と，一対一で向き合ったときに二人のあいだに生まれる少し濃い接面があるように思われます。自分のことが取りあげられるだけでも嬉しいのに，それに周りの友達が反応するとさらにその喜びが増すのも，接面が二重に働いているからでしょう。

　このエピソードでもう一つ興味深いのは，子どもたちが自分が過去にどのように扱われていたのかを知りたがるところです。そしてある子どもについて書き手が話していることを他の子どもたちがしっかり聞いているところです。私は１年ごとにその子を担当した保育者がその子についての要録を書く必要があると主張していますが，それはこのエピソードにもあるように，子どもが大きくなるにつれ，自分がどのように育てられたかを知りたがるようになるからです。それに応えるには，保育者は自分の担当する子どもだけでなく，周囲にい

る子ども一人ひとりを丁寧に見ている必要があります。それができているから，一人ひとりの子どもの「自分はどうだった？」に応えることができるのでしょう。自分の「いま」が如何に過去と繋がり，周りから支えられ，認められてきたかが分かり，そこに「私は私」だけれども，「私はみんなの中の私」と言える主体なのだと実感する自分がいて，そこに子ども一人ひとりの心の育ちがあるのです。

保護者の一言も意義深いものがありました。通常のエピソード記述と一味違うタイプのエピソード記述ですが，保育の奥深さを味わわせてくれる，そして温かく大きく包む接面の大切さを感じさせてくれるエピソードだと思いました。

（3）具体例から「接面」について言えること

上に示した一連のエピソードから，接面の特徴を振り返ってみます。

1）「接面」は大別して二種類ある

上記の一連のエピソードからも分かるように，接面は二人を包み込むようにあるとも言えるし，二人の「あいだ」にあるとも言えます。

前者は保育者が子どもにいつもすでに向けている「養護の働き」から生まれるもので，そこにいる人（たち）を大きく温かく包むような，穏やかで緩やかな情動が流れる接面です。後者は，その大きく包むような接面が凝縮されて，二人のあいだに密度の濃い接面，つまり情動の動きがより強まった接面が生まれた事態だと考えてよいでしょう。保育者が接面で感じ取ったものを言語化するのは，たいていはこの後者の密度の濃い接面であることが多く，そのとき，穏やかで緩やかな情動が流れる接面はその濃い接面の背景をなしているように見えます。

このことからも分かるように，接面は二人のあいだにある単なる「空間」ではなく，また輪郭も境界も明確にあるわけではありません。それでいて接面の当事者（たち）を「大きく包む」性質と，接面の当事者（たち）のあいだで「正負の情動が行き交うのを可能にする」性質をもっていて，輪郭ははっきりしないものの，それでも「そこにある」と言わざるを得ないものです。そして

それが「ある」ということは体験的に分かっても,いざそれを対象化して捉えようとすると霧散してしまうものでもあります。

  2)「接面」は生成し,変容し,消滅する

 接面は,図11の(b)のように書けば,あたかも接面の当事者同士のあいだに持続的にあるかのような印象を与えますが,多くの接面は,生まれては変容し,消え去るものです。前項で見た「大きく温かく包む」穏やかな接面は,子どもに向けられる保育者の「養護の働き」が持続する場合には,比較的長く持続しますが,それが凝縮された密度の濃い接面はたいていは短時間しか持続せずに変容し,消滅してしまいます。後者の場合でも,微笑み合う母子のように,比較的持続する接面から,目が合った瞬間に生まれ,具体的な対応がなされると,それがすぐに背景化されてしまう接面もあります。このように,接面の生成,変容,消滅はきわめて微妙なものだという点にも注意しておかなければなりません。

 当事者の意識体験からすれば,短時間で生成消滅する密度の濃い接面で感じ取られることは意識されやすく,したがって,実践の展開の中の「図」として切り取られて取りあげられることが多いと言えます。これまで「間主観的に感じ取られる」「間主観的に分かる」と述べてきたことも,持続的に感じられる,分かるというより,一瞬,相手の気持ちがそのように分かることがあるというかたちで生まれるものでした。そしてそこから対応が紡ぎ出されれば,その「分かる」が背景化され,もはや「図」にならなくなってしまいます。密度の濃い接面はそれと同じ性質をもつと考えてもよいでしょう。それでもその一瞬や,短時間持続するかたちで生まれる接面が,対人関係を大きく動かしていくのだという点を強調しておかなければなりません。

 他方で,比較的持続する穏やかな接面は,保育者のエピソード記述の中でそれとして意識されて描かれることはほとんどありませんが,保育者の書いたエピソード記述を深く読み込めば,この緩やかな接面が密度の濃い接面が生成するための背景として重要な役割を果たしていることが分かります。そしてそこに保育者の「養護の働き」が,子どもを優しく大きく包むという接面と,子ど

もの「いま，ここ」の思いを受け止め，その存在を認めるという密度の濃い接面の二面を含むものであることが示唆されます。

いま，接面は消滅すると言いましたが，しかしそこでの体験が消滅するわけではありません。そこでの体験はその人の記憶に刻み込まれて，その人のその後の対人関係に影響を及ぼす力になり変わります。

3）強い負の情動が喚起される「接面」での対応が保育（支援）の中身を左右する

接面では喜怒哀楽の狭義の情動はもちろん，私が力動感と呼ぶ広義の正負の情動が生成消滅しています。それがその接面に関わる人と人を繋いだり，繋がりを揺さぶったりしています。人と人のあいだに情動が流れなければ，空間的に接近していてもそこに接面は生まれません。人と人のあいだに情動が流れるからこそ接面が生まれるのですが，そこに正の情動が流れるときには，上のエピソードの6や8のように，緩やかで温かい接面が生まれます。しかし，接面に流れるのはいつもそのような正の情動とは限りません。ときには，エピソード5や7のように，瞬間的に強い負の情動が流れるときがあります。そしてそのとき，子どもと保育者の関係が難しい局面を迎えます。子どもと大人という非対等的な関係の中で，その接面で保育者の側に強い怒りや激しい情動が喚起されたとき，それにどのように対処するかにその保育実践の成否がかかっていると言っても過言ではありません。手は出さないまでも，大きな声を出して叱る，冷たいまなざしを送ってにらみつけるという対応で終われば，子どもの心に残るのは，自分の存在が否定されたという思い，だから先生なんか嫌い，という思いだけです。そうならずに，叱るのはあなたのした行為がいけなかったからで，存在は否定していない，あなたは大事な子ども，という保育者の思いが接面から子どもに伝われば，子どもは自分で自分の非を認める一方，保育者をいままで以上に信頼し，それと結びついた自己肯定感をいままで以上に強めることができるはずです。ですから，接面で負の情動が強く起こったときが，保育者にとっては自分の保育の成否が問われるときだと言ってもよいのではないでしょうか。

実際，行為の否定であるべき大人の叱る働きが，大人自身が負の情動に強く

とらえられてしまい、怒り狂って真っ向から子どもの存在を否定するまでになれば、子どもを強く抑え込む行為になったり、場合によっては暴力を招くまでになったりしてしまうことが起こり得ます。保育実践の場ではそのようなことはあってはならないことですが、看護や介護の場でも、あるいは障碍者支援などの場においても患者や利用者への否定的な対応が後を絶たないように見えます。ここはまさにウィニコットの言う「優しい母親として生き残る」という比喩が活かされなければならない場面でしょう。つまり、叱ることはあっても、子どもの（患者や利用者の）存在は否定せず、最終的にはそれを温かく包み込む優しい対応が求められるということですが、そこに、接面の背景にある保育者（看護師や介護士や支援者）の姿勢、つまり子ども（患者や利用者）を主体として尊重する姿勢が問われることになります。

いずれにしても、そこに対人実践の最も難しい局面があり、それが接面の当事者同士の応接の善し悪しを導いていることは明らかです。

4）「接面」のつくられ方は人によって微妙に異なる

これまでの著書の中では、「接面がつくられるのか、つくられないのか」の議論をして、つくられないから当事者の思いを一方的に相手に伝えてしまうのだという言い方をしてきました。午睡のエピソードのA保育士とB保育士の対応の違いを思い出してもらえれば、そのことが分かると思います。そしてそれが実践の中身を大きく振り分けることはこれまでの議論から明らかです。

しかし、前節の末尾で触れたように、接面には当事者間の歴史性に加えて、一方の当事者（保育者や支援者）の固有性、独自性が染み透っています。そのことを踏まえれば、接面がそこにつくられる場合でも、その接面のつくられ方（接面の中身）はそれぞれの当事者の固有性、独自性の違いによって微妙に異なってくることが考えられます。そのことが本項1）の密度の濃さの議論にも重なり、ひいては「養護の働き」が人によって微妙に違ってくること、さらには「相手の思いを受け止める」というときの受け止め方の微妙な違いにも結びついてくることが考えられます。

要するに、類似した場面で人によって同じ接面が生まれるとは限らないのは、

その接面に接する当事者がそれぞれに主体であって，固有性と独自性をもち，しかもその当事者同士に固有の関わり合いの歴史（保育の世界で言えば，保育者との信頼関係が成り立っているかどうかなど）を抱えているからです。上記の一連のエピソードはみな，そのことを物語っています。

そうしてみると，情動が行き交い，心の動きが行き交う独特の場（空間）を一般に「接面」と呼ぶのだと言いながらも，その内実は同じ人においてでも場面によってその都度微妙に異なり，また人によって微妙に異なることを認めなければなりません。そして，接面のつくられ方が人によって多様であるということは，「養護の働き」や「受け止める」ことの中身が人によって微妙に異なることに通じています。

5）「接面」はその当事者が主体であるからこそ生まれる

接面の当事者が主体だというのは当たり前のことのように聞こえますが，第1章での議論を踏まえれば，主体は二つの根源的欲望をもち，その満たされ方を通して，「私は私」の心と「私は私たち」の心の二面の表ヴァージョン（図5）と裏ヴァージョン（図6）をもつ存在です。しかもそこには主体のそれまでの経験や物の見方や感じ方が凝縮されていて，それらもその主体の固有性と独自性をかたちづくっています。これが関係発達論の立場に立つ「主体」という概念の理解です。

いま，そういう固有性と独自性と正負それぞれの両面の心も持った主体と主体が接面で繋がれるとき，その接面にはまさに喜怒哀楽の情動が流れ，それが持続したり消失したりしながら，複雑な対人関係が紡ぎ出されていくと考えることができます。というよりも，それが対人関係を理解する際の欠かせない枠組みだということです。

ただし相手が子どもの場合には，大人の側（保育者の側）が子どもの思いを身に引き受けることによって（「養護の働き」によって）接面が生まれることが多く，その身に引き受ける引き受け方に，その大人の主体性，つまり，その人の固有性と独自性が関わってくると考えることができます。また看護や介護や障碍者支援の場合には，やはり支援する側が相手に気持ちを持ち出すときにそ

第2章　なぜ接面パラダイムなのか

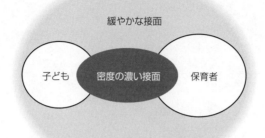

図12　接面は大別して二種類ある

こに接面が生まれることが多く，その気持ちの持ち出し方に，その支援する人の主体性，つまりその人の固有性と独自性が関わってくると考えることができるでしょう。この議論は，保育や看護や介護などの対人実践の機微が，機械的な対応を導くマニュアル沿った実践に還元できないことに通じています。

＊＊＊

　以上が具体例を通覧して一先ずまとめた内容です。接面の成り立ち，生成消滅，ダイナミズム，負の情動の情動調律などに触れてきましたが，これで十分だとは思っていません。接面がどのようなものであるかに関しては，具体的な場面を念頭に置きながら，まだまだ練り上げていかなければならないことが残されているように思います。

　なお，これまでの議論を踏まえて，接面パラダイムを問題にしたときの図11の(b)を，暫定的ながら，保育の場面を念頭に置いて次の図12のように書き替えてみました。これによって，少なくとも（3）項の1）で取りあげた，「温かく大きく包む緩やかな接面」と「密度の濃い接面」の違いは表現できるのではないかと考えます。

　本章第3節で取りあげた一連のエピソードは，子どもと保育者の二者の関係が中心にきていたので，この図12で考えることができますが，エピソード8な

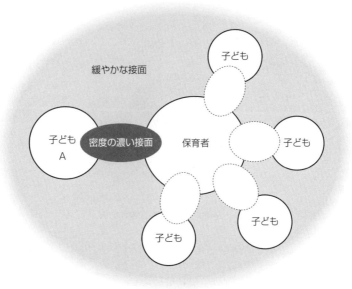

図13　保育の場の実態に即した二種類の接面

どを念頭に置くと，保育の場は本来，二者関係を越えたもう少し広がりをもった子どもたちと保育者との関係が視野に入っていなければなりません。つまり，いまは特定の子どもと保育者の二者関係が図になってエピソードを構成しているけれども，保育者は他の子どもとの二者関係に移行する可能性を常にもっていることが保育の場ではいつも視野に入っていなければなりません。そのことを考えると，上の図13が描かれ，図12はそこに包摂されると考えた方が現実の保育の場に合致するように思います。ただし，保育者の描くエピソードの多くは一人の子どもと保育者の関係を取りあげたものであることが多いことと，図の単純化を旨とすると，接面が2種類あることに関しては図12が簡潔でよいと考えることができます。

　この図は，保育者の周りに複数の子どもを配置しています。まず緩やかな接面は保育者と5人の子ども全体を覆っています。それはエピソード8のように，保育者の体から，「いいよ，みんなおいで」というオーラが出ていて，子ども

たちを優しく包んでいる状況を表現しようとしたものです。そしてここでは保育者とAちゃんとのあいだに濃密な接面が生まれていることを表示しています。他の子どもと保育者のあいだに点線で小楕円が描かれているのは，いまはAちゃんに対面しているけれども，次には他の子どもと対面して，その子とのあいだに密度の濃い接面が生まれる可能性を表現したかったからです。つまり，いまはAちゃんとの接面が問題だけれども，保育は決してAちゃんだけの保育ではなく，保育者はAちゃんに関わっているときでも，常に他の子どもたちのことを視野に入れている事情をこの図13で表現したかったということです。

　ここでは，全体を大きく包む薄い灰色の円が「温かく大きく包む緩やかな接面」を表し，これには保育者の「養護の働き」がその成り立ちの鍵を握っています。そしてその薄い灰色の円が凝縮されたときに，Aちゃんと保育者のあいだに濃い情動が流れ，これが「密度の濃い接面」をなすと考えられます。保育者（実践者）の描くエピソードの多くは，そこで感じ取られた情動の動きに基づいているものがほとんどです。密度の濃い接面にとって，それを包む大きな薄い色の接面はその背景をなしていると考えてよいでしょう。そこだけを取りあげれば図12になりますが，それはこの図13に包含されています。図12と図13はそのような関係にあると考えていただければと思います。

第4節　「接面」と関係発達論の諸概念との関係

　関係発達論は客観主義パラダイムと異なる新しいパラダイムの構築を目指す中で考え出されてきたものでした。その歩みは遅々としていて，いま接面という概念に辿り着き，ようやくその新しいパラダイムを「接面パラダイム」と名付けて議論することができるというところまできました。そこで，接面という鍵概念を取りあげるようになったことを踏まえ，これまで関係発達論の柱となってきた諸概念，つまり，間主観性，両義性，主体（相互主体性），関係発達という四つの概念が，この接面の概念とどのように結びつくのかをこの節で考えてみたいと思います。

この四つの概念は『ひとがひとをわかるということ』ではダイヤモンド図形でその関係が示され，どこから入っても他の三つに行き着くというように不可分の関係にあることが指摘されていました。この図と接面という新しい概念をどのように結びつけて考えるかが以下の議論です。

（1）「接面」と間主観性

　「間主観的に何かが分かる」「間主観的に何かを感じ取る」という対人関係の中の重要な問題は，関与観察の中でしか議論できないこと，客観主義的観察の中で「間主観的に分かる，感じ取る」という議論はできないのだ，というのが第1節で取りあげた観察枠組みの違いの議論から行き着いた結論の一つでした。間主観的現象への気付きが客観主義的観察の枠組みへの疑問を生み，それに関与観察の枠組みを対置することに繋がり，ひいては，この二つの観察の枠組みの違いがパダライムの違いに直結していると考えてきたのでした。

　さて，図11(b)の当事者間に跨る情動領域を接面と呼ぶことになったいま，その接面は関与観察の枠組みにおいてのみ成り立ち，客観主義的観察の枠組みでは接面は排除ないし無視されていると述べてきたわけですから，接面の成り立ちが「間主観的に分かる」ことの条件であることは改めて言うまでもありません。つまり，接面の当事者同士のあいだでこそ，「間主観的に分かる」可能性が生まれるのだということです。

　「間主観的」という表現の「間」は，「あいだ」を意味するものでした。相手の主観（情動の動きや心の動き）が相手と私の「あいだ」を通って私の主観に現れ出ることが「間主観的に分かる」ことだと説明してきました。そしてその「あいだ」をいま接面と呼ぼうとし，この接面は単なる空間の意味ではなく，情動が行き交い，心の動きが行き交う一つの場だと述べているのです。

　そこから考えれば，これまでの著書で繰り返し述べてきた「間主観的に何かが感じ取られる」という堅苦しい表現は，「接面で何かが感じ取られる」という平易な表現に言い換えることができるようにも思います。

　対人関係の中で「間主観的に分かる」「間主観的に分からない」という事態

は，その対人関係を動かす原動力です。それは第3節の冒頭で具体例として取りあげた「午睡のエピソード」によく現れています。これまでの書き方からすれば，Aくんの「ぼくもトントンして」という思いがA保育士に「間主観的に摑めた」と表現されてきたはずです。そのように間主観的に分かったA保育士はAくんの背中をトントンしに行き，それが間主観的に分からなかったB保育士は「起きちゃダメでしょ！」と叱る動きになったというように，両者の対応の違いが際立ったのでした。この二人の対応の違いを，本書ではそこに接面が生まれているか生まれていないかの違いであると述べてきたわけです。

実際，叱ったB保育者の場合，Aくんの起き上がる行動はB保育者の願う行動ではなかったのでそこに負の情動が動き，そこから叱る行動が導かれたと考えることができます。起き上がったAくんの行動が保育者の願いに反するとしか捉えられなかったところに，B保育者の「養護の働き」が十分に機能していなかった事情がうかがえます。

あるいは，目が合ったときにAくんの来てほしいという思いは間主観的に摑めたけれども，子どもに午睡の習慣を付けるためにそういう叱る態度を取ったのだという保育者も，もしかしたらいるかもしれません。しかし，Aくんの思いには気付かないまま（間主観的に摑めないまま），起き上がったのを負の行動と見て注意する，叱るという対応に出る保育者が多いのも事実で，それはやはり「養護の働き」が十分ではないところから導かれた対応ではなかったでしょうか。

これまでは，相手のワクワクしている気持ちがこちらに伝わってくる，相手のションボリした気持ちが伝わってくるといった，その場の当事者である保育者に（あるいは関与観察している研究者に）しばしば得られるその実感を取りあげたくて，それを「間主観的に分かる」「間主観的に感じられる」と述べ，それは相手から広義の情動がこちらの身体に流れ込んでくるからであると考えてきたのでした。そして二人のあいだに成り立つ接面が情動や心の行き交う場であり，相手のワクワクした気持ちがその接面に流れ出て，接面に接しているもう一方の当事者の保育者や研究者に伝わると考えれば，接面と「間主観的に分

かる」こととの繋がりがさらにはっきりするように思います。

　さて,「間主観的に分かる」は,「行動から解釈して分かる」に対置されるかたちで議論されてきました。それは単なる表現上の違いを意味するものではなく,その「分かる」という出来事をどちらが正確に言い当てているかに関わるものでした。それを「接面から分かる」と表現し直すことで,「解釈して分かる」との違いがよりよく理解されるのかどうかという疑問も生まれてきます。若者たちのあいだの「分かる,分かる」という軽い表現での「分かる」ではなく,だからといって,学者のしかつめらしい解釈に拠る「分かる」でもなく,情動や心の動きが伝わってくる実感を伴った「分かる」,つまり,身に沁みて「分かる」,身につまされて「分かる」という事態を言い当てるには,やはり「間主観的に分かる」という表現を残すべきではないかという気もしないではありません。

　ともあれ,接面と「間主観的に分かる」はそれほど深く結びついていることを確認できればここでは十分です。

(2)「接面」と主体および相互主体的関係

　この項で問題にしたいのは,「接面の当事者は主体である」という文言を前章での議論を踏まえてしっかり理解することです。一人の人間だけで接面をつくることはできません。接面が成り立つところには必ず二人以上の人間がいます。だからといって,二人以上の人間がいれば必ずそこに接面が生まれるわけではありません。ですから,そこに接面が生まれるとき,その接面に接している当事者が必ず二人以上いること,そしてその当事者が前章で述べた意味での主体,つまりあれこれの正負の思いを抱えて生きる主体だというのが,ここで強調したいことです。

　個と個の相互作用を関係性とみなす行動科学の立場は,その相互作用を外部観察的に眺めるという客観主義的観察の姿勢と不可分で,それゆえにそこではその関係性を構成する個々の主観（心のありよう）に入り込むことは解釈以外には不可能だということになっていました。この行動科学的観点からは,個と

個の「接面」は純然たる空間でしかありません。これに対して関係発達論の立場からすれば，主体と主体の関係性は，行動上の関係を越えて，欲望と欲望の絡み合う関係，あるいは思いと思いの絡み合う間主観的，相互主観的な関係としても考えられなければなりません。つまり，主体と主体のあいだでは正負の情動が流れ，その「あいだ」はもはや純然たる空間ではありません。そこに「接面」が生まれることになりますが，その接面を構成する当事者である主体は，それぞれにそれまでの関係発達を生き抜く中で培ってきた経験の歴史を自らの固有性として抱えた主体でもあります。ですから，それぞれに異なる固有性を抱えた主体同士がそこに関係を築き上げようとして志向を向け合うときに，そこに接面が生まれると考えなければなりません。

　その志向の中には，お互いに相手を主体として尊重する，相手の思いを我が身に引き受けるという態度や姿勢が含まれます。そうしてみると，その相互主体的な関係から生まれる「接面」は，「いま，ここ」に成り立つように思えても，実際にはそれまでの時間経過の中でくぐり抜けてきたさまざまな経験や思いが折り重なり，浸み込むかたちで成り立った「接面」であるはずです。この点については具体例のエピソードのコメントの中でも，また前節の末尾の議論の中でも言及したところです。

　これまで，「間主観的に分かる」という事態が生まれるための条件分析を行って，相手の思いに寄り添っているかどうか，自分の思いを相手に向けているかどうかといった議論をしてきましたが，いまの議論もふまえるとそれだけでは不十分であることが分かります。というのも，これまでの議論では，寄り添うも，思いを向けるも，「いま，ここ」のそれとしてしか考えられていなくて，接面の当事者が「かつて，そこで」どのような経験を経てきたか，さらにその当事者がどういう姿勢で相手に臨んでいるかという，当事者の固有性が念頭に置かれていないからです。実際にはそれらのことが当事者の固有性を構成し，接面から何が捉えられるかを大きく規定しています。

　そうしてみると，接面の当事者はすべて主体として生きている人だということを再確認しておくことが必要です。図11の(b)のモデルの母親も子どもも研究

者も，みな主体としてその場に現前し，その接面を構成する当事者です。それゆえに，研究者（あるいは実践者）は他の主体と代替できないのです。少し一般化して言えば，接面の当事者はみな，固有性を備えた主体であるがゆえに代替不可能なのです。その意味では主体とは接面の当事者の代替不可能性を言い換えたものだと言っても言い過ぎではありません。関与観察の枠組みの下では，研究者は一個の主体としてその接面の当事者の一人であり，主体としてその接面での出来事を体験しています。そしてその体験を綴ったエピソードは接面で起こっていることを告げるものになっています（これは保育者がエピソードを描く場合と同じです）。

　これに対して，図11の(a)の観察者は代替可能だと考えられています。つまり観察者はもはや固有性と独自性を有する主体ではなく，そえゆえにまた立ち位置をもち得ません。観察対象までの物理的距離は言えても，本当の意味での立ち位置をもっていません。それゆえ，ワイウェイミラー越しの観察が，この枠組みでの観察の最も望ましいかたちだということになり，精巧な観察ロボットがあればそれで代替できるとさえ言えるわけです。しかしそれでは，その場に臨む生身の観察者には何も感じられなくなってしまいます（実際，ワンウェイミラー越しの観察やファインダー越しの観察では，何も感じられるものがありません）。そこから考えれば，ワンウェイミラー越しの観察は，本来は一人の主体である生きた観察者を外界での出来事を写し取るだけの眼にまで貶め，それによって固有性と独自性を奪うものだとさえ言えます。逆に図11の(b)は，観察者が独自の固有性を抱えた主体であることを認める立場です。そしてその場を主体として生きるということは，自分が立ち位置をもち，自分の固有性と独自性（歴史性）を抱えているということなのです。

　ここに立ち位置をもつのかどうか，主体としてその場に臨むのかどうかの違いが露わになってきます。観察者の代替可能性を前面に出すことが客観科学の特徴ですが，そのことが立ち位置を消し，自らの主体性を消し，したがって接面を消すことに繋がって，研究者が一個の主体としてその場に臨んでいるという現実から遊離する結果を招いてきたのです。人間科学にとってそれが本当に

第2章　なぜ接面パラダイムなのか

必要なことだったのかどうか，それが接面パラダイムの主張に繋がったのでした。

　相互主体的な関係とは，閉じた個体と閉じた個体がその場に居合わせればそこに自然に成り立つ関係ではありません。そうではなくて，主体が主体であるのは，常に他の主体との関係においてであり，その関係性の中で初めて，それぞれの主体性が問題になるのです。言い換えれば，目の前に現前する自己と他者が直ちに主体なのではなく，お互いが相手を主体として尊重し，相手の思いを身に引き受ける形で関係を結ぼうと志向するがゆえに，その接面でそれぞれが主体としてその関係を生きることになるのです。

　いまの議論は大変に錯綜していますが，個と個の行動的相互作用という客観主義の枠組みから離れ，接面を取りあげる接面パラダイムに移行するということは，個体論的観点から関係論的観点に移行するということを意味します。その関係論的観点に立つとき，相互主体的な関係が先にあって，そこからそれぞれの主体が立ち現れてくるという事情が十分に理解されなければなりません。

　つまり，それぞれが志向を向け合うことによってそこに接面が生まれ，そこから相手の思いを受け止め，それを尊重し，それを我が身に引き受けることによって，それぞれが主体としてその場を生きることができるようになるときの，その主体相互の関係を相互主体的な関係と言おうということなのです。その主体は前章の「主体」の議論から分かるように，多元的な両義性を抱えた存在であるわけですから，その関係が生きられる接面では，喜怒哀楽の感情が渦巻くことは言うまでもありません。その関係性の中で，子どもは主体として育てられて育ち，親は子どもを主体として育てることを通して，自らも主体として自分の生涯発達過程を生きることになるのです。

　保育者が子どもを大事にしよう，子どもの思いを身に引き受けようという志向をもって子どもに臨むとき，そこに接面が生まれ，保育者はその接面で子どもを主体として育てようとします。それが子どもの心の中に主体として生きるために欠かせない心の中核（自己肯定感と信頼感）を育むことに繋がります。その営みを通して，保育者もまた自ら主体としてその接面を生き，それを通し

て自分も保育の場の主体なのだということを自覚することができるようになります。このように保育者は接面の中で主体として生きているのであり，決して保育ロボットになっているのではありません。同じことは看護にも介護にも言えるはずです。

こうして見てくると，接面という概念と前章で見た意味での主体ないし相互主体的関係という考えが切り離せないことが分かると思います。これを裏返せば，接面を取りあげる関与観察の枠組み，ひいては接面パラダイムに拠って立つからこそ，主体（性）や相互主体性が議論の射程に入ってくるのであって，客観主義的観察の枠組みないし客観主義パラダイムに依拠する限り，主体性や相互主体性は問題にすることができないということも分かるでしょう。

(3)「接面」と関係発達

私の関係発達論はもちろん個体論に対立する意味での関係論の立場に立つものです。前章の「関係発達」の節では，「育てる―育てられる」という関係性そのものが時間と共に変容していくことが関係発達という考え方の核心だと述べましたが，もう一つ，「**子どもは両親との関係の中に生まれ落ちるかたちでしかこの世に登場することができない，子どもの誕生にはその前史があり，それゆえに個の誕生のところから発達を論じるわけにはいかない**」ということも，関係論の重要な論拠でした。この考えもメルロ＝ポンティのソルボンヌ講義録の一文や，ヘレーネ・ドイッチュの『女性心理学1・2』に負っています。

上に太字で示した関係論の論拠を示す短い一文には，誕生した子どもから出発する従来の個体能力発達論への批判が含まれています。そのことを学部の講義では次のような比喩を用いて説明してきました。

> 舞台の上には直後に両親になる人たちがいて，直後に祖父母になる人たちがいて，助産師や近隣の人もいます。その登場人物たちのさまざまな動きや様々な思いが交錯する中に一人の赤ちゃんが誕生してきます。そしてその誕生後にもその舞台劇は進行していきます。これが現実の赤ちゃんの誕生です。ところで，いま

舞台を照らしていた照明も劇場の照明もすべて消え，真っ暗になったところに天井からスポットライトが降りてきて，生まれたばかりの赤ちゃんだけを照らします。そうすると観客席からは舞台の上の赤ちゃんしか見えません。実際には他の登場人物が舞台の上にいるにもかかわらずです。その赤ちゃんが時間と共にどんどん大きくなっていきます。従来の個体論的発達論はこうして一人の子どもに定位し，その子どもの身体運動面，知的能力面の育ちだけを見てその発達を論じ，「育てられて育つ」という現実が捨象されてきたのです。

　誕生した個から出発するのか，それとも関係性が先にあってそこに個が登場すると見るのか，という視点の違いは，接面の概念とも深く繋がってきます。接面は何よりも関係性の産物だからです。関係の始原性，つまり関係性の中から個が析出するという関係論の立場は，上に見たように，単に子どもの誕生の事実がそうだという論拠にとどまらず，個の抱く主観性（心の動き）が常に周囲他者の心の動きに規定されているということにもその論拠があると言わなければなりません。つまり，個と個の相互作用としての関係性ではなくて，相互主体的な関係において生まれる接面の中でそれぞれの主体の心が動くことが肝心だという主張です。

　実際，『関係発達論の展開』（1999年）でも述べているように，一人の子どもが両親とそれを取り巻く人たちのあいだに生まれ落ちるとき，それは目に見える事実としてだけでなく，目に見えないそれぞれの登場人物の変幻極まりない心の動きの交叉の中に生まれてくるのだと考えられなければなりません。待ちに待った誕生なのか，望まれなかった誕生なのか，これからを喜びと期待をもって迎えるのか，不安と展望のなさの中で迎えるのか，しかもその思惑が母になった人，父になった人で共有されているのか否か，周囲の人はみな祝福の気持ちでその子の誕生を迎えたのかどうか。考えてみれば一組のカップルのあいだに子どもが生まれるという家族ドラマは，一人ひとりの家庭において正負両面の方向に展開する可能性をもちます。誕生する子どもはどの子も，それぞれの家庭が抱える事情の中に生まれ落ち，そこから「育てられて育つ」しかありません。

ここで前章の相互主体的関係を示した図9を踏まえれば，両親の複雑な欲望の絡み合う接面に一人の子どもが誕生すると見ることができます。そしてそこに誕生した子どもも二つの根源的欲望をもって生きる主体なのですから，そこには三者の複雑極まりない欲望と欲望の絡み合いがその接面に生まれ，またその接面が崩れ，それが「育てる―育てられる」という関係性を築き上げていく事情が見えてくるはずです。その中で子どもは主体として生き，親もまた主体として生きる中で，「育てる―育てられる」という関係が相互主体的な関係として営まれるのです。それはまさしく相互主体的な家族ドラマの展開に他なりませんが，それぞれが主体としてもつ二つの欲望が満たされたり満たされなかったりするのは，ほとんどの場合，それらの主体相互のあいだに生まれる接面においてです。そしてそれが接面の生成・消滅を規定しています。
　実際，生まれてきた赤ちゃんは「可愛いしその存在が嬉しい」，これは子どもを産んだ母親がその接面から感じる率直な思いでしょうが，その喜ばしい心の動きの背後にはしかし，「これからどうしよう，どうなる？　これまでの仕事は？　これからの仕事は？　保育園は？　夫との関係は？　実家との関係は？」といったちょっとした不安も必ず湧き起こるはずです。父親の側も，単純に可愛い，嬉しいだけではないでしょう。妻と同じように，自分の果たすべき役割の大きさや重さを感じないわけにいきませんし，これからの生活や経済面を含めて，多かれ少なかれ不安を抱かざるを得ません。
　それは「いま，ここ」の接面においてそれぞれの欲望が絡み合うからというだけでなく，「かつて，そこ」で抱え込まれたさまざまな正負の思いの経験がその接面に呼び起こされるからでもあります。母になった人，父になった人のこれまでの育ちも，また夫婦になって以来のさまざまな思いの経験も「いま，ここ」の接面の生成・消滅に折り重なってくることでしょう。このことは前章の図1の二重の楕円の中に示される子ども，親，親の親，保育者，教師，近隣の人たちなどがそれぞれに相互主体的な関係で結ばれ，しかもそこに生まれる多様な接面での出来事が「育てる―育てられる」という営みの実質をなしていることに拠っています。

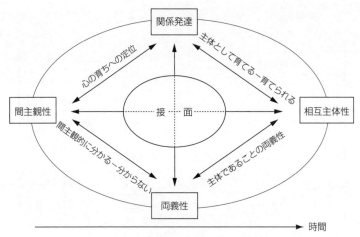

図14　四つの概念と「接面」との関係

（4）「接面」と関係発達論の諸概念との関係の図解

　本節の冒頭でもみたように，『ひとがひとをわかるということ』において，私は関係発達論を構成する主要概念として間主観性，関係発達，両義性，相互主体性の四つを取りあげ，その四つの概念をダイヤモンド図形にまとめるとともに（原文47頁参照），その四つの概念を理論の平面と呼んで最上層に配し，中間層に方法論および方法的態度を掲げて関与観察とエピソード記述がその具体的内容であることを示し，最下層に養育の場，保育の場，教育の場など，私のフィールド体験の基になったものや，私自身の生活体験など，人の生き様に直接触れる事象を配置して，その3層構造が関係発達論の全容であるとまとめていました（原文56頁）。

　このまとめは，10年前の関係発達論のまとめとしてはそれなりの内容になっていると言ってよいと思いますが，接面という概念を手に入れたいま，四つの概念間の関係を示す図や関係発達論の全容を示す図に，この接面の概念をどのように入れ込むかが問題となってきます。

　まず，これまでの議論を踏まえると，ダイヤモンド図形の中心に接面を配し，そこから四つの概念に向かう矢印で接面と主要概念との繋がりを示すことがで

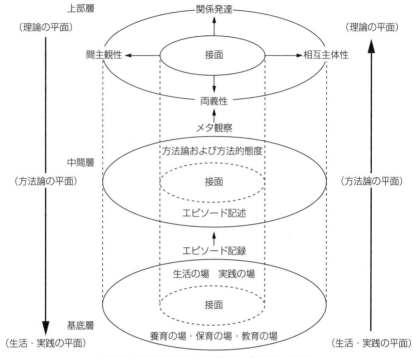

図15 関係発達論の3層構造と「接面」の概念

きるように思います(図14)。上に示した(1)から(3)はまさにこの接面と諸概念との繋がりを取りあげたもので,この図14でその概要が示されていると言ってよいでしょう(両義性の概念は本書では主体概念の中に含めて取りあげたので,この第3節では取りあげていません)。この図はまた「接面の人間学」を構想する際の理論の平面を表す図とみなすこともできます。なお,2006年の著書『ひとがひとをわかるということ』のダイヤモンド図形の矢印と各辺に施した関係の意味は,今回の図で少し変更しています。

次に2006年の著書の3層構造の図については,3層になった円柱の中心部に接面の円柱がきて,基底層に配置された人の生活や実践の平面も,中間層に配置された関与観察とエピソード記述の方法論の平面も,さらに最上層の理論の平面も,その中心を接面の円柱が貫くかたちに修正してみました(図15)。そ

して生活や実践の平面と方法論の平面のあいだにエピソード記録を配し，また方法論の平面と理論の平面のあいだにメタ観察を配してみました。これによって，エピソード記録は実践の場に接合したイメージが，そしてエピソード記述は生活・実践の場から少し離れたイメージが，そしてメタ観察はエピソードと理論を繋ぐイメージが表現できるのではないかと考えました。

　私の興味関心は，人間の知覚の機構でも，記憶の機構でもなく（それは認知行動科学に任せればよいでしょう），あくまで人と人が共に生きる場で起こっていることでした。そのような生活の場，実践の場（保育・教育・看護などの場）で人間が生きているということが人間科学の対象になるべきであり，その生きていることの意味を掘り下げることに意味があると私は考えてきました。そこには自分自身の体験も含まれていることは言うまでもありません。図15でそれを基底層にもってきたのは，それが私の取りあげたい基底的な問題であり，私の研究と理論がいつも立ち返らなければならない生活や実践の現実だと思うからです。

　人と人が共に生きるさまざまな場，とりわけその接面で起こっていることは，その接面の当事者である関与観察者や実践者（保育者や看護師など）がそこでの出来事をエピソードに描くことによってしか，その内実を周りの人に伝えることができません。そこでの出来事は行動科学の客観主義的な方法では取り押さえることはできないのです。それを取り押さえるためには「関与観察とエピソード記述」という私の方法論や方法的態度が必要になります。その方法論や方法的態度を磨くことによってしか，基底層に現れる現実の平面，とりわけ人と人のあいだの接面に生まれる目に見えない心の問題に接近することはできません。これが中間層に「関与観察とエピソード記述」の方法論の平面を配置した理由です。そして基底層と中間層を繋ぐのがエピソード記録からエピソード記述への流れです。

　実際，私は関与観察の立場でこれまで人と人が共に生きる場に臨み，その接面で起こっていることや目に見えない心の動きをエピソードに描き出すことを試みてきました。それは「あるがまま」の現実を可能な限り手応えあるかたち

で取りあげたいと思ってきたからです。それは客観的な事実としてではなく，あくまでも私という人間が体験した限りでの現実でした。ですからそこには私という人間の固有性が絡んできて，描き出されたものは簡単に誰にとってもこうだとは言えない，私の固有性（興味や関心や暗黙の理論など）が浸み込んだものと言わなければなりません。しかし，それが共に生きる人たちによって深く了解できる内容ならば，それは人が生きることについての一つの真実とみなしてよいと考えて（そういう認識論に立って），エピソード記述を試みてきたのでした。

　しかし，それは単にこういう現実がありました，という事実の報告が目的なのではありません。いやしくも研究である以上は，そこに描き出された現実が，人が生きるという根本問題にとってどういう意味をもつのか，その出来事のメタ意味（つまり人が生きるということの本質的な意味）を掘り起こすことに繋がらなければなりません。その掘り起こされた意味（本質）が共に生きる人たちの生き様に何らかのインパクトを与えるなら，その限りで私のこの試みは研究として何らかの意義があるのではないかと考えました。そしてそれが，これまで編み上げてきた私の関係発達論に結晶化し，いまようやく，四つの概念とその中心に接面の概念を配した理論の平面を描くことができるようになったのでした。この理論の上層と中間層を繋ぐのが，エピソードからメタ観察への流れです。

　以上をまとめると，一つには，生活の場→関与観察とエピソード記述の方法論→理論へと上昇する流れが考えられます。これが右側の上昇する矢印の意味です。つまり，エピソード記述はエピソード記録を発端に現実の生活を描き出すものであり，そのメタ観察から，メタ意味が抉り出されて，それが理論へと繋がっていきます。ところがそのようにして理論に辿り着いてみると，今度はその逆に，その理論（人間についての両義的な見方，発達についての新しい関係論的な考え方など）が，その方法論や方法的態度を磨く上に重要になり，さらにはそうした理論や方法論から導かれたエピソード記述が今度は現実の生活や実践を揺り動かして，たとえば保育の振り返りや看護の振り返りなど，生活や実

践をより内容のあるものにしていく方向性が導かれてきます。これが左側の下降する矢印の意味です。

　要するに実践から理論へ，理論から実践へという往還運動が関係発達論を常に貫いてきたということです。実践は常に振り返りが求められ，それがいかにあるべきかが問われ続けなければなりません。そのためには，その実践がエピソードに描かれ，そのエピソードに基づいて振り返りがなされなければなりません。そしてそれがその実践のあり方についての理論化に繋がります。事実，私の関係発達論は，私が生活の場，実践の場に関与し，観察することを通して導かれたものでした。

　ところが，こうして導かれた理論は，再度生活の場，実践の場に差し戻され，その生活や実践の内実に即してその理論の妥当性（意味あるものかどうか）が吟味されなければなりません。他方で，生活や実践はその理論によってより深い振り返りが可能になり，それによって実践の質を磨くことが可能になります。これが実践の立場と理論の立場の望ましい関係です。そこには対等な関係の下での対話があります。理論は実践に学び，実践に触発され，実践は理論に学び，理論に触発されます。それによってお互いに高め合うことができるのです。

　この図15によって，四つの概念を中心にした理論の平面も，エピソード記述を中心にした方法論の平面も，また生活の場や実践の場の平面も，みなその中心に接面がくることになり，これによってこの接面の概念と関係発達論の諸概念との関係の全容がほぼ把握できるのではないかと思われます。そしてこの図15は「接面の人間学」の構想全体を包含する意味をもつものとも言えるでしょう。

第5節　客観主義パラダイムと接面パラダイム

　この節では懸案だったこの二つのパラダイムの違いを明確にすることが目的です。単に違うというのではなく，それが如何に互いに相容れないかを示してこそ，パラダイムの違いだと言えるはずです。ここでは対立点を明確にするた

めに，(1) 接面を取りあげるか，それを排除するか，(2) 観察者（実践者）の代替可能性を認めるか，認めないか，(3) 観察や実践の当事者性を認めるか，認めないか，(4) 実感の水準で心を問題にするのか，しないのか，(5) エヴィデンスなのか，読み手の了解可能性なのか，の5点にわたって二つのパラダイムの違いを論じてみます。

(1)「接面」を取りあげるか，それを排除するか

これについては，すでに図11を示して二つのパラダイムの違いが接面を取りあげる立場と接面を排除ないし無視する立場との違いだと繰り返し述べてきましたので，ここではこれ以上の議論は割愛しますが，このことが二つのパラダイムの違いを最も鮮明に示すものになっていることは，いまや明らかです。

(2) 観察者（実践者）の代替不可能性を認めるか，認めないか

二つの観察枠組みの違い，つまり客観主義的観察と関与観察の違いがこの観察者の代替可能性と不可能性の問題に直結していることについては，本章の冒頭に引用した1989年の論文の中でもかなり突っ込んで議論していましたが，『なぜエピソード記述なのか』では，第3章第1節で「観察者の代替可能性を巡って」という節を設けてこれをかなり徹底して論じています。そこで，それを少し要約整理して以下に示すことにします（原文は146〜156頁）。

　この二つの立場の違いは，単に「間主観的に分かる」という問題を取り上げるかどうかの違いではありません。観察の枠組みそのもの，ひいては認識の枠組みそのものが違っているのです。最も大きな違いは，人と人の接面で何が起こっているかを問題にするかどうかですが，そのことに直接繋がるのが観察者の代替性を認めるか否かの問題だと言えます。
　(1) 行動科学において観察者はなぜ代替可能でなければならないのか
　行動科学では，観察によって得られたデータが客観的なデータであると言えるために，まずデータを得る手続きの厳密性と客観性を重視します。そしてデータの客観性を保証するためには観察者の代替可能性が必要だと考えます。

第2章　なぜ接面パラダイムなのか

　しかし，上記の条件を満たすためには，観察者は観察する目になりきって，被験者（研究協力者）の特定された反応を正確に記録するだけの，目にまで還元された存在にならなければなりません。そこに観察者の個別性や固有性の絡む要因が入り込んだのでは「誰がやっても」を保証できないので，観察者は無色透明な，身体を持たない，従って何も感じない，ただ対象を正確に写し取るだけの目になり切らなければならないというわけです。

　そして観察者の判断が観察者に左右されるものではないことを示すために，複数の観察者にその判断を委ね，観察者間のその判断の一致度を求め，その一致度がある程度以上であれば，最初の観察者の判断の結果は信頼できるエヴィデンスとして扱うことができると考えられてきました。ここで観察者はいわばロボットのように正確に機能することだけが求められ，それゆえに観察者は誰とでも代替できると考えられることになります。

　こうした行動科学の客観主義的観察の枠組みを振り返ると，観察者は目に徹してあくまで黒衣に努め，自分の固有性を極力排除して，「誰がみてもこうだった」と言える態度で観察に従事することが想定されています。

　しかしながら，実験室実験はともかく，実際のフィールドで人が関わりあう場に入り込めば，そのような想定が通用しないことは明らかです。ですから，この観察態度が人が人と共に生きる場面にふさわしい観察のありようかどうかは大いに疑問の余地があります。ましてや，人と人の接面で起こっていることをこの観察の枠組みで取り扱えないことは言うまでもありません。

（２）関与観察では観察者は代替可能ではない

　研究者の関与観察であっても，また実践者の実践しながらの観察であっても，そこでは観察に従事する人の主体としてのありようが常に問われています。つまり，その人がそれまで観察対象とどのように関わってきたかの関わりの歴史はもちろん，その人がどのような価値観をもって生きてきたか，どのように対人関係を取り結んできたかが問われます。人と人の接面に生じたある出来事について，当事者に一つの意識体験が立ち上がるのは，その当事者の主体としてのありよう（固有性）がすべて動員された結果です。ですから，観察者が代われば，立ち上がる意識体験も，また描き出されるエピソードも当然異なり，またメタ観察が異なってきます。「誰がやっても」は当然ながら満たすことができません。それはこれまで見てきた一連のエピソードに明らかです。……中略……

　整理すると，関与観察は，１）関与観察に臨む人が「固有性を抱えた主体である」ということに立脚し，その関与観察主体の意識に「図」として立ち上がった

ある出来事についての体験を出発点にしている。2）それゆえに関与観察者は他の人と代替できない。3）関与観察者は，関わりの接面の中でその生身の身体が感受するものを観察の重要な要件とし，特にそこでの情動の動きや間主観的に捉えられるものを重視するので，その意識体験の記述には，必ず「私は〇〇と感じた」「私は△△と思った」という一人称の主観的記述が入り込む。4）関与観察では，当の関与観察主体に「図」として立ち上がった意識体験をデータにするので，予め観察対象を固定し，観察内容を特定し，観察対象の外部からその属性を知覚・判断するような観察のあり方にはなり得ない。……中略……

　要するに，観察者を一個の主体，つまり，両義的な欲望を抱えた，またそれまでの諸々の経験を備え，それをいつも「いま，ここ」に引き出す用意のできた，その上で，あれこれの問題意識や考えをもった，そういう主体としてみるところに関与観察の特徴があり，逆に行動科学の客観主義的な観察に従事する観察者は，そういう意味での主体ではなく，固有性を還元され，身体の感受する働きを還元され，目に映ったものを正確に記録するだけの観察ロボットになるところに，その観察の特徴があると言えます。いずれにしても，関与観察は「外側から目に徹して見る」という客観主義的観察の視点とはまったく異なるものだということは明らかです。

　以上の議論から，二つの観察枠組みの違いは観察者の代替可能性と不可能性の議論に集約され，それがパラダイムの違いに直結していることは明らかでしょう。関与観察の立場は実践の立場と重なり，観察者の代替不可能性の問題が観察者の主体性や当事者性と絡むことも上記の文章から分かると思います。

　ただし，ここで図10の(b)と図11の(b)の違いを議論したところ（79頁）でも触れたように，関与観察に臨む研究者と実践に携わる実践者を全く同列視してよいのかという点が少し気になります。接面の構成の仕方，つまり相手の思いを受け止め，それを我が身に引き受けることに関して，両者は完全に同じにならないように思うからです。ここでは客観主義パラダイムとの対比の中での議論であることを断っておきたいと思います。

(3) 観察者（実践者）の当事者性を認めるか，認めないか

これまで客観主義を目指す行動科学（認知行動科学を含む）は，人と人のあいだで生じることを行動的相互作用という枠組みでしか捉えてきませんでした。それは客観主義パラダイムに依拠すれば当然のことです。しかし人と人のあいだで，つまり人と人の接面で起こっていることは，行動的相互作用に解消されません。接面では行動的な相互作用の他に，正負の情動が流れて行き交い，心の動きが行き交っています。そして何よりも，接面は人と人を繋ぐものです。接面で繋がれる人同士を接面を構成する人，つまり接面の当事者と考えると，そこからもパラダイムの違いが見えてきます。

1）接面パラダイムは「接面」の当事者を主題化する

私が「間主観的に分かる」というかたちで捉えようとした事象は，まさに接面の当事者にしか把握し得ないもの，それゆえ客観的に押さえられないものでした。ということは，接面そのものが当事者にしか語り得ないものだということになります。「そこに接面がある」と言うとき，それは第三者が客観的に「ある」と言える類のものではなく，接面の当事者だけがそれを「ある」と語ることができるのだということです。接面を「生まれる」と語って，単にそこに「ある」と言いたくなかったのは，接面が「ある」と言うと，まるでそれが客観的にあるかのように響くからです。そのように「ある」と言えば，たちまち客観主義パラダイムからは「その証拠を示せ」と言われ，彼らのパラダイムに巻き込まれてしまうことになるでしょう。

私がこれまで観察者の立ち位置にこだわってきたのも，関与観察では観察者が立ち位置をもつのに，客観主義的観察では理論上は立ち位置をもたないと考えられるからです。つまり立ち位置をもつということは，観察者あるいは実践者がその場の（その接面の）当事者だということを意味します。つまり，接面の当事者は立ち位置をもち，さらに当事者は固有性と独自性をもった主体だということです。幼児であれ，大人であれ，接面に接する人は接面の当事者であり，それゆえに一個の主体なのです。そして主体は前章で見たように，根源的欲望を抱えた存在であり，常にその欲望充足を巡って悪戦苦闘している存在で

す。ですから接面の当事者同士のあいだには，したがって主体相互のあいだには，常に何らかの正負の情動が流れ，さまざまな葛藤が生まれ，それゆえそこに接面が生まれるのです。

接面で起こっている事象を中心に展開されるエピソード記述は，描く人自身がその接面の当事者だからこそ，接面での情動の流れを描写できるとともに，そこに登場する人物を接面の当事者として，さらには一個の主体として描くことが可能になるのだと言えます。

2）客観主義パラダイムは当事者性を排除する

客観主義パラダイムは，図11の(a)に見られるように，まさに接面を排除し，無視するところに成り立つものです。ですから当然，接面の当事者という考え方が成り立ちません。そして観察者は無色透明な目になりきって対象を克明に描き出すだけの存在ですから，立ち位置をもたず，代替可能なのですから，固有性をもった主体でもあり得ません。原理的に観察者を主体とはみなし得ないからこそ，観察する本人は観察に従事する人とは言えても，観察される出来事の一方の当事者とはみなし得ないわけです。

客観科学は長い間，研究者の当事者性を排除し，したがって，当事者研究を排除してきました。たとえば，慢性疾患を抱える研究者がその慢性疾患について研究しようとするとき，これを客観的に研究しようとすれば，この研究者は常に他の慢性疾患の人だけを研究対象として扱い，そこに自分を含めてはならないとされてきました。ですから，ある慢性疾患を抱えた研究者の研究は，まるで自分がその慢性疾患に関わりをもたない人であるかのように，自分の疾患を伏せたまま，論文をまとめる他はありませんでした。確かに，体験の当事者の言説には自己言及が含まれます。「間主観的に分かる」という言説はまさに当事者の体験したことに関する言説ですから，自己言及的な一面をもつと言わざるを得ず，その当事者以外にその体験に接近できないのですから，その真偽は他者には確かめようがありません。したがって，自己言及は「嘘くさい」となって，学問の世界においてはこの種の自己言及は「禁じ手」にされてきたのでした。

3）エピソードは当事者がその「接面」での出来事を描くものである

　接面パラダイムの下での研究の基礎資料となるものはエピソード記述ですが，それは客観科学の基礎資料にはなり得ません。というのも，それは接面の当事者が自分の体験を描いたものであって，そこには明らかに他者によって確かめようのない自己言及性が含まれているからです。ここにエピソード記述が客観主義パラダイムと真っ向からぶつかる理由があります。

　エピソードに描かれた接面の当事者の体験は，確かめようがないという限りでは客観主義の立場からの「作り話ではないか」という論難に反論することができません。いくらその当事者が真実だと主張しても，証拠が出せない以上は真偽を確かめることができず，それゆえ客観科学から無意味なものだと言われてもなかなか反論することができないわけです。実際，第2節（3）で具体例として挙げた午睡のエピソードなど，客観科学の立場からは当然のように「Aくんは本当に来てほしかったのか，その証拠はあるのか」と言われ，証拠を出せないとなると意味のない記述だとされてしまいます。しかし，あのエピソードが保育にとって価値があることは，接面パラダイムに立てば明らかです。証拠を出せるかどうか，客観的エヴィデンスであるかどうかというのは，客観主義パラダイムの問いから出てくるものであって，接面パラダイムの関心はそこにはありません。エピソードの書き手がその接面から感じ取ったものに基づいて，子どもの思いをどのように受け止めたのかを丁寧に描き出し，それが読み手の了解可能性にしっかり訴えるなら，そのエピソードは実践や実生活においては十分に価値があると言ってよいのです。

　こうして，接面で生じていることをエピソードに描いてそれを基礎資料とするということは，二つのパラダイムを明確に切り分ける意味をもつと同時に，当事者性を主題化することを意味します。

（4）実感の水準で心を問題にするのか，しないのか

　心の動きはあらゆる対人関係の基礎をなすものです。ところがその心の動きは目に見えないために客観的にこうだと押さえることができません。そこで客

観科学では客観的に押さえられる行動だけを問題にして，心は行動的事実からの解釈ないし推論を通して初めて議論できるものだとされてきました。そして他者の心の動きを感じ取ったり，自分の心の動きをその体験に即して表現したりすることは，自己言及的であって確かめようがないと切り捨てられてきたのでした。

　対人関係の中で相手の心の動きを容易に感じ取ることのできる人のことを「人の心が分かる人」「人の心が読める人」と言い，逆にそれができない人は「人の気持ちが分からない人」「周りの空気が読めない人」と言われてきました。それほど実生活の中では相手の心の動きがその接面を通して分かることが重要であるのに，それを真正面から扱う枠組みをこれまでの人間科学はもってきませんでした。そして客観的に押さえられる行動だけを取りあげて心を扱うことを回避し，心は行動的事実から解釈するしかないとしてきたのでした。しかしそれでは実生活と合致しません。私たちの実生活は母子間であれ，子どもと保育者間であれ，あるいは患者と看護師間であれ，心の動きを直接的に感じ取る（把握する＝分かる）ことの上に組み立てられているのに（もちろんときにそれが誤解であることも伴ってのことですが），学問の世界において，自分の拠って立つパラダイムを守るために頭からそれを扱えないとするのは問題です。日常の対人関係の中で相手の気持ちが「分かる」ことが解釈であるとは到底思われないからこそ，私はそれを「間主観的に分かる」と言ってきたのでした。

　客観科学の枠組みではこのように心の問題を扱うことができません。というのも，生身の人間である観察者が接面から何かを感じ取ること（心の動きを感じ取ること）をこの枠組みは予め禁じているからです。そうではなく，生身の身体を携え，相手に気持ちを持ち出してそこに接面がつくられれば，そこから自然なかたちで相手の心の動きが摑めてくることを素直に認める枠組み，それが接面パラダイムです。幼い子ども同士のあいだでこれほど容易に相手の気持ちが分かり合えているのに（保育園での子どもたちのやりとりに耳を傾けてみればすぐに分かることです），行動の事実から解釈するしかないというのは，むしろきわめて不自然で，それは客観主義パラダイムに引きずられて物を考えるか

らに過ぎません。

そこから振り返れば，人が人について研究しようとする際に，なぜ安易に自然科学の研究モデルをその基礎に据えたのかという疑問が湧きます。人間科学は，自然科学の客観主義パラダイムに沿うことが最も実り多い道であるということを何によって論定したのでしょうか。人が物を研究しようとするときに成功した枠組みを，そのまま人についての研究に持ち込もうとすれば，おそらく人を物化する（物として扱う）しかなく，実際，行動科学が行ってきたのは物化された人についての研究だったのではないでしょうか。

こうして，心をもつ人間をどのように研究するのか，心をどのように扱うかという研究の出発点への問いが生まれ，そこから出発すれば接面パラダイムに近づくのはもっと容易だったのではないかと思われてきます。

ともあれ，二つのパラダイムは心を挟んで真っ向からぶつかることは明らかです。そして心を問題にしようとするから，相手も自分も二面二重の心を抱く主体として見なければならなかったのです。そして心は常に接面の当事者にのみ接面を通して感じ取られるものだというのが接面パラダイムの主張です。またそれゆえに心の動きを感じ取る人の立ち位置や当事者性を問題にしなければならなかったのです。

前章で「間主観的に分かる」ことについて議論をした際，トレヴァーセンやスターンに対して，立ち位置を明確にしないのであれば，なぜ母親に子どもの意図が摑めたり，子どもに母親の意図が摑めたりする事実を彼らが語り得るのか分からないと主張して，心を問題にできるのは接面に接している当事者だけだと述べたのもそのような理由からでした。

（5）エヴィデンスなのか，読み手の了解可能性なのか

二つのパラダイムの違いを縷々述べてきましたが，これはエヴィデンスを追い求める立場と読み手の了解可能性を追い求める立場との，認識論の違いとしても考えられなければならないものです。ここではそれを「明証的」という言葉の理解の仕方の相違として明らかにしてみたいと思います。

エヴィデント（evident）とは，文字通り「明々白々である，不可疑である」という意味ですが，この言葉の理解が二つのパラダイムにおいて真っ向から対立していると私は考えます。これについては『なぜエピソード記述なのか』でかなり詳しく議論し，その本の第3章の第2節は「明証的（エヴィデント）であること」と題して45頁も費やしています。そこで，詳しくはそれを参照していただくことにして，ここではそこでの議論を簡単に要約して，二つのパラダイムの違いを「明証的」という言葉の理解の違いとして際立たせてみたいと思います。

1）客観科学（行動科学）にとっての「明証的」の意味

行動科学を含む客観科学では，計測されたもの，数値化されたものがエヴィデンス（紛れもない明証的事実）の必要条件であると考えられてきました。それは観察されたものの客観性を保証し，「誰が観察しても」という観察者の代替性の条件を具現し，観察されたものの再現性に通じるものだと考えられているからです。この枠組みの下で得られた客観的データは，したがって万人にとって「紛れもないもの」「不可疑のもの」という意味をまといます。これが客観科学にとっての「明証的である」ことの意味です。言い換えれば，客観科学にとって明証的であるとは，データを得る手続きの客観的厳密性（観察者の代替性に集約される「誰がやっても」という観察の性格）と，そのデータから導かれる結論の一義性（誰がやっても同じ結論が導かれるという意味での一義性）のことだと言えます。それゆえ手続きさえ明確化されれば，計測されたもの，尺度化されたもの，カテゴリー化されたものから導かれた結果はそのままエヴィデンスだと言ってよいことになります。

2）接面パラダイムにとっての「明証的」の意味

接面パラダイムに立つ研究（実践）の基礎資料はエピソードです。それが研究（実践）にとって意味があるとされるのは，そのエピソードがそこに起こった事実以上の何かの意味（メタ意味）をもつからです。ですから，この接面パラダイムにとって資料が明証的であるとは，書き手にとってそのエピソードのメタ意味が紛れもなく明証的であるということに始まり，そのメタ意味が多く

の読み手にとってもなるほどそうだと明証的に了解できるまでの全体を指しています。その経緯をもう少し述べてみましょう。

　接面パラダイムの場合，エピソードが書かれた時点で書き手に実感されたそのエピソードについてのメタ意味の明証性は，いまだ「私にとって明証的である」という意味にとどまっています。そのエピソード記述が読み手に供され，そのメタ意味が読み手の了解を得るまでは，真の意味で明証性を得たということにはなりません。もちろん，書き手はエピソード記述の最初の読み手でもありますから，自らメタ意味を導いた時点で，他の読み手の一人に自分を置き換えて振り返り，それが他の読み手にも十分に了解可能であることを自分なりに吟味しているはずです。したがって，書き手がメタ意味を得た時点で，すでに一般的な了解への「確信」をある程度はもっているはずです（それがなければそれは明証的確信とは言えないでしょう）。しかし，最終的には多くの人に供され，多くの読み手に「そうそう」「なるほど」と納得してもらえたときに初めて，このメタ意味は多くの人にとって明証的であると言えるものになります。

　実際，一つのエピソードとの出会いが書き手である私の心を強く揺さぶり，いままで見えなかった自分の足元が一挙に照らし出されたようなインパクトが与えられる意義深い出会いだったとき，そのエピソード記述のメタ観察から得られたメタ意味は，まさに明証的な真実を手にしたというような，あるいは生きることの真実についてある啓示を得たというような強い感慨に襲われ，まさに「生きられる還元」を迫られたと思わずにはいられません。そのような意義深いメタ意味との出会いこそ，そして心の深い次元が揺さぶられたと感じられたときのその意識体験こそ，私の求める明証的真実です。そしてそれは差し当たりは書き手である「私にとっての」明証的真実ですが，それが多くの読み手にも「なるほどそうだ」と確信をもって了解されるときに，真に明証的であると言えるものになります。こうして，明証性を巡って，私の接面パラダイムと客観主義パラダイムの理解の仕方の違いが浮き彫りになります（私はこの議論を『なぜエピソード記述なのか』の中で，私自身がある母親との出会いから書いた「洗濯を一回余分にすればいいだけですよね」のエピソードに即して考えています）。

（6）実践者は「接面」の当事者である

　実践者は対象者とのあいだに接面が生まれるように関わり，そのようにしてそこに接面が生まれれば，そこから対象者の心の動きを摑み取ることができるようになります。実践者が対象者の心に接近できるのは接面を通してだけです。そのことからも，実践の営みは接面パラダイムと深く結びついていることは明らかでしょう。それにもかかわらず，いま，実践の場は行動科学の力に押されて，本来の実践，つまり対象者の心の動きに寄り添った対応を，自ら壊すような動きになっています。『なぜエピソード記述なのか』の冒頭でその危惧に触れ，実践の質を守るためにも，このパラダイムの問題を単に学問の議論としてではなく，実践の問題として考えなければならないと述べたのでした。

　いままでの議論を振り返ると，実践者がその接面から何を感じ取るかがその実践を左右することが分かります。その際，実践者はそこに生まれた接面の一方の当事者です。その当事者に感じ取られた対象者の心の動きは，その当事者にしか接近できないものです。ですから，当事者である実践者がその接面から感じ取ったことに基づいてそこでの出来事をエピソードに描かない限り，第三者は対象者の心の動きを把握することができません。こうして実践者は，接面で感じ取られたことをエピソードに描き，それによって自分の実践を振り返ることができるようになります。

　いま，保育の世界だけでなく，障碍者支援の現場でも，看護の現場でもエピソード記述によって自らの実践を振り返り，自分の実践の質を高めようという動きが見られるようになってきました。もちろんそれは実践をよりよくしようとしてなされるものですが，それだけではなく，エピソード記述に取り組み始めた人たちが，自分の仕事にアイデンティティを見出せるようになり，自分が職場で生きていることが実感できるようになったことが大きかったように思います。それというのも，エピソードを書くということは，自分がその接面の当事者であることを意識することに繋がり，また一人称で書くことが自分の声を取り戻す意味をもつからです。この点は先にも触れましたが，これを裏返せば，決まりきったことを判で押したように行うだけの実践は，それに従事する人の

主体性を無視し、半ばロボット的に振る舞うことを強いるものだとさえ言えます。そうした実践は働く自分のアイデンティティを見失わせ、主体として振る舞うことを疎外します。そこにもエピソード記述がさまざまな実践の場に広がりつつある理由があるのでしょう。

＊＊＊

このように見てくると、接面パラダイムは何よりも保育や教育や看護や介護や臨床など、人を相手にする実践と深く繋がっていること、というよりも、接面で生じていることが実践の中核部分にくることが分かります。そこで、接面の議論からどのような実践科学が展望できるかを次節で論じてみます。

第6節　「接面」の人間学を展望する

本節では、接面パラダイムに立ち、接面に生じていることに基づいて、人と人が関わり合って生きる現実を掬い取ろうとする研究領域全体を「接面」の人間学と呼ぼうと思います。その時、「接面」の人間学にどのような研究領域が包摂されてくるかを、保育、教育、看護、介護、などの実践現場を視野に入れて展望してみます。

(1)「接面」の人間学の基軸

「接面」の人間学は接面で生じていることを取りあげることを通して、人間の生き様を多方面にわたって明らかにし、そのことを通して人が生きるということの意味を掘り下げることを目指す研究領域の総称です。接面という概念には、本章第4節の図14と図15から分かるように、関係発達論を構成する四つの概念が関係してきます。ですから、接面で生じていることを取りあげる研究領域には、どんな領域であれ、関係発達論の基軸となる四つの概念がみな絡んできます。それを大きく整理すると、「接面」の人間学は、①人間を常に周囲との関係の中で時間軸に沿って変容する存在として考えること、②人間を二つの根源的欲求（自己充実欲求と繋合希求欲求）をもち、その充足のされ方によって

両義的な二面（「私」と「私たち」）二重（正と負）の心をもった一個の主体として考えること，③人間関係を常に②の両義的な心をもった主体相互の関係（相互主体的関係）として考えること，④ある人の生き様を描き出すとき，外部観察的にではなく，描き出す相手と共にかたちづくる接面の，その一方の当事者の立場で描き出すこと（関与観察とエピソード記述），の4点を常に視野に収める研究領域だと言えます。

　関係発達論の考え方は，これらの4点を常に意識して，人の生き様にアプローチするところにその基本がありますが，その中でも①は関係発達という言葉に直結しています。ですから，「接面」の人間学に登場する人は，それが研究に従事する人であれ，研究の対象となる人であれ，実践に従事する人であれ，どの人にも「関係発達」という視点が覆い被さってくることになります。そこでまず，「接面」の人間学の各領域に共通する視点として，関係発達生涯論を冒頭に提示してみます。

（2）関係発達生涯論

　「育てられて育つ」存在として誕生した子どもが，「育てる―育てられる」という関係の下で〈育てられる者〉の位相から成長を遂げて〈育てる者〉の位相へと移行し，〈育てる者〉として次世代の子どもを育てた後に，〈介護し・看取る者〉の位相を経て，〈介護され・看取られる者〉の位相に辿り着き，最期には土に還るというのが関係発達論の観点から見た一人の人間の生涯過程です。これが関係発達生涯論と呼ぶ領域の基本にくるもので，すべての人はこの意味で自らの生涯過程を生きているというふうに言うことができます。

　しかし，その生涯過程は単にその各位相を通過していくという平板なものではあり得ません。そこには乗り越えなければならない壁がいくつも立ちはだかり，随所に落とし穴が待ち受けています。乳幼児期には愛されて育てられるのかどうかの葛藤が，学童期には周りから肯定的にみられるかどうかの葛藤が，思春期や青年期には友人関係や家族関係を巡る葛藤が，大人になると，異性関係を巡る葛藤，職場の対人関係を巡る葛藤，夫婦関係を巡る葛藤，出産や子育

てを巡る葛藤，介護を巡る葛藤，老いを巡る葛藤などが次々に押し寄せてきます。しかもそこには家族の重い病，死，事故，地震や台風や豪雨などが不意に襲ってきたり，あるいは離婚や再婚などの難しい家族関係の問題に巻き込まれたりする場合があります。そういう中で，人はみなその悲喜こもごもの体験の中で喜怒哀楽の感情を経験し，幸せから不幸せまでのあいだを振り子のように振れながら，誕生から土に還るまでの自分の生涯過程を生き抜くほかはありません。

　私たちが葛藤を抱えて生きざるを得ないのは，私たちがみな周囲の人と共に生きる中で，自分の内部に二つの根源的な欲望を抱え，その充足を目指しながら，その充足が思うようにいかなかったり，その充足を過剰に求めたりするからです。その葛藤は，天災などのどうしようもないものによって不意に引き起こされるものから，家族の抱える葛藤が自分に及んできて引き起こされる葛藤や，自分の欲望の充足の仕方によって引き起こされる葛藤など，生涯過程の随所に生まれてきます。そしてそれにどのように対処するかに，その人の主体としての生き様がかかっています。これが，一人の人間が生涯に亘って周囲の人と共に生きるかたちというものでしょう。私が発達を単なる能力の成長過程というふうに考えてこなかったのは，自分自身が上に見たような数多くの葛藤を生きてこざるを得なかったからです。

　接面の当事者の描く何らかのエピソードは，そこに登場する人が子どもであれ，青年であれ，大人であれ，お年寄りであれ，みなこの意味での生涯過程を進行中の人を書き手である自分を含めて取りあげたものになっているはずです。ですから，接面で起こっていることを描いたエピソードは，どの領域のエピソードであれ，みな関係発達生涯論の資料になると考えることができます。そのようにして描き出されたエピソードを読めば，人はこのように周囲に翻弄されながら成長を遂げ，このように変幻極まりない人生ドラマを経験しながらその生涯を生きているのだということがそこから明らかになり，自分もそのうちの一人なのだという了解がそこから得られるでしょう。つまり，ある人について描かれたエピソードを読むことを通して，読み手はそこに自分との共通項を確

認しながらも，自分とは異なるその人の生き様に教えられ，触発され，何かを考えさせられるものが必ずあるはずです。関係発達生涯論が取りあげる数々のエピソードは，このようにそれを読む人の生に何らかのインパクトを与える可能性があり，そこにこの研究領域の意義があると言えます。

　生涯発達心理学や家族発達心理学という名称のテキストはありますが，それらはたいてい，研究者が超越的な立場から個体の発達を生涯にわたって展望し，家族の生成・発展・消滅のプロセスを一般論として論じる内容のものです。そしてそのデータはアンケート結果などの数量的データをまとめたものがほとんどです。それは一般的な人生の段階区分に沿ってその変化の様相を示すものにはなっていますが，一人の人間の生き様の具体相に迫るものではなく，一般的な知識にとどまっていて，読む人の心を揺り動かすだけのインパクトをもち得ていません。それゆえ，読む人にとって，これまでの自分の人生を振り返ることにも，これからの未来を展望することにもそれが大きく寄与するようには思われません。そのような結果になるのも，研究者が客観主義パラダイムに拠っていて，人の生き様を生き生きと描き出す視点も枠組みももっていないからです。

　これに対して関係発達生涯論は，接面で起こっていることを含めて，人の生き様を生き生きと描き出した数々のエピソードを基に組み立てられるものです。「いま，ここ」の個別具体を描き出したエピソードでありながら，読み手もまた主体として生涯過程を生きる人であるがゆえに，そのエピソードは読み手の了解可能性に反響し，読み手はそれを自分にも起こり得ることとして了解することができます。

　親が自分の子育てに関して何らかのエピソードを綴れば，それはこの関係発達生涯論の領域の資料に含まれてきます。また研究者が家庭や保育の場に出かけて関与観察の接面から子どもについて，親について，保育者について描き出したエピソードもまた，すべてこの領域の基礎資料となるでしょう。そして保育者や教師や看護師など，人に接する仕事に従事する人がその接面で起こっていることを綴ったエピソードも，一人の幼児や生徒や患者の関係発達の一コマ

を描いたものである以上は，この関係発達生涯論の重要な資料になるはずです。さらに言えば，「接面」の人間学に包摂されるすべての領域で描かれるエピソードは，そこに登場する人間がみな何らかの点で関係発達を生きつつある人を取りあげたものですから，この関係発達生涯論の資料になるといってよいはずです。

　こうして「接面」の人間学の諸領域は，そこで取りあげられる人がみなそれぞれの関係発達を生きつつある人であることを踏まえて，どの領域も「関係発達」という接頭辞を纏うことになりました。以下，順不同に，「接面」の人間学を構成する諸領域を一つずつ取りあげて，そのスケッチを試みてみます。

(3) 関係発達保育論

　子どもは「育てられて育つ」存在であり，その育ちは身体運動面，知的能力面だけでなく，主体としての心の育ち，つまり，ゆくゆくは一人前の大人の心のもち方に行き着く心の育ちを必須とする存在です。その主体としての心の育ちは，周囲の大人の育てる営みと切り離して考えることができません。ここで主体のもつべき心を「私は私」と言える心と，「私は私たちの一人」と言える心の二面の心として考えれば，保育の営みは，保育者がいかにして子どもにこの二面の心を育むのか，またそれが負の様相を呈するときにいかにそれに対応するのか，というところに帰着します。そして子どもの心を育む営みがみな接面で起こっていることに基づいているというのがこれまでの議論でした。これを掘り下げていくのが関係発達保育論の第1の目的です（第1章の図5と図6を参照してください）。

　この二面の心を育むためには，保育者の「養護の働き」と「教育の働き」が欠かせませんが（第1章の図4を参照してください），それらの働きはみな接面で把握されるものに基づいて紡ぎ出されるものです。ですから，接面の当事者である保育者がそこに生じている出来事をエピソードに描かない限り，その働きを他者に伝えることができません。逆に接面での出来事がエピソードに描かれれば，接面で保育者に把握されるものが保育実践の鍵を握っていることも明

らかになるでしょう。このように，接面で感じ取られるものをエピソードに描き出して自分の保育を振り返り，それによってその保育の営みの質を高めようとするところに関係発達保育論の第2の目的があります。

　次に，保育の場にやってくる子ども一人ひとりは，みな保護者との関係発達の渦中に生きています。子どもはその保護者に愛されてこそ幸せに生きることができますが，保護者が我が子を愛情豊かに育てることができるかどうかは，夫婦間のパートナーシップのもち方，周囲との対人関係や職場での対人関係のもち方などに大きく影響を受けます。そのような錯綜した対人関係の中で，周りの人たちから支えられていると思えることが，保護者が子どもに愛情をもって育てていくことができるための重要な条件です。

　ですから，一人ひとりの子どもが幸せに生きられるように保育していくためには，子どもの心を育てる保育者の対応だけでなく，その子を育てている保護者の優しい心が子どもに届き，保護者が子育てに前向きになることが必要になってきます。ところが，いまの我が国の社会文化状況に鑑みれば，そのように優しく子どもに接する保護者は残念ながら少なくなってきていると言わざるを得ません。そこにいま，社会が保育者に対して保護者への子育て支援を求める理由があります。つまり，今日の社会文化環境の下で，多忙の中で悩みを抱え，子育てに余裕のない保護者をいかに支えて子育てに前向きになってもらえるかが，保育の場の重要課題として浮上してきています。

　しかしながら，その実践は保育者にとって決して容易なものではありません。保護者も主体ですが，保育者も主体です。その相互主体的な関係の中で，送迎の場，懇談の場，家庭訪問の場などを活用しながら，いかにそこに接面をつくって保護者の思いを感じ取ることができるか，いかに保育者の願いを気まずい思いをさせないかたちで保護者に伝えることができるかというように，きわめて微妙な対応が求められます。

　そのような保護者との接面で得られたエピソードを職場で同僚と読み合せ，それによって自分の応接のありようを振り返り，それを通して保護者の思いをいかに受け止めるか，保護者の生活の大変さにいか共感するかというように，

保育者の保護者への「養護の働き」を深める方向での議論が重要になってきます。またそればかりではなく，保護者の気持ちが子どもの心に向かって自然にもち出されて子育てに前向きになれるように，園便りやクラス便りなどを通した，啓発的な「教育の働き」もまた保護者に向けられる必要があるでしょう。こうした取り組みの詳細をエピソードによって明らかにすることが関係発達保育論の第3の目的になります。

　しかしながら，一人ひとりの子どもの思いを受け止めて保育をし，一人ひとりの保護者をも支えるという昨今の保育者に課せられた保育実践は，並大抵の営みではありません。というのも，保育者もまた自分自身が関係発達を生きつつある一個の主体であり，それゆえに，子どもや保護者と取り結ぶ相互主体的な関係の中で必ずや葛藤を経験し，それに悩んだり苦しんだりすることが避けられないからです。

　実際，子どもや保護者との接面に生まれた出来事を綴ったエピソードは，子どもをどのように保育するか，保護者をどのように支援するかという，保育実践のありようを反映したものにとどまりません。それはその接面で保育者自身が味わう悲喜こもごもの心模様をも描き出すものになっているはずです。ですからそれを通して，保育者自身が自分の主体としての成長を確かめることができる場合もあるでしょう。

　そうしてみると，接面で感じ取られたことをその接面の当事者としてエピソードに描くということは，それまでの客観的な記録を描くことに押し込められて見失われてきた自らの主体性，つまり，保育者自身も主体としてその場を生きていることをはっきりと自覚し，保育者自身の主体としての生の声をそのエピソードの中に聴き取り，そのようにして保育者アイデンティティを確認することにも繋がるはずです。保育の場にエピソード記述が広がるようになった背景には，保育者がエピソードを描くことを通して自分の声を取り戻したこと，つまり自分も保育の場の主体であることを再確認できたことが大きかったように思います。このように，保育者が接面での出来事をエピソードに描くことを通して，自分の保育者アイデンティティを再確認できるようになるところに関

係発達保育論の第4の目的があります。
　いま保育の世界では「力を，力を」と子どもに力をつけることが急務だと考える動きが支配的ですが，そのように外側から強く働きかけて，訓練づくで力をつけようとしていなくても，上に見た第1から第4の目的が保育の場で実現されれば，子どもが生来もっている力はたいていの場合おのずから開花してきます。いまそれが保護者にも保育者にも信じられなくなっていて，外側から強く働きかけなければ子どもに力がつかないと思い込まれていることが問題です。「力なのか，心なのか」ではなく，「力も，心も」なのですが，心の土台がしっかり育てば，力の育ちは必ずそれについてくると信じられるかどうかが肝心です。もちろん，それはただ見守っていれば力がつくということではなく，そこには「養護の働き」に「教育の働き」がうまく結び合わされたかたちで子どもに振り向けられる必要があります。そして「養護の働き」と「教育の働き」が交叉するかたちで展開される保育実践が，多数のエピソードによって詳細に描き出されることを通して，子どもの興味・関心がどのように膨らむか，また子ども自身のイメージがどのように膨らんで実際の制作や表現や友達との遊びに繋がるかが明らかになり，力の育成がいかにあるべきかに関して，これまでとはまったく異なる展望が切り開かれるようになるに違いありません。それが関係発達保育論の第5の目的です。
　ですから，私がいま保育の世界で講演や著作を通して主張していることはみな，関係発達保育論に収斂します。関係発達は，ここでは子ども一人ひとりの関係発達（つまり家族や友達や保育者との関係発達）を捉える視点であると同時に，保護者の生涯発達過程を視野に入れながら保護者への子育て支援を視野に入れ，また保護者の主体としての成長を視野に入れ，さらには保育者自身の関係発達を視野に含みながら，保育者の主体としての成長を取りあげようとすることを意味しています。
　これによって，保育の営みの多元的な意味を解明する視点が切り開かれ，単に預かるのでも，単に力を育成するのでもない，子どもと保育者と保護者で繰り広げられる豊かな関係発達の様子が，接面の当事者である保育者によって描

かれる数々のエピソードによって示されるでしょう（その具体例はこれまでの私の一連の著書に収録されている保育者の描いたエピソード記述に見ることができます）。

要するに「保育とは何か」という保育論の根本の問いは，接面の当事者である保育者の描く数々のエピソードを重ね合わせることを通して，ようやくその全貌が見えてくるということです。それが関係発達保育論の取り組むべき課題であり，それによって従来の保育論を大きく組み替えることが可能になると期待されます。

ちなみに，2001年に出版した『保育を支える発達心理学』（ミネルヴァ書房）には「関係発達保育論入門」という副題が添えられています。その時点から，関係発達論の視点を保育に活かすことが考えられていたことが分かります。

(4) 関係発達教育論

「教育」とは本来，どういう営みなのでしょうか。大人の生きる現行の文化や社会の営みを次世代の大人である子どもにどうにかして引き写すことが本来の教育の目的であるはずです。大人の観点からは教育は子どもの幸せに通じるものと思い込まれていますが，子どもの観点に立てば，それは大人の用意した鋳型の中に押し込められる一面をもたざるを得ません。ここに，教育は子ども自身が多くの力を得て，自分の可能性を大きく広げるために欠かせないもの，その意味で子ども自身が幸せになるために必要なものという一面が確かにあります。しかし他方で，教育は有無を言わせぬかたちで大人の願う鋳型に子どもを嵌め込むという強権的な一面をもってしまうことも避け難いでしょう。それを子ども側から見れば，教育は嫌なもの，逃れたいものに見える一面があるということです。ここに，幸せになるために学ぶのに，学ぶことには嫌な思いがつきまとうという教育の逆説を見ないわけにはいきません。そのことを踏まえれば，教育は多ければ多いほど子どもの幸せに繋がると考える人が多い中で，多すぎる教育は子どもを苦しめる，ほどよい教育こそが子どもを幸せにする，という考え方に立つ必要があります。関係発達教育論は後者の視点に立脚する

ものです。

　そのことを視野に入れながら，一人の子どもに対するあるべき教育のかたちを「教育を受ける者―教育を与える者」の関係性の中で考え，また教育の場に巻き込まれる子どもと教師をそれぞれ関係発達を生きる主体として捉える視点に立って考えるのが，まずもって関係発達教育論の目指すところだと言えます。

　子どもと教師の関係も，子どもと保育者の関係と同じように，主体と主体の関係ですから，その接面に生じることがその関係の展開の鍵を握っていることは言うまでもありません。ですから，学校という場での教育の営みの中で，子どもと教師のあいだに「教える―学ぶ」という関係がどのように生成・変容するのか，それをその接面の当事者である教師がどのようにエピソードに描いて明らかにするのかというのが，差し当たりは関係発達教育論の研究の基本形になるはずです（いま学校現場で教師がエピソードを描くという動きは，保育の世界とは違って残念ながら微々たるものでしかありませんが）。

　教科を教える技法を詳しく検討し，教えたことの定着の度合いを学力テストで測ってひたすら学力をつけることを目指すいまの学校教育の現状は（偏差値の都道府県対抗の様相はその最も歪んだ現れです），しかしどう見ても子どもを主体として育てるという関係発達の大枠に合致しません。どうしても目先の学力ばかりを追い求めることになってしまっていて，将来，子どもが一人前の大人になったときに，どのように人との接面からいろいろなものを感じ取って対人関係を営むことができる人間になるのか，その主体としての心の育ちがまったく展望されないまま，ひたすら学力をつけることに教師は邁進し，また保護者もそれを求めているというのが時代の流れです。

　しかし，その流れに逆らって，子ども一人ひとりが一人前の人間になっていくことができるようになるためには，教育の営みの中で子ども一人ひとりの主体としての心を育てることが是非とも必要であるという，真の意味での教育改革が教師の描く多数のエピソードによってボトムアップのかたちで準備されなければなりません。それが関係発達教育論の大きな目的の一つになるでしょう。

　そのためには，子ども一人ひとりの困り感，分からなさ感，あるいは分かっ

た瞬間の喜びやその子の中に生まれるやる気を，教師がその接面でどのように感じ取っているか，その感じ取ったものに基づいてどのような援助や働きかけを行っているかを，接面を描いたエピソードを通して明らかにしていかなければなりません。これも関係発達教育論の大きな柱になるはずです。

それにはまた，子どもを単なる能力の束と捉えてその束を太らせるのが教育だという従来の発想を乗り超えて，子どもの主体としての二面の心を育てることが教育の大きな柱になるという考えが教育の営みの中心に据えられるようにならなければなりません。つまり，一人前の大人になるとはどういうことかを考え，一人前になるのには力の育成だけではなく，主体としての心を育てることが必要だという認識が，教育のカリキュラムの中にしっかり組み込まれるようにならなければなりません。

こうした教育改革が真に実現されるためには，義務教育時代に，何を育てるのか，どのように教育するのかという，教育の根本に立ち返ることが改めて求められます。その際，主体とはどういう存在のことか，一人前になるとはどういうことなのかを突き詰めて考える必要が生まれ，そのとき，人間は自己矛盾する二つの欲望を抱えた両義的な存在だという，関係発達論の人間観や主体の考え方が必ずや必要になってくるでしょう。

私は教育という営みにも「養護の働き」と「教育の働き」の二面があると考えています。教育も大きくみれば子どもを育てる営みだからです。現行の学校教育がうまくいかないのは，家庭でのしつけや就学前の保育で学校生活に必要な力が育成されていないからだという議論がありますが，私はそう思いません。学校教育もその営みの根本は一人ひとりの子どもを将来の大人に向けて育てることにあり，その育てる営みには「養護の働き」が欠かせません。それにもかかわらず，いま教師のその働きがきわめて弱体化しているところに，教育実践がうまく展開しない大きな理由があると私は見ています。つまり，子ども一人ひとりの生き様を教師がその接面でしっかり捉えて，そこから教育実践が展開されなければならないはずなのに，そうなっていないことが根本の問題なのです。クラス全体の学習進度を速めればよいのだ，子どもの主体としての心

の育ちに問題があるのなら，それは専門家に委ねればよいのだ，という多くの担任教師の姿勢は，一人ひとりの子どもとの接面で何も感じない教師の言い分です。接面で感じ取られたものに従おうとする教師はそういう姿勢は取れないはずです。

　こうして関係発達教育論の展開は，真の教育改革，しかも教育現場からボトムアップ型の教育改革の動きが立ち上がることと連動するものです。そして教師の描くさまざまなエピソードを通して，義務教育期の「子ども―教師」の関係発達の様相が具体的に描き出されれば，そこには教師自身の教師としての成長や，教師自身の関係発達と切り離されない事情も見えてくるはずです。教師もみなかつて子どもでした。自分が子どものとき，教師に接してもらって嬉しかったこともあれば，教師の接し方に理不尽さを感じたこともあったはずです。そのことが目の前の子どもを前に甦れば，一方的な強い教師主導の教育のあり方にこれでよいのかとブレーキがかかるのではないでしょうか。そのようにして，教育の営みはあらゆる面で両義性に貫かれた営みであることが教師に深く自覚されれば，いまの教育でよいのかという疑問を教師自身がおのずからもてるようになるのではないかと考えます。

　この関係発達教育論は私がかなり前から課題として掲げながら，これまで十分に接近できなかった領域です。接面パラダイムの考えがいまの学校教育に従事する教師の常識的な思考の枠組み（養成課程で培われた思考の枠組み）と相容れないためもあって，関係発達論の考え方が最も浸透しにくいのがこの学校教育の領域です。しかし，学校教育の営みのエッセンスは，やはり子どもと教師の接面で起こっていることの中にあります。それは確かなのですから，いずれはこの接面パラダイムに多くの教師が目覚めることを期待したいと思いますし，良心的な教師で，子どもに「養護の働き」と「教育の働き」を切り分けられないかたちでしっかり振り向けることのできている教師は，言われるまでもなくこの接面パラダイムに則って実践をしています。現行の教育学や教育論は大掛かりなものに見えても，一人ひとりを人間として育てるという根本の思想を欠いているように私には見えます。口幅ったい言い方ですが，そこに一本筋を通

すのが，関係発達教育論なのです。

「教育は人なり」と言われてきました。教育学の中には「教師論」という領域も含まれ，そこには教師は一個の主体であるという観点が含まれていたはずです。しかし，手前味噌になるのを懼れずに言えば，教師という存在を，本書で言う意味での「主体」，つまり「私は私」と「私は私たち」の正負両面の心をもった主体として，しかも生涯発達過程を進行中の主体として考えてこなかったがために，「教え方の束」に還元されるような教師理解に押し込められてきたのではなかったでしょうか。教師一人ひとりが自分の主体としての自覚を取り戻し，真の教師アイデンティティを保持し，一人の主体として子どもに接するという教育の基本に立ち返るためにも，関係発達教育論が必要になると考えます。

（5） 関係発達障碍論

一人の障碍のある子どもにとって，あるいは障碍のある大人にとって，障碍とは何なのでしょうか。そのことが十分に考えられないままに，客観主義的な観点から障碍のある子どもを外側に見て，障碍とは健常な子どもや大人からの能力面，行動面での偏倚（片寄り）だという医学的な障碍観が当然のように流布され，それが多くの人に常識として受け入れられてきました。この障碍観は必然的に，どのようにすれば障碍のある子どもを健常な子どもや大人に近づけることができるかを考えることに人を導き，能力面の発達促進，社会的スキルの習得こそ，障碍のある当人に関わる際の療育，保育，教育，支援の基本形とみなされてきました。

実際，これまで障碍のある子どもの保育や療育や教育は，能力育成，発達促進の枠組みの中で，子どもに外側から働きかけ，力をつけることで健常児に近づけることを目指してきたと言っても過言ではありませんし，それが特殊教育時代の障碍児教育の実態でした。そして最近ではさまざまな障碍の特性や特徴をあげつらい，それへの対処法を明らかにして実践に臨むのが療育や教育や支援だという考えが支配的になってきました。そこには当然ながら，関係発達と

いう視点も,ひいては本人の主体としての心の育ちという視点もありません。

　上記の常識的な障碍観の最も大きな問題点は,子ども本人,あるいは障碍のある人本人の視点に立って障碍の問題が考えられていないことです。できないこと,周囲が困る行動,変わった行動など,行動面の偏倚ばかりが前景に出て,それを抱えて生きる主体としての本人の生き様が障碍という言葉によって覆い隠されてしまっている感さえあります。障碍のある子どもにとって,障碍とは何でしょうか。それは医療が診断を下す際の健常な子どもからの落差や行動上の偏倚に還元されるものではなく,何に困り,何が生きにくいのか,その子の困り感や生きにくさ感が,その子にとっては障碍ではないのでしょうか。

　実際,障碍のある子どもも周囲の人との関係の中で「育てられて育つ」ことに変わりはありません。関係発達という視点に立って障碍のある子どもを見れば,単に能力面だけに健常の子どもからの偏倚があるというだけでなく,そこには「育てる―育てられる」という関係性にまつわる子どもの側,育てる側の難しい心の問題が直ちに浮上してきます。子どもの周囲にいてその子を育てる大人も,子どもに障碍があることによって,困る面,生きにくくなる面を多数抱え込まざるを得ません。それというのも,本人も家族も社会の中で暮らしており,社会が求めるものに沿えるか沿えないかが,本人および家族の困り感や生きにくさ感に結びついていることが多いからです。そのことに目を向けてみれば,子どもやその家族が抱える困り感や生きにくさ感を取りあげることなく,子どもの能力面の偏倚の改善,つまり能力面の発達促進,負の行動を抑え,正の行動を増やすことを安易に保育や教育の目標に据えてよいのかという疑問が生まれてきます。

　残念なことに,かつての特殊教育は特別支援教育に衣替えしたにもかかわらず,この点についての真摯な反省の上になされた教育改革ではなかったがために(トップダウンの教育改革で,教育現場からのボトムアップの教育改革でなかったがために),子どもの教育的ニーズに応えるという正しい教育理念にもかかわらず,実際の特別支援教育の中身は以前に比べて大きく変わっていないのが実情です。

第2章 なぜ接面パラダイムなのか

　関係発達障碍論は，障碍そのものに目を向けて，能力差を少なくし，困った行動を減らし，望ましい社会的スキルを身につけさせるという，大方の対応とは異なって，まずは障碍のある子どもも主体として世界を生きているのだという点に定位します。そして，子どもも子どもに関わる大人も，それぞれが心をもった主体として相互に関わり合っているというところから出発します。そのとき，子どもに関わる大人がその接面から何を感じるか，つまり，子どもの前向きの意欲を感じ取る，逆に意欲のなさを感じ取る，困り感を感じ取る，充実感を感じ取るというように，接面で生じている情動の動きを大人が丁寧に感じ取って，それに応えるかたちで対応を紡ぎ出すことがまず目指されなければなりません。それを通して，その子の主体としての心が充実し，周りから大事に思われているという自己肯定感と，周りが優しくしてくれるという周りへの信頼感が何よりも育ってほしい心だと考えて，その心の育ちを子どもへの働きかけの中心に置くことを目標の一つに据えます。しかしながら，その子の困り感や充実感は目に見えるものではなく，それらは子どもとの接面からその一方の当事者である大人が感じ取るしかないものです。ですから，それらがエピソードに描かれなければ本人の困り感も充実感も周囲の人には分かりません。

　同じことは障碍のある大人に対する支援者の対応についても言えます。障碍者支援もまた，多くの場合は利用者のニーズに沿ったものであるよりは，支援者の都合や社会的要請に沿ったかたちで作業能力を高めたり，社会的スキルを身につけさせたりすることに向かい，利用者本人のニーズは脇に置かれ，利用者の困り感や生きにくさ感に対応してもらえることはほとんどないという状況に置かれています。それに対して，本人主体の支援，本人のニーズに応える支援が提唱されていますが，それとても掛け声ばかりであることが多く，本当に本人の声が聴き届けられるような支援はごく稀だという残念な状況にあります。

　そうなってしまうのは，やはり接面において利用者の困り感を感じ取ったり，利用者がしてほしいことを感じ取ったりして対応する支援がこれまではきわめて少なかったからです。

　しかしながら最近になって，数は少ないとはいえ，利用者との接面で起こっ

ていることをエピソードに描いた事例がいくつか報告されるようになってきました（これについては第3章で取りあげる事例を参照してください）。そうしたエピソードを読んでみると，利用者の負の行動の裏側に，利用者の不安やかつて抱いた恐怖のフラッシュバックがあることが分かってきます。そして，強度行動障碍というラベルを与えられている利用者が，その恐ろしい障碍名から示唆される姿とは違って，一人の主体としていろいろな思いをもって生きている様が垣間見えてきます。そこから振り返れば，その利用者はこれまでどのように育てられて育ってきたのか，またどのように生きることが疎外されてこれまでを生きてきたのかが目に見えてきます。そしてそこから，一人の障碍のある人を関係発達という枠組みの下でその生涯過程を詳細に振り返ってみる必要が生まれ，本来の障碍者支援はどのようなものであるべきだったのかが再考されてきます。

こうしてここに，支援する側がその接面で把握された利用者の思いをエピソードに綴り，そこから支援のあり方を考え，また障碍とは何かを本人に即して考える必要が生まれてきます。これが関係発達障碍論の目指すもう一つの基本的な方向性です。

そのような支援者の支援のあり方や障碍理解のあり方を再考しようとするアプローチは，従来のように障碍を査定し，その障碍に特有の対処法を編み出し，社会的スキルを身につけさせるといういま流行りの療育型の対応とは対極にあるアプローチです。関係発達障碍論の立場からすると，障碍とは医学的な診断の見地から規定されるものに限局されるものではなく，より広く，子ども（障碍者）本人の内面の動き（困り感や生きにくさ感など）に即して考えなければならないものです。つまり，障碍は生得的な器質上の偏倚に限局されるものではなく，むしろ本人が自分の世界を生きる際にどういうところに難しさや生きにくさを感じているか，それがその子（その大人）にとっての障碍であるというような広い障碍観，つまり従来の個体論的，個体内的障碍観に対して，いわば関係論的障碍観とでも言うべき観点に立った障碍理解が必要です。そして障碍のある子ども（大人）も，それを支援する立場の人も，それぞれが関係発達を

生きる主体であることを踏まえれば，子ども（大人）の抱える困難は「育てる─育てられる」という関係の中に生まれる困難であり，それゆえ，その困難はその子ども（大人）と共に生きる家族や周囲の人をもその困難の中に巻き込まずにはおかない事情が見えてくるはずです。

　そのような関係論的障碍観に立てば，支援のかたちも従来とは大きく異なってくることが考えられます。生得的な障碍や慢性的な疾患を抱えて生きる子どもは，その発達の時間経過の中で，通常の子どもとは違った困難を累積的に抱え込む可能性があります。それはその子が周りと関係をもちながら生きるからこそ生まれる困難ですが，それを「発達性の障碍」と呼べば，当の子どもは「発達性の障碍」をいかに少なくして自分のもっている可能性を可能な限り伸ばすかという発達課題をもつと言えます。また周囲の人との関係の中に生きる子どもは，自分自身がもつ障碍によって，その生の営みの中で必ずや周囲との関係が難しくなる局面にしばしば直面するはずです。これを「関係性の障碍」と呼べば，それはまた，その子と共に生きる周囲の人たちにも関係性の障碍をもたらさずにはおきません。障碍のある人にその障碍を克服させることはできません。それゆえ，障碍があるという現実の中で，いかにその人が周囲と共に自分らしく生きるかが，本来の療育や支援の中身にならなければならないでしょう。

　障碍や慢性疾患を抱えた子どもとの接面から保護者が何かを感じ取って綴ったエピソードは，関係発達障碍論の重要な資料になります。我が子を育てる中で味わった苦悩や喜びがエピソードに綴られることによって，そこから一人の障碍や慢性疾患を抱えた子どもがどのように成長するかが見えてくるとともに，その子と共に生きる保護者がその関係発達の中でその子の障碍とどのように向き合って生活してきたかも見えてくるはずで，それが関係発達障碍論を考える上で重要な資料となります。このことは本書第4章第2〜4節の事例に見ることができます。

　こうして，関係発達障碍論は，現行の障碍児保育，障碍児教育，障碍者支援の大枠に浸透している常識的な発達観や障碍観に基づく支援のかたちに疑問符

を打ち，障碍のある子どもも大人も，周囲の人との関係の中で共に生きるという基本的視点に立って，幼少から死に至るまでのそれぞれの関係発達を視野に収めながら，本人のニーズを可能な限り尊重する姿勢で支援に臨むこと，そしてそれを理論面，実践面にわたって掘り下げていくことを，その目的にしていると言ってよいでしょう。

(6) 関係発達看護論

　看護と一口にいっても，近隣の医院で感染症の治療を受けるときに出会う看護師の，医師の指示に従ってきぱきと処置する看護の営みと，病棟勤務の看護師のように，患者の枕元で患者に接する看護の営みとを同列に置いて議論することは難しいかもしれません。関係発達看護論が目指そうとしているのは，言うまでもなく，後者のような患者と看護師の接面におけるケアの中身が問題になる看護です。

　ある意味で，「接面」の人間学を最も理解しやすい立場にあるのが患者との接面においてケアのありようが問題になる看護の立場の人だと言ってよいはずですが，残念ながらそうなってはいないのが現状です。医学が客観科学を基盤に築かれたものである分，医師側が看護師に求めるのは当然ながらエヴィデンスです。ですから，接面で感じ取ったもの，つまり証拠の出せないものは論外とされる状況の中で，接面で起こっていることを看護のエッセンスとして看護師側が大事にしようとしても，それは医療の現実に照らせば，医師側からの評価の対象になることはまずありません。せいぜい患者が「あの看護師さんはいい人だ」と言うにとどまるでしょう。しかし，もしも看護する側が「エヴィデンスを示せ」という医師側の強い求めに屈することなく，接面で把握されるものこそが看護のエッセンスに通じると自覚し，患者との接面で生じていることをエピソードで描いて，まずは同僚に，さらには世の中にそれを提示することができれば，そこには看護する側とされる側の複雑な関係の機微が描き出されてくるはずです。そして，患者も看護師も一個の主体であり，その生涯過程を進行中の人なのですから，その関係の機微には関係発達の諸次元が密接に絡ん

でくるに違いありません。そしてそこに，病を抱えて生きる人の苦悩がはっきりと見えてくるはずです。その苦悩は病そのものからくるというよりも，病を抱えて生きることが，共に生きる人たちの生活に影を落とすからであったり，家族と再び共に暮らしたいという自分の願いが潰えるかもしれないという不安からであったりと，まさに患者が個として生きるのではなく関係の中で生きるがゆえにもってしまう不安や困り感であるはずです。それが患者のQOL（生活の質）に関わることなのですが，それを患者との接面から感じ取らない限り，それに応える看護は望むべくもありません。そして，患者一般がもつと考えられるニーズ（アンケートなどの結果をまとめたもの）をその患者のQOLと思いなして対応することが，実際の看護では起こりがちです。

　ですから，これまでの客観的な看護記録とは異なる，接面での看護のエッセンスを綴ったエピソードは，それを同僚と共に振り返ることによって，よりよい看護とは何かを考える契機になり，ひいては医療とは本来どのようなものであるべきかを考え直す契機になり，それによって，看護の中にはびこる権威主義，パターナリズムを乗り越えて，患者に寄り添った真の看護に近づくことができるようになるのではないでしょうか。

　そこに描き出される数々のエピソードは，病に苦しむ患者の主体としての思いを，その接面の一方の当事者である自分がその接面から感じ取って描き出す一方で，その患者の思いを我が身に引き受けようとする姿勢の中から，自分の（自分らしい）ケアが生まれてくる事情をも併せて描き出すことになるでしょう。それによって，看護師―患者間の「ケアする―ケアされる」という関係の機微が明らかになるはずです。自分自身が接面の当事者だからこそ，目に見えない患者の心の動きを接面から感じ取ることができ，またエピソードにそれを描くことができるのです。

　残念ながら，いまのところ看護の側からのエピソード記述に私は出会えていません。しかし，講義や講演を通して，看護の世界でもエピソード記述が必要であることは徐々に認識されつつあります。それが看護改革への突破口になる可能性さえあるのではないかと思っています。

かつて看護学は早坂泰二郎の現象学の影響を受けていた時代がありました。接面での出来事を丁寧にエピソードに描く試みは，ある意味で現象学の試みに通じています。早坂の主張に見られるように，接面の「ありのまま」を描くことから看護の本質を目指すのが現象学的看護学の方向性だったはずです。早坂はその著書（『現象学を学ぶ』，川島書房，1986年）の中で，一人の患者を取りあげて，病を治すべきものとして自分から排除しようという考えにとらわれていた状態から，病を我が身に引き受け，病を抱えて生きることを目指そうとするようになったという患者の態度変容を明らかにし，それを看護学の中で問題にするべきだというような主旨のことを語っていました。つまり，病そのものと，病を抱えて生きる人とを区別して考えるべきだということですが，それはとりもなおさず，看護師が接面での患者の生き様をエピソードに描き出して初めて可能になるものでした。

　クラインマン（1988/1996年）をはじめとする医療人類学の研究もまた，患者の生の声を聞き届ける必要があると述べています。これらはみな，看護が患者との接面で生じていることを中心に展開されなければならないことを示唆するものです。それは接面の当事者である看護師が，その接面での出来事をエピソードに描く以外に，そこでの営みを他者に伝えるすべはありません。逆に看護師の描くエピソードから，看護の問題を根本に立ち返って振り返る可能性が生まれてきます。患者自身が考えるQOLと医療の立場が患者のために考えるQOLがずれるのも，後者が接面での患者の声を聞き届けないままに，医療側の「よかれ」という思い込みからそのQOLを考えてしまうからです。

　しかしながら，いま看護の世界では，一方で患者との接面で感じ取られるものに基づいた丁寧な看護が必要だという立場と（それが本来のケアの中身だと思います），他方で，患者の表向きのニーズへの対処法を考えて，その対処マニュアルに沿って能率・効率のよい看護を目指そうという立場に二分されているように見えます。特に最近は後者の立場が強くなりつつあり，社会的スキルトレーニング（SST）や応用行動分析的な対処マニュアルに沿ったケアに流れていきがちになっています。この流れに楔を打ち込むためにも，接面で感じ取ら

第2章 なぜ接面パラダイムなのか

れた患者の心の動きとそれへの自分の対応をエピソードに描いて、それを吟味し、よりよい看護とはいかなるものかを考えることが本来の看護に立ち返るためにも必要なことだと思います。

　さらに看護という営みは、単に病を抱えた人への対処の仕方に則った対応に尽きるものではありません。患者と共に接面を生きることでもあるからこそ、患者の苦しみを我が身に引き受け、患者と共に悩み苦しむことを伴わずには済まないのが看護の営みです。しかし、他方で看護師は一個の主体として自らの関係発達を生きつつある人でもあります。それゆえ、一方では患者に寄り添い、患者に共感するがゆえに、いわゆる燃え尽き症候群に引き込まれる危険と、他方では困難な看護の営みを通して病める人を援助するという看護職のプライドとのあいだで引き裂かれる思いにも駆られます。それが看護師の描くエピソードを通して明らかにされ、それを同僚とのあいだで共有して振り返ることができれば、燃え尽きることのない「ほどよい」看護についても、明らかにしていけるのではないでしょうか。

　さらに看護師は、看護師自身が家庭をもち、子どもを産み、保育の場に援助を求めながら我が子を育てるという関係発達の渦中にありながら、夜勤を含む三交代勤務の難しさを身に引き受けて看護の仕事に従事せざるを得ない人です。仕事と家庭の両立と言われていることが最も厳しく問われるのが看護の仕事だと言ってもよいかもしれません。しかも、高齢者の患者や慢性疾患患者や不治の病に罹った患者の看護は、常に死と隣り合わせであり、死にゆく人を看取ることも看護の重い仕事の一つでしょう。その中でいかにして自分の精神的健康を守りながら看護の仕事に従事するかは、並大抵のことではありません。そうしてみると、看護職に従事しながら生きるとはどういうことかという問いも、関係発達看護論が取り組まなければならない課題でしょう。

　いずれにしても、看護の世界はいままさに接面パラダイムを取るか、客観主義＝エヴィデンス主義パラダイムを取るかの岐路に立たされているように見えます。そのとき、前者のパラダイムに立って、看護とはなにか、看護師として生きるとはどういうことかを煮詰めていこうというのが関係発達看護論の目指

すところです。

(7) 関係発達介護論

　高齢化社会が到来して，高齢者の介護問題が社会問題化して久しくなりました。誰もが最初は〈育てられる者〉だったのに，育てられて育っていつしか〈育てる者〉になり，〈育てる者〉として成長してその役目を終わろうとする頃，今度は自分を育ててくれた人たちが老いて，その人たちを介護する役目が生まれ，自分の両親，パートナーの両親をともに介護してあの世に見送ると，もう自分が介護を受けて土に還るばかりの年齢になっている……。

　生涯発達過程の終末期は誰にも訪れるものです。死は個人に訪れるものですが，関係の中に生きる個にとって，死は自分だけのものではなく，関係の中に生きる他の人たちをも巻き込まずにはおかない出来事です。その死を迎える途上にあって介護を受ける必要が生まれたとき，そこに「介護する―介護される」という関係が生じます。それは誕生したときに生まれた「育てる―育てられる」という関係の裏返しと言ってもよいものです。つまり介護は常に介護される側と介護する側の関係性の問題として考えられなければならないというのが，関係発達介護論の大きな柱です。

　実際，この介護という営みに従事する人がその営みをどのように実行に移すかは，介護を必要としている人の身内の者にとっても，介護職の立場の人にとっても大変に難しい問題です。介護の営みが，単に「できなくなったこと」と「まだできること」の詳細なリストを作り，そのリストに沿って支援の中身を決めるような，単純な介護モデルに沿って行われるのであれば，問題はそれほど難しくないのかもしれませんし，それは将来的に優秀な介護ロボットが作られれば，それによって代替が可能になるものなのかもしれません。しかし，介護を必要とする人も一個の主体です。かつては社会で華々しく活躍した人だったかもしれません。周りから必要とされ，周りから羨望の眼差しを向けられた人だったかもしれません。そのように家族に必要とされ，社会から必要とされた人が，いまやかつてのエネルギーを失い，自力で行うことのできるレパート

リーが限られ，さまざまな対人関係から遠ざけられ，周りからも必要とされなくなって，日常生活に必要なことを介護する人に頼らなければ生きることを全うできなくなっているのです。

中には認知症を伴って，自分が誰かも分からなくなっている人もいますが，さまざまなことができなくなっても，過去の記憶ははっきりしていて，それゆえプライドを保持している人もいます。老いの迎え方は実に人さまざまで，ですから，「できること」「できないこと」のリストを作って対応するだけでは，介護を求める人の本当のニーズに応えることはできません。

あるケアマネージャーは，要介護度を判定するチェックリストに従えば同じ得点になる二人が，接面で接して感じるところに従えば明らかに要介護度は異なるにもかかわらず，チェックリストの客観的指標に沿った判断を求められているために，それに従わざるを得ないという現実に悩んでいました。ここには，介護に関する本質的な問題が立ち現われています。「できないことを支援して，できるだけ普段の身の回りの生活がしやすくできればそれでよい」という立場から，「やはり接面から感じられるものに沿って介護を必要とする人のニーズを汲み取り，それに応えるのが支援だ」とする立場まで，支援には大きなスペクトラムがあります。その中で，後者の立場に立ち，支援者が接面から感じ取られるものに基づきながら，介護を求める人に対して尊厳をもった一個の主体として受け止めて接することが本来のあるべき介護のかたちではないか，というのが関係発達介護論の基本的な立場です。

外側から眺めているだけでは，ただ1日ぼーっと過ごしているように見えるお年寄りの内面に寄り添ってみれば，家族との繋がりを切望しながらも，家族を気遣い，家族に迷惑をかけまいとするお年寄りの屈折した思いが伝わってくることがあります。それが丁寧にエピソードに綴られれば，一人の老いを迎えた人の生き様を通して，人はいずれやってくる自らの老いを見据え，自らが老いたときの心構えを準備することができるかもしれません。それが世代から世代へと循環するようになれば，介護する者が介護されて死を迎えるという誰もが辿る道筋が後続する世代に垣間見えてきて，自分が老いたときのことを予め

見つめることができるようになるかもしれません。

　現在はまだ，介護におけるお年寄りの生き様がエピソードを通して多くの人に伝えられていない状況です。そのためもあって老いは多くの若い人にとっては「他人事」です。しかし，関係発達介護論の立場に立って接面を描いた数々のエピソードが多くの人の眼に触れるようになれば，一つひとつのエピソードが決して他人事ではなく，そこに示されているのは自分の将来の姿かもしれないという気付きを，多くの人にもたらす可能性があります。

　それが関係発達介護論の目指す基本的な方向性ですが，残念ながら，「できなくなったこと」への支援はあっても，お年寄りの思いを受け止めてという，保育の場の「養護の働き」と同じものが介護の場にも求められているということが，在宅介護の場合も，介護施設での介護の場合も，十分に認識されているとは言えません。制度設計の議論は盛んですが，介護に従事する人が，お年寄りとの接面をどのように生きるのかという介護の本質の問題は，残念ながらまだ十分に考え抜かれていません。

　老いとは何でしょうか。単にかつてできていたことができなくなったということではありません。それは能力面の問題ですが，心の面に老いの大きな問題があることは明らかです。人が生きていく上に欠かせない主体としての二面の心の中核にくるのは，自己肯定感と信頼感です。それは人が周囲の他者と共に生きるからこそ生まれる心です。自分は大事にされている，自分は必要とされているということが自己肯定感の源だとすると，それの鍵を握る身近な他者がいまやお年寄りの周りにはいなくなっています。「あなたが大事だ」「あなたが必要だ」という思いが周囲のどこからも届いてこないために，お年寄りの「自分は大事なのだ」という自己肯定感は減弱し，それと連動して多くの意欲を失います。意欲を失うから，物事への興味が薄れ，世界がどんどん小さくなっていきます。そこから動かない，何もしないという状態が生まれ，その結果，身体面にも急速な衰えが目立ってきます。この悪循環をいかに絶ち切るかは，在宅介護に従事する家族にとっても，施設介護に従事する介護士にとっても難しい課題でしょう。お年寄りが求めるのは人との繋がりであっても，介護する側

はできなくなったことを援助するだけにとどまるというように，本人のニーズと介護する側の援助とがずれる場合もしばしばあるでしょう。そんな困難の中で，関係発達という視点に立ち，人生の終末期を迎えた人を主体として受け止め，主体として死を向かえるための介護とはどのようなものかを，尊厳死という問題も含めて考えること，それの試みが関係発達介護論なのだというのが，いま私が介護に関して考えていることです。これは決して他人事ではありません。私自身いまや介護を受けることを目前に控えた人間です。ですから，まさに自分のこととして考えなければならない問題がこれなのです。

(8) 関係発達臨床論

関係発達論はサリヴァン（Sullivan, H. S.）の「関与しながらの観察」を参照してその方法論を磨いてきたものです。ですから，精神科臨床や心理臨床などの臨床領域は，本来は私の主張する関係発達臨床論に近いはずのものなのですが，遺憾ながら実際はそうではありません。本来，臨床家―来談者の接面で起こっていることに基づいた展開がその臨床の内実のはずです。しかるに，臨床家の書いた事例や症例を読んでも，接面の当事者であるはずの臨床家が接面での出来事を丁寧に綴ったものに出会うことは稀で，こういう事例や症例がありましたという報告に終始しているものが圧倒的に多いのが現実です。実際，その接面での出来事を出発点にそこから患者が抱える問題を一緒に考えようという姿勢をしっかり見せる研究者や臨床家は少なく，たいていは依拠する大理論がこの症例や事例をいかにうまく説明するかというかたちで論が運ばれ，生身の患者や来談者は臨床家の依拠する理論を引き立てるための引き立て役になっているような錯覚さえ覚えます。そうなるのは，書かれたものの中で接面が丁寧に描き出されていないからです。本当はその逆で，接面で起こっていることが描き出される中で，その患者の苦しみや悩みが問題にされ，その苦しみや悩みの本質が明らかにされて，その援助の方向性が導き出されるはず（あるいは患者自身に自分の症状についての納得の図式が得られるはず）なのですが，そういう方向への展開はごく稀で，多くは特定の療法を適用してうまくいくかどうか

の議論に流れたり，理論によってその症状の由来を説明して終わったりして，真の意味で来談者が中心に位置しないままで終わっている症例報告が圧倒的に多いと言わなければなりません。

そういう弊害を克服する道として，医療人類学がいろいろな試みをしており，それはそれで首肯できる内容をもっていますが，しかしその場合も，接面の当事者である医療者の立ち位置や医療者個人の固有性の問題にまで踏み込んで医療者である自分自身の足元を議論することは稀です。

これに対して関係発達臨床論は，臨床の場における接面の当事者としてその場で起こっていることをエピソードに描き出しながら，患者や臨床家である自分自身を関係発達の渦中にある人間として位置付けることを忘れないはずです。診断をすることが来談者にどのような影響を及ぼすのか，その正負の効果を視野に入れながら慎重に診断名の告知に及ぶ場合もあるでしょうし，それが見通せないときには告知を留保するときもあるでしょう。その来談者を単にある症状を抱えた個人と見るのではなく，家族の一員であるからこそ抱える悩みや喜びを視野に入れて，いま来談者が一番求めているものは何かを常に来談者の「いま，ここ」に即して考え続けるのが関係発達臨床に臨む人の取るべき態度だろうと思います。それは悩める人と共に歩む姿勢であり，問題解決を押し付ける人の姿勢ではありません。つまり，臨床家自身が主体として周囲と共に生きる姿勢をしっかりもっているかどうかが問われ，それが来談者との接し方に深く関わってくるということです。

思春期や青年期はもちろん，人生の各位相において人は悩み苦しみます。それはつまるところ人間が自己矛盾する根源的な欲望を抱え，それの充足に向かうことに引き込まれてしまうからです。関係発達論の観点に立てば，人が主体として生きるということは，苦悩を抱えて生きることに他なりません。フランクル（Frankl, V. E.）のいうホモ・パティエンス（受苦的存在としての人間）という人間の見方は，私の関係発達論の人間観とほとんど重なっています。そういう人間存在が苦悩の極致にあって普段の生活が営みにくくなっているとき，それに援助の手を伸べるのが精神科医や心理臨床の臨床家であるはずです。そ

れはまた関係発達の途上にある一人の人間の生き様を深く理解し、その人の悩みが解決されたり、取り除かれたりするというよりは、その人が自分の苦しみの現実を身に引き受けて、再び周囲の人と共に生きることを目指すことができるように援助するということでしょう。その臨床が来談者と臨床家との接面で営まれるものである以上、接面が何よりも重要になることは言うまでもありません。

　しかしながら、いまや接面で起こっていることを詳細に綴る臨床研究は、臨床の世界では（あるいは教育や看護の世界でも）個人情報と守秘義務を理由に避けられる傾向にあり、それがまた、診断名をつけてある療法に従って対処するという行動科学的な臨床のあり方に大きく傾斜する動きを導いてしまっているようにも見えます。そしてこの動向はエヴィデンス主義とも矛盾しません。さらに臨床において接面の機微が描かれないのは、精神科外来が大賑わいで、丁寧に接面での出来事を描き出すことが事実上不可能だからだと説明付けられる場合もありますが、果たしてそうでしょうか。個人情報問題も守秘義務問題も３分間診療問題も、接面を描くという本来の臨床の困難な道から逃れる口実のように聞こえてなりません。心ある臨床家が自分の出会った事例を接面で起こったことに即して忠実に描き出せば、それを読む人に大きなインパクトを与えることができるはずです。なぜなら、悩める人も関係発達を生きる人であり、その事例を読む人も同じく関係発達を生きる人なので、そこには響き合うものが必ずあるはずだからです。

　そこから翻って考えれば、関係発達臨床こそは、本来の臨床に立ち返って、あるべき臨床学を打ち立て直すことを目指すものだと言うことができます。

＊＊＊

　「接面」の人間学は少なくとも上記の７領域を包含するものです。接面で生じていることを描きながらその中身を解明し、そこでの人の生き様をエピソードで明らかにしていくのがこの「接面」の人間学の目指すところだと言ってよいでしょう。最初から一般論や法則定立を目指すのではなく、関わる相手の生きる姿を、関与主体である自分が自分自身の生き様をそこに重ねながら明らか

にしていくのがこの人間学の目指す道です。その目的は，人の生の意味を考え，人生のその時々に立ち止まって，自分の来し方を振り返り，これからを展望することに何らかのかたちで資するところにあります。

「接面」の人間学の根本は，接面に接する当事者がそこでの出来事を一人称でエピソードに描くことにあります。その当事者は，保育者，教師，看護師，介護士，臨床家などの実践者はもとより，障碍や疾患を抱えた本人および家族，さらには関与観察をする研究者など，接面に接する人なら誰であれ，この「接面」の人間学の主人公になり得るのです。

そのようにして描き出されたエピソードをもとに，人が共に生きるということの意味を各方面にわたって掘り下げて見せ，そのことによって，エピソードを読む人の生に何らかのインパクトを与えることが「接面」の人間学の目的であると考えます。

第3章
「接面」とエピソード記述

　接面で起こっていることは目に見えないので，それを不特定多数の他者に伝えるためには，それをエピソードに書く以外に道はありません。そのことを明らかにしながら，接面と意識体験とエピソードとの繋がりを考え，さらに，接面から得た意識体験をどのようにエピソードに描くのか，また他者の意識体験を描いたエピソードを読んで，なぜそれが了解可能なのかを考えてみます。また，実践の営みの中心は接面で起こっていることにあり，それを描いたエピソードを通して実践を振り返ることが可能になること，さらにそれによってよりよい実践のための理論が展望できるようになることを，三つの事例を通して確認してみたいと思います。

第1節　「接面」，意識体験，エピソード記録

　エピソード記述の基になるのは，日々，実践や関与観察の接面で得られた当事者の意識体験をノートに短く書き残したエピソード記録です。その記録がどういう経緯で書かれることになるのか，それと接面との関連を明らかにするのが本節の目的です。ここでは実践者を保育者とおいて考察を進めていきますが，以下の議論は教育や看護や介護や臨床に携わっている人にもそのままあてはまるものです。

（1）エピソード記録を書くまで

　エピソードを書くまでの経緯については，『エピソード記述入門』をはじめ，『保育のためのエピソード記述入門』や『なぜエピソード記述なのか』などの

著作を通して繰り返し議論してきましたから，屋上屋を架すことになりかねません。しかし，実践の立場の皆さんの中には自分の体験をエピソードに書くことに抵抗感のある人がかなりいるようなので（実際に一度書いてみるとその抵抗感はなくなるのですが），その壁を突破してもらうためにも，エピソードを書くまでの経緯を振り返ってみておきたいと思います。

まず，エピソードを書くことは，同じ記録と言いながら，保育日誌や活動の記録を書くこととは大きく異なることに注意をしなければなりません。従来の客観主義的な記録（誰が見てもこのようだったというように，記録者がその場面を目になりきって捉えて書く記録）は，記録を取る人が「さあこれから記録しよう」と身構え，**これから起こってくることを逐一記録しようという姿勢の下で**記録に臨み，時間の経過に沿って起こった出来事を書く態度から生まれます。公開保育の場に参加して，これから起こる保育の出来事を記録しようとするときの姿勢はその典型的なものでしょうし，事後にそのときの出来事を思い出してその種の記録を書く場合も基本的な構えは一緒です。

これに対して，エピソード記録は，これから起こることを書くのではなく，起こってしまったことの中から，自分にとって印象深かったこと，心が揺さぶられたこと，はっと思ったこと，「あ，これは」と思ったこと，等々，**直前に過ぎ去ったことの中に心に残るものがあったときに，その心に残ったものを振り返って書くものです**。そして保育者の書くエピソード記述は，日々の保育の中で，「あ，これは」と思ったこと，つまり心揺さぶられたり，意外に思ったり，新たな気付きが得られたと思ったことが，一つの意識体験として保育者の頭に残り，それを忘れないようにと思って書き留めたエピソード記録が出発点になっています。

記録を書くことに関する姿勢のこの違いは，前者は起こった出来事が自分の外側にあるのに対して，後者はいわば自分の内側と外側に跨るという点です。「あ，これは」という意識体験，あるいは「はっと思った」という意識体験は，その出来事に直面すれば誰もがそれを意識するわけではなく，どうしてそれが意識に浮上したのか自分にもすぐには分からないような体験なので，自分の内

第3章 「接面」とエピソード記述

側と外側に跨る体験という言い方をしたのです。前者は起こったことを客観的に（誰が見てもこうだったという主旨で）書くことであり，そのようにして書き留められたものはエヴィデンスに通じると考えられてきました。

これに対して後者は，接面で得た自分の意識体験を書くことなので，ある意味でそれは当事者の主観（思い）と切り離すことができません。それも起こった出来事が自分の内側と外側に跨るとした理由です。「起こった出来事」は本来，そのように意識した当事者の意識体験としてしか捉えようのないもので，その意識体験が取りあげられたときに初めて，「その出来事が起こった」と言えるものです。

それはともあれ，エピソードは接面の当事者の得た意識体験を描くものなので，誰が書いても同じになるような従来の記録とは一線を画しています。いま，保育の世界でも看護の世界でも「エピソード」という言葉がよく使われるようになりましたが，エピソードを「**当事者の意識体験を書いたもの**」と理解するかどうかに，私の考えるエピソード記述と他の研究者の考えるエピソードとの違いがあると言ってもよいかもしれません。

（2）意識体験とは

エピソード記述の出発点は接面の当事者の意識体験だと述べました。意識体験については，『なぜエピソード記述なのか』でかなり詳しく考察を巡らしていますので，ここでそれを要約紹介しておきたいと思います。

そこではまず，「エピソードとして取りあげられるものは，書き手にとっては**接面に生まれ出たある出来事についての意識体験である**」とした上で，次のように述べています。

> 人はその生活世界のなかで無数の出来事を経験していますが，それらのすべてが意識されるわけではありません。それらの大半は意識されないままに見過ごされるか，ほんのちょっと意識にのぼっても，たいていは生活の流れの中で忘却の淵に沈んでゆきます。しかし，人と人の接面において自分の心が揺さぶられた出

来事（「あ，これは」と思われた出来事）は，一つの体験として意識にのぼり，記憶に残ります。体験として意識にのぼるということは，流れゆく生のなかでその出来事がその人に一つの「図」として浮き出て，その部分だけが切り取られるかたちになるということです。……中略……

　意識はそのものとしては何ものでもなく，これだというかたちで捉えられるものではありません。しかし何事かがそれとして意識されるときに，意識というものの存在が明らかになります。意識体験を中心に議論を進めようとする現象学では，この意識の根本性格について，意識はその作用的側面（ノエシス的側面）と意識作用が行き着く側面（ノエマ的側面）が一体となったものだというふうに考えられてきました。つまり，意識は何事かにそれが向けられるからこそ（意識のノエシス的側面），その何事かが何事かとして意識される（意識のノエマ的側面）のだというのです。

　このような現象学風の難しい議論をしなければならないのは，ある出来事があったからそれを意識したのだと因果論的に考えやすいところに落とし穴があるからです。もしもその出来事があったからそれを意識したのだというなら，その出来事を経験した人はみなそれを意識するはずでしょう。しかし，保育のエピソードの例をあげるまでもなく，同じ経験をしていながら，Ａ保育士はそこからある意識体験を得たのに，Ｂ保育士はその出来事に気が付いていないし，したがってその意識体験をもたない，ということが起こり得ます。そしてそのことがその意識体験をエピソードに書くか，そのエピソードが念頭にも浮かばないかの違いを生み，ひいては保育の違いに直結してくるのですから，この意識体験を得るかどうかの議論は実践にとって重大な意味をもつはずです。

　具体例として前章第２節に示した午睡のエピソードを取りあげてみましょう。このエピソードの基になったエピソード記録には「起き上がったＡくんから『せんせい，ぼくもトントンして』という思いが伝わってきて驚いた。普段，Ａくんは「トントンして」と言う子ではなかったからだ。やっとＡくんが甘えてきてくれたと思って嬉しかった」と書かれています。Ａくんからトントンしてという思いが伝わってきて驚いたというのがこのエピソード記録の基になっ

た意識体験です。こうした意識体験は少し一般化して「あ，これは体験」と言ってもよいかもしれません。普段の保育の営みは，次々に目まぐるしく切り替わる子どもたちの活動の場面や，それに応じる自分の対応の場面など，無数の場面から構成されていて，しかもそれが次々と時間経過の中で流れていき，そのすべてが意識されるなどということはあり得ません。事実，たいがいの出来事は時間経過の中で流れ去っていくもので，たとえほんの一瞬ある出来事が意識されても，次の場面がすぐにそれを打ち消すかたちで被さってきますから，たいていは記憶に残らないままに推移していきます。そうした普段の保育の中で，「あ，これは」というかたちで意識に強く浮き上がった体験をいま，意識体験と呼んでいるのです。

「この子の表情がとても気になった」「この子の素晴らしいアイデアに感動した」「この子にこんな思い遣りの心があることに驚いた」等々，「あ，これは」と思うような出来事の体験は，一日の保育の営みの中にいくつも生まれる可能性があります。そのすべてを書き留めることを求めるのは，多忙な保育の仕事に携わっている人には酷なので，保育者にはそのうちの一つでよいから，最も深く心に残った出来事を忘れないために自分用のノート（備忘録）に手短に書き残しておきましょうと伝えてきました。こうして書き残されたものがエピソード記録です。

（3）意識体験と当事者性

意識体験はあくまでも接面を構成する当事者同士のあいだに起こり，その当事者の一人である書き手の得たものです。その出来事の近傍にいても，接面の当事者でない人は，誰もが同じようにその意識体験をもつわけではありません。そこにこれまでエピソードは接面の当事者が描くものだと述べてきた理由があります。

意識体験はそれが生まれてしまえば，その出来事があったからそれを意識したのだと語ることができますが，しかしその出来事があっても誰もがそのような意識体験をもつわけではないという事情を考えると，その意識体験は，その

体験をしたその当事者の当事者性，つまり，その人の固有性や独自性と述べてきたことが，その生起に一役買っています。先の午睡の例で言えば，その保育者にとって，Aくんがまだ自分に甘えてきてくれない，信頼関係ができていないと思っていて，できれば早く自分を甘える対象と思ってほしいと思っていたことなど，この書き手とAくんとの関係の歴史がその固有性の一部をなしています。そしてどの子にも優しい気持ちを向けて保育していこうという構えをもっていたことも，この保育者ならではの固有性の一部をなしていたでしょう。そういう書き手の固有性を下敷きに，保育者のその構えがそこに接面が生まれることを動機づけています。保育者であれば誰でも一緒という部分ももちながら，それを超えて，これはこの書き手ならではの固有性だと認めなければならないものがあり，そのような書き手の固有性と結びつくかたちで，この接面にその意識体験が生まれたと考えなければなりません。

　前章で，接面を構成するのは，目にまで還元された観察者ではなく，生きた身体をもつ主体としての観察者であり，その主体としての観察者はまたその接面で起こる出来事の当事者でもあると述べました。子どもであれ，母親であれ，保育者であれ，看護師であれ，接面を構成する当事者としての主体は，生きた身体と二つの根源的欲望を抱え，自らの固有性と独自性を抱えています。ですから，その当事者同士のあいだに生まれる接面には，喜怒哀楽の情動はもちろん，広義の力動感が溢れ出て，接面の当事者同士を繋ぎ，次なる関わりの展開を導くのです。

　前章では観察や実践に臨む人の代替不可能性を主張するために，当事者性という概念を掲げましたが，ここでは，意識体験がその人ならではの固有性と独自性を抱えているという点を強調して当事者性という概念を取りあげています。いま，多様な実践の場がマニュアル化の傾向を強めています。関わり手が誰であれ，同じ対応をする必要がある以上，マニュアル化は不可欠だという主張は，多くの人に有用性，実利性という観点から受け入れられています。しかし，そもそも人間関係はそれぞれに固有性と独自性を備えた主体同士の関係です。だからこそ，その接面にはそのカップルならではの機微が孕まれ，それがそれぞ

れの「生き様」を生み出しているのです。そして安易な一般化を拒むその「生き様」の機微の中に，人が生きることの気付かれない意味が孕まれています。ですから，その接面での機微をエピソードに書いて，そのエピソードからその「不断は気付かれない意味」（メタ意味）を明らかにすることができれば，人はそこからさまざまな生きる知恵を手に入れることができるに違いありません。ここに，私の「接面」の人間学の構想に通じる基本的な考えがあります。そしてそれはすべての実践に通じるものです。

　ともあれ，接面の当事者がその接面から何かの意識体験（「あ，これは体験」）を得たこと，これがエピソード記録の発端となります。そのような体験は一日の中で複数個生まれることもあるでしょうが，一日を振り返って，自分にとって最も印象深かった体験，心揺さぶられたと実感できた体験が思い起こされ，それが短く書き留められたものがエピソード記録です。ですから，その意識体験はいつ起こるかを予測できませんし，毎日必ず起こるとも言えません。しかし，人と人の接面では情動が行き交い，それが接面の当事者の心を揺さぶりますから，何かの意識体験は必ず生まれるはずです。その一日の実践を振り返り，そこで得られた一つの意識体験を忘れないために自分用のノートに記すのが，保育者にとっての（すべての実践者にとっての）エピソード記録です。

（4）意識体験からメタ意味へ

　接面の当事者にその接面からふと思い浮かんだ意識体験があり，それが記憶に残り，一日の出来事を振り返ったときにそれが想起され，それがエピソード記録になるところまできました。しかし，その時点で，その意識体験を得た当事者にとっても，それがなぜ意識体験として記憶に残ったのかは，簡単に説明が付けられないことがしばしばあります。何かの理由があって，それが意識体験として浮上したのですが，その理由はエピソード記録を書く時点では書き手にも不明なことがよくあるのです。実践者（保育者）はよく，感動したからこのエピソードを書いたと言いますが，それを一歩踏み越えて，なぜ感動したのだろうと省察してみると，そこからさまざまなことが導き出されてきます。そ

こに接面の当事者であるその人の固有の経験，子ども（患者や利用者）との関係の歴史，その人が暗黙の裡に大事にしようと思っている保育理論（看護理論や支援理論），あるいは自分らしい保育（看護や支援）のかたちというものが立ち現れてくることもしばしばでしょう。それはそのエピソードの直接の意味を超えたメタ意味に通じるものです。このメタ意味も，当初は漠然としたものであることが多いのですが，それにさらに考察＝メタ観察を加えていくうちに洗練され，書き手自身にとって「これは自分だけの胸の内にしまっておけない重要な意味だ」と思われたときに，エピソード記述に向かうのだと考えることができます。

第2節　エピソードを描くことと「接面」

　本節ではまず実践者がエピソード記述を書くことを念頭に置きながら，自分の意識体験を手短にまとめたエピソード記録から，それを他者に伝えるためにエピソード記述に書き替えるに至るまでの経過を示します。エピソード記述は〈背景〉〈エピソード〉〈考察＝メタ観察〉の3点セットからなりますが，それを順に述べ，それが接面とどのように結びついているかを明らかにします。

（1）エピソード記録からエピソード記述へ
1）エピソード記録を書くまで

　前節でも簡単に触れたように，自分の実践を振り返ろうと思う実践者（たとえば保育者）に対して私は，日々の実践の中で自分に最も印象深かった出来事（意識体験）を一つ取りあげ，その場面をエピソードのかたちで自分のノートに書き溜めることを推奨してきました。書き溜めなければ記憶から薄れて流れ去ってしまうからです。時間のない多忙な実践者がそれを無理なく行うためには，一日一個のエピソード記録を，10分間で5，6行にまとめて書くという習慣をつけるとよいと思いますが，それに取り組んでいる保育士さんたちは皆，「寝る前の10分を使って」と言っています。「○○くんにこんな優しい面がある

とは思っていなかった。○○くんは乱暴な子としか見てこなかったのに，年下の小さい子に，こんなに優しくできるのを見て，自分の決めつけた見方を反省したし，初めて○○くんが可愛く思えた」といった，自分の心が揺さぶられた場面の備忘録です。

　次々に流れ去る出来事の中で，自分の心が揺り動かされて一つの意識体験になったものが記憶に残り，それが書き留められたもの，それがエピソード記録です。生真面目な実践者なら，2カ月もすれば20個ぐらいのエピソード記録を書く人もいるでしょう。そのすべてがエピソード記述になるわけではありませんが，たとえば，園内でエピソード検討会が定期的になされ，輪番で自分に発表が回ってくるとき，その保育者は他の保育者の前で一つのエピソード記述を発表しなければなりません。

　2）エピソードの選択

　エピソード記録を一つひとつ読み返してみると，自分のそのときの意識体験が呼び起こされます。①ある日のエピソード記録は自分が子どもの思いを受け止め損ねて強い指示を出してしまい，その子が膨れて恨みがましい目を向けてきたときに，はっとそれに気付いて反省したという内容です。②またある日のエピソード記録は，子どもが夢中になって取り組んでいる遊びに自分も首を突っ込んでみたときに，その子が何を面白いと思っていたかがその接面から急に摑めて感動したという内容です。③また別の日のエピソード記録は，普段から母親に認めてほしいと思っているのになかなか認めてもらえないKくんが，小さい子どもに優しくした場面を迎えに来た母親が見て，Kくんを褒め，そのときKくんがこれまで見せたことのないような笑顔を見せ，それに感動したという内容です。

　こうした短いエピソード記録は，一つひとつ見ればその保育者にとってかけがえのないものですが，次週発表するとしたらどれにするのか，一つを選ばなければなりません。

　もしもその保育者が自分の保育で自分がまず一番に取り組まなければならないのは，一人の子どもの思いを丁寧に受け止めて，それから自分の保育者とし

ての願いを返すところだと思っていたら、①のエピソード記録が選ばれるでしょうし、もしも自分の今の課題が保護者にもっと優しい目で子どもを見てほしいということをどのように伝えるかだと思っていたら、③のエピソード記録が選ばれるでしょう。そして、もしもその保育者が子どもの遊びの楽しみ方をもっと本腰を入れて摑みたいと思っているなら、②になるでしょう。

　このように、書き手になる人のいま現在の問題関心の所在によって、どのエピソード記録が選ばれるのかが決まってきます。というよりも、多数のエピソード記録を読み返してみたときに、いまの自分に最も心に残ったものがおのずから選ばれることになるでしょう。実際のところ、次々によいエピソード記述を提出してくる保育者は、いろいろな観点で心動かされた場面のエピソード記録を書いています。けれども、まだエピソード記録を書く習慣をもっていない人で、次に自分の発表の番が来るから何とかエピソードを書かなければと思って急遽エピソード記録を書いてみようと思った人は、たいてい反省エピソードを書いて終わりになったり、単純に子どもが可愛かった場面を書いて終わりになったりするようです。

3）エピソードの〈背景〉

　取りあげるエピソード記録が決まれば、まずそのエピソードの主人公の背景（家庭環境や自分との関係など）が〈背景〉に示されなければなりません。普段は乱暴で周りも困り自分も保育者として困っているというのであれば、その子の家庭環境はどうか、両親から愛されているかどうかは重要な背景情報でしょう。またその子がどんな友達関係を生きているかにも触れなければならないでしょう。そしてその子の対人関係の重要人物の中には当然、保育者自身も入ってくるので、自分がいつから担任しているか、普段、自分がその子をどのような目で見ているかにも触れておく必要があります。その上で、今日の出来事がどういう流れで起こったことなのかを〈背景〉に示す必要があります。

　一般に保育者は取りあげる子どもについてたくさんの情報をもっていますが、そのすべてがこれから取りあげるエピソードを理解する上に重要だというわけではありません。最近、読んでコメントを求められる保育者の書いたエピソー

第3章 「接面」とエピソード記述

ド記述の中に、〈背景〉が詳しすぎるものがあって、却って書き手の言いたいことが伝わりにくいことがあります。エピソードを理解する上に必要な情報かどうかを吟味して、必ずしも必要がないと思われたものは省くことも必要になってきます。もちろん、〈背景〉が薄いために、エピソードを読み進めていく際に次々に疑問が浮かんで前に進めないというのは、エピソード記述にとって好ましいことではありませんから、ある程度の濃さをもった〈背景〉が必要であることは言うまでもありません。

4）〈エピソード〉

　エピソード記録はエピソード記述に書く〈エピソード〉の核心部分ではありますが、それは体験した当事者の備忘録として書かれたものなので、そのままでは体験した出来事を読み手に分かるように伝えることはできません。そこで書き手はエピソード記録を手がかりに当日にその出来事が起こった場面を思い起こします。それはある意味でその起こった出来事を外側から見て対象化して捉えることを意味します（その出来事を客観的に見ることといっても構いません）。つまりその場面はこうして始まり、こういう展開を経て何とか一段落したというように、その出来事の客観的な流れが示されなければなりません。それは書き手からすれば、出来事はこのように起こったのだから、それを忠実に描けばよいということですが、客観的な視点をもつということは、不特定多数の読み手の立場に立つということでもありますから、起こった出来事をあるがままに丁寧に書いたものは、読み手がその場面を想起することを可能にし、それによって書き手が読み手と一つの場面を共有する可能性が生まれます。ですから、〈エピソード〉があまりに簡潔すぎると読み手はその場面を頭の中に再構成することができないでしょうし、逆に詳しすぎれば、どこがクライマックス部分なのかが判然としなくなってしまいます。ここでも、どこまで詳しくなのか、どこまで簡潔でよいのか、の線引きはできません。自分の書いたエピソードを書き手自身が一人の読み手として読んで、その場面を想起できるかどうか（自分はその場面を経験していますから想起できるのは当たり前ですが）、自分があたかもその体験を知らない読み手であるかのように思いなして読んでみることが

必要になってきます。その吟味を経て，これで他の読み手に十分分かってもらえるはずと思ったところで満足するしかありません。

　さて，こうして出来事の客観的な流れは描くことができましたが，これだけでは従来の客観的記録の域を出るものではありません。客観的な流れは，これから書こうと思っている接面での出来事の輪郭に過ぎません。そして，客観的な流れを思い浮かべるとき，その人はその接面の当事者であることから少し離れてそこでの出来事を眺めています。しかし，エピソードは接面で起こっている目に見えない出来事に踏み込んでこそ，他の客観的記録との違いが明らかになるのですから，ここからがエピソード記述の最も重要な局面になります。

　つまり，その客観的な流れを書きながら，書き手は自分がその接面の当事者として何をそこから感じ取ったか，どんな「あ，そうか体験」をもったのかの肝心な部分を，感じ取った狭義の情動（嬉しい，悲しい，腹が立ったなど）や，広義の情動（ワクワク感，ドキドキ感，がっかり感など）を含めて描き出そうと努めなければなりません。というより，自分の体験したことを可能な限り忠実に描こうとすれば，おのずからそれらの狭義，広義の情動が描かれてくるはずです。要するに，読み手がそれを読んだときに，書き手の自分が感じたのと同じ感じをもってもらえるように書くということです。

　ここでよく人は，自分は書く力がない，書く力がある人だけがエピソードを書けるのだという議論をしますが，私はそうは思いません。接面の当事者がそこで得たインパクトが強くて，どうしてもそれを他者に伝えたいという思いが強ければ，その接面の狭義，広義の情動がおのずから描かれ，それによって読み手に分かるエピソードになるはずで，書けないと思うのは得たインパクトが弱いからではないかと私は考えています。

　ともあれこうして，書き手は接面の当事者としてそこでの体験を丁寧に描いて読み手にもその出来事を共有してほしいと願います。これが〈エピソード〉です。

　5）〈メタ観察〉
　次にこのエピソードをなぜ書いて発表することになったのか，その理由が示

されなければなりません。ある意識体験がエピソード記録になるまでのところで，すでにこの理由が漠然と考えられていたと思いますが，それがこのエピソード記述のメタ観察の段階で深められ，書き手にとってもなぜこの意識体験が生まれたのかを自分なりに納得する理由が考え出されてきます。それが前節末尾で取りあげたこの出来事のメタ意味です。

　保育者がエピソードを書くとき，心揺さぶられた場面を書けばよいと言ってきました。ただし，〈背景〉〈エピソード〉は書けるけれども，〈考察＝メタ観察〉は書けないということをしばしば耳にします。そしてこれは研究者の場合も例外ではなく，私も一つのエピソードから徹底的なメタ観察によって確かなメタ意味を必ず取りあげることができたなどと言うつもりはありません。そこに完璧というものはなく，あるのは暫定的な〈考察＝メタ観察〉です。保育者の場合，感動したエピソードを取りあげ，感動したからこれを取りあげましたで済ませている場合が多いようです。初次段階としてはそれも仕方がありませんが，自分の保育を振り返る姿勢が身に付いてくると，次第に自分の保育のあるべき姿と結びつけて〈考察＝メタ観察〉を書けるようになってきます（本章第4節の（3）の保育者の書いたエピソード記述を参照してみてください）。

6）エピソード記述全体の再チェック

　こうして，〈背景〉〈エピソード〉〈考察＝メタ観察〉の3点セットが仕上がり，一応のエピソード記述の体裁が整いますが，ここでもう一度読み直して，このエピソード記述全体を不特定多数の読み手が読むと想定して，これで自分の言いたいことが伝わるかどうかの吟味が必要になります。必要な背景情報が欠けているために〈背景〉が分からないということはないか，〈エピソード〉は出来事の流れに即して理解できるかどうか，また接面は読み手が臨場感をもてるように書かれているかどうか，それを再チェックして，ほぼこれでというところでこれが検討会に付され，そこからたくさんのコメントをもらって，読み手にはどこが分かりにくかったか，どこがなるほどと思ってもらえたかが分かり，場合によっては補足を書き加えたり，書き直したりすることもあるでしょう。こうしてようやく，不特定多数の人に読んでもらえるエピソード記述が

出来上がることになります。

（2） メタ観察とメタ意味

　『エピソード記述入門』では関与観察について解説をするところで関与観察には，①あるがままを見る姿勢，②そこで何かを感じ取る姿勢，の二つを必要条件としていると述べています。①は，エピソードの客観的な流れを書くと述べたことに対応しています。②は接面から何かを感じ取ることが欠かせないということを意味していることはいまや明らかでしょう。そしてそれは，これまで私が「間主観的に分かる」とか，「間主観的に感じ取る」などと述べてきたことと重なることも明らかです。

　私がこの二つを取りあげるのは，ブランケンブルクが『自明性の喪失』の中で「出会ってくるものの存在様式のすべてに対して身を開こうと努める」ことと，「前学問的意識に特有のニュアンスを嗅ぎ分ける印象受容能力を高める」と書いていることを，前者は「見ること」と後者は「感じること」と捉え，この二面が関与観察にも実践にも必要不可欠だと考えてきたからでした。①は客観主義的観察に通じるものがあるように見えますが，しかし，客観主義的観察は観察者の立ち位置を消すとともに，特定の行動だけを見るというように，いわば疎外された「見る」という働きであるのに対し，ここでは自分の立ち位置からある出来事をあるがままに見るというところに，客観主義的観察との違いを見ることができます。

　要するにエピソードはある場面で起こったことを中心に取りあげるものだと言いながら，接面の周辺もその出来事に含まれてくるので，それにあるがままという①の面が必要になってくるということです。接面で起こっていることを書いただけでは，その時点の出来事だけをクローズアップで見ることになってしまって，その出来事の全体像を見ることができなくなってしまいます。

　今の議論は1989年の論文に掲載した図10の(b)で，関与観察者でもある研究者が関与観察をしている自分の外側に切り離されて点線で描かれていることに対応しています。エピソードを書くには，書き手が接面で起こっていることを含

めて，出来事全体を外部に立って客観的に（脱自的に）眺めるということが必要になってきます。図10の(b)はそれを反映したもので，エピソードを書くという観点に立てば，図11の(b)でも脱自的視点は必要になります。図11の(b)に脱自的視点を書き込まなかったのは，接面を強調したかったからに過ぎません。

さて，〈メタ観察〉ですが，これはすでに〈エピソード〉が書かれた時点で始まっていると言ってもよいでしょう。なぜこれが「あ，そうか体験」を引き起こしたのか，なぜ自分はこの出来事に感動したのか，なぜ自分はここで心を動かされたのか，その「なぜ」を問うことは，その出来事を自分の固有性（自分の抱いている理論や「暗黙の理論」）と結びつけて，その出来事を自分なりに了解しようとすることでもあります。つまり，その出来事は自分にとって「何か大切なもの」（＝メタ意味）を示唆しているからこそ取りあげることになったのであり，その「何か」を掘り出すのがメタ観察なのです。

ここで，私にとって大事な意味をもったＹくんの生後6カ月時点の離乳食エピソードを振り返ってみましょう（『ひとがひとをわかるということ』参照）。

〈Ｙくんの離乳食（生後6カ月）〉
　一組の母子の離乳食場面である。母親の膝の上に座らされたＹ児は，これから何が始まるかもう分かっているという雰囲気であり，食べさせにかかろうとする母親も特にＹ児の気持ちをスプーンに引き付けねばという感じではない。離乳食が始まり，母親がスプーンを差しだすと，Ｙ児は当然のようにそれを受け入れ，咀嚼して嚥下する。次のスプーンが差しだされると，またＹ児はタイミングよく口を開けてそれを受け入れる。それはかなり早いテンポであり，見事なまでに同期している（もちろん，どの場合でもスプーンが来るのにタイミングよく口を開けるというわけではなく，スプーンがくる直前に既に口を開けている場合も混じる）。行動レベルでいえば，母親がスプーンを差しだす→Ｙ児が口を開け，咀嚼し飲み下す→次のスプーンがくるというように，一連の行為はきわめて円滑でリズミカルである。

　しかし，食事がかなり進んで，もうそろそろ終りになりかける頃からこの母―子の関係は興味深いものになってくる。行動のレベルで言えば，まず同期性やリズムが次第に崩れてくる。今やＹ児の気持ちは床の上のおもちゃに向かっていて，

母親がスプーンを持っていってももはや同期した形で口を開かない。しかし，全く食べないわけではなく，少しタイミングがずれた形ではあれまだスプーンを受け入れてはいる。だが「もういらない」という気分がありありである。母親も，「もういらないの？　マンマ終りにする？」とY児の気持ちを確かめながら，しかしもう少し食べさせたいという気持ちもあって，なおもスプーンを運び続ける。そして，Y児が運ばれてきたスプーンから明らかに顔を背けて「もういらない」という気持ちを露にしたときに，母親は「ごちそうさまにしようね」と言って口の周りを拭いてやり，食事を終わりにした。

　最初はリズミカルなスプーンのやり取りに目を奪われていたけれども，そのうちにそのリズムが崩れ，もう少し食べさせたい母親と，もういらないという思いのYくんとの，思いと思いのせめぎ合いが興味深く思われてきたというエピソードですが，これが私には一つの記憶に残る意識体験，つまり，一連の出来事の中の「図」として捉えられ，「あ，そうか体験」として意識に残ったものでした。つまり，そこには何か大切なものがあるという直観が生まれ，それゆえにまずこの場面がエピソード記録に書き留められました。そしてこの出来事の〈背景〉を考え，この出来事を先の①と②を念頭に置いて書き直したものが〈エピソード〉です。これにさらに「大切な何か」を探る思考が働き始めます。これがメタ観察です。
　メタ観察をするには，先に指摘したように，体験したその出来事を，その接面を当事者として生きた自分とは別の，その出来事を外部から（超越的，脱自的な立場から）眺めるもう一人の自分の視点が必要になります。それが「大切な何か」を探る思考を働かせるのです。この離乳食の例では，その当時私の頭の中を占めていた主体や相互主体性の考えが下敷きになって，母親も主体（もっと食べさせたいという思いをもった主体）であり，Yくんも主体（もういらないという思いをもった主体）なので，そこに主体相互のせめぎ合いが生まれ，そのせめぎ合いがどのように収斂するかに，この母子の相互主体的な関係が集約されていると考える一方，この母親のYくんを主体として尊重しよう，Yくんの思いを受け止めようという思いと姿勢が，もっと食べさせたいという自分の

思いを抑えて「ごちそうさま」にすることになったのだと考えたのでした。

　いまの例はいかにも研究者のメタ観察だと思われたかもしれませんから，ここで保育者のメタ観察の一例を引いてみましょう。第２章の第３節（２）で取りあげたエピソード２の「せんせいに，してほしいもん」のエピソードです。このエピソードで書き手は〈考察＝メタ観察〉の末尾で，「こういうことを積み重ねることが子どもとの（信頼）関係を作ることだと思った」と書いています。つまり，Ｋくんが体を寄せてきたときに，その接面から近さや温かさを感じて嬉しい気持ちになったことがこの意識体験をもたらし，このエピソードを書くことになったのですが，その自分の嬉しい気持ちで終わるのではなく，その気持ちをさらにメタ観察していくと，〈背景〉でも触れていたように，Ｋくんがまだ自分に甘えてこない，もっと自分がＫくんから頼られる存在になりたいと思っていたこと，さらには「養護の働き」についての学びが頭にあったことと結びついて，子どもとの信頼関係を築くというのはこのちょっとした気持ちの繋がり合いを積み重ねることなのだというきわめて重要な「気付き」が書き手に生まれました。これがメタ観察によって得られたこのエピソードのメタ意味に他なりません。

　まだ若い保育者が自分の保育を振り返って，こういう気付きを得るということは，自分の保育をしっかりしたものに引き上げていく力をもつと私は考えます。そしてこういう気付きは，さらに洗練すれば保育のあるべき理論に収斂していくものでしょう。もっと言えば，こういうエピソードを取りあげて保育理論を構築し直すのは，むしろ保育学研究者の役目ではないかと思います。

　確かに，この最後の「気付き」に至るのはたいていの保育者にとっては難しいことかもしれません。「温かさを感じて嬉しくなった」で終わっても，保育者の書くエピソード記述としては十分だと言えます。しかし，エピソードを何のために書くのかを考え，「養護の働き」が大事であることや接面を描くことが肝心という学びが背景にあり，目に見えない子どもの心の動きを書くのが保育のエピソードだという学びを基にすれば，Ｋくんはまだ自分にとってしっくりこないと感じていること，それが気になっていたことが浮上してきます。そ

れを何とかするために一対一の関係をつくって丁寧に関わろうと思っていたことが「地」になっているところに、この出来事が「図」になって浮き上がり、それが意識体験となってこのエピソードが描かれたのでしょう。

　私がいまエピソード記述の勉強会に出かけたときに、最初からエピソードの書き方の話をしないように心がけ、まずもって子どもの心の育ちに目を向ける保育が大事であると主張し、保育者の「養護の働き」や「教育の働き」を強調するのも、その下地がないとエピソード記述が平板なありきたりのものになってしまう怖れがあるからです。

　その意味では実践者もまた、自分の実践を支えている自らの暗黙の実践理論を日々の実践の中で磨き上げつつあるのであり、それがある意識体験が生まれる土壌になっていると言わなければなりません。一つの意識体験はそれがなぜ起こったかと問われれば、一つの奇跡としか言いようのないものですが、それをその当事者が抱える暗黙の理論を下地に浮かび上がった「図」として捉え直すことによって、その奇跡的に見える一つの意識体験を自ら了解することができるようになります。これが〈メタ観察〉なのです。それは自らの実践を振り返ることであると同時に、自分自身の生き様を振り返ることに繋がることでもあるでしょう。

（3）メタ観察と「接面」

　メタ観察はメタ意味（ある気付き）を見出す目的でなされるものです。この意識体験がなぜ浮かび上がったのか、なぜそれが自分の心を揺さぶったのか、この「なぜ」に答えを出そうと試みるのがメタ観察であることは前項で述べました。ところがこの「なぜ」は接面の成り立ちとも深く結びついています。私の離乳食エピソードで言えば、私は私と母親とYくんとでつくる接面から、双方のせめぎ合う思いを感じ取っていました。それを当時は私の解釈ではなく、二人の「あいだ」からまさに私が感じ取ったものだと述べ、それを「私に間主観的に分かったこと」と主張したのでした。せめぎ合いの面白さがスムーズなスプーンのやり取りへの興味を凌いだとき、この「なぜ」がついには相互主体

性という私の中に潜在していた暗黙の理論を顕在化させることになったのでした。

あるいは「せんせいに，してほしいもん」のエピソードで言えば，「温かさ，近さ」と接面から感じ取られたことが書き手の潜在的な暗黙の保育理論と結びついて，「こういうことの積み重ねが大事」という気付きをもたらしたのでした。ここには前章で取りあげた不思議，つまり接面から感じ取ったものが気付きをもたらしたのか，気付きがこの接面から感じ取ることを動機付け，ひいては接面がそこに凝縮されるのを準備したのか，いずれとも言い難いという不思議があります。そのことを踏まえれば，接面での出来事とメタ意味はお互いに相手が浮上してくることを動機付けているという不思議な関係にあります。人と人が接するということは，そのように予見し得ない不思議な出来事を導き出すものであると言えるのかもしれません。

つまり，「せんせいに，してほしいもん」のエピソードで言えば，子どもの遊びに引き込まれる→一緒に遊ぶ→接面が生まれる→そこで温かいものを感じた→信頼関係への気付き，という流れでメタ観察＝メタ意味が浮かび上がるのですが，これを裏返せば，信頼関係が暗黙の裡に目指されていた→温かい関係の構築が暗黙の裡に目指されていた→接面が生まれるように気持ちが子どもに向けられていた，という逆向きの流れも考えられるということです。

こうしてみると，一つの意識体験が生まれてそれがエピソード記録になり，それをエピソード記述の〈エピソード〉に書き替える中で，メタ観察＝考察が生まれ，そこからメタ意味が掘り起こされるというエピソード記述の3点セットの流れは，人と人が関わり合って生きるということのダイナミズムを捉える試みとして理解することができるのではないでしょうか。

第3節　エピソード記述を読むことと「接面」

エピソード記述を〈背景〉から読み進めていったときに，書き手の得た感動やこのエピソードを描きたかった動機を読み手が理解することができるかどう

かは，これまで「読み手の了解可能性」という考え方で取りあげてきたことでした。書き手にとって得られた意識体験が「あ，そうか体験」とまとめることができるとすれば，読み手のこの了解可能性は「なるほど，そうだったのか体験」と言ってもよいものです。本節では読み手のエピソードの了解可能性は「接面で起こっていることの了解可能性」がその鍵を握っていることを明らかにしてみます。

（1）〈エピソード〉の了解可能性

　〈背景〉から読み進めて，〈エピソード〉が「ああ，そういうことだったのか，なるほど」というかたちで了解が生まれるには，「エピソードを書く」というところで述べたいくつかの必要要件がある程度満たされていることが欠かせません。

1）〈背景〉が〈エピソード〉の了解に役立っているか

　〈背景〉が薄すぎれば，エピソードを読み進めていっても分からないことが次々に出てきて〈エピソード〉の出来事の中身がなかなか摑めません。また〈背景〉が詳しすぎたり，〈エピソード〉に関係のないことがそこに盛り込まれたりしていると，それによっても読み手の頭の中が混乱してすっきりしたエピソードの了解が得られません。

　〈背景〉がある程度しっかりしていて，これから起こるエピソードへの舞台装置として十分であれば，読み手はその〈背景〉からいろいろなことを想像しながら〈エピソード〉で何が起こるか期待感をもって読み進めることができます。

2）〈エピソード〉の了解可能性と「接面」での出来事の了解可能性

　登場人物の背景，出来事が起こる前段が理解されたところで，〈エピソード〉が始まります。まずその出来事の流れが読み手にすーっと理解できなければなりません。そしてその出来事が読み手の中に再構成され始めたところで，いよいよその出来事の核心となる部分，つまりその接面で起こった子ども（患者や利用者）の心の動きやそれに対する自分の心の動きなど，接面の核心部分が描

写されてきます。そこが〈エピソード〉の鍵を握る部分であり、了解可能性の鍵を握る部分です。そこがうまく描かれているかどうかが、それを読んでこの〈エピソード〉を了解できるかどうかを左右します。

　たとえば、書き手としては相手がこう思ったことが分かったところ（これまでの私の表現でいえば「間主観的に分かった」ところ）を十分に描いたと思っていても、読み手にそれが伝わらないという場合があります。伝わらない理由はいろいろありますが、①分かったと思ったところの接面の描写が薄く、情動の動き（狭義、広義）の描写が十分でない場合、②書き手がこう感じた、こう思ったという内容が、読み手にとって〈背景〉やそれまでの接面の描写から想像しうる内容をはるかに超えていて、ついていけない感じや違和感を覚える場合、③書き手の固有性と読み手の固有性に大きな違い（経験差など）があって、読み手の想像力をもってしてもその差を埋められないと思われる場合、などが考えられます。

　①は初歩的な問題なのでここでは措くとして、②と③については具体例を挙げて説明してみます。一例として取りあげてみたいのは、第2章の第3節（2）で取りあげたエピソード1「抱っこして」です。このエピソードの場合、「身体の緊張が抜け、しっくり抱っこできた」という接面で起こったことを描写した部分は、保育の仕事をしている人はもちろんのこと、保育の専門外の人にもほとんど例外なく了解できるところですが、「こんなふうに甘えていいんだね、という心の叫びを聞いた思いがした」という書き手がその接面で起こったことから感じ取った部分は、保育者のあいだでも、了解できる人と了解できない人に分かれ、それには②と③の要因が絡んでいるように思われました。つまり、Aくんのような虐待を受けた子どもに接したことのある保育者は例外なく了解できましたから③が関係していることは確かですが、それだけではなく、そのような経験がない人でも、その場面にさっと自分を重ねて想像力を働かせることのできる人は容易に了解できましたから、やはりこの部分を了解できない人は②の理由があるのだと思われます。そしてそこには〈背景〉の内容の理解も関係してくるように思います。

このように，接面で起こっていることやそこで書き手が思ったことの了解可能性が，この〈エピソード〉の了解可能性の鍵を握っていることは明らかです。ともあれ，〈エピソード〉を読んで，①〜③の違和感をもたなければ，〈エピソード〉の内容は少なくともおおよその了解は得られたと言ってよいでしょう。
　ここでの了解可能性は何といっても接面で起こっていることに読み手がどれほど迫れるか，言い換えれば，書き手がその接面での出来事を読み手にも分かるようにしっかり描けているかどうかにかかっています。その際，書き手は自分の得た意識体験をいかにあるがままに伝えるかと思って書いているわけですが，読み手はもちろん書き手が体験したようにその体験をしているわけではありません。あくまでも描き出されたものから読み手の想像力によってその場面を再構成しているに過ぎません。それにもかかわらず，接面での出来事が的確に描かれれば，読み手の想像力によってほぼその場面に近いものが再構成されます。ただし，それには読み手の固有性も効いてきます。実践の中身に通暁した読み手ならば，書き手の実践を描いたものから，かなりしっかりとその場面が再構成できるでしょう。これに対して読み手の経験や想像力が浅ければ，再構成される場面も通り一遍のものになりかねません。それでもこれまでの私の経験からすれば，保育者の描いた接面での出来事から，養成校の実習生でもかなり的確にその場面を再構成することができるように思います。
　読み手は書き手の立場に立ってあたかも自分が書き手であるかのように思いなしてその場面を想像し，また書き手の立場でその接面での出来事を感じ取ろうとします。そのとき，書き手の思ったことがまるで自分のことのように思えて，「あ，そうか」と思い，次の瞬間，自分の読み手としての立場に戻ったところで，「なるほど，そうだったのか」という思いが込み上げてきます。身につまされる，身に沁みるというのはこういう事態なのでしょう。そこには読み手自身と，書き手に自分を重ねた自分との往還運動があります。その過程で，「あ，そうか」から「なるほど，そうだったのか」までの，書き手の体験に近いところでの了解が生まれます。
　〈背景〉を読むとかなり深刻な状況下にあると思われる事例で，書き手はそ

れに心を痛めていることが読み手に分かるのですが，肝心の接面を描いた〈エピソード〉の部分にその深刻さが反映されていなかったり，書き手が心配していたことが起こらなくて安心したことは分かるのに，その接面で子どもがどういう様子であったかが描かれていなかったりする〈エピソード〉もよくあります。そのようなエピソードは，読み手からすると，書き手の「大変」という思いばかりが前景に出て，肝心の子どもがどういう心模様なのかがほとんど伝わってきません。そうなるとそこから先を流れに沿って読むことが難しくなってしまいます。いうなれば，実態が分からないままに，書き手の心情を吐露したものだけを読まされてしまった気分になるとでも言えばよいでしょうか。

　読み手側の問題としては，読み手が書き手の思いにどれほど寄り添ったところで読むかということが最も大事な点です。初心者が書いたエピソードでも，そこには初心者なりのナイーブな場面の受け止め方というものがあって，それが読み手の基底に響き，書き手の思いに寄り添う気持ちを強める結果，了解可能性が増すこと（自分もそのような立場になればきっとそういう気分に襲われるだろうといった了解可能性）が考えられます。あるいは，読み手の自分には全く経験のないことであっても，ある程度実践の場に馴染んでくれば，自分の想像力の及ばない展開に，かえって感動を覚えるということもあり得ます。

3）エピソードのメタ観察（考察）を読むことと「接面」

　すでに接面での出来事を描いた〈エピソード〉を読んだところで，読み手は書き手の得た心揺さぶられる思いを了解し，そこから「そうだったのか」と納得し始めていますが，さらにメタ観察＝〈考察〉を読むことによって，書き手の固有性とエピソードの了解可能性とが交叉してきます。書き手はなぜこのエピソードを取りあげたのか，書き手に自分を重ねて了解しようとした読み手には，それがある程度は掴めていますが，メタ観察のところで改めて書き手が自分の得た体験の意味を明らかにしようとするとき，その了解可能性はたいてい一段深まる感じになり，読み手の方も「そうだったのか」という思いがさらに強まるでしょう。ある意味でそれは書き手がなぜこのエピソードを書いたのか，という謎解きの意味をもつものでもありますが，多くの場合，良い〈考察＝メ

タ観察〉に出会えたと思えたときには，実践者の人柄まで見えてくる感じがしたり，あるいは実践に向かう書き手の姿勢の確かさに脱帽する思いに駆られたり，いずれにしても，書き手の人格（というより，書き手の固有性）に触れたという感慨をもたらします。

　逆に，〈エピソード〉は素晴らしかったのに，〈考察＝メタ観察〉がそこから当然導かれるはずのメタ意味にまで及んでいないために，読み手に分かると思われたそのエピソードが，書き手自身に十分に理解されていないのではないかと思われる場合もしばしばあります。私が保育者のエピソード記述の勉強会に顔を出したり，大学院生の描くエピソードを読んでコメントを加えたりするときの主要な中身はそこにあります。つまり，感動したで終わっていて，なぜそこで感動したかに踏み込めていないと思われるエピソードが意外に多いのです。それが多くの人にとってエピソードが書けないと思う理由なのかもしれませんし，自分の実践を外側から眺める経験が乏しいからかもしれません。

（2）書き手の声が聴こえることと「接面」

　『エピソード記述を読む』の冒頭でも触れたように，ここ10年のあいだに保育者の描くエピソード記述を4000件以上も読んできて，ふと思ったのは，書き手の声が聴こえてくるような思いに駆られるということでした。それは「保育者が子どもにかけた言葉が聞こえてきた」という意味ではありません。エピソード記述全体から伝わってくる書き手の人となり（人柄）とでも言うべきものです。特にエピソードに描かれた子どもへの優しい思い，保護者の大変な生活ぶりに対する共感と丁寧な配慮，あるいは保護者の抱く悩みへの深い共感といった，書き手の人格を下敷きにして紡がれてくる言葉から，私には「書き手の声が聴こえる」という思いがしたのでした。

　ある意味で，声は主体性そのものと言ってもよいかもしれません。個人認証に声が用いられるというのも理由のないことではないのでしょう。声はその人に固有のもので，しかもその声に人格が染み通っています。話し方もそこに含まれるものかもしれません。『エピソード記述を読む』では，このことから敷

衍して，従来の客観的記録は記録者から声を奪うことによって「誰もがこう書く」を実現し，それによって客観性を担保してきたと述べました。その「声」が実は接面の構成の仕方（「養護の働き」の示し方），接面で起こったことの描き方に滲み出てくるからこそ，私は保育者のエピソード記述を読んで，その声を聴いた気分になったのだと思います。

　了解可能なエピソード記述は，接面の当事者が接面で起こったことを一人称の立場で書いたものですから，そこに書き手の主体性（固有性）が現れてきて，たいていのエピソード記述に「声」を感じることができるのでしょう。これまで私が著書の中に取りあげたエピソードは，ほとんど例外なく，書き手の「声が聴こえる」エピソードでした。

　中でも，『子どもの心の育ちをエピソードで描く』に収録した同じ書き手による「おかーちゃーん！」と「あー，おべんとうおいしかった！」の二つのエピソード記述は，とりわけ書き手の「声が聴こえる」という思いがしたものでした。ただ，このエピソード記述は二つともかなり長い上に要約することが難しかったので，残念ながら本書では取りあげることができませんでした。読者の皆さんには，是非このエピソードをお読みいただき，書き手の声が聴こえるという私の思いを実感していただければと思います。

（3）「接面」で起こっていることを巡る保育者間の討論

　これまで保育の振り返りは，公開保育後の検討会というかたちで取り組まれるか，あるいは事前に用意された活動の記録を公開保育後に討論するというかたちで取り組まれることが多かったように思います。しかも「環境を通しての指導」という視点が盛り込まれるようになって以降，保育の振り返りは，それまでも強かった保育教材を巡る環境構成の是非についての議論に流れやすく，接面で起こっていることの中身にまで入り込んだ保育の振り返りはきわめて少なかったと言わなければなりません。

　実際，これまでの振り返りは，このように環境を準備したからこのような保育が展開できたという議論がほとんどで，保育者の心の動き（子どもの思いに

共感したり子どもの存在を認めたりといった「養護の働き」や，子どもの思いに沿って上手く誘いかける「教育の働き」）に言及することは滅多になく，保育者を問題にする場合でも，指導案の書き方や展開のもっていき方や言葉かけなどが中心で，接面で起こっていることを取りあげて保育者の対応のあり方を議論することはほとんどみられませんでした。

ところが，エピソード記述が保育の世界に広がり，描かれたエピソードを保育者同士で読み合わせるかたちのエピソード検討会が開かれるようになると，もしもそのエピソードが接面での出来事を丁寧に描いたものであるなら，それを読んだ保育者から，書き手の保育者の子どもの思いの受け止め方や，そのときの保育者の心の動きを含めた対応の是非が議論の中心にきて，真の意味での振り返りがなされるようになってきます。そして書き手の思いと読み手の思いが重ね合わされ，共感が生まれたり，疑問が生まれたりして，それがまた検討会参加者の心をいろいろなかたちで揺さぶるので，振り返りがより確かなものになり，その結果，「保育の質」を高めることに寄与するようになりました。

実際，接面で起こっていることが議論の中心にくるようになると，こんなふうに子どもの思いを摑めたのだ，だからこの対応が生まれたのだと，保育の奥深いところをエピソード検討会の参加者も摑むことができるようになり，それが今度は自分がエピソードを書くときの参考になったり留意点になったりして，接面での出来事を丁寧に描けるようになってきます。

一人で読む場合でも，書き手の固有性と読み手の固有性が響き合ってさまざまな意味了解が可能になることについてはすでに触れましたが，討論になると自分の読み以外の読みを他の読み手が提供してくれますから，読み手同士のあいだでの議論も生まれ，こうして文字通りの複眼的な読みが可能になって，一つのエピソード記述が多元的に読み解かれていくことになります。そしてそのことが書き手はもちろん，討論参加者一人ひとりの人格の理解にも及び，職場がまとまりをもつようになったという話を聞くことも増えてきました。

いま，記録を書いてその記録に基づいて保育の振り返りをし，それによって「保育の質」の向上を目指すようにという指導が行政側からなされるようにな

りましたが，その記録がどのようなものであるべきかの議論はありません。しかし，従来通りの客観主義的記録が討論のベースになれば，やはり保育者の「養護の働き」や「教育の働き」にまで踏み込んだ保育のエッセンスの議論にはならないことは明らかで，手前味噌ながら，接面をエピソードに描いた記録でなければ，それは真の振り返りには役に立たないし，ひいては「保育の質」の向上に繋がることは望むべくもないと思います。

　最後に，エピソード記述は接面の当事者が書くものであり，その接面で起こっていることはその接面の外部にいる第三者には確かめようのないものです。それが客観主義パラダイムから論難される理由であることは繰り返し指摘してきたところです。このような危うさを抱えたエピソード記述にとって，書き手が誠実に（嘘偽りなく）接面での出来事をエピソードに描くということはもちろんですが，そのエピソード記述が書き手に閉じてしまわないことが大事だと思います。保育のエピソード検討会の意義はそこにあります。つまり，書いて終わりにするのではなく（自己満足で終わりにするのではなく），それを他の職員に供して，皆で読み合わせることは，書き手に閉じてしまわない意味でも重要で，そこから真の振り返りができ，その出来事のメタ意味が洗練される可能性が生まれ，ひいては，あるべき保育理論が展望できるのだと思います。

第4節　実践をエピソード記述に綴ることと「接面」

　これまでは接面で起こっていることからエピソードを書くことを考え，またエピソードを読むことを考えてきました。ここでエピソード記述の具体例を取りあげ，そこでの接面の取りあげ方が，そのエピソードの了解可能性だけでなく，実践理論の構築に向けても大きく関わってくることを考えてみたいと思います。事例1と2は，長年，障碍者の入所や通所の支援に携わってきたK指導員の体験を基にしたエピソード記述をまとめたものです。事例3は，保育歴8年目の男性保育士のK保育士が階層別研修の際に提出した研修レポート中のエピソード記述を取りあげたものです。

（1） K指導員によるYさんの事例

❖事例1：「Yさんの心の動きを感じたとき」

K指導員

〈前置き〉

　Yさんと私との以下のエピソードは，もう20年近く前の古い支援の体験を綴ったものです。20年を経て，自分の心に残る記憶を辿り，その体験を書いてみました。それを書いた理由は，私がいまひとつ自分の行ったYさんへの支援の意味が分かっていなかったと思ったからです。そこで支援の体験を想起し，書くことでその時に心に灰汁のように浮かんだものの意味を振り返り，反芻することで少しでもこの支援の意味が理解できないかと思いました。

〈背　景〉

　Yさんは当時の強度行動障害特別処遇事業（強度行動障害とは噛みつきや頭突きのような他害行為や自傷行為が通常考えられないかたちで繰り返し出現し，そのため著しく処遇困難な状態像を指す。判定基準で20点以上を特別処遇対象とみなす）の二期目にその施設で3年間の入所をしていました。Yさんは言語能力も高く，作業も意欲的にこなします。しかし，独特のこだわりがあり，たとえば自宅にいるとき，夜中でもビン集めの仕事を思いついたら抑えることができません。壁一枚しかない隣家にその音が気にならないはずはありません。母親が主たる介助者でしたが，その気苦労は大変なもので，ときとしてYさんの怒りをぶつけられ暴力を受けることもありました。私がYさんと関わったのは強度行動障害特別処遇事業の3年目で，地域に戻る支援のさなかでした。初めて会ったとき，Yさんは私に対しても警戒的で，周囲の人の醸し出す力動感を敏感に感じているように見えました。後にも述べる特徴的な「高校ラグビーお酒飲むか？」という問いかけは，Yさんの心の扉のようなものです。見てくれは，怖い人のように見えます。

　Yさんは，年齢は20代後半の男性，病気の父，母，姉と古い公営住宅で暮ら

していました。公営住宅の庭や縁の下は公共スペースですが，本人が行うビールビン回収の大量のビン置き場になっています。不潔であり，見てくれも悪く，これについて近所の人たちがよい思いを持っていないのは当たり前です。家族がこれまで何とか近所と折り合いをつけてきた経緯が想像されます。母は，本人の差し障りのある行動を止めることもできず，ときに暴力的な対応を受け，どんなに大変だったことでしょうか。そのようなところからも，この人の強度行動障害特別処遇事業の利用は必要なものだったと思います。

〈エピソード：Yさんを迎えに行く〉
　Yさんは強度行動障害特別処遇事業の利用者として施設で２年間過ごし，この処遇事業最終年の３年目の帰宅時に施設に戻ってこなくなりました。自宅に迎えに行くと拒否し，逃げたり，迎えに行った職員に噛みつこうとしたりしたといいます。そのため，それまで面識のない私が本人を連れて帰るという使命を与えられ，迎えに行くことになりました。
Yさんとビールの空きビン
　私がYさんの家の前で待っていると，Yさんは外に出て行ってしまいます。しばらくして帰って来るのですが，私を見るとまた出て行きます。その出入りを何度もくり返します。私は，何とか彼と話をするキッカケをつくろうと，昼食時に家の近くのラーメン屋さんに誘いました。Yさんはそれには応じ，一緒にラーメンを食べるのですが，食べ終わるとまた外に出て逃げて行ってしまいます。理由は明瞭で，私がYさんを施設に連れに行くために迎えに来ていることが分かっているからです。
　家に行って分かったことですが，Yさんはビールの空きビンをたくさん家の縁の下などに溜めていて，それを業者のところに持って行き，お金をもらうことをしています。それだけ聞くと廃品回収の仕事をしているように思えますが，問題なのは，空きビンを増やすためにビールを自分のお金で買っていることです。Yさんは自分ではビールを飲みません。本人は支援者にビールを「飲め飲め」と勧め，支援者によっては飲む人もいたようです。こうしてYさんが空き

ビンを溜めれば溜めるほどお金が掛かっていたことが分かります。これまで不思議な支援が行われていたことを思わずにはいられませんでした。

Yさんを追いつめていることに気付けない私

　彼は，その土埃に汚れた空きビンを当時私の買ったばかりの車に載せ，空きビンを買ってくれる業者のところに持って行き，お金を手にします。そのためにYさんが気のすむまで何度も家とビンを買ってくれるお店の間を往復します。その折に，私が車を戻るべき施設の方向に向けると，彼は「こっち」と別の方向を指します。どこに連れて行かれるか分かっているのです。簡単には騙されないというか，連れて行かれるところが分かっているので強く警戒しています。しかし，家にある空きビンを業者のところに持って行くには自動車を使うと楽ですから，警戒しながらも私の車に乗っているのです。彼の「こっち」という指示に反して施設に戻ろうとすれば，運転中の車内で暴れられ，嚙まれ，危険な目に遭うことが予測できます。ですから，彼の意に反して施設に連れていくなどということはできません。私に課せられた使命を果たすためにはどうしたら良いのか，その方法はこの時点では思い浮かびませんでした。

　彼は施設に戻ることが嫌なのです。これまでYさんをよく知っている職員が何度も迎えに行って失敗したのは，施設に戻ることが本人の意思に反しているからです。そこで職員が無理をすると彼が怒って乱暴な対応をしたのは，彼の視点に立てば当然のことだと思いました。Yさんに関わりながら，本人を施設に連れて帰ることを私があまりにも安易に考えていたことが次第に分かってきました。

　いまこのように書いているときにも，当時Yさんの思いに寄り添っていなかったことが分かって恥ずかしくなります。この思いは，当時の私の中にあった支援についての考え，つまり，強度行動障害と言われる人への支援をその入所施設でしっかり行い，家庭や地域の態勢を確認し，施設で本人をどのように理解しているかを地域の支援者に伝え，整えられるものは整え，軋轢をつくる要素を減らし，より望ましい状態で地域に戻ってほしいという，当時の私の支援の考えを揺さぶります。

私は，本人を施設に連れて帰るという使命をもっているのですが，無理強いすることが支援だとはどうしても思えません。上手に本人に伝えることができればと初めはあまり深く考えずにただ連れてくれば良いと思っていました。しかし，本人の意思が明確に感じられるに従い，それはそう簡単なことではなく，やり方によっては支援どころか，拘束，拉致であるとさえ思われます。本人がそれに抵抗するのは当然です。誰でも自由を奪われれば警戒し，抵抗して暴れるでしょう。その一方で，私の中にやらねばならないという思いもあります。本人の思いをこちらが理解し，本人が安心感や信頼感を持ち，本人の思い込みや誤解を解き，何とか本人の意思で施設に帰ることはできないだろうかと考えました。

車中での関わり：「高校ラグビー，お酒飲むか？」

　車の中でYさんは，私に度々「高校ラグビー，お酒飲むか？」などと聞いてきます。高校が大学になり，ラグビーがサッカーになり，お酒がビールになり，それらの組み合わせが目まぐるしく変化します。私はその都度，よく聞いてYさんの求めに応えなければなりません。「高校生はお酒を飲んじゃダメ」などと一つひとつに応えていきます。きちんと応えると笑ってくれるのですが，いい加減に応えるとイライラするようでした。それが延々と続きます。こちらは次第に嫌になってきます。一体いつまで，何でこんなことをしなければならないのかという思いが頭をよぎります。しかし，そう思うとそれが本人に伝わるのか，そのやり取りはさらに続きます。

　ところが，このやり取りをしているうちに分かってきたことがありました。不思議なことですが，やり取りを嫌だと思わずに楽しいと思って応じていると，早く終わるということです。まるで私の心の動きが本人の心の動きに通じているかのようです。私が嫌々応じているとYさんも嫌な表情となり，やり取りはずっと続きます。明らかにYさんは私の心の動きを感じ取っているのです。このやり取りを通して，彼は私が自分を尊重してくれる人かどうか，安心できる人かどうか，自分の主導性や優位性を認めてくれる人かどうかを確かめているのです。いわば支援者が内部に武器を隠し持っているのか，丸腰なのか，行動

統制のために自分を威圧し，恐怖心を与えて追い込むのかを確かめているのです。ですから支援者は，自分が丸腰で，本人に好意的であることをわかってもらうことが必要です。

親思いであるYさんへの気付き

　朝早くから始めたYさんを施設に連れてくる私の大作戦は，夜の12時を過ぎても終わりません。私は疲れ果てました。無理強いをしたら，身体の大きい人ですからどんなに大変なことになるのかが想像できます。怒らせたら街中で大乱闘になりかねません。本人は，私の車に乗ってはいますが，私が諦めて帰るのを待っているのです。そう思いながら，最後の手段として，無駄だと思いながら，これまで言わなかったことを言うことにしました。「あなたのお父さんは難しい病気（パーキンソン病）で，お家でお母さんがお父さんの看病をしなければならない。だからあなたは，お父さんのためにも私と一緒に施設に行った方が良いんだよ」。Yさんはそのことばを聞くと，少し考え，すぐに「施設に行く」と言いました。ビックリしました。それは魔法のことばのようでした。その後，Yさんは暴れることなく，そのまま施設に帰り着きました。

　これは，私がいかに本人の思いを分かっていなかったのかを物語るエピソードです。相手が分からない人だと思い，同じ心をもつ存在だと思っていませんでした。隙あらば連れて帰ろうとしていた自分を深く恥じました。そしてこの人が，お父さんの重い病気を認識していること，実はお父さん思いの人であることも分かりました。親思いの人，病気の親を心配している人に対して，私はいったい何をしていたのか，と思わずにはいられませんでした。

〈考察１：支援を振り返る〉

　入所施設での暮らしは本人にとって自由がなく，地元での暮らしのように，ビールビンの回収の仕事をしたり，好きな牛丼やカレー南蛮を食べたりすることもできません。施設では我慢することが多く，本人にとって施設ではさまざまな問題が現れます。

　本人が施設に戻れなくなったのは，簡単に言えば本人が地域での暮らしを望

み，施設に行きたくなかったからですが，このことは必ずしも本人が施設での支援をすべて拒否していることにはならないと思います。本人は，父親が重い病気であることに心を痛め，父親を母親が看護しなければならないことを知っています。私は，支援のさなかにそうした本人の思いに気付きました。このエピソード記述は，私が本人を迎えに行き，施設に連れ戻る際の心のふれあいを中心に書いたものですが，これは，連れ戻ることができたから成功だったというものではありません。

　強度行動障害特別処遇事業の目標は，支援者との友好的な関係の中で，本人の主体的な思いを支えるというものでした。支援者の指示に応じさせるための関係づくりではありません。しかし3年間という時間で本人の不安定な情動を鎮め，地域に戻すという計画はうまくいったようには思えません。これまで他者とのあいだで安心感を持てる関係を作りにくいために，こだわり行動をすることで自分を保っていたYさんです。このYさんに対して，支援者とのあいだで安心，信頼，好意を感じてもらう関係形成への支援は，この3年間ではあまり進まず，施設は，余計な刺激を排除したシェルターの役割をしていただけではなかったでしょうか。

　Yさんはある日の帰宅後，施設に戻ることができなくなり，その後，それまで本人のことを知らない私が本人の暮らす地域に出向き，支援をすることになりました。しかしYさんは勝手知ったる地域の中に逃げ込んでしまいます。そうした状況の中で，支援者である私は待つことが求められ，短い時間でのふれあいからYさんに安心感を感じてもらい，Yさんの人への否定的な思いを少しでも払拭し，私とのコミュニケーションを成立させることが求められました。そうした支援が本来の目的であり，本人を入所施設に連れ帰ることは，その目的が果たされたときの結果の一つに過ぎません。

　「高校ラグビー，お酒飲むか？」などのやり取りを通して，Yさんは他者からの侵入に対するガードを次第に弛め，支援者である私への信頼感を少しずつかたちづくっていったように思います。この人が十分に他者とのコミュニケーションが可能な人であることが，このエピソードにも明確に表れていると思い

ます。
　エピソードに戻れば，私は最初，施設に帰ってこない本人の気持ちを考えることなく，自分ならば連れて帰ることができるという安易で自己中心的な思い込みを持っていました。しかしこれは，実際の支援において簡単に打ち砕かれました。
　施設に帰りたくないと思った理由はいろいろあるでしょうが，一つには父親の病気です。これが本人の自宅にいたいという気持ちを強くさせました。さらに，支援者の側が連れて帰ろうと強く思い，それを本人が感じ取り，帰りたくないという思いを強めるというように悪循環が生じたことが推測されます。支援者が無理に連れて帰ろうとしたことが本人の暴れた原因です。私も連れ帰る立場の人間でしたが，しかし私が本人に長時間寄り添う中で，父親の話をしたときに本人の心に揺らぎが起こり，私のことばを理解し，施設に帰ることが本人にも納得できました。それはまた支援者の私が本人の本当の思いに気付いた瞬間でもありました。

〈考察２：こだわり行動と他者との関係性〉
　素朴な疑問として，Ｙさんが状況変化によってこだわり行動が多発したり，しなかったりということがあるのはなぜでしょうか。私には，本人が不安を感じたときに，安心感を得るためにバランスをとるような内的力動が働き，その結果としてこだわり行動が生じるようになるのだと思われます。相手から迫ってくる強い攻撃的な力動感を感じれば不安が生じ，それを回避したり，それと戦ったりしなければならず，やさしい力動感を感じれば安心感が増し，相手に近づこうとすることは，障碍の有無にかかわりません。まして，そうした扱いを受けてきた人が，それまでの体験からより警戒的で過敏になることは了解可能なことであると思います。
　これは抽象的なことなどではなく，極めて感覚的で具体的なことであり，主体の内部に生じていることではないでしょうか。Ｙさんのこだわりと思える行動は，やりたくて仕方がない気持ちの高まりの結果と言うよりは，むしろ何か

しらの不安があるときに本人の思いを越えて気持ちが強まっていった結果ではないかと思います。このエピソード以後にYさんと付き合っていったとき，Yさんはこだわり行動を多発させることもあれば，安定することも起こりました。そのような状態の違いは，他者とのふれあいからつくられる関係性の質や支援の内容が大きく影響を与えていたと私には思えます。

　Yさんのような人は心に湧き起こる過敏な状態を人とふれあう関係性の中で安心感を得て沈静化させているように思われます。一番の問題である過敏さをつくるものは，人との関係性の薄さです。安心感の持てるふれあいが他者との間に持てていれば過敏さは減少し，こだわり行動は軽減されます。このことを多くの支援者は体験的事実として経験しているのではないでしょうか。人とふれあう関係性の違いによって，本人には警戒的で過敏であったり，さほど過敏ではなくなったり，ということが起こっているように思います。また，達成感のあるときや自己肯定感が保てるときにも変化が感じられます。知的障碍といわれる人は過敏な状態に置かれている人が多く，それが行動に現れます。しかし，中には，過敏な状態が比較的少なかったにもかかわらず，厳しい訓練を受け，それによってかえってこだわり行動を増幅させたり，潜伏させたりしていった人もいます。これらの負の行動は，障碍特性によって生じていると言うべきではありません。人との関係性の質に拠っていて，人に支えられ好ましく響きあう安心感をもてる関係性が育まれれば，こだわり行動への依存は軽減されるように思います。

🌱 私からのコメント

　自宅を訪問してから施設にYさんと戻るまで，15時間以上もかかったという，K指導員ならではの粘り強い対応の実際がエピソードに綴られています。

　〈背景〉には，エピソードの主人公であるYさんの様子や家庭での様子，さらには強度行動障害特別処遇事業などが取りあげられています。それらは，これから展開される一連のエピソード場面を読み手が理解するための舞台装置ですが，それだけではありません。書き手であるKさんのこの〈背景〉を読み進

めるうちに，いわばその行間からＫさんの支援についての基本的な姿勢が伝わってきます。それはＫさんの人柄とも相俟ってＫさんの固有性に属するものですが，それが支援のあり方についての暗黙の理論，つまりこのエピソードの展開をリードするものになっています。読み手がこのエピソード記述全体を理解していく上でそれがきわめて重要な役割を果たしています。Ｙさんを連れて帰ることが役目だとは言いながら，強引に連れて帰ればよいわけではないと思っていることが，この〈背景〉からも分かる感じになっています。

　そこから〈エピソード〉が始まりますが，書き手のＫさんは自分が当時，強度行動障害特別支援事業という枠組みの中で自分に課せられた役割を果たすのだと思い込んでいたこと，そしてそれがいまから思えばどうして本人の思いを尊重することなく，その枠組みで物事を考えようとしていたのか，自分でも恥じ入る気持ちでこのエピソードを書いていることが伝わってきます。20年という歳月を経て，古傷が疼くようにこのエピソードが想起されるのは，当時の自分の支援の考え方に孕まれていた問題が，このエピソードに凝縮して現れているからであり，ひいてはこのエピソードから得られた気付きが，現在の自分の支援の基本的な考え方に通じていると思われるからでしょう。

　Ｋさんの車でビール瓶を業者の所に持って行ってお金に換えるということをＹさんは何度も繰り返し行い，その折に車を施設の方に向けると，それを拒む態度を取る……このイタチごっこのような対応を繰り返す中に，Ｙさんからの問いかけがあり，それにＫさんが応じるというコミュニケーションが生まれます。「高校ラグビー，お酒飲むか？」という謎めいた問いかけは，たいていの人を戸惑わせるものですが，このタイプの障碍者に長年接してきたＫさんには，この種の問いかけが相手の出方を確かめる本人の手段であることを漠然と摑んでいたのかもしれません。そしてそれに応じる過程で，楽しんで応えれば笑顔になり，適当に応えればイライラするということから，次第にＹさんは自分の心の動きを見抜いているということが分かってきます。ここが接面で起こっていることを描写しようとした部分であることは明らかです。Ｙさんにしてみれば，こういうやりとりを通して，Ｋさんの人となりが摑め，この人は怖い人で

はない，この人は信頼できそう，という思いが少しずつ積み上げられていったのでしょう。

　しかし，こうしたやり取りが深夜にまで及び，朝，訪問してから15時間以上が過ぎるという事情の下で，ついにKさんからYさんにいまのYさんの置かれている事態を伝える言葉が投げかけられ，それがYさんの心に届いて一緒に施設に戻るという，それまでの展開からすればあっけない結末を迎えます。そうであるなら，なぜもっと早くそれを伝えなかったのかと思われるところですが，しかし，そうではなく，伝えた言葉がYさんの心に届き，Yさんが納得して一緒に帰るようになるためには，Kさんがどういう人かがYさんに分からなければならず，それにはビール瓶を何度も運ぶ作業と，嫌になるぐらいしつこく続く問いかけ→応答のコミュニケーションが必要だったということなのです。

　この急展開を見て，Kさんは驚くと同時に，Yさんの親思いやお父さんの病気への気遣いを感じ，自分は何をしていたのだという反省に引き寄せられます。そしてそれが支援の暗黙の理論に通じているのです。

　〈考察〉は，自分の自己中心的な思い込みがYさんに接する中で打ち砕かれ，Yさんのお父さん思いが分かって，急展開を見たことがまとめられ，後段では，そこからこだわり行動の強い強度行動障害の人の負の状態像がどのようにして導かれるのかに関する支援理論の展開になっています。

　つまり，表向きの「問い掛け→応答」のコミュニケーションは，接面での目に見えない情動の行き来を通して，この人は信頼できるかどうか，怖い人でないかどうかを瀬踏みするYさんの心の動きを生み，大丈夫だと分かるとこだわり行動が現れず，逆にそこで大丈夫だという感じが得られなければ，自分の心に湧き起こる不安感を打ち消すようにこだわり行動が現れるというように，接面での展開がその鍵を握っていることが分かります。接面での情動の動き方が障碍の理解そのものとそれへの支援の理論の双方に直接的に影響しているのです。

　その意味で，このエピソード記述は，単にこういう出来事があったという報告ではなく，このエピソードのメタ観察が障碍についての既存理論を打ち壊す

だけのインパクトを持ち，また支援が如何にあるべきかの理論をも示唆する内容をもつ，大掛かりな内容を孕むものだと言ってよいと思います。

　ただ，歳月を経た分，接面の生き生きした動きの描写が少なかった感じは否めません。「高校ラグビー，お酒飲むか？」のやりとりの際の，Ｋさんの応答に対するＹさんの微妙な心の動きの描写がもっとあれば，そこでＹさんがＫさんの人となりを推し量っている様子がもっと読み手に伝わってきたと思いますし，また「こういう事情だから，Ｙさんは施設に帰った方がよい」とＫさんが伝えて，一瞬の間を置いて，Ｙさんが「施設帰る」と言ったときの，その接面での雰囲気やＹさんの言葉の裏の心の動きなど，Ｋさんに感じられた接面の動きがもう少し描写されていたら，読み手もまたＫさんと同じように驚き，そのときのＹさんの心模様を感じ取ることができたのではないかと思います。

　しかしそれは20年という歳月を経たことを思えば再現の難しいところであり，それゆえに，エピソードはそれが起こったときからできるだけ間を置かずに綴られる必要があるということでもあるのです。

（２）Ｋ指導員によるＴさんの事例

　次のエピソードも同じ指導員のＫさんが綴ったものです（これは『なぜエピソード記述なのか』に収録されたＫさんのレポートを一部割愛し，また私のコメントに一部手直しをしたものです）。

❖ 事例２：「Ｔさんの外出時のエピソード」

　　　　　　　　　　　　　　　　　　　　　　　　　　　　　　Ｋ指導員

〈背　景〉

　Ｔさんは20代後半の女性で，強いこだわり行動があり，こだわりだすと梃でも動かないところがあり，入所施設で暮らすことになった。Ｔさんはかつて外出時には車椅子に拘束されて移動させられるという状態があった。これは支援者の強制的な扱いに抵抗して，本人の動かされまいとする座り込みの状態に対

する支援者主導の措置であった。またＴさんの椅子に座り飛び跳ねるという行為も，支援者の強い抑制や支配の雰囲気に敏感に反応することから生まれたものである。

　傍に付いている支援者の醸し出す雰囲気，力動感はその人の内面の働きとつながっている。支援者自身にも意識出来ない，気付けない内面の働き（たとえば，"どうしてこうしないのだ""どうしてこれを嫌がるのだ"，といった意識されない心の働き）は，利用者本人の内面に響き，本人の内面を揺り動かす。それを本人は感じている。つまり本人は支援者の主導的な内面の動きを感じ，そこに"抑えられる""支配される"といった雰囲気を感じ取るときに防衛的になると言える。確かに支援者の内面の動きは支援者自身には分かりにくいが，しかし支援者はそれに気付き，それを見ていかなければならないと思う。

　Ｔさんの食事は現在でもスムーズではない。Ｔさんの食事は独特で，スプーンで支援者に口に入れさせ，しかしそれを拒みながら，その抵抗の隙間を縫って食事をするという具合である。支援者は本人の意思を確かめながら本人の食事の意思を感じ取り，口に食事を運ぶにもかかわらず，である。この状態には理由がある。本人の食事の要求が強いときに支援者からの主導的な食事指導を感じると，本人の抵抗が強まる。そして抵抗感が弱まったときに食事が成立する。繰り返すが，食事が上手く進まないのは，食事を勧めようとする支援者の主導性への強い不安や抵抗感によるものである。

　またＴさんには，部屋の天井のエアコンのダクトを見る，駐車している車を窓から覗くなどの意味の分かりにくい変わった行動がある。人はこれをこだわり行動と呼ぶが，私には本人が自己の内面を安定させるためにそれを行って，自分一人で安心を得ようとしているように見える。こうした状態は行動障碍に近く，本人は一度でも安心を感じることの出来た行動を繰り返して，自己の情動を自ら調節しているように私には感じられる。しかしその行動は，周囲の人には意味の分かりにくい，共感出来ないこだわり行動であると映るので，支援者はその行動を抑えようとして悪循環が生まれ，さらに強い負の行動が続けられていく。

だとすれば，支援者にはTさんの強い不安や抵抗する気持ちの強まりと要求の高まりを理解し，不安を緩めながら要求を満たしてやることで，本人にとって安全基地のような存在になるように機能することが必要である。そのために必要なことは，支援者がTさん本人の気持ちの向かうところをしっかり感じ取ることである。支援者は自分自身から発散される情動の動きを自覚し，それがTさんにどのように伝わっているかを感じ取る一方で，Tさんの情動状態を感じ取り，支援者自身の情動の動きをTさんに合わせて調節するという，支援者自身の情動調律が求められる。

　私の勤務する施設では，「個別外出」と名付けられた利用者本人と支援者がマンツーマンで外食をするプログラムがある。以下のエピソードはその個別外出のプログラムに従って，支援員がTさんを支援してファミリーレストランに行って食事をするときのもので，私は指導員としてTさんの様子をみながら支援員の対応を支える立場にあった。私は当初からこのプログラム実施に無理があると感じており，指導員として支援員に任せられないという思いも手伝って，同行を試みたものである。

〈エピソード１：外出からファミリーレストランに着くまで〉
　外出プログラムの計画に沿って，F施設の送迎バスから降り，私と２人の支援員は地域のとあるファミリーレストランにTさんと手をつないで歩いて行こうとするが，Tさんは途中で道路に座り込んでしまう。反対方向に向かわないと立ち上がることもしないので，仕方なく私たちは反対方向に向かう。そうするとTさんは私たちの１人の手を握ってスタスタと歩く。しばらく行くと道路の左側に駐車場があり，Tさんはそこに駐車している車の窓に顔を近づけて中をじっと覗く。支援者としては本人の口があたることで車の窓ガラスを汚さないように手で防がざるを得ない。車内を覗くことで本人の内面に独特の感覚的世界が生まれるようで，Tさんはそこに逃げ込んでいる感じである。しかし，この状態を車の持ち主が見れば，大変不快で迷惑な振る舞いであることは間違いない。Tさん本人の意向がどうあれ，支援者としては介入し，止めなければ

ならない状態であると判断し，私と2名の支援員で本人の体を持ち上げ，道路に戻す。そして，ファミレスの方向に向かう。ファミレスに向かって歩くことに本人の抵抗感が全くないわけではないが，比較的スムーズに進む。階段も上り，何とかファミレスの一番奥のテーブルに座ることができた。

〈エピソード2：注文と食事に着くまで〉

　メニューを見て食事を注文するのにやや時間がかかる。本人はパエリアを選ぶ。というか，メニューを見ていないように思うが，メニューにあるパエリアの写真を叩いていたので私はそう判断した。しかし，しばらくして立ち上がり，喫煙席の方に行こうとし，元の席に戻ろうとしない。そしてドアから出て行こうとする。そこで私が対応して，何とか出口の前のソファーに座ってもらう。元のテーブルに連れて行こうとすると座り込んでしまう。衆人環視のこの場所で，本人のためとはいえ，力ずくで元のテーブルに戻すことは出来ない。私や支援員はいつもそうした力の行使を本人に対して行っているわけではない。先ほどの道路際の駐車場では力を行使した。それに対して本人は抵抗なく従った。その後も反発することなく，むしろ目的地に向かって歩くことが出来た。しかし，今は動かされまいとして座り込んでいる。どうしようかと考えあぐねている。ただ，本人は席に戻る努力をする。こちらの手を握り，こちらに手を引かせる。しかし，少し行くと座り込んでしまう。私の話しかけは随分聞いていて，理解しているように見える。この間にも，私は食事を無理にさせることはないこと，かつての悪夢のような強制的な食事とは違うことを話す。こちらの話を聞いているようであるし，行こうともするが，しかし不安が強まり座り込んでしまうという感じである。結局，私は元の席に戻ることは断念し，行くことに抵抗の少ない喫煙席に席を変える。私が喫煙席に向かって押すだけではだめで，本人の抵抗感が強まってくると，押すのを緩めて不安を軽減させる。そうすると食事をしたい，行きたいという思いがはたらくようで，そうした気持ちは握り合っている手から私に直に伝わってくる。行きたいときには行く方向に手を引けと言っているように感じる。嫌なときには座り込む。こうしたときに無理

に引っ張ると抵抗感が強まるのでより強く座り込む。こうした情動の動きを感じ，それに応じる。本人の意思は，抵抗をうまく緩めて自分を上手に食事に連れて行ってくれと言っているように感じる。

〈エピソード3：食事場面〉
　食事は自分からは行わない。不安や抵抗が強いのだと思う。条件は悪い。自分の感じるその場の不安から逃れよう，不安を解消しようとする行動がいろいろと行われる。
　そこで私がスプーンにパエリアを乗せ，本人の口に運ぶ。しかし，Tさんは拒否する。そのままにすれば食事をしないで終わるだろう。問題は本人の抵抗の彼方に食事をしたいという意思があることである。そのように私には感じられる。
　おそらくこのようなファミリーレストランに家族と何度も来たことがあるのではないだろうか。ファミレスでの食事は普通はとても幸せな気分にしてくれる体験である。しかし，本人は不安を感じやすく，抵抗感を持ちやすい。そのような不安や抵抗感を解消するように，人に自分の感情を伝え，それが人に伝わるという経験を十分に持っていない。家族が楽しもうとして一方的に働きかけ，本人をその場の中に強く入れようとする関わりがあって，本人がそれに対して抵抗感を強めていったという体験があるのではないだろうか。
　本人からは食事をしたいという気持ちの高まりも感じられる。そうしたときに無理強いではなくスプーンで食事を口元に運ぶと，何回か躊躇し，自己の抵抗感や，緊張を緩め，調節して食事を口に入れ，咀嚼を始める。そんなことを何度か繰り返す。しかし，嫌な気持ちが強まったのか，食事を止めて横になろうとする。しばらくそのままにするが本人の気持ちは確認出来ない。アイスクリームがきたのでアイスクリームを寝ている本人の口元に運ぶと躊躇なく食べる。落ちたアイスクリームを拾って食べようとさえする。そこで体を起こし，姿勢を正し，アイスクリームを食べてもらう。次に再度食事を勧める。はじめの一口には躊躇が起こる。しかし，食事が次第に安定して摂れるようになり，

パエリアを完食した。とうてい無理だと思ったのだが。これは無理強いではなく，抵抗感の強い中で本人の食べたいという気持ちを感じ取り，それに従い，引き出していったから出来たことである。

〈考　察〉

　本人が抵抗を強めるのは，支援者からの支配的な雰囲気を感じ，主導的な支援者に動かされることに本人が添えないと思うことに起因すると考えられる。食事には本人の体調，感情，意思などの絡み合いがあり，それによって食事が摂りにくいことが起こりうる。そうした際に食事を強いられることは，本人には不快な体験である。摂りにくい状態のときに強い圧力が加えられ，支援者主導の食事を受け入れてしまったとしても，本人には強い抵抗感，不快感，ストレス，不安感が残るのではないだろうか。本人の抵抗感が強まると支援者はさらに圧力を強めることになる。こうしてそこから悪循環，負のスパイラルが始まる。本人の警戒心は高まり，支援者の主導的な働きかけを感じれば，抵抗を強めるという状態がつくられていくように思う。食事の場合は食べなければ生命に関わるので，食べるように無理な圧力が加えられ，逆に圧力が加えられなければ食事が行えないという状態がつくられる。しかし，食事にしても移動にしても，このように支援者側の主導性や，圧力がなければなしえないということ自体に問題を感じる。

　これを改善するのは，より強い圧力をかけて相手をコントロールすることではなく，本人が支援者から主導的な刺激を感じず，抵抗感，警戒心をつくることなく，自己の食欲に応じた食事が行えることである。しかしながら，そのために支援者は主導的な扱いを一切行わないということが良いとは必ずしも言えない。そうした雰囲気の中で本人と支援者が無為のヴェールの中にすっぽり入ってしまうこともある。その中で関係は収拾がつかなくなっていくことが多い。今回の支援は，支援者である私が本人の意思，情動の動き，抵抗感，不安に気付き，混迷の状態から脱するための開腹手術を行うような，大変難しい支援であったと思う。

かつてTさんに強い働きかけが行われ、そのためにTさんも他者への不信感、抵抗を強めた時期があった。こうした状態の人においては、支援者の一方的な働きかけはより不信感を強めてしまう。そこでそうした不信感を弱めるためには、強い働きかけを弱めた支援のプロセスがどうしても必要である。あるいは、そうした弱めた段階を踏んだ方が無難であると思う。問題は、支援者がその弱めた段階に留まってしまうことである。しかし、そこに留まってしまうことは、支援者が本人の自己調整行動、つまり、こだわり行動を見せる際の本人の内面の揺れの調整を本人自身に任せ、そのままにして離れることであって、そこからは本人と支援者が触れ合い響き合う状態は生まれない。

　他者からの強い一方的なコントロールに対して、本人は不安を強め、抵抗を持ち、多くの自己調整行動をしなければならなくなる。この状態は本人に周囲の人や状況との解離をもたらす。座り込み、飛び跳ね、空想にふけるようなエアコンダクトの注視、自動車の窓の覗き込みは、まさに解離そのものである。

　そこで支援者はそうした強いコントロールを止め、Tさんへのノンディレクティブな（非指示的な）対応を行うことによって、Tさんの強い行動障碍は画期的に減少した。車椅子に乗せなくとも自力で支援者と一緒に散歩が出来るようになった。これは支援者との関係が改善されてきたことを意味する。

　しかし、こうした状態は十分な状態と言えるだろうか。本人は未だに外出という通常とは異なる条件下では今回のように強い拒否の状態を表す。そこで支援者が介入して（関わって）いかなければ、本人は行動不能の状態に陥る。本人がそうした問題を抱えている状態をそのままにしてもよいだろうか。さらに言えば、他者のほどよい介入（関わり）によって強い拒否的な自己を収め、こうした介入的（関与的）な支援によってより他者と触れ合うことができ、他者との緩やかな関係が回復されて、食事を行うという主体的な活動が成り立ったとすれば、これまでのノンディレクティブな（非介入的な）支援について一定の肯定的な評価をしたとしても、それだけでよいのではなく、現在の支援をさらに見直す必要があると考える。

　本人の内面には圧迫への不安や抵抗と食事をしたいという要求との葛藤が存

在している。支援者が強制的に関わることについて本人は強い抵抗感を持つが，本人に支援者からの強い主導性が感じられなければ食事への要求が現れてくる。そこで支援者が強く臨まず，時間をかけて強制せずに本人の抵抗を緩め，そこに現れる本人の食事の要求に応えていけば食事は可能になる。かつては施設内での昼食にも強い抵抗があったが，強いる姿勢を改める中で消えていった。このように，強制されないという安心感が本人に感じ取れれば，外食の場についての不安感も自信に変わる可能性もあるのではないかと思う。

　この支援は基本的には本人と支援者が相互に相手に安心感を持つこと，安心の出来る肯定的存在として相手を感じること，相手を信頼することで成立するように思う。支援者の側の，本人の思いを抑えコントロールしようという意図は，本人の内部から動こうとする意思を支援者が信じられないことの表れである。つまりそれは支援者の本人に対する不信感を表し，それが本人の支援者への不信感を招いている。そうした支援者の内面の負の働きは，本人の自己の願わしい働きの妨げになる。逆に，支援者の本人への信頼は本人の支援者への信頼に繋がるのではないだろうか。

私からのコメント

　三つの小エピソードとも，読み手にいろいろなことを考えさせるエピソードだったと思います。それぞれについて簡単にコメントしてみます。

　まずエピソード1について，これは食事をするためにファミレスに行くまでの困難を描いた内容で，座り込むTさんを結局は力を行使して連れていくことになった経緯が述べられています。行くことへの抵抗があること，反対方向に向かうとすたすた歩くとありますが，最初にどのような言語的な説明が本人になされ，本人がどのレベルで応答したのか，しなかったのかが，読み手としては知りたいところでした。〈考察〉を読むと，本人は支援者の言語的な働きかけをある程度理解しているようすですが，そこがどの程度理解されているかで，支援者の対応の是非がかなり変わってくると思われるからです。また，車の中を覗くという行動は，後の〈考察〉を読むと，KさんにはTさんが自分だけの

世界に閉じようとする行動，今の不安や抵抗を自ら緩めるための一種の強迫的な行動のように受け取られているようですが，それが読み手に分かるためには，もう少し接面での描写，つまりその車内に魅せられている様子が分かるような，そこに惹き付けられて離れられないような感じを描いてほしいと思いました。というのも，その行為が単なる興味や関心によるものではないというあたりを読み手に伝えてほしいという思いがあるからです。Kさんはそれが社会的に好ましくない行動なので，力を行使せざるを得なかったと述べています。その事情は読み手である私にも了解できないわけではありません。しかし，冒頭からそこまで読んだところで，なぜそれほどまでにしてファミレスで食事をしなければならないのか，この外出プログラムが施設全体の外出の問題点を改善する目的だったと分かってもなお，解けない疑問のままに残りました。

　つづいてエピソード2についてみていきます。ファミレスに入ったところでTさんが喫煙席の方に行こうとして，元の席に戻る，戻らない，の対応になり，結局は喫煙席でということになりますが，その間，Kさんは手を引くようにTさんから求められ，しかし手を引こうとするとTさんは抵抗するというように，Tさんの自己矛盾する行動に振り回されます。けれども，その手から伝わってくる感触を通して，抵抗感と食事をしたいというTさんの相反する思いをKさんは微妙に感じ分けています。ここが「接面を通して分かる」という微妙なところで，これはこの場面を体験している当事者のKさんにしか分からない部分です。傍にいた支援者でさえ，その微妙な自己矛盾するTさんの思いは分からなかったでしょう。この目に見えない，しかし手の感じから伝わってくるもの，つまり接面からKさんに感じ取られるものを描くところに，エピソード記述の真骨頂があります。このKさんの体験は決してKさん個人に閉じられていません。それがこのように描き出されてみると，読み手である私たちは自分を書き手であるKさんに重ね，まるで読み手である自分がTさんの手からその感触が伝わってくるように感じ，抵抗の緩む感じ，抵抗の強まる感じの微妙な違いが何となく分かる感じになってきます。これが私のいう「エピソード記述の了解可能性」に他なりません。この微妙な対応こそ，「利用者を主体として受け止

める対応」，そう言ってよければ真の「本人主体」を尊重した対応なのだと思います。そこから翻って考えれば，支援者の意図に沿って強引に本人を引っ張り，食べたという結果を作ろうとするところに，これまでの支援者主導の支援のかたちの問題があり，本人から見れば，自分の思いが抑え込まれた体験に逆戻りすることになって，そこから悪循環が再開することになるのだという事情がとてもよく分かります。誘うと抵抗感を示し，そこでその誘いを少し緩めると，最初の誘いに乗る行動を自らする，という流れに関する最後の数行を，読み手が共有できるかどうかが，このエピソード記述を了解できるかどうかの鍵を握っています。

　次にエピソード3についてみてみます。エピソード3はその続きで，Kさんの対応が少しTさんに通じたのか，最終的にパエリアを完食するという経過です。ここでも，支援者がスプーンを運ぶと最初は抵抗が生まれますが，そこでスプーンを運ぶ手を緩めると，本人が何とかその抵抗感を克服して，自分から食事を口に入れるという，エピソード2と同じ関わりの機微が示されています。そして，当初は無理と思われていたパエリアの完食に至るのです。ここでは，支援者が無理強いしていないことがTさんにどうにか分かり，Tさんなりにその場で安心感が得られたことが大きかったのではないでしょうか。このように，KさんとTさんのきわめて繊細な感覚と感覚の繋がりの中で食事が進む様子についての記述は，その接面の当事者であるKさんが自分の体験を丁寧に描いたものであるからこそ，私たち読み手には「なるほど」と納得できるのだと思われます。

　最後に〈考察〉についてみてみます。〈考察〉については，支援の内容の大きな枠組みと対応の機微の2点から述べてみたいと思います。Kさんは，利用者本人の理解しがたい行動の大半は，トラウマとなった過去の出来事からくる不安に起因していると見ているようです。それゆえ，支援の基本はいかに不安を取り除くか，不安からくる抵抗感をいかに緩めるかにあると考えているようです。それに関して私は，障碍を広く本人の「育てられて育つ」経過の中で，「発達性の障碍」と「関係性の障碍」の絡みあったものと理解する立場を提唱

してきました。つまり行動障碍をはじめとする理解の難しい行動の大半は，障碍の本態から直接的に導かれたものであるよりは，むしろ「不安をベースに2次的に作られたものである」という立場です。ですから，Ｋさんの考え方とは基本は同じだと言ってよいかと思います。その大きな枠組みの中で，エピソード2の末尾に見られるような非常に微妙な二者間の関わり合いが生まれているところがポイントです。

まずＴさんの中に，「食べたいのに食べようとすると抵抗感が湧き起こってきて食べられない」「行きたいのに行こうとすると抵抗感が湧き起こってきて行けない」というような矛盾した気持ちが湧き起こってくるところに，Ｔさんの苦しさと支援する側の支援の難しさがあります。つまり，Ｔさんの中に絶えず矛盾した心の動きがあり，それが支援のあり方を難しくしているということです。そこを見極めないで，食べたいのか，食べたくないのか，行きたいのか，行きたくないのか，というような二分法では，Ｔさんの思いは何時までたってもしっかりと受け止められないままでしょう。そしておそらく，Ｔさんのこれまでは，そのような二分法での対応のいずれかで押し切られ，それを我慢させられてきた歴史だったのではないでしょうか。利用者本人の内面の動きを接面からこのように見極めることができるかどうかが，どのように支援を図るのかの一つのポイントだと思います。

そうしたＴさんの自己矛盾する心の動きの背後には，過去に支援する側のよかれと思う支援者主導の対応が惹き起した抵抗感の反復があり，それが累積された結果なのだと考えれば，支援が難しくなる理由が摑めてきます。つまり，支援者の身体全体から発散されている「させる」オーラを感じると，Ｔさんはたちまち身構えてしまい，接近を拒む動きが導かれてしまいます。しかし，それはすべての人を拒んでいるというわけではなく，やはり安心できる人を求める気持ちはなくなっていません。それが「求めるけれど拒む」という自己矛盾を引き起こし，それが「したいのにできない」という行動の矛盾を引き起こすのだと思います。

さて，そういう自己矛盾を抱えたＴさんにどのように関わるかは，本当に難

しいのですが，見放したり，放り出したりするのではなく，あなたを抑えつけるのではないんだよ，というこちらの気持ちを添えながら，まずは誘い（手を引こうとし），それに最初Tさんが抵抗すれば，その誘いを少し緩めて，「嫌ならまたにしてもいいよ」という思いを無言のうちに伝えながら，「でも，もう一回やってみようか」と再度さりげなく誘い，そこでTさんが乗ってきたら，「怖くなかったでしょう？」という気持ちを添えて，さっきよりももう少し強く引いてみる……というような対応に自然になっていくのではないでしょうか。Kさんが取った対応はそのようなものではなかったかと思いますが，それらはみな，接面で起こっている微妙な情動の動きを感知しながらなされているということを強調したいと思います。

　ここでは，「私はあなたを放り出しはしないよ」「あなたが本当に嫌だと思っていることは無理強いはしないよ」「でもやりたいのにできないと思っているのだったら，お手伝いするからね」というような，本人の存在を肯定しつつ，本人の主体的選択を尊重する姿勢を示し，それを支援するのだというこちらの構えを，気持ちを添えて伝えること，さらにはそれを言葉にして伝えることが支援の基本になると思います（それが私の主張する利用者本人の気持ちを「受け止める」ということの中身です）。

　それはちょうど，機嫌を損ねたときに，養育者（お母さん）の腕の中でもがき暴れる乳幼児に対して，一般に養育者の取る対応に似ています。このときの乳幼児も，本当は養育者を求めているのに養育者が抱くのを拒むという，一見矛盾した行動を取っています。それゆえに，新米の養育者の中にはのけぞって拒む姿に，「この子は私が嫌いなのだ」と子どもを下してしまう人も出てくるわけです。しかし，養育者の大半は子どもが自分を求めていることは分かっているので，そこでの「拒む」行動を額面通りには受け取らずに，「よしよし」と子どもの負の情動を調律しようと試み，子守唄を歌ったり，ゆっくり揺らしたりと，さまざまな対応を試みます。それは決して養育者主導の一方的な働きかけではなく，子どもの出方を見極めながら，しかし子どもの情動を調律して，自分の願っている状態に導いていこうという，非常に微妙な対応です。

それを今のＫさんの対応と重ねると，すべてとは言わないまでも，かなりの部分，重なってくることが分かるのではないでしょうか。私はこれまで，こうした子どもと養育者のあいだの関わりの機微を，メルロ＝ポンティに倣って，「能動―受動の交叉」という概念で理解してきました。つまり，抱っこする場面で，養育者は子どもを抱っこする能動のように見えておりながら，しかし，一方的に抱き上げるのではなく，子どもの抱かれ具合に合わせながらという受動性を内に秘めており，子どもも，抱かれる受動に見えながら，養育者の抱く様子に自分から合わせていく（身体を添わせていく）という能動性を内に秘めています。このように双方に能動と受動があって，それが両者のあいだでうまく交叉したときに，「しっくり抱く―抱かれる」という関係性が成立するのだと考えてきました。

　ＴさんとＫさんのあいだの「押したり引いたり」の微妙な関係も，私にはこの「能動―受動の交叉」という考えで理解できるのではないかと思いました。

　最後に，「ノンディレクティブの対応」についての議論です。つまり，本人が一見して拒んでいるように見えるとき，そこで対応を止めてしまうことがいわゆるノンディレクティブ（非指示的）な対応なのかという問題です。本人の意思を尊重し，「本人主体」を標榜する支援は，本来はノンディレクティブであるべきで，ディレクティブな対応は支援者主導の対応ではないかという，ある意味で当然の主張に対して，ここでＫさんはときにディレクティブに見える対応も必要ではないかと主張しているように見えます。ここのところは，これまでの支援理論との兼ね合いで，読み手によっていろいろな思いが湧き起こる部分でしょう。

　私はここでのＫさんの議論には基本的に賛成です。しかし，一つのポイントを押さえなければ真逆の方向に議論が流れていきかねません。そのポイントは，本人の心の中に自己矛盾する動きがあるという理解が，接面の動きから支援者側に生まれているかどうかです。本人が（心の中で）徹底して拒んでいることを，「あなたにはこれが必要なのだ」と支援者が本人の思いを受け止めることなく対応を振り向けることは，言うまでもなく支援者主導であり，これは当然

批判し否定しなければなりません。「よかれ」と思う善意に発する対応であっても，本人の思いに逆行する対応は，必ずや本人の周囲への不信を生み，不安を生んで，「関係性の障碍」を助長する恐れがあると思うからです。

　ではなぜここでの一見したディレクティブな（指示的な）対応は肯定され得るでしょうか。それは表向きの拒む動きの裏に，Tさんの「行きたい」「食べたい」というもう一方の思いがあって，その裏の思いに応える対応になっているからだと私は考えます。行動上は拒んでいるけれども心の中に求めるものがあるとき，それが接面から感じ取られれば，その気持ちに対応することはむしろ自然です。行動上は拒否しているように見えるので，その対応は見かけはディレクティブに見えるでしょう。しかし，その対応はTさんの心の動きに応える形になっていますから，その意味では支援者主導という意味のディレクティブな対応ではないと思うのです。逆に，ノンディレクティブと称してそこで何も対応しないのは，利用者本人のもう一方の「食べたい」「行きたい」の思いに応える対応になっていないという点で，裏返しのディレクティブな対応だとさえ言える気がします。そこで本人を見放したり見限ったりすることを「見守る」と言いくるめることは，かえって本人の周囲への不信感を助長することに繋がるはずです。

　ただし，ここはまさに微妙なところです。本人の心の動きを接面からキャッチするのは直接関わっている支援者自身なので，自己矛盾した心の動きがあるかどうかを接面から捉えるところは，当事者の内面に関わることなので，どこまでいっても確かめようがありません。しかし，実際に関わっている支援者に自分の手応えとしてそれが感じ取られている限りにおいて，私は一見ディレクティブに見える関わりも，本人の一方の思いに応える意味をもつものであり，それゆえに，それが利用者本人にも肯定的な経験になり得ると考えます。

　いずれにしても，今回のこのような詳細なレポートが現場から出てきてこそ，支援の中身を本気で煮詰めていくことが可能になるのだと思います。

(3) K保育士によるYくんの事例

次に示すエピソードは，私が巡回指導に出かけている保育所の保育士さんが階層別研修の際に書いたものです。階層別研修では，春に私の講義を受けた後，秋に，①クラスの様子，子どもの様子，②テーマ「子ども主体として受け止める保育」の理解，③エピソード記述，④これからの自分の課題，の四つの課題についてレポートを書いてもらうことになっています。ここでは①と②と④は割愛して，③のエピソード記述だけ取りあげています。そういう事情なので，以下のエピソード記述は私の講義内容が下敷きになっていることを踏まえてお読みいただきたいと思います。

❖事例3：「Yくんの造形活動から」

K保育士

〈背　景〉

　5歳児23名のクラスを担任2人で保育をしている。家庭環境からくる不安を抱いている子が多数おり，大人との個別の関わりを欲している子は相変わらず多い。子どもたちが自身で遊びを選び，自分たちの世界を広げられれば，という願いをこめて，秋以降，あらためて遊びを見直しながら子どもたちに手渡している。

　5歳児のYくんは小学生の兄との2人兄弟の弟（7月生まれ。10月時点で6歳3カ月）。父の方はYくんに対し，愛情はありながらも高圧的に関わるところがある。母は心の病を抱えている。母は，子どもたちに対して愛情をもちながら，優しくありたい母自身の思いと現実の子どもたちの様子との狭間で，Yくんのことを受け入れ過ぎたり，はねつけてしまったりの波が大きく，そのためYくんは母への思いがねじれて出てくることも多かった。そんな中，Yくん自身友だちに対し，上からきつく咎めてみたり，自分だけに都合のいいルールを強要してみたり，うまくいかないと睨み付けて押し黙るところからなかなか抜け出せなかったりと，いびつな表出のしかたをすることが多かった。造形の

際も失敗をすることを恐れていて手が動かないことも多かった。

　夏頃は，自分の都合に合わせてくれない友だちとの間でトラブルになると，耳を閉じて表情険しくとりつくしまもない様子になることが多かった。保育士側がYくんに話を聞かせなきゃと思う前に，Yくんが心の危機にあることが気にかかり，Yくんが自分で状況を消化できないときには，相方の先生とコンタクトを取ったりして察してもらいながら，じっくり関わる場を持つようにしていた。Yくんがいけない子だというのではなく，Yくんの行為がいけないことを努めてYくんに伝えるようにしてきた。

　カレーパーティーの日，デモンストレーションをしているときに友だちと騒いだ末，ケンカになったYくん。友だちと一緒にいるときには言葉が発せられない様子が見受けられたので，一人ずつ話を聞く場面に切り替えてみた（大人の側として「いけないことはいけない」とメッセージをしっかり伝えながらも，どうしたらYくんはほっとできるんだろう，という保育士の方の思いもあった）。言葉に思いを乗せることがなかなかできないでいたYくんでもあり，年長でありながらも背中におんぶしてYくんの思いを聞こうとした。Yくんが自分の思いとしてまず保育士に伝えてきたのは，「ケンカしたお友だちがイヤ」「ケンカしてなくてもお友だちがイヤ」「保育所もイヤ」「お父さんもイヤ」「お母さんもイヤ」「……全部イヤ」というものだった。その言葉にならない言葉を受け止めたといえるのかどうかは分からないが，「聞いたよ」というサインを，おんぶしたYくんの足づてに伝えると，背中の方から，Yくんの肩の力が抜け，赤ん坊が身を預けてくるような重みが感じられた。「全部イヤ」という言葉が，本心というより，表現の一端であることを汲みつつも，5歳の子がこんなことをいわなければ力を抜けない心を持っていることにショックを受けた。もちろん，自分が安心する気持ちの裏返しの，好きだけれど擦れ違う，心が着地できないでいる不安を表した表現だったと思う。言葉にしきれないメッセージを全身から表した瞬間だったと思う。日頃から「お父さんもYくんのことがたいせつ。お母さんもYくんのことがたいせつ。先生だってYくんのことがたいせつなんだよ」というメッセージをふとした拍子に届けていくことを，またそれか

運動会の取り組みの中，ふざけて過ごそうとして友だちとトラブルになったYくん。表情はかたいが，以前のような緊張感はない。やはり友だちと一緒にいるときには言葉が発せられない様子があり，一人ずつ順々に話を聞いていくことにした。最初は押し黙っていたYくんが，座り込んだり寝転がろうとしながら，自らの言葉として表したのは「自分がイヤ」だった。ただ以前の切迫感はなく，多少保育士に向けた演出気味の感触を受けたので，「自分というけど，Yくんのことがキライなんてこと先生ないで。Yくんのしたことで自分で気に食わんことがあったんやな，何したことがイヤやったん？」と返すと，「おやくそくまもれへんかったこと」と応えるYくん。Yくんなりに自分を飾った部分もあったかもしれないが，保育士との関係で自分から思いを何とかかたちにできたこと，それが誰かにねじれてぶつけるものではなかったことに感動しながら，「よく言えたなあ」と抱きとめた。まんざらでもないといった顔のYくん。「自分で言えるなんてすごいパワーアップなんやで」と少し大げさに言うと，「もういいって」と笑いながら子どもたちの輪の中に走っていくYくんだった。……母の表情が以前よりもやわらかいことが増えてはきていた。それが何より大きかったろうと思う。運動会の時期でYくん自身，やったこと，挑戦したことが手ごたえとして自分に返ってくる外遊びの体験も糧になっているとも感じた。跳び箱が跳べたことをはじめとする外遊びの活動を積み重ねてきたせいか，頭でっかちじゃなくなって，自分の重い気持ちをふっと下ろせる言葉を紡ぐことができるようになってきた。表情が明るくなり，友だちを気づかう言葉も増えてきた。トラブルをきっかけにしながらも，Yくんの心の中が明るくなってきているのを感じる嬉しい瞬間だった。
　秋の遠足は『こんたのおつかい』の話をベースに山登りを楽しんだ。山登りの途中，こんたからの手紙を見つけ，そのお題を解決して次に進んでいった。Yくんはその手紙が気になって，早く読みたいと気持ちを前に出せる様子でいる。遠足をしっかり楽しんで，今度はお母さんたちに教えてあげるために絵を描こう！　という話になった。少し不安そうな表情のYくん。Yくんは普段は

絵画が苦手である。Yくんがいまの明るい表情で造形活動に取り組めるかが，私が自分に課した課題だった。

〈エピソード：「おれはここぬったで」〉

 みんなで描くことはこの日はせず，描きたい子から描き始めるかたちにした。まだ描かない子は外遊びをしながら，その子のタイミングで来て，と言いながら，描画に苦手感を持っている子にはさらりと誘ってみる，というかたち。Yくんは仲良くしているお友だちと，かぎオニをしたりして遊んでいる。

 さて，Yくんに声をかけてみると，「う〜ん……」とどっちともつかない表情でいる。まだしない，という訳でもない様子に，一緒に遊んでいたMくんに声をかけてみる。Mくんはひと目を気にせず，どんどん絵を描くタイプ。「Mくん，絵そろそろ描く？」と聞くと「うん！」といい返事。Yくんに「Yくん，Mくんと一緒に描くかー」と振ってみると，かたまっていた表情と肩の力が抜けコクリと頷く。おそるおそる足を踏み出す感じだったが，保育士とMくんとで横並び。声に出していないが，"一緒にいこう"という気持ちがつながって駆け出した。ふと，「苦手だし……」という自分の気持ちを切り替えられた瞬間だったと思う。

 部屋に入ると，Mくんは遠足の印象深かったところを描き出す。Yくんは別に見てないよ，とアピールしながら，区切り一つ分ずつ似た構図で絵を描き出す。最初は真似するところからでもいい，どこかで枝分かれするから，と思い，まだ声をかけずに私は待った。Mくんは大方描き上げると，想像上で「小川もあったらいいな，ザリガニがいたらいいな」と別の経験したことをミックスさせて嬉々と楽しげに山を描いていく。Yくんの方はというと，「それはなかった」という顔をして手がとまる。口を結んで，やっぱりおそるおそる樹の幹を描き出す。「おー，Yくん，よく思い出したな？ そんな樹がいっぱい生えてたよなあ」と言葉をそっと添えると，少し柔らかい空気になって，色をクレパスでごしごしぬり始める。「そうそう，すかすかじゃないと樹も元気になってくるなあ」と私。すると樹だけでなく，山や社も丁寧に塗り込んでいくYくん。

「どうせうまくかけない」とすぐあきらめていた様子ではなく，塗りこむ姿に充実感がにじみ出ている。きれいな絵を描かせる，というよりも，この充実感と出会わせてあげられるかどうかが描画の醍醐味の一つなのかもしれない。普段のYくんからは想像できないくらいの塗りこみを終え，声にはならない声で「かけた」と目で訴えてくる。となりのMくんの絵のいいところを保育士と一緒に話したり，「おれはここぬったで」とMくんにアドバイス（？）したり，絵を介してやりとりを楽しむYくんの姿はこれまで見たことがなく，何とも言えないほほえましい姿だった。この日はYくんとMくんには何とも言えない連帯感があって，その後の給食の準備を一緒に手伝ったり，一人で気持ちを切り替えられない子へ「いまからごはんやでー」と友だちにやさしく声をかけて導いてあげようとしたりする等，普段は斜に構えてる分，少し恥ずかしいくらい前向きに，嬉しい！　っていう気持ちに突き動かされている様子がいとおしかった。

　後日，Yくんの描いた絵をパネルに入れて飾ると，子どもたちの「これ，だれかいたん？」の声。「Yくんやで」とMくん。「すごーい」と周りの子どもたちに褒められて嬉しいけれど，うまく表せなくて変なリズムで歩くYくんだった。

〈考　察〉
　Yくんは不安がとても強い。人に拒否されないだろうか，悪く言われないだろうかと，新しいことにはいつもおそるおそる入っていく。そしてどれだけ成功体験をつもうが，砂の山のように，あっさりと崩れてしまうようなゆらぎを抱えている。その中で，Yくんは，小さな友だちが困っていれば，間に入ってあげられるようになったり，話を聞いてるよ，という姿勢を見せられるようになってきたり，あんまり違うことをしている友だちがいれば，さらりとたしなめられるようになったり…と，確かに成長してきている。お母さんは懇談で，Yくんに対して，したいことをしてあげられない，と自分を責めながら，大したものもつくっていないのにYは「おいしい」といって食べてくれる—と話を

されていた。そのあたたかみが，Yくんから母へ，母からYくんへ届く瞬間があるから，今のYくんの姿があるのだと感じている。

　造形については，①準備段階でどれだけ子どもの姿をイメージして幅のある準備を成せるか。素材の味わいを知ってその素材のよさを発揮できる準備ができるか。②活動真っ最中，ライブとしては保育士側は「いかに働きかけるか」「いかに介入するのか」そして，対話の中でいかに通じ合えるか，通じた気持ちが切れずにつないでいけるか，映し返せるか。そして，③巡回で示していただいたことでもある，活動の時間が済んだ後，心地よく振り返る機会を持てるか。それらが問われることを改めて感じている。

　保育士としては子どもの思いを受け止めることは大前提である。障害ある子も含めクラス全員を自分一人で見切ることは困難だし，またそうした変に一人で肩に力を入れて全部見ようとする見方をしようとすれば，子どもを心地よく導く取り組みになっていかないことを感じている。子どもを見る目として，相方の先生と子どもの様子を確かめ合えていることが心強い。Yくんに限らず「今日はこんなことがあった」と話していたことが，子どもの心の動きに気づくことに間違いなくつながっている。

　保育は子どもの思いを受け止めることが前提であるけれど，受け止めることで終始すればいいのではなく，導き手としての役割がある。導きとは何なのかということが常に問われている。その面で自分には至らないことが多すぎてめげそうにもなるが，導くことのヒントになり得る時間に，子どもたちとともにいられたことを感謝している。

🌿 私からのコメント

　このエピソード記述は，家庭的な問題もあって，不安が強く絵を描くのが苦手で自信に乏しいYくんの表現活動を取りあげたものです。〈背景〉を読むと，母の気持ちの波を被る中で，Yくんには満たされない思いがあるのに，しかしYくんは母からの愛情に気付き，母に愛情を抱くという鋭い感性をもっていることがうかがえます。そういうYくんに，書き手が「養護の働き」と「教育の

働き」を絡めながら接する中で，Yくんの思いを接面から感じ取り，映し返していくと，おんぶの接面からYくんの肩の力が抜ける瞬間に出会えます。それはYくんの心が前に向かう瞬間であると同時に，保育者の心が前に向かう瞬間でもあるのでしょう。それが二人のあいだの信頼関係に繋がるのだということも分かります。友だちとのトラブルの後で，「自分がイヤ」という表現を5歳児がすることに正直言って驚きました。そしてその言葉が，書き手である保育者を前に紡がれたものだというのも頷けるところがありました。そういう表現の裏に，保育者への信頼と，安定してきた母に安心する気持ちが動いていると言うのもその通りでしょう。とても長い〈背景〉ですが，〈エピソード〉をしっかり理解するためには，これだけの〈背景〉がいるのだということがよく分かりました。

〈エピソード〉は，そういうYくんの描画活動を取りあげたものです。友だちのMくんが遠足の印象深い場面を描き始めると，Yくんもおもむろに木の幹を描き始め，それに書き手が言葉を添えると，描く意欲が湧いてきたようで，クレパスで力強く塗り始めます。そのときのYくんの気持ちの動きを書き手が接面を通してしっかり掴んでいるところがとてもよいと思いました。そして普段からは想像できない力強い塗り込みを終えて，「かけた」と目で訴えてくると表現されたところは，まるでその場に読み手である私が居合わせたような気分に駆られます。ここは接面の当事者だけが描写できる部分であり，それを通してYくんの思いも書き手の思いも読み手に伝わってきます。そこで得られた満足が次の給食に引き継がれていくというのもよく理解することができました。

〈考察〉はこれまでのYくんの内面を推し量る内容になっていますが，それを通してこの間のYくんの心の成長を描き出そうとしています。そして最後のところで，受け止めるだけでなく，導くとはどういうことかと問いを発しています。他の研修を受けた人の多くが「受け止めること」という「養護の働き」だけに主眼を置いてレポートをまとめる傾向がある中で，「導くこと」という「教育の働き」も主眼の一つにならなければならないことをこれほどはっきり意識したレポートはかつてなかったように思いました。ここには示していませ

んが，エピソード記述を含むこのレポート全体は，Yくんの生き様や書き手の丁寧な対応を読み手に伝えるだけでなく，煮詰めていけばあるべき保育理論の提示もできるような奥行きと幅をもった濃い内容をもつものでした。

(4) 三つのエピソード記述を読んで

　ここに紹介したのは，それぞれの実践場面で接面の当事者が得た意識体験を中心に描かれたものであるという点では，これまで見てきた一連のエピソードと同じものですが，しかし，書き手の視野の広さという点で，これまで紹介してきたエピソードとは一味違う内容を含むものでした。第2章第4節の「接面の人間学の射程」を想い起こしていただければ，K指導員の事例1と事例2は，関係発達障碍論の中心に位置付けられるもの，K保育士の事例3は，関係発達保育論の中心に置かれるべき内容をもつものと言っても過言ではありません。

　事例1は，接面で感じ取られるものに基づくコミュニケーションが人への信頼，安心をもたらし，それが他者よりも過敏さを抱えた人たちが強く求めているものであり，逆にそれが強引な対応によって疎外されることが，こだわり行動を生むという，関係発達障碍論の根幹に関わる内容でした。接面から感じられる当事者同士の微妙な情動や心の動きは，一歩間違えば，強度行動障害と呼ばれる不幸な事態に繋がりかねません。それを障碍特性と考えてしまうのがこれまでの一般的な自閉症スペクトラムの理解などに見られることでしたが，そうではなく，これらの人たちは，一般の人たちよりも過度に敏感で，繊細な情動把握を特徴としていて，それが却って仇になり，対人関係を難しくしているのだとK指導員は考えます。それは，私もそう考えるべきだと思っています。そして，これらの人たちも人とのあいだで安心と信頼を得たい，自己肯定感をもちたいと思っているのだ，だからそこを丁寧に対応していかないと，というのがK指導員の支援理論の中核部分です。

　このレポートは本当は続きがあって，その後，Yさんは施設で支援員から強い態度を取られてキレてしまい，暴力に繋がって，結局精神病院へ入院することになり，Kさんがそこに面会に行くという話が続きます。Kさんとはうまく

やれても，他の強い態度を取る人の前ではうまくやれません。うまくやれるかどうかは接面での微妙な心の動きの把握が鍵を握っているのに，行動科学は接面を問題にしないのですから，結局は表に表れた行動だけが問題になり，暴力やこだわり行動は，障碍特性だとされてしまうのです。

　ここに，関係発達障碍論の立場から，障碍の理解も，支援の理論も抜本的に組み直さなければならない理由があります。事例1のエピソードはそれを示唆するものだと私は思いました。

　事例2にも同じことが言えますが，特にエピソード2とエピソード3は接面の機微をこれほどまでに丁寧に描き出したものはないとさえ言えるほどの迫力をもったエピソード記述でした。食べたいのに拒む，拒むけれども求めるという矛盾した動きを示すTさんにKさんが働きかけて抵抗をつくり，その抵抗を少し弱めるかたちで対応すると，それに乗ってくるというこのエピソードの核心部分は，目に見えない接面での微妙な動きをこのように描写しない限り，把握できない部分です。そしてそれも，Tさんのこだわり行動や抵抗は障碍特性だとみなして強い対応や薬に走る支援の形に疑問を投げかけ，人との信頼関係がこのタイプの人たちが一番強く求めているものだという，K指導員の支援の考えを導く鍵を握る部分であることが分かります。

　障碍特性の明確化とそれへの対処法という昨今の一般的な動きへの疑問はかねてから私も主張してきたことですが，それがまさに接面を取りあげるか，無視するか，つまり接面パラダイムに立つか，客観主義パラダイムに立つかの違いに繋がるものだということを，この事例も明らかに示しているように私には思われました。

　最後に事例3ですが，これは私がいま一番力を入れている保育実践の中身に関わる事例です。「力を，力を」という現行の日本文化の大合唱の中で，いや心の育ちこそが喫緊の課題だと主張して，「させる保育」「頑張らせて褒める保育」「保護者に見せる保育」に私は疑問を投げかけてきました。そしてその心を育てるためには，子どもに接する大人が心を動かさなければと主張し，それには保育者が子どもに対して「養護の働き」と「教育の働き」を切り分けない

かたちでバランスを取って振り向ける必要があると述べてきました。この事例は，書き手のＫ保育士が私の関係発達保育論の主張をしっかりと理解し，その線に沿った保育を実現するために，Ｙくんという家庭的に気になる年長児を取りあげて，その描画活動の中でのＹくんの様子を描こうとしたものです。

　そのクライマックスは，描いた樹の幹をクレヨンで力強く塗り込めていくという場面です。その場に居合わせてＹくんとの接面に接しているＫ保育士には，その接面からＹくんの思いが摑めてきます。そのＹくんの様子の描写は，単にそうした描画行為の事実を描くことに主眼があるわけではなく，そこにＹくんの置かれている家庭的背景，母との関係，そしてＫ保育士との関係などがすべて凝縮されて立ち現れているように見えます。

　ここには，接面が単に「いま，ここ」で成り立つだけでなく，その接面の当事者同士の「かつて，そこで」の経験がそこに被さり，〈背景〉に示されたＹくんの経験が被さり，さらにはＫ保育士の固有性が絡んできていることが見逃せません。Ｋ保育士の考える暗黙の保育理論がＫ保育士の個性と重なってＫ保育士の固有性をかたちづくり，それが〈背景〉をこれほどまで詳細に書かなければならない理由に繋がり，またエピソードの場面をこのように切り取ることを動機付けています。それを裏返せば，この一つのエピソード記述から，本来，保育が考えなければならない問題のほとんどが垣間見えてくる思いがします。心を育てる上には「養護の働き」が欠かせませんが，しかし主体としての二面の心を育てていく上で，「教育の働き」も欠かせないことは言うまでもありません。ただし，保育者主導の保育を否定するためにはまず「養護の働き」を強調しなければならなかったこともあって，私の書いたものの中では，ややもすれば「教育の働き」を論じるウェイトが乏しかった感があったのも事実です。そのような事情の中で，「養護の働き」を基盤に据えながら，いかに「教育の働き」を子どもたちに振り向けていくかは，特に４歳児，５歳児の保育では重要な課題としてあります。階層別研修のレポートとしてはこのエピソード記述以外に，クラスの様子，子どもの様子を紹介した部分，「子どもを主体として育てる」という保育のテーマ理解の部分もありましたが，紙幅の関係でここで

はそれらを割愛せざるを得ませんでした。しかし，それらとこのエピソード記述を含む研修レポート全体は，K保育士の固有性と深く結びついて，K保育士が同僚と共に展開している保育実践の全貌が見えてくる感じがしました。

　この度の理不尽な保育制度改革の流れの中で，教育，教育と声高に語られ，5歳児の教育にもっと熱を入れてという国を挙げての動きの中で，改めて保育とは何かを考える上でも，このレポートが示唆するものはとても大きいように思います。そしてこのエピソード記述が，接面での出来事の描写がすぐれているから読み手に強いインパクトを与えるのだということも読者にはお分かりいただけるものと思います。

　以上，三つの渾身のエピソード記述を紹介してみました。これらのエピソード記述から，実践が接面パラダイムと深く結びついていること，客観主義パラダイムに立つ限り，このような実践の水準にはいきつけないことは明らかだと思います。

第4章
当事者研究のために

　本章では,「当事者研究」の意味を,「障碍者本人や慢性疾患患者本人が自らの障碍や疾患について研究すること」という狭い意味を越えて,「接面の当事者が自らの体験を基に取り組む研究はすべて当事者研究である」という広い意味に捉え直し,その広義の観点からどのようなことが考えられるか具体例を挙げて述べ,当事者研究の大きな可能性とその意義について触れてみたいと思います。

第1節　広義の「当事者研究」とは

　この節では,まず障碍や慢性疾患を生きる人たち本人の「困り感」や「生きにくさ感」あるいはその「世界観」を,本人自身が明らかにしていく狭義の「当事者研究」を紹介し,その後に,それら当事者本人と共に生きる人たちも関係発達の当事者であるという観点から,そこで得られた意識体験を描く試みも,広義の「当事者研究」と呼んでよいという立場を提示してみます。

(1) 語られる対象から語る主体への立場の転換
　自閉症であるドナ・ウィリアムズの著書『自閉症だったわたしへ』(1991/1993年)は,カナーやアスペルガー以来の一連の自閉症研究に対して,まさに「衝撃」とも言える強いインパクトを与えるものでした。それまで自閉症については,研究者が自閉症の子どもたちに出会い,その子どもたちを外側から観察してその特徴をあげつらい,「自閉症とはこういう障碍である」という一般的言説をまとめ上げるかたちで理解されてきました。つまり,自閉症を抱えた

子どもや大人は，常に研究の対象，語られる対象であったということです。

　こうした学界の状況に対して，自ら自閉症者であったウィリアムズのこの著書は，「語られる対象であった自閉症」から「当事者が主体として語る自閉症」への大きな視点変更をもたらしたという意味で，画期的なものだったと言ってよいと思います。

　これは自閉症にのみ当てはまることではありません。精神障碍を含む多くの障碍や慢性疾患なども，これまでは研究の対象として研究者によって外部から観察され，「○○障碍（疾患）は△△の特性をもつ」というように一般論にまとめられてしまうだけで，その障碍や疾患を生きる当事者本人は，それらの一般的特徴を体現する一標本の扱いでしかありませんでした。同じことは，かつては「性倒錯」と呼ばれたジェンダー・アイデンティティに苦しむ人たち，あるいは被差別部落出身者などマイノリティの立場を生きることを余儀なくされた人たちについての研究にも言えるでしょう。

　障碍や慢性疾患やマイノリティの当事者本人は，自分が語られる対象であることをどのように思ってきたのでしょうか。語られた内容が自分の経験している苦しみや生きにくさそのものに合致していたなら，何の疑問もなく，語られた中身はまさに自分のことだと思えたに違いありません。しかし，多くの場合，当事者ではない研究者によって語られた中身は，当事者本人にとっては自分が体験していることとは微妙にずれ，該当している部分は確かにありながらも，しかし自分自身の体験世界とはかなり違うという思い，つまり自分のことでありながら自分のことではないというじれったさを感じさせるものであったに違いありません。「自分が本当に困っていること，苦しんでいることはそういうことではない」という思いが当事者本人に感じられているとしたら……これはまさに従来の研究の妥当性に関する重大な問題ですが，研究者による外部からの研究，つまり客観主義の立場に基づく研究は，これまでこの研究の妥当性を厳しく掘り下げることがありませんでした。つまり，多数の標本を集めて一般的な傾向性を打ち出せばよいという客観科学の精神に則って展開されてきたために，導かれた結果についての信頼性については検討されてきたものの，その

研究が明らかにしたことが，研究対象が抱える問題に真に合致しているかという研究の妥当性の問題は，ほとんど顧みられることはなく，したがって，当事者の体験が真剣に顧みられることはほとんどなかったというのが実情でしょう。

それだけに，ウィリアムズの著書は従来の学問研究の枠組み（パラダイム）を揺るがすだけの大きなインパクトをもっていたのだと思います。

(2) 自分のことを自分が語る

これまで当事者を研究対象とする学問研究の枠組みを作り出してきたのは，障碍や慢性疾患を負った人，あるいはマイノリティの立場の人たちが自分の体験を語る言葉をもたなかったから，あるいは語ることを抑えられてきたからでしょう。いろいろな思いを抱えていても，それが言葉にならない限り，マジョリティの立場の人たちに自分の本当の思いを理解してもらうことはできません。しかし，自閉症を抱えているウィリアムズの場合，幸いにも自分の体験世界を言葉にする力と勇気がありました。そしてそれによって，外部から推測するだけでは分かり得ない独特の体験世界があることが，この著書から研究者たちにも垣間見えてきて，障碍についての認識を大きく変えるインパクトを持ち得たのでした。

同じように，マイノリティの人たちが自らを曝け出すかたちで自らの体験を語り始めたとき，それまで不可視だったマジョリティ—マイノリティの関係性が露わになり，マイノリティの立場の人たちの内面の生き様がマジョリティの立場にも理解される土壌を次第に作り出し始めました。

自分のことは自分にしか分からない，他者に理解される共通の地平などないと思っている限り，人は自分について語らないのかもしれません。しかし，もしも自分の本当の思いを分かってほしいと思うなら，人は他者に向かって自らのことを語らないわけにはいきません。そしてそれを語り始めると，それは単なる個人的独白を越えて，いつしか他者と共に生きる地平へとその人自身が降り立っていくことに可能にするはずです。

その意味で，障碍や慢性疾患やマイノリティの立場の人たちが「自分のこと

を自分が語る」というかたちで表現し始めたことが，それらの人たちについての研究に大きな一石を投じることになりました。たとえば医療人類学のクラインマンに代表されるように（『病の語り』1988年参照），医療側も病を抱えた人の生の声を聞き届ける必要を訴え始め，そこから医療のあり方への真の反省が生まれてきました。研究の対象である人を観察するだけでなく，その人の生（なま）の声を聴くということは，患者が自らを語ることに医療者が耳を傾けるということであり，その接面から多様なものを感じ取ることを可能にするはずです。つまり，語るということは，聞き手を想定するということであり，現前するしないにかかわらず，聞き手に向かって語るということですから，そこにはすでに共に生きることへの志向が動き始めています。

　こうした状況が，北海道浦河の「浦河べてるの家」の人たちの「当事者研究」を生み出したと言えるのかもしれません。

(3)「浦河べてるの家」の当事者研究

　ソーシャルワーカーの向谷地生良によれば，統合失調症を抱える患者たちへの支援の過程で，これまで語ることを封じられてきた患者たちが，同じ問題を抱えている仲間と向き合って，自分が何に苦しんでいるかを自分の言葉で語り始めたのが，この当事者研究の出発だったと言います。その語りを「研究」と称することで，単なる独白を越えた，同じ問題を抱えた仲間同士が共に生きることをおのずから目指すようになりました。この経過は，これまでの統合失調症へのどのような支援とも異なる，画期的な試みであったことは言うまでもありません。これまで親を困らせるような「爆発」を繰り返し，通常の価値規範から考えれば，「周りに迷惑のかけ通し」であった一人の統合失調症の患者が，「どのように爆発に至るのか」「なぜ爆発するのか」「爆発の処方箋は何か」を自ら「研究する」というのは，まさに「当事者研究」以外の何ものでもありません。

　当事者のこの語りは，一種のカミングアウトに相当するもので，これまではプライヴァシー保護の観点からしても「公の場で語られてはいけない」ことと

されてきたものでしょう。しかし，この大胆な試みの中で自分の言葉を取り戻した患者たちが，「共同行為としての研究」，つまり「自分自身で，共に」という基本姿勢でこの「研究」に臨み，それによってそれまで見失われていた仲間との繋がりを取り戻し，前を向いて生きようと考えるようになるという経緯は，従来の精神医療では行き着けなかった新しい境地を「べてるの家」の人々が切り開いたことを意味しています。

　彼らの当事者研究は，いろいろな点でこれまでの常識的な見方を突き崩し，その意味では現象学的還元（私の言い方で言えば「生きられる還元」）に近い意味合いをもっているように見えます。たとえば，「自分のことは自分が一番分かりにくい」「自分のことは自分だけで決めない」という彼らの言説や彼らの約束事に，そのことが象徴されているように見えます。そして，医師の診断名を否定するのではないけれども，そこに表現されていない自分の固有性を際立たせるために，自己病名を付けるという一風変わった試みの中にも，彼らの内的な体験を赤裸々に伝えたいという彼らの意思の表れを認めることができます。たとえば，「精神バラバラ状態」「統合失調症全力疾走型」「統合失調症サトラレ型」などの自己病名は，ある意味で切実な内的体験の表出のように思われます。それに自らどう対処して生きるかという問いは，読み手である私たち一般人を確かに戸惑わせるものですが，しかし，そこに彼らの「研究」の意味があるのでしょう。

　2001年に始まる彼らの当事者研究は全国に広がりを見せるようになり，2008年には，同じ精神で取り組まれた，アスペルガー障碍の当事者である綾屋沙月と脳性麻痺当事者であって医者である熊谷晋一郎の共著『発達障碍当事者研究』が出版されるに至りました。その「はじめに」において，綾屋は「コミュニケーション障碍」を自閉症スペクトラムの中心障碍とみなす精神科医の視点が自分自身の体験と嚙み合わないという違和感から，自分の体験を振り返り，「意味や行動のまとめ上げがゆっくり」なのが自分の障碍の中心問題だと述べています。この著書は，研究者の外部観察的視点と当事者本人の内的体験の乖離を見事なまでに浮き彫りにして見せ，自らの「困り感」と医療側の「正常か

らの偏倚」という視点とのずれをこの上なく際立たせてくれるものでした。

(4) 体験の当事者性とその理解について

池田喬は『当事者研究の研究』(石原孝二(編著),医学書院,2013年)に寄せた論文の中で,「べてるの家」の人々の当事者研究に関して次のような大事な点を指摘しています。池田によれば,当事者が体験を語るということ,つまり「現実に起こっている体験を解釈し表現する当事者による語り」は,研究者が「どれだけ観察や聞き取りを重ねても,結局,その体験をしているのは研究者ではないという単純な事実は消えない」のであり,「体験の研究を行えるのは当事者でしかない」と述べています。この主張は現象学の基本主張と重なるものであることは言うまでもありません。そしてフッサール現象学の基本精神は「生から乖離しない」ことにあり,体験の客観化ではなく,体験の主体と体験を研究する主体が統合されない限り,「生から乖離しない」という原則は貫けないとしています。

翻って池田は語られた体験の読み手に言及し,当事者研究を読むとき,読み手は,自分が当事者ではないという立場を越えて,書き手の身体に自分の身体を重ねて「もう一人の〈私〉としてそれを見出すポイントを自分で探らなくてはいけない」と述べ,そこから「当事者とは,(自分は当事者ではないと思っている)一人ひとり(の読み手)が,当事者研究に触れることを通して『自分自身で,共に』になるべき何かなのである」としています(カッコ内は筆者の補足)。要するに,読み手が書き手の身体に自らを重ねようと努めれば,当事者である,当事者でないという区別が霧散し,そこに共通理解の地平が現れてくるということです。

この議論は,体験そのものにはその体験をした人しか迫ることができないという意味での当事者性の問題と,しかし,当事者ではないその体験の読み手は,類似の身体をもつことを基盤に,相手に自分を重ねてその体験を了解する可能性に開かれているという重要な認識論上の問題に触れています。これが「自分自身で,共に」という「べてるの家」の合言葉になっているのでしょう。これ

に類する議論は私も『エピソード記述を読む』や『なぜエピソード記述なのか』でかなりしてきていました。

(5) 広義の当事者研究に向けて

これまで障碍や慢性疾患やマイノリティの当事者本人が自分の体験を語ることを中心に当事者研究を考えてきましたが，第2章の末尾で触れた私の「接面」の人間学の立場からすれば，障碍や慢性疾患やマイノリティの当事者本人と共にその関係発達を共に生きている家族も，あるいは医療や支援などの実践の中で実際に当事者本人に接する人たちも，その実践の接面で得た体験を描き出して，何が実践や支援をする自分の困り感の出処なのか，その壁を自分はどのように乗り越えようとしているのかを考え，そこから同じように問題を抱えた人と対話を重ねていこうという姿勢をもっている限り，そこでの取り組みは上に見た狭義の当事者研究と何ら変わらない意義をもつものではないかという考えが導かれます。

言い換えれば，「べてるの家」の当事者は自分の体験を赤裸々に語り，同じ「べてるの家」の仲間と共に「自分自身で，共に」を体現していますが，そのとき彼らの家族は本人から見れば語る対象の位置にきています。彼らがこれまでもっぱら語られる対象であったように，本来は「共に関係発達を生きる人」である家族が，今度は彼らからもっぱら対象として眺められる存在になって，彼らの家族が本人の「爆発」によってどのように困り，どのように生きにくくなっているかが生き生きと描かれるという具合にはなっていません。

しかし，彼らの家族は，私の立場からすると，やはり「共に関係発達を生きる人」です。彼ら当事者本人が自分の言葉を取り戻したように，彼らの家族がもしも自分の言葉を取り戻したならば，彼らの家族もまた，自分が何に困り，何を生きにくいと思い，それにどのように対処しようとしたかを自らの言葉で語れば，それを「当事者研究」と呼んでもよいのではないかと思われてきます。

さらにこれを家族以外の人にも敷衍し，障碍や慢性疾患やマイノリティの立場を生きる当事者と共に生きる人たち（支援や医療の従事者たち）もまた，「共

にその接面を生きる当事者」，「共に接面を通して関係発達を生きる当事者」であるとみなせば，彼らが共に生きる接面の当事者として自分の体験を生き生きと綴ったものは（あるいは生き生きと語ったものは），広い意味での当事者研究と呼べるのではないでしょうか。

（6）障碍や慢性疾患の子どもをもつ親の当事者研究

前項で述べたように，障碍や慢性疾患をもつ本人ではなく，その家族（親）が，本人との関係発達の中で何に苦しみ，何に喜びを見出して生活してきたかを語り，それを通して生きることの意味を考える研究も，それを綴る親自身が関係発達を生きる当事者なのですから，当事者研究であると言ってよいはずです。つまり，障碍や慢性疾患の子どもについての客観主義的研究を目指すのではなく，親もその関係発達の当事者だという意味で，親がその関係発達の接面を描く試みは，十分に当事者研究たり得ると指摘したいのです。第2節以降に示す三つの事例は，いずれも親の立場で障碍や慢性疾患をもつ子どもと共に生活した経緯を扱ったものです。その際，障碍や慢性疾患の子ども本人は，書き手である親と生活を共にする関係発達という車の両輪のもう一方の当事者に当たります。ここでは子ども本人を研究するのではありません。あくまでも研究の主体は書き手である親自身であり，親自身が関係発達の当事者なのです。関係発達の当事者である親が，もう一方の当事者の抱える問題や悩みを含めて，まさに自らの抱える問題や悩みを綴るというのが，この三つの事例です。

関係発達の当事者は子どもや親だけでなく，その関係発達に含まれる他の家族成員もまた当事者ですが，この三つの事例に共通しているのは，当事者である親自身が自分の目を通して見えてきた関係発達の諸相を描き出すという作業でした。この種の研究に対して，「もう一人の当事者である子どもが十分に描けていない」という批判が向けられることがありました（それは指導に当たっている私に向けられた批判でもあったでしょう）。確かにその批判は否定できませんし，指導する側としてももう少し子どもの生き様が見えるようなエピソードがほしいと思われる局面がなかったわけではありません。しかし，批判を向け

る側は障碍や慢性疾患そのものに関心の中心を置いて，そこから批判を向けていることが多いように思われました。研究の当事者は書き手の親自身なのですから，批判が向けられるとすれば，関係発達が十分に描けていないことに対して向けられるのでなければなりません。まずは当事者である親の目に，障碍や慢性疾患のある子どもが誕生以降，どのよう育てられて育ち，そこにどのような苦悩や困難や葛藤が親自身に生まれ，親も子どもも如何に生きにくさを覚えたか，何が希望の源になったのか，等々，が明らかにされ，そこからさらに，親の目に映った子どもの姿，子どもの姿に映し出された自分自身の姿がどれほどあるがままに表現できたか，そしてそれが読み手の心にどのような新たな気付きをもたらしたかが，問われるのでなければなりません。

(7) 広義の当事者研究の観点から従来の事例研究を振り返る

これまでの事例研究も，本当は取りあげる対象となる人物（心の病を抱えた来談者や障碍や慢性疾患を抱える本人）と，その人物に臨床的に接する書き手との接面において生じたことを，治療や面談や療育や支援の実際として綴ったものであるべきで，それを綴るのはその接面の当事者である書き手なのですから，本来の事例研究もまた，これまでの議論からすれば，当事者研究と呼んでよいと考えられるはずです。

ところが書き手である研究者自身はいつの間にか接面から背景に退き，研究の対象となった人物の行動特徴やその変化を追うだけの研究になっていることがほとんどです。そしてそれが事例研究であるにもかかわらず，まるで障碍や慢性疾患そのものの研究のように見え，障碍や慢性疾患を負った本人は，その障碍や慢性疾患につての言説の一標本としか見えないところに，つまり当の本人の生き様や困り感や生きにくさ感が生き生きと描き出されていないところに，従来の事例研究の問題点があったと言わなければなりません。

それは事例研究を展開する研究者にとって，障碍そのもの，慢性疾患そのもの，マイノリティの問題そのものを如何に一般的に定式化するかに関心が向かって，当事者本人の生き様に関心が向かなかったから，また当事者本人はその

一般的定式化によってとらえられる一標本に過ぎないという従来の研究の視点を越えられなかったからではないでしょうか。臨床事例などを読むと，書き手の関心は問題に苦しむ当事者を描き出すというより，研究者が依拠する理論的立場がいかに治療や援助に有効であったかを議論するための素材の扱いであることがしばしばで，そのように取りあげられることを本人はどのように思っているのかという視点がほとんど見えてきませんでした。

しかし，接面で起こっていることを取りあげるのが本来の事例研究だとすれば，事例研究に従事する人は接面の当事者であり，その意味で事例研究は，事例の当事者とそれを研究する当事者が「共に接面を生きる」という中で展開される必要があるはずです。そしてそのとき，研究者はその事例を超越的な立場で眺める黒衣の存在ではなくなって，自分の固有性を抱えた主体として，研究の対象となる人と研究する自分とを両方とも研究の俎上に載せる以外に事例研究を展開できないのではないかと思われてきます。つまり，事例研究は，「接面」の人間学の枠組みの中でしか展開できないのではないかということです。

＊＊＊

次節以降では，障碍や慢性疾患を負った子どもの親が，子どもと自分や家族の関係発達の諸相を描き出すという意味での当事者研究を紹介します。第2節，第3節はすでに1冊の著書になったものから，そして第4節はかなりヴォリュームのある修士論文にまとめられたものから，その一部を抜粋したもので，その全容を紹介するというより，その研究の主要部分が「接面」の人間学の構想に合致するという観点から提示するものです。

一組の親子の関係発達の諸相を具体的に描き出したものが，読み手にどれほどのインパクトを与え，読み手の人生を振り返る契機になり得たか，その限りでそれは当事者研究と呼ぶに値すると私は考えます。それが接面パラダイムの研究観だと言ってもよいでしょう。それが客観主義パラダイムの研究観と異なるのは当然です。読み手も，そのような視点に立って，以下の当事者研究をお読みいただければ幸いです。

第2節　書籍『障碍のある子とともに歩んだ20年』より

　ここでは原広治著『障碍のある子とともに歩んだ20年——エピソード記述で描く子どもと家族の関係発達』（ミネルヴァ書房）を元に当事者研究を紹介します。

（1）私と原さんの関係
　これは原さんが我が子に障碍があると分かって以来，20年にわたって父親として我が子や家族と共に生きてきた軌跡を綴ったものです。原さんは「ことばの教室」（現在の通級指導教室の前身）の担当者として教員生活を始め，教育委員会の仕事を挟んで，現在，島根大学教育学部の教授の任に当たっている人です。私は原さんが学生の頃，同じ研究室の教員をしていました。それ以来，30年以上にわたって，障碍児教育を巡って，あるいは原さんの主催する「いちごの会」のサポートに関わって，さらには娘さんのえりかちゃんの保育や就学に関わって，長らくお付き合いをしてきました。原さんが奥さんと共にえりかちゃんを連れて初めて我が家を訪問してくださったときのことは忘れもしません。
　原さんにとって，自分の仕事である障碍児教育は，えりかちゃんとの関係発達を離れては考えられないものでした。しかし，原さんは内面の苦悩を表に出す人ではなく，以下のエピソードからも分かるように，常に穏やかで人当たりの良い，周りの人が自然に引き込まれてついて行ってしまうような温かい雰囲気をもっている方です。それが家族との関係が難しい局面を迎えても，あるいはさまざまな制度の厚い壁に阻まれる局面においても，その難局を乗り越える力になったように私には思われました。
　そのような原さんとの長い付き合いの中で，原さんが主宰している「いちごの会」に招かれることを通して，原さんに私の関係発達論の立場を伝え，原さんもそれを学んだことで，いつかえりかちゃんとの関係発達を一冊の本にまとめたいという話をしておられました。それが2014年の刊行という今日まで延び

延びになったのは，原さんの仕事が多忙だったことも一因だったでしょうが，それだけでなく，えりかちゃんを抱えて生きる喜びと苦悩を人前に晒すことのためらいが大きかったのではないかと推察します。えりかちゃんを育てて20年を経て，ようやくその内面を言葉にする勇気が湧き，厚い壁を越えさせたのだと私には思われました。

　障碍児を抱えて生きる親の著作は他にも多数あります。しかしその多くは単なる心情吐露に終わったり，事実経過を述べるにとどまっていたりして，その関係発達の機微に迫り切れていないように思われました。そういうこともあって，原さんにはそのような類書を超える，読み手にインパクトを与えるようなものをと求めてきました。それにはエピソード記述しかないとも伝えてきました。こうした背景の上に成り立ったのがこの著書です。

　本当は膨大な分量からなりますが，ここではそのごく一部しか取りあげることができません。その全容はその著書に委ねるとして，ここでその一部分を紹介するのは，第2章で述べた「接面」の人間学の研究領域の一つである「関係発達障碍論」がこの種の資料を積み重ねる中で構築されていくのではないか，またそれが広義の意味での当事者研究の一つの試みにもなるのではないかと思われたからです。

　なお，原さんのエピソード記述には，エピソードを提示した後に，〈今から思えば〉という項が設けられています。これは私のいうエピソード記述の〈メタ観察〉ないし〈考察〉にあたるものですが，起こった出来事から相当の年数を経た振り返りであることを念頭において，このような書き方になったものと考えていただければと思います。

(2) 著書の「まえがき」から

　　わが子に生まれながらに障碍があると知ったとき，あるいは子育てするなかで障碍があるとわかったとき，いずれにせよ，そのときの親の思いは，まさしく経験した者にしかわからないものなのかもしれません。障碍の告知を意外と冷静に聞けても，それがどういう意味なのか想像すら全くできない真っ白な瞬間。この

世に命を授かった喜びのすぐ裏側にある，不安に思っていたことが的中してしまったという大きな落胆。予期せぬ出来事との出会いは，単純には言い表すことのできないこのような複雑に絡まった思いとともに始まるのです。

　当初，子ども本人だけに向けられていた親の全意識は，時間の経過に伴い，次第に家族や親戚，近所の人，知り合い……へと向けられていきます。「この子を何とかして育てたい」「どうすればいいんだろう」「自分にできることは何だろう」と，何をするにも子どものことが脳裏から離れず，いつも考え続けていた最初のころの思いは，徐々に解凍するかのように拡散していき，その向きは周囲他者へと広がっていきます。障碍があるという事実を，妻（夫）はどう思っているのだろうか。（子どもにとっての）祖父母はどう受け止めるのだろうか。親戚の人が知ったら，どう感じるのだろうか。街で知り合いに会ったとき，生まれた赤ん坊のことを尋ねられたら，どう答えたらいいんだろう。わが子だけに向かっていた親の思いのベクトルは，いつしか子どもだけから離れ，周囲他者にいろいろな形となって向けられていくのです。

　しかし，一見，周囲他者に向かっていると思われるこの思いは，実のところ，親自身の心根に向けられた強烈なベクトルであることにほかなりません。つまり「親である私は，障碍をどのように考える人間なのか」「その障碍観の上で，私はこの子をどのようなまなざしで見ているのか（私は，この子のことをどう思っているのか）」という親自身の障碍の捉えの一点に収斂されていくベクトルであるという気がしています。そして，そのことに気づくことをきっかけに，自分自身の「存在」や，わが子や家族の「存在」の意義を，自身の障碍の捉えとつなげて考えるようになり，目の前のわが子の姿を通して抱くその時々の思いを，どのように自分の中に取り込んでいくか，さらにはその思いを抱きながらどのように子どもや家族と共に生きていくかを，時間をかけて考えるようになっていくと思うのです。

　医療的見地からすれば，えりかちゃんは脳性麻痺の子どもとして誕生し，これこれの面に障碍があり，それに対してはこのような療育がその障碍の改善にとっては有効ではないか……と語られていくのがこれまででした。つまり，脳性麻痺の子どもはこういう障碍特性を示し……という語りの枠組みの中で（つまりは客観科学の枠組みの中で），捉えられてきたわけです。しかし，そのえりかちゃんは原さんの家族の一人として誕生し，父親である原さんの生涯発達過

程に影響を及ぼし，また父親である原さんの対人関係に影響を及ぼさずにはおかない存在です。いわばえりかちゃんはそのような関係のネットワークの中に生まれ落ちたのです。この冒頭に示されたその単純な事実を，これまでの客観科学は取りあげることをしてきませんでした。そこには，障碍のある子どもや家族を研究者の立場から対象として語るというアングルと，障碍のある子どもを抱えた家族の一員が当事者の立場で語るというアングルの違いが歴然としてあります。そこに，単なる知識に収斂していく方向性と，読み手にインパクトを与えて読み手の人生まで揺るがさずにはおかない当事者研究の方向性の違いが示唆されます。

(3) 娘の誕生の前後

以下は出産までの経過が芳しくない状況で出産を迎えた後の一連のエピソードです。

〈妻との面会〉

授業を終えると，私は早めに学校を後にし，妻と赤ちゃんのいる病院に向かいました。まずは妻のいる病室に向かうと，妻はこれまでに見たことのないような疲れた顔をして，でも出産を無事に終えることができてほっとした表情で，安らかに眠っていました。その表情から，しばらくの間，義姉の言う「母も子も，がんばった」出産の様子を思い量っていました。

やがて目覚めた妻が「もう赤ちゃんに会った？」と言うので，「まだこれから」と告げると，「あぁ，そんなんだ。実は私もまだ会ってないんよ」と言い，続けざまに，少しかすれた声で誕生のときのことを話してくれました。

エピソード5：「生きて産まれてきてくれたんだ」

「赤ちゃんは，結局，私のお腹のなかで予定日から3日ほど多めに過ごしていたことになるんだけど，陣痛が弱くて一晩を陣痛室で過ごした日の翌朝，主治医の先生がやってこられて，いつもと変わらず落ち着いた声で「赤ちゃんが

弱ってくるといけないので，今から少し早めて産むことにしましょう」と告げられたの。そのことばに「分娩を誘発するんだ，いよいよ産むんだ」と理解した私は，実家の母にも来てもらうことにして，そこまではよく覚えているんだけど，それから始まる出産の出来事は，まるでテレビ番組でも見ているかのような情景で，他人事のような錯覚に陥ったほどだったよ。

　処置が始まってしばらくすると，何やら下半身に違和感があってね，ドロッとする感覚があったんよ。急いで看護師さんを呼ぶと，やってきた看護師さんは状況を見るやいなや表情を変えて，主治医をインターホンで呼ぶ声が聞こえたの。私はどうなったかもわからないで横になったままでいると，先生が駆けつけてくださって，いつもは落ち着いた物腰で語り，対応してくださる先生の顔の表情が明らかに険しくなってきてね，慌てておられるのが見て取れたの。「これは，えらいことになった」と，私はその先生の姿から悟ったの。行き交う人の動きと声が俄然勢いを増してきてね。自然分娩での出産を何度か試みたあと，先生が私に告げたの。「出血が母胎からなのか，赤ちゃんからなのかわからない。このままでは赤ちゃんが危ないので，帝王切開します。よろしいですね」って。ことばは丁寧だったけど，そのことばを話す先生の顔は相変わらず険しくてね。私には選択肢はないように思えたの。

　麻酔が始まると，私は産まれてくるわが子が無事にこの世に生をもって産まれることだけを祈っていたの。祈るしかなかった。何度も何度も祈るしかなかった……。産まれたのは麻酔をしていても感じることはできたんだけど，産まれたばかりのわが子は，私の目の前を通過することもなく，即，別の部屋へと連れて行かれてね。産声は聞こえなかった。男なのか，女なのか。生きているのか，死んでいるのか。だれも，何も，教えてくださらなかった。いえ，話してくださっていたかもしれないけれど，私には伝わっていなかった。「あぁ，だめだったんだ」と不吉な予感がして，遠のきそうになる意識のなかで，私は「あぁ，だめだったんだ」と再び思ってたの。

　午後になって，出産の疲れも手伝い少しうとうとしかけていたとき，総合病院を紹介してくださった産科クリニックの先生が，わざわざお見舞いにきてく

ださってね。そして，その先生から「たいへんだったね。女の子だよ」と教えられたの。「あぁ，生きてたんだ。生きて産まれてきてくれたんだ」と初めてわかり，張り詰めた思いが溶けるように気持ちが和らいで，私，先生の前で思わず涙をこぼしていたのよ。ただ，そのとき先生は「元気な（赤ちゃん）」ということばは言われなかったんだけどね」。

〈今から思えば……〉
　出産のときの状況を，妻は冷静に話してくれました。それにひきかえ，聞いている私のほうは，母子共に無事であったという現実を知っていることもあって，どこか安心して聞けていたのですが，分娩室や手術室での妻の様子や医師や看護師が動き回ったであろう情景を想像してもしきれないまま，胸の昂ぶりを抑えるかのように，ただただ無言で聞いているのが精一杯でした。
　医療の進歩が出産を安全なものにしている時代にあるとはいえ，それでもやはり，出産は大仕事だと改めて思いながら，生きて産まれてきてくれたことにだれ彼に対するわけでもなく感謝の気持ちでいっぱいでした。また，そのような混乱の場で1人でがんばってくれた妻を愛おしく思うとともに，昼過ぎの義姉からの電話を思い出し，そんな場に妻を1人で置いていたことに申し訳なさがつのっていました。

〈妻の覚悟〉
　妻は出産前からの1か月ちょっとの入院生活を終え，えりかよりも一足先に退院となりました。そして，この日の朝の心境を，手紙という方法で私に知らせてくれました。

エピソード10：「妻からの手紙」
　「退院の朝を迎えて，うれしいような，ちょっと寂しいような，そんな気持ちで外を眺めています。
　先月に入院して1か月余り，本当に不自由をかけてしまいました。毎日毎日

疲れているのに顔を見せてくれて，どれだけ心強かったかしれません。面と向かっては照れくさくて言えませんが，声を大にして「ありがとうございました」と言いたいです。あたりまえのことだけど，人間ひとりで生きているわけじゃないな，みんなに助けられ，支えられてこそ，こうしていられるんだと，しみじみ感じました。

　それにしても手術の日は，長くて辛い1日でしたね。手術室に入って，麻酔がきいても，考えるのは子どものことばかり。「どうか，この子だけは助けてください」と祈るばかりで，ずーっと涙が止まらなくて，麻酔科の先生に何度もガーゼでふいてもらいました。

　「元気な女の子ですよ」って，ひと言言ってもらえたら，どんなに安心できたか……。突然のことで，自分でもどうしていいのかもサッパリわからなくて，夢のような地獄のような1コマでした。でも，えりちゃんも箱のなかとはいえ，少しずつ大きくなってくれて，「きっと近いうちに，しっかり腕のなかに抱いて帰られる日が来る」と信じたい気持ちです。

　もし，たとえ病気や障碍をもっていても，それに屈せずに一生懸命育てていきたいと，たぶん，あなたと同じ気持ちでいます。今から取り越し苦労をしていてもしかたないけど，自分なりに覚悟しているつもりです。

　これから冷凍母乳を持って面会の毎日です。1日も早く親子水入らずで暮らせる日が来ることを，心待ちにしています。週末は，おねえちゃんとわが家で過ごしたいですね。

　では，乱筆乱文はいつものことですが，お礼まで」。

〈今から思えば……〉
　その手紙は，模様がうっすらと透きとおるように浮き出る便箋に丁寧な文字で書かれ，白い封筒にきちんと収められていました。妻はこれまでにも，自分の思いを手紙という形で知らせてくれることがありましたが，おそらく，この手紙を書き綴った妻は，様々な思いを整理するかのように書き進めたのではないかと想像し，私は格別な思いをもって受け取りました。また，妻はきっと，

病室で1人，孤独に書き綴ったに違いないと思い，その場で開封することなく家に持ち帰り，退院のバタバタのうちに読むのではなく，夜になってだれもいない部屋で，私も孤独に読むことにしたのでした。

　開封する前から，大切に扱うべき手紙だと思った予感は的中し，読み終えると胸の高鳴りを感じました。「なんて真っ直ぐな人で，優しい人なんだろう」と素直に思いました。心臓の鼓動を落ち着かせるかのように長く息を吐くと，妻の純粋な気持ちが伝わってきました。出産という大仕事をしたのは妻であり，しかも私が傍についておれなかったにもかかわらず私を労い，お世話になったたくさんの方々への感謝の意が記されていたのですが，御礼を言うのは私のほうでした。書いている妻も，書かれている妻の思いも，そして新しく家族のメンバーとなったえりかも大切にして生きていこうと心に誓いました。また，これが人を愛おしく思う感情なのかという実感を，率直に感じさせてくれた手紙でもありました。

　妻は出産時，もしかしたら自らの生命を危ぶむ思いがした瞬間があったのかもしれないのに，もう今は，えりかを腕のなかに抱いて帰れる日が来ることを信じ，たとえ病気や障碍をもっていたとしても懸命に育てるという鮮明な意志をもち，出産を経て一足先に親の魂になったのだと，あまり代わり映えのしない私を思い，そのすごさを感じずにはいられませんでした。

　そして，この手紙は，それからの私をずっと励ましてくれるものとなりました。

エピソード11：「父親としての私の決意」

　通勤途中にある，あの嵩山峠。夕方までの勤務を終え，その峠に差し掛かったとき，車を止めて，しばらくその空間に居てみたい気持ちになったことがありました。きっと，世の喧騒と少し距離をおく空間のように思えるその場にわが身を置いて，自分もまた世の中の現実から離れ，一番気になるえりかの現状やこれからのことについて考えないでいたいという現実逃避の気持ちが潜んでいたように思います。車の窓を開けると，鬱蒼と茂る杉の木の葉の香りと，陽

が直接地面に届かずいつも湿っている土の香りが混ざったような空気が漂っていました。私は「この空気，どこか今の自分の気持ちに似ているな」と感じながら，今この時間，病院で，妻やえりかは何をしているんだろうと，峠の先の世界のことを気にし始めていました。

そんなとき，妻からの手紙を思い出し，いつも離さず持ち歩いているその手紙を鞄から取り出すと，何度も何度も読み返していました。読めば読むほどに，なぜだか涙が流れ出てきます。止めどなく流れる涙を拭うことなく峠で1人泣き続けていると，家族1人ひとりの顔が浮かび上がってきて，どこからともなく，「こんなことではいけない。こんなことで留まっていてはいけない。前へと進む。家族みんなで前へと進む」という声が聴こえてきたように思えました。そして，何に対するわけでもなく，沸々と「よしっ！」と勇気がわき起こってくるのを覚えました。

〈今から思えば……〉

薄暗い峠の車中で1人嗚咽する姿は，実に異様な光景であったと想像します。

えりかに障碍があるかもしれないとわかった日から，私は絶えることなく，障碍や障碍のあるえりかのことを思い巡らしていました。と同時に，障碍のある娘を授かった父親としての私を，私自身がどのように捉えるのかもまた，私にとっては重要事でした。生まれてきたわが娘に障碍があるという事実と，障碍のある娘が家族の一員になるという2つの事実を，どのように受け止めていいのかわからないでおり，いくら考えても先が見えず気持ちは整理しきれないままでした。それらのことは，考えればすぐにどうにかなるという性質のものではないのでしょうし，考えようとしている私のどこかに，その事実自体を正視できず，目を背けようとしている自分が潜んでいるように思えました。考えたくないけれども考えざるを得ない状況にあって，それでも自分にじっくり向きあっていくと，私のなかに障碍を否定的に捉え，現実を受け入れられないもどかしい感覚が横たわっていることを感じました。その一方で，そんな感覚をもつ自分自身も嫌でたまらなく，どこからともなく聞こえてくる「お前はどう

したいんだ。現実を受け入れるのか，受け入れないのか。どちらに向かって歩んでいくのか」という声に，スッキリしない，ドロドロとした時間を過ごす日々でした。そのような暮らしのなかで，この日の峠での涙は，毎日，職場で出会う子どもたちのように，えりかは「普通に」暮らせないかもしれない，「普通に」生きられないかもしれないというもどかしさからわき出たように思えました。

　そのようなとき，私が手紙を読みながら思い起こしたのは，妻の「わが娘を育てる」という純粋な気持ちと，家族1人ひとりの笑顔でした。そして，痙攣に身体を震わすえりかの姿であり，あんなに小さい身体ながら懸命に生きようとしているすごさでした。それにひきかえ，こんな場所で車を止め，現実までをも止まらないものかと考えている私は，えりかのその姿に対面することができるのか，妻が言う「たとえ病気や障碍をもっていても，それに屈せずに一生懸命育てていきたい」気持ちに対することができるのかと，思わずにはいられませんでした。

　障碍があることを認められず，障碍のある子が家族の一員になることを受け止められない自分と，障碍があるという状況を冷静に見ながら「この子を育てる」と奮い立つ別の自分の，2つの自分が1人の私のなかで錯綜していました。しかし，このとき，「家族みんなで生きていこう」という当たり前のことに気づかされ，改めてそのことを決意したように思います。「普通」と違うかもしれないことを嘆き悲しみ，涙することと決別しようと思うようになったきっかけは，ほかならぬ涙することからだったのでした。そんな第一歩へと歩ませてくれた原動力が，あの手紙にはありました。

　この日から，それまでその峠を通るたびに感じていた世の喧騒からの隔絶のほかに，また違った意味合いが加わりました。

　毎朝，この峠を越え松江から島に向かうときには，その峠を境にして，学校で待つ子どもたちと仕事のことを意識して考えるようにしました。反対に，毎夕，島から松江に入るときには，新しく仲間入りしたえりかをはじめ，病院や家で待つ家族のことを考えるようになりました。私にとってその峠を通過する

ことは，その前後で異なる世界に対する自分自身の気持ちを切り替える意味をもつことになったのでした。

　えりかが生まれる前の数年間，私は当時の特殊教育の分野で仕事をしていました。障碍のある子どもたちへの指導・支援や，親御さんと語りあい，家族の方々とつきあえる自分なりのスタイルを少しずつ見いだせ，自分でも何とかやっていけそうだと思えるようになっていた頃でした。
　しかし，そんな私に，えりかの誕生は，障碍があるかもしれないわが娘を目の前にして，「普通」ではない現実を否定し，受け止めることもできず，何をどうしていいのかもわからず，ただ茫然と立ち尽くし，たじろいでしまうあまりにも弱い自分自身を感じさせました。それまで何人もの子どもたちやその家族の方々と出会い，話し，行動を共にし，障碍が「理解できた」と思い，励ましていた自分が，また，そんな親子とのやりとりを文字にして書き留めていた文章が，ひどく薄っぺらなものに思えていきました。まったくわかっていなかったのです。特殊教育の仕事での障碍の理解でもってわが娘を理解しようとしても通用しないのは，障碍のある子を育てる親になって初めてわかる親の思いが，このときわかったからでした。
　世の中のことはどんなことでも，すべて経験しない限り実感としてはわからないとはいうものの，その最たるものとして，障碍のあるわが子の存在自体を否定してしまいかねないという重い思いを，しかも，わりと平然と抱いてしまう自分自身がいることがわかったとき，私の驚きは相当のものでした。そして，その思いを抱きながらもえりかを前にして関わらざるをえないという状況は，親が子に対して全肯定しないなかでの関わりが継続していくのですから，時間の経過とともに親子の絆が次第に結ばれていくどころかその反対で，なかなか結びつけられず，むしろ断ち切られていくものであったと，今にして思えます。それまでの私は，そのようなことを戒めるよう親御さんに語っていました。「そのような思いは対面する子どもに見透かされてしまうから，抱かないようにしよう」，「そのような思いからは何も始まらないのだから，その事実を真摯

に受け止め……」と。このときの私を思うとき，これらのいずれのことばも，中身のない形だけの空虚な響きとなって聞こえていました。

　また同時に，私は，親の願いや思いが，子どもの反応の希薄さやこちらの思いにそぐわない子どもの姿によって裏切られることで，子育てへの意欲が減退していくことを如実に感じました。障碍のあるなしに関係なく，子どもの成長を期待する親の思いや子どもと関わることでの親の楽しみは，子育てにおいて大きな意味をもつものだと思います。しかし，それが障碍という急激な意欲減退剤により稀薄になり，感情のない，単なる機械的な子育てになってしまう可能性があることも実感しました。私が以前，親御さんや家族に向かい，子どもとのつきあい方や子どもたちの暮らしについて話しあっていたなかで，子育てがうまくなく，あまりよく思わなかった親御さんの姿に自分自身が重なり，いとも簡単にそんな姿に陥っていることに苦笑し，人の弱さや滑稽さを見た思いがしたのでした。

🌱 私からのコメント

　原さんの著書の中でも，この出産を前後するところが最もインパクトの強い，当事者研究ならではの部分だと言えるかもしれません。障碍のある子どもを抱えた親ならば誰もが辿る道だと言ってしまえばその通りかもしれませんが，しかし，その一般の道を辿るのは他ならぬ原さんであり，その妻です。そこには原さん自身，奥さん自身の固有性（人柄）が息づき，それが唯一無二の体験を生み出しています。一般論に通じる道でありながら，その方向ではなく，むしろ当事者の固有性が前面に出て，個別具体の体験を読み手に突きつけるからこそ，読み手に強いインパクトを与えるのです。

　一般論を語る科学の道は，その語りを生み出す研究者にとっては，所詮，他人事（ひとごと）です。しかし，その「予期せぬ出来事」に遭遇した本人にとって，それは他人事（ひとごと）などではなくて，まさに「我が事」です。他人事として語られた研究，つまり客観的な記録や研究からは当事者の内面の声や内面の心の動きが掻き消されてしまっています。本章の冒頭に述べたように，

第4章 当事者研究のために

当事者の声を取り戻すことが当事者研究の大きな意義だと私は考えていますが，この箇所の一連のエピソードがもたらすインパクトは，まさに当事者の声が聴こえてくる思いがするところから生まれているのではないでしょうか。

(4) 保育所入所を巡って

　えりかちゃんの退院以降，家庭での生活が始まります。祖父母同居の原さんのお宅では，おじいちゃん，おばあちゃんの手厚い援助が得られ，えりかちゃんにとってはこの上なく望ましい環境です。しかし，障碍のある子どものいる家族の常として，そこには家族成員それぞれの思惑が微妙に交錯し，それがときに軋轢になって表面化します。穏やかな生活を送っていて，しかも穏やかな性格の持ち主からなる原さんの家族ですが，それでもそこに何事もないというわけにはいかなかったでしょう。そこにも原さんのお宅ならではのエピソードがいくつも綴られ，それはそれで大事なのですが，残念ながらここにそれらを取りあげる余裕がありません。

　こうして3年が経過し，えりかちゃんは保育所に通う年齢になりました。障碍児保育が制度化されてまだ間もない頃であり，障碍児の受け入れについてはそれぞれの市町村によって異なる基準が設けられていた時代です。その当時にこれだけ重い障碍のある子どもを受け入れてくれる保育所は滅多にありませんでした。以下のエピソードはそうした背景の下に綴られたものです。

〈保育所生活の始まり〉

　朝の9時から夕方4時半くらいまで，保育所での暮らしが始まりました。えりかには姉の担任でもあったベテランの先生がついてくださることになり，一対一の体制を確保した保育が始まりました。その先生と，毎日のように園庭で遊び，顔も陽にやけたくましく感じられるようになりました。これまでの畳の上での暮らしではなく，砂や水，板の上での暮らしに慣れないこともあり当初は嫌がっていたのですが，予想以上にすぐに慣れていきました。

　えりかの保育所生活1年目は，暦年齢よりも下のクラスを生活の場にし，ベ

テランの先生といつも一緒でした。その先生は，年度当初，私や妻に会うとすぐに「こんなおばあさんが担当ですみません」と笑顔で話されましたが，こちらとすれば，ベテランであるだけに安心して，あまり気兼ねすることもなくいろいろなお願いができたように思います。担当してくださることで，えりかの様子について話しあう機会も多くなってくるのと相まって，家族と先生との親しみ度も上昇していき，いろいろなことを言いあえるようにもなっていきました。

そんな先生が，えりかとの関わりについて，目を細めて話してくださいました。

エピソード27：「障碍のある子の保育の基本は，これまでの保育と変わらない」

「私がお願いして，えりちゃんの担当にさせてもらったんです。この歳になるまで，障碍のある子どもさんの担当になったことがなくてねぇ。どうしても若い先生が担当になることが多いから。でも，やってみたいと思ってたの。主任の先生にお願いしたら「私も先生と同じようなことを思っていたことがあってね。先生がそこまで言うなら，やってみる？ じゃあお願い，担当してください」って言ってくださったんよ。うれしくてね。でも，若くはないから身体が動くかなぁって思ってたけど，えりちゃん，そんなに動かれないし，体重も重くないから，ちょうどよかったんですけどね。

それでね，担当するようになってから，これまではどうしても家のなかで過ごしていることが多かったと聞いていたので，体調を見計らいながら，えりちゃんを抱いて園庭に出ては，外の空気に触れたり風に吹かれたり，動き回る子どもたちの姿や声を見聞きしたり，草や砂の上に座ったり……。そうそう，砂といえば，えりちゃん，砂が嫌いでねぇ。両脇を抱えながら砂の上にそっと降ろそうとするんだけど，裸足のつま先が地面に着いた途端，ぴくって跳ね上げるように動いて，見ているうちに泣き始めてね。それからは，私の腕からは降りようとはされなかったわ。ところが，近くにいた子が「えりちゃんに砂をかけてあげようね」って言うもんだから，膝の上に抱き直して両足をぶらっと投

げ出すと，その子はブルドーザーのようにしてかき集めて山にした細かい砂を両手ですくって，足の甲に上からかけてくれたんだわ。やっぱりえりちゃんは泣いているんだけど，それでも優しく「ザー，ザー」なんて言いながら繰り返してね。そんなことが何回かあって何日か経ったときに，砂の上に降りることができてたんだよねぇ。少しずつ少しずつ何度も何度も，ときにはまた友だちに手伝ってもらいながら砂かけを繰り返したんだけど，人は慣れるってことだわね。それまでは畳の上だけの生活だったお嬢さん育ちだったけど，もうちょっと，泥くさい田舎の子にしないとねぇ。後で，それって触覚防衛って言われたんだけど，私は，ただ砂のなかで遊ぶことの面白さみたいなものをえりちゃんに伝えたくて。私がみんなと一緒に砂のなかで遊びたかっただけだったんだけどね。これまでにも，砂や泥が苦手な子もたくさんいて，保育ではそれを好きになってもらうことをしていたんだけど，えりちゃんとの関わりもそれと同じでいいかもって思えたら，これから先も，えりちゃんとの関わりが私にもできそうな気がしてきたんですよ。あれほど砂が嫌だったえりちゃんがいつの間にか抵抗がなくなり，今では陽のあたる外で砂まみれになって遊ぶことが大好きになっているから，不思議なもんだわ。

　体温調節がうまくいかないって聞いていたので，暑くなると，短い時間だけど，日に何度かプールに入るようにしてね。"えりちゃん特権"があって，プール使用の割り振りが違うクラスのときにも特別に入れてもらってたんですよ。顔パスっていうやつ。たらいプールも好きで，キラキラしたものを浮かべるとそれも楽しみで，つまんでじっと見ていたかと思うとポイッて投げたりしてね。寒くなってくると，天候や顔色を見て服の調節をしたり，時には先生方の休憩室にあるこたつに入れてもらったりしてね。できるだけ家庭と同じように過ごせたらいいと思ってたんですよ。保育所中のどこであっても，いい場所を見つけてはそこで過ごすようにしてたら，寒いときには自分でストーブのそばに近寄って行けるようになってね。

　それからね，ここでは，家ではなかなか食べられない工夫したおやつやおかずなどを出してくださってね。えりちゃんはきざみ食だけど，調理の先生が手

間暇かけて，食べやすい食材を食べやすい形と味に変えて，おいしい昼食をつくってくださってるんよ。だから，食の広がりも次第にでてきたんじゃないかなぁ。しかも，その調理の先生はいつも食事のときに来てくれて，きざみの具合や食材の柔らかさなんかの食べやすさや味の加減を，食べているときの表情や様子を見ながら考えてくださってね。「食べてくれるのがうれしいから」って，きざむ手間も苦にせずえりちゃんの食が進むように工夫してくださってるんですよ。その様子を見ると，私もやりがいがでてくるっていうもんですよ。

申し訳ないけど，私はえりちゃんについてわからないことだらけからのスタートだったんです。でも，これまでの保育とちっとも変わらないっていうことと，むしろこれまでの私の保育を振り返りながら，私がここで学んでいるっていうのを実感してるんです。これも，えりちゃんや同僚のおかげですね」。

〈今から思えば……〉

えりかの最初の保育所生活を支えてくださった先生は，健康を第一に，からだ，食，自然，友だち，あそび，運動……のあらゆる分野で配慮してくださいました。ですから，私たち家族はとても安心して，毎朝えりかを保育所に連れて行くことができました。また，そのような関わりは，担当してくださった先生にとってみても，それまでの保育実践を一つひとつ顧みながらの丁寧な保育となったようでした。そして，やがて，障碍のある子の保育もそうでない子の保育も基本的には変わらないことに気づかれたり，周りにいる同僚やえりかを含めた子どもたちに対して，感謝の気持ちを抱ける自分自身でいられることにも感謝されたりと，ご自身の発見にもつながったようでした。

そして，その先生は，周りにいる子どもたちと同じようなことはできないえりかですが，えりかにとって初めての「社会」としての保育所を，居心地よく大好きな場所にしてくださいました。朝，保育所に向かう時刻が近づくと泣いてむずかるものの，保育所に向かう祖父の車が動きだすとピタリと泣きやむということがたびたびありました。そんな様子を見て，祖父は「えりかは，楽しい場所を知っている。たいしたもんだ」と言って喜んでくれました。保育所に

第4章　当事者研究のために

着けば着いたで，窓越しに陽が差しこむ明るい場所に這っていき，自分の場所と言わんばかりに陣取る毎日でした。また，そんな楽しみの保育所でも，夕方迎えに来てくれる祖母が手を差し出すと，それまで抱かれていた先生の腕から上体を傾け，祖母のほうに乗り移ろうとするのですから，祖母もうれしい限りでした。

体力がついてほとんど休まずに通えるようになったのは，保育所でのこのような手間を惜しまない細やかな配慮の賜であり，たとえば，子どもが発熱し，風邪をひいた後になってはじめて「昨日は寒かったんじゃないかなぁ」などと先生方が気づかれるような保育所ではなかったおかげでした。

毎朝保育所に通うということは当たり前のことのように思えますが，そこには子どもの「保育所に行きたい」という思いが膨らんでいるかどうかを見逃すわけにはいきません。えりかが保育所に通うことが大好きだと思えることは，保育所の場や人の雰囲気がとても心地よいものだったにちがいありません。えりかにとって喜んで通いたい保育所であったことは，その保育を創っているすべての職員の方々のおかげでした。入所式の日，妻が前にいた親子のまなざしを受けて感じたときの思いはその後も継続し，先生方への感謝の思いも加わり，保育所は家族にとっても楽しみな場所で，かつ，家族みんなをいい気持ちにしてくれるところとなりました。

🎵 私からのコメント

障碍児保育が始まった頃，トップダウンの改革だったこともあって，多くの保育者には障碍のある子どもが保育の場に入ってくることによって，それまでの保育がこわされるという思いが強かったようです。ですから，それまでの保育を守るためには，受け入れた障碍のある子どもを片隅に置いたり，加配保育者が特別に一対一対応をして通常の保育を邪魔させないようにしたり，といった障碍児保育のかたちになりやすく，私はそれは本来の障碍児保育ではないと思っていました。

えりかちゃんを保育するに当たって，担当の保育士さんは，「障碍のない子

どもの保育と変わらないのではないか」という率直な気持ちを語っていますが，それがえりかちゃんにとっても原さんにとっても，とても大きなことだったように思います。いまでこそ，障碍児保育の歴史が積み重ねられ，訓練中心の療育に偏ったり，片隅に置く保育になったりといった負の様相は少なくなったように思われますが，いまから20年も前にこのような前向きな姿勢を保育者がもっていたことは，えりかちゃんにとってとても幸せなことだったと思います。えりかちゃんが保育所に通うようになって生活のリズムも整い，えりかちゃん自身の世界も広がり，楽しめる事柄も増えていったようです。

　私も何度かこの保育所を訪問し，砂場で陽の光を浴びて保育士さんと遊ぶえりかちゃんの姿を見ることができました。この経験が，その後私が他の保育現場に赴いた折に，障碍のある子どもをどのように保育するかに関して，いくつか考えのあるところを伝えたり，また障碍児保育に関する論考を用意したり著書を編集したりすることに役立ちました。

(5) 地域ぐるみの療育活動の開始

　我が子の障碍を克服するためにこういう訓練をしたらこういう成果があったとか，このプログラムに従ったらこんな成果が上がったというような報告はたくさんあります。そのような発達促進型の発想ではなく，我が子の幸せは地域の人たちと共に暮らす中にあるという原さんの信念に沿って，まずは障碍のある子どもをもつ親たちに呼びかけ，また地域で障碍のある子どもを育てることに力を貸してくれるボランティアの人たちに呼びかけ，さらには通常は腰の重い行政に働きかけて，次々に支援の輪を広げていったところに，原さんのえりかちゃんを育てる活動の価値，それゆえ，それを取りあげたこの著書のかけがえのない価値があります。具体的には，地域ぐるみの療育活動を「いちごの会」と称して組織し，行政を動かして次々に新しい企画を立ち上げ，その重要な成果として「おもちゃの家」を建てたところに，原さんの親としての活動の価値があります。

　これは原さんの人柄と，原さんの居住する地域の人々の善意や熱意が織り成

されて初めて実現されたもので，大袈裟に聞こえるかもしれませんが，他人事にはわれ関せずの風潮が強い現代においては，こうした活動は奇跡の出来事のようにさえ思われました。

　まずは同じ保育所に通う障碍児の親たちが集まって，暮らしていく上での困り感を語り合い，また行政の企画する地域療育小規模事業（いわゆるミニ療育）への不満を語り合う中から，自分たちで地域療育を考えようではないかという考えが生まれ，そのために，地域のいろいろな人にそれを手助けしてもらおうではないかとボランティアを呼びかけ，そこから始まったのが「いちごの会」でした。以下のエピソードは，その最初のスタッフ研修会の風景の描写から始まります。

〈自分たちの手になる療育活動〉

　　最初の研修会には20名以上の方が集まってくださいましたが，その多くは，やはり，障碍児保育を手弁当で始めた経験をもつ保育士さんたちでした。仕事帰りで疲れもあったのでしょうが，笑顔で会場に入って来られる姿を見ながら先生方の熱い思いを感じるとともに，療育活動を新たに始めるという苦しいときに，こんなにも一緒に活動してくださる人たちがいてくれることに，感謝の気持ちでいっぱいになりました。そこに集まった人たちは，すでにやる気と仲間意識にあふれていました。私は先生方のお顔を拝見しながら，障碍のある子どもたちが暮らしやすくなるような活動を始め，やがては障碍の有無に限らず「生まれてよかった，育ててよかった，住んでよかった」と思える暮らしやすい町をつくっていくと，決意を新たにしていました。

　そのスタッフ会では，小規模（ミニ）である特質を捉えて，「地方で個性的な事業を」していくことをふまえて勉強しあいました。そこでの話しあいの主な柱は次の5点でした。

① 療育活動は，障碍のある子や人と一緒にいることを楽しむ場

　スタッフは障碍のある子や人に何かを教えようとする集団ではなく，まずスタッフ自身が楽しむ集団でありたいのです。障碍のある子どもたちと笑い声が絶えない時間を一緒に過ごすことは，周りを楽しくさせ，障碍のある子やその家族に「今のままでもいいんだ」という安心感と元気を与えてくれます。スタッフといっても，他者の人生を担えるわけでもなく，できることといえばただそばにいて寄り添うくらいなこと。そして，障碍のある子や人と一緒にいることが楽しい場になれば一番いいし，一緒にいて楽しんでくれる人が増えていけば，もうそれは立派なノーマライゼーションです。

　しかし，障碍のある子や人をちやほやしようとすることではありません。ボランティアといえども，単なる親切と考えると大きな誤りであり，厳しくするところは厳しくするという姿勢もときには必要になるのです。

② 療育活動は，親が生きていくのに勇気を与える場

　障碍のある子どもが学齢期を過ぎると，家庭で親が1日中その子とつきあうことになったり，親や家族が抱える時間が多くなったりしがちです。その時点では，親が勇気をもって社会に出ていけるかが大切なポイントになります。そのためには，近所に，あるいは地域に，どれだけその子どもを知っている人がいるのかということも影響してくるのです。

　療育活動を始めることで，家族にとって，力を貸してくださるスタッフが近くに住んでいることがわかるだけでも勇気がわいてくるし，まして，休日に集まってわが子のために何かしてくれることになると，感謝の気持ちが子育てへのエネルギーにつながります。その意味でも，活動を地域に開き，知りあいを増やしていくようにします。

③ 療育活動は，暮らしから離れず暮らしに即した援助をする場

　月に1〜2回の集まりなので，療育活動の内容はその場だけで終わるのではなく，暮らしに直結するものを盛り込んでいきます。それまで各地で行われて

いた療育事業のなかで，子どもたちの暮らしを意識したものはほとんどなく，そこから離れたものが多いのは，教えようとする意図が強すぎたからではないでしょうか。たとえば，受付で小遣いが手渡され，スタッフと一緒にスーパーマーケットに買い物に出かけるという活動を組めば，「実際に」，「実物を」，「具体的に」扱う内容であるだけにわかりやすく，生活に反映しやすくなります。このように，子どもたちに多くの「本物」と出会わせていくことが重要です。

また，たとえば肢体不自由の子どもの暮らしの1コマにおいて必要な，大人も子どもも互いに楽で長時間の保持が可能な食事姿勢のあり方とか，姿勢保持のためのクッションや椅子の工夫といった介護技術，スプーンや食器などの介護用品の使い方も療育の場で学び，日常生活にスライドさせていきます。

④ 療育活動への参加者が少ないことを嘆かず，集まった人たちで活動を続ける場

家族やスタッフにはそれぞれ異なった暮らしがあるのですから，療育活動に来られないときもあります。少ない参加者だからといって，参加している親子やスタッフが嘆く必要はありません。集まった者が集まった者で楽しみ，続けていくことが大切であり，療育活動が続いていること自体が本人や家族の支えになるのです。

⑤ 障碍のある子どもや家族が行きたいときに行ける場

たとえば，療育活動に参加していた親子が，小学校に入学後，新たな生活が落ち着くまでのしばらくの間，参加されないことがあります。あるいは，就学という1つの節目を経過し，安定した学校生活を送っていることから，療育活動に向かう気持ちが薄れてきて，参加されなくなることもあります。そんなときでも，療育活動の案内を送り続け，会と家族との糸をこちらから切らないことが大切です。「参加する」，「お休みする」は利用者側の判断があったからこそ。親子のニーズも変化しているかもしれません。そんなときは，「あの家族

は，もう来られなくなったから」と，こちらからの発信を絶ってしまうのではなく，継続しておくことで，またやって来られることもあるかもしれません。久しぶりに参加されたら，「元気だった？　待ってたよ」と快く迎え受けるこちらの懐の深さが求められてくるのです。

〈初めての療育活動〉

　初めての療育活動は，お正月を少し過ぎて家々にもいつもの暮らしが戻り，落ち着きがでてきた頃でした。その日は１月といえどもポカポカ陽気で，会場となった保育所の庭で駆け回る子どもたちの姿もありました。陶芸活動では地元の窯から陶工を招き，皿やコップなどの器づくりを楽しみました。またクッキング活動では焼きそばやお好み焼きを，ブレーカーを気にしながら焼き続け，参加した60名の大昼食会となりました。

　えりかは毎日通う保育所だけに，自分の好きな所を知っているようで，まずは陽の光がふんだんに差し込むテラスで太陽の温もりを味わってから，陶芸づくりをやっている部屋に妻に抱かれてやってきました。

エピソード32：「ただ一緒に過ごすことを楽しむ」

　私が組んだ膝の上にえりかが座ると，ちょうど身体の前にある作業台の高さとマッチして，いかにも陶芸をするかのような格好に見えました。今日は板状の粘土を空き缶に巻き付けて円筒にしたものの底に粘土の板を取り付け，カップをつくる活動でした。えりかはどの作業も自分１人ではできないのですが，声をかけながら一緒に作業を進めていくと，保育所で砂や土や粘土に慣れていたこともあり，嫌がることもなく，ずっと膝の上から離れませんでした。えりかの目の前で「えりちゃん，こうして土をのばして……」，「今度はここを水でくっつけるで」などと言いながらつくっていくのですが，えりかはどちらかといえば，隣で作っている陶工の使い残しの，いろいろな形の切れ端の粘土をつまんでは目の前にもっていき，それを器用に指で回しながら遊ぶ方が気に入っているようでした。

それを見つけた陶工が「いい考えがある！」と，作業台の上に大豆ほどの大きさに粘土をまるめたものをいくつか並べて置いてくれました。すると，えりかはそれをつまんでは落とすことを繰り返していたのですが，私がえりかがつまんだ粘土を一緒にカップに押しつけくっつけていくようにすると，立体的な水玉模様のカップができあがりました。「いいじゃない，このカップ」と周りにいたスタッフの大人たちは拍手して喜びましたが，当の本人は我関せずで，つけたばかりの豆水玉を引っ張ってとろうとしている様子を見て，再び周りの大人たちの笑いが巻き起こりました。

　私は子どもや大人たちの笑いのなかでゆったりとした時間を過ごし，さっきまで太陽を浴びていて温かくなったえりかを抱っこしながら，身体の温かさを心の温かさに変え，私の身に染み込ませてもらっているような気持ちになりました。

〈今から思えば……〉
　初めての手づくり療育活動で，私はえりかとどんなふうに過ごそうかと思っていました。障碍の重いえりかにとってみれば，用意していた活動自体を生産的に，能率的に行うことはできそうにないことから，好きなものを見つけて，自分から関わっていくことができたらいいなと思っていました。しかし，この日のえりかの様子を見てみると，最初の陽を浴びるときからずっと，えりかなりに自分のやりたいことを見つけて，積極的に取り組んでいるように思えました。それは，私自身が久しぶりにゆったりとえりかとのひと時を楽しんだという思いがあったからかもしれませんが，参加していた大人たちが，活動の終わりの時刻や作品の出来映えなどにこだわらず，ただ「一緒に過ごすことを楽しんだ」関わりがあったからではないかと思いました。えりか１人では作品は完成しませんが，完成するまでのやりとりを楽しむことで，参加者がいい時間だと思えてしまう。そこには，できなくても，完成しなくても楽しめるという，より高度な関わりあいが潜んでいるのだと思えたのでした。

エピソード35：「井戸端会議風話しあい，これも大事な相談事業」

「私は小学5年になった子どもが，就学する前からこの会に参加させてもらってるんですけど，うちの子がやってきては打ち込める活動があって大喜びなんです。製作したり，運動したりが好きなようで……。学校に入学する前から動きが激しくて，同じ所でじっとしていられないし，どういう訳かわからないですけど，友だちを急に叩いたり押したりして，相手を泣かせてばかりいたんです。そしたら当時の園の先生が「いちごの会」の先生を紹介してくださり，そこでこの活動に参加してみないかと誘われてやってくるようになりました。

ここに来て驚いたのは，あれほど動き回っていた子が，先生たちと一緒に，身体を動かしながら活動してるじゃないですか。たまには友だちを叩いたりすることもあるみたいで申し訳ないですが，その回数は断然少ないんです。そのうえ，ちょっと変わった子なんで，変わったふうの作品をつくると，「これはおもしろい！」なんて先生方が褒めてくださるので，この子ったら調子に乗っちゃって。家でも褒められることは少なくて，怒ったり注意したりすることが多いからうれしいみたいで……。

この子もなんですけど，私も参加するのが楽しみなんですよ。私の楽しみは活動ではなくて，やって来られる親御さんやスタッフの先生たちとのお喋りのほうなんですけどね。就学前に友だちを叩いてばかりのときには，この活動にやってこられる学校の先生や同じような子どもを育てておられる親御さんに，たくさん私の話を聴いてもらって……。あの頃は，園の先生からその日の様子を教えてもらうたびにイライラして，「もう，どうしてなの！」って，今から思うとすごい様相で子どもに大声をあげていた毎日だったと思うの。もう私の方がどうにかなるんじゃないかと思ってたの。でもここに来ると，子どもも好きなことをさせてもらえるし，スタッフの先生は一緒に活動してくださるし，毎月一回，私へのお喋りプレゼントをいただいている気分でした。就学のときに特別支援学級にするかどうか迷ってた時期には，ここに来ると，園の担任の先生や学校や教育委員会関係者の方もおられて，一緒に話ができて，私の気持ちもかたまったし。学校に行くようになっても，私の悩みは尽きないけど，そ

れでもここに来て、話せる人の顔を見つけると、もううちの子とは離れて喋ってばかり。お母さんや先生から、結構きつい指摘を受けることもあるんだけど、素直に聞けるから不思議です。これって、仲間？　友だち？　っていう関係だからかしら」。

〈今から思えば……〉

　たしかに、療育活動の最中、会場のあちらこちらで、親御さんたちとどちらかと言えばベテランスタッフの先生たちが立ち話をしている光景に出会います。そこでの話の内容は、子育てに関する事柄や就学のこと、学校のこと、担任のこと、病院のこと、おいしいお菓子店や気に入った洋服屋さんのこと、どこそこに行ったこと、連休の過ごし方など、多岐にわたっていて、スタッフもそんな話に参画して大いに語っていました。障碍のある子どもの暮らしを支えるといっても、何も障碍の部分だけの話題に絞り込む必要もないのですから。そんなふうに自由に話しあえる場を何度も経験しながら、仲間意識が育ったところで、深刻なことも自分から話し出されるものだと思いました。

　活動中、いつでもどこでも話しあいや相談が可能で、話したい人が話したい相手を見つけては始まるのですが、親御さんにとっては、子育てに関する何かのヒントがその場で得られる場合もあれば、課題が大きすぎて他に委ねざるをえない場合もあります。しかし、いずれにせよ、わが子や自分の子育てについて自分のことばで他者に語ること自体が、様々な課題をもちながらも「今」を生きる現実や、障碍のある子がいるという暮らしを受け止めていくうえで、大きな意味をもっていると思いました。また、相談内容は専門の相談員が対応しなくても、親同士で解決できる内容も多く、スタッフにとっても参考になることがありました。それはまるで、かつて、私たちが保育所を会場に夜遅くまで語り続けた頃のことを、語りあうメンバーが替わり、形を変えて行っていると思えるものでした。

　療育活動に家族揃ってやって来られると、家族関係がリアルに映し出されると同時に、家族みんなでの話しあいがその場で可能になります。医療機関や療

育センター等での診察室や相談室では，この家族力動はなかなか見られないのではないでしょうか。ここでも療育活動が家族関係づくりの面で意義深く，それへの支援の場としても適していることがうかがえました。

　スタッフは，活動しながら子どもや親のつぶやきをまとめておくのですが，それらがまさにそのときの子どもや家族にとってのニーズであり，今後，一緒に考えていきたい課題であり，あるいは新たな活動の材料そのものでした。

🌱 私からのコメント

　このようにして原さんが中心になって設立された「いちごの会」はもうじき四半世紀を迎えることになります。毎月1回の療育活動の他，季節ごとの合宿，さまざまなお楽しみ活動，研修会や相談会が折々に企画されてきました。この設立趣旨がすべてを物語っていますが，これが実現する上には，人々の善意が欠かせません。「**住んでよかった，育ててよかったと誰もが思える町**」，その精神が多くの住民に共有されれば，我が家だけが幸せであればよいという個人主義的な考えがおのずから超えられていきます。そしてそういう助け合い，育ち合いの中に真の生き甲斐や暮らしの楽しさを見出せることに，人間本来の生き方があるとさえ思われてきます。

　この「いちごの会」の設立については，かなり前にミネルヴァ書房の『発達』（第72号，1997年）に原さん自身が書いたことがあったので，お読みになった方がおられるかもしれません。

　この「いちごの会」も少しずつ第2世代への移行期に差しかかっています。これまでこの会を支えてきた人たちのものの考え方にも微妙な変化が起こり始めているようにも見えます。だからこそ，この会設立の趣旨を如何にして第2世代にしっかり引き継いでいくかが，これからのこの会の課題であり，原さんたち第1世代の人たちにとって，後進を育てる働きが急がれるところでしょう。そのような状況を思うにつけ，ここに表された設立当時の熱い想いを伝える文言は，地域社会の再構築が叫ばれている我が国の現状にとっても，いくつか重要な手がかりを与えてくれるように思われます。

（6）子どもと保護者が集う「おもちゃの家」の設置

えりかちゃんが通っている保育所には，廊下続きで職員の休憩室があり，畳敷きであることもあって，そこが障碍のある子どもたちの落ち着く場所として利用されていました。そして地域の障碍児支援活動の一つの「おもちゃ図書館」活動のために，その場所が利用されることもありました。「いちごの会」ではこの場所を重視し，保育所に通う障碍のある子どもたちの落ち着く場所という意味付けだけでなく，そこに障碍のある子を抱え，在宅で行き場のない保護者の集う場所としての役割をもたせられないか，場合によっては保護者の相談を受ける場所にできないかと考え，保育所の了解を得て，この場所が活用されてきていました。そこに，この休憩室を立て替えて，相談もでき，子どもや保護者が集うこともできる場にできないか，という考えが原さんや支援者たちのあいだに生まれました。保健師さんや行政の方々の積極的な取り組みもあって，遂に「おもちゃの家」の設置が実現しました。これも，いまの行政の動きからすれば「奇跡的」な出来事だったと言えると思います。以下は，その経緯を紹介するものです。

〈「おもちゃの家」の完成〉

建物が完成した頃，仕事帰りに保育所に立ち寄ってみると，そこには福祉担当課長さんもおられ，2人して駐車場から「新おもちゃの家」を眺めながら話しあったことがありました。私は建物が完成するまでのことを思い出して，課長さんにしみじみと話していました。

エピソード37：「よくぞ，ここまで」

「「新しいおもちゃの家を建てよう」って課長さんから言われたとき，あまりにも唐突だったので，はじめは何のことかわからなかったんですよ。「あんたたちが，狭い，狭いっていつも言ってたでしょ。私も見に行ったけど，確かに狭かった。利用する人が増えてるっていうことは，そこはいいことをしているってことだから，私とすればそれに何とか応えたいと思って……。国からの補

助もあったので，この際，障碍児保育の拠点施設にできないかと考えてね」と笑顔で話されるのを聞いて，やっとその意味がわかったんです。何と，新築。それはもう，夢のような話でした。

　しかも，建設することが決まってからは，設計段階から「いちごの会」にも声をかけてくださって，親たちや設計士さん，保育所の先生，行政の担当の方と一緒にみんなでつくるという感じでしたね。だから，私たち親は素人ながら，参画する以上は後から文句は言えませんから，いろんなところから情報をとりながら本気でやりましたよ。バリアフリーはもちろんのこと，車椅子で利用できるように玄関やトイレの寸法を調べて広げてもらったり，車寄せを備えたり。家庭的な雰囲気が出せて利用する親子が落ち着けるようにと，畳の部屋や家庭用のシステムキッチンを取り入れてもらったり。ドアやトイレにもこだわりましたよね。そうそう，どこまで自動ドアを備えるかも議論し，多くを自動にすることは，日常の暮らしと乖離していて，自分で開け閉めをすることも大事なことだからと，結局は入り口の一枚だけにしましたよね。そんな話しあいをしながら，設計士さんにも行政の方にも，「障碍」っていうものをわかってもらっていったような気もしてるんです。何度も，何度も話しあいましたねぇ。ですから，建物ができあがる前から，すでに愛着を感じてまして……。

　新築してもらったのだから，あとは中身ですよね。以前より格段にスペースが広がって，親子でつくった作品を片付けなくてもそのまま置いておくこともできるし，トランポリンのような大型遊具やプラレールみたいに広がっていく玩具でも遊べるようになるし。ピアノがあるから音楽にあわせて身体を動かす遊びもできるし，陶芸や木工の活動をするときにもゆったりと空間を使ってできそうです。キッチンがあるから子どもたちと一緒に調理して，そんな経験を家庭にもち帰ってもらうこともできるし。隣の駐車場を使えば，昼間の車がないときには水遊びが心おきなくできるかもしれません。少し開放的な気持ちで相談を受けたり話しあったりと，まだまだ，いろんなことができそうです。これまで以上に，ここを利用する親子が保育所の建物や園庭を使ったり，反対に保育所の幼児がここを利用したりして，交流もできそうだし。特別支援学級で

第4章　当事者研究のために

学んでいる子どもたちが放課後にやって来て，宿題をやったり活動したりの場所にも利用できるかもしれませんねぇ。食事もつくれるから，何組かの親子と一緒に合宿を計画して，活動したり語ったりもできそうだし……。やれそうなことを考えるだけで，わくわくしてくるじゃないですか。この建物が1つあることで，この町の子育て支援の中身も随分と変わってくると思うんですよ。

　今，この建物を眺めながら，よくぞ，ここまできたもんだと，つくづく思ってるんです。「いちごの会」のような任意の団体に，よくぞここまで任せていただいていると，町の行政にとても感謝しています」。

〈今から思えば……〉

　新しい「おもちゃの家」の建物を眺めながら，建築が決まってからその日までのことが，次々と思い出されてきました。また，これまでの「いちごの会」の歴史のなかで，町の行政の課長さんと肩を並べて同じ建物を眺めるなんてことはなく，そのような光景を想像したこともなかったのですが，子育て支援という1つの重要事項に対して同じ方向で取り組んでいける関係でいられることは実にありがたいことだと，つくづく思いました。

　おもちゃの家は，障碍や病気等があるために保育所や幼稚園といった集団の場で過ごすことが難しい子どもとその家族が利用する場であり，療育活動を行う土日ではなく，平日に出かけることのできる貴重な場でもありました。毎月行う療育活動ほど大きな集団でもなく，馴染みのある数組の親子が集うだけに，愛称どおり親も子もほっとでき，親御さんたちは子どもの様子を見ながら子育てや悩みについて話しあい，子どもたちは自分の好きなもので，好きなことを，好きな人と遊べる空間でした。また，スタッフから子育てや遊びなどについてアドバイスをもらえるという，療育とサロンを兼ね備えた施設でした。

　そんな機能をもつ施設が大きくなって新築されることは，利用する親子にとっても，スタッフにとってもうれしいことでした。親同士の語りあいがゆったりとできます。安心して子育て相談ができ，就学へのステップとなるような場にもできます。活動のバリエーションが増やせます。陶芸や木工の活動で親子

がものづくりを楽しむことができ，作品としても残せます。それらの活動に地域の方々を講師として招けば，地域での障碍理解活動にもなります。勉強会の会場としても使えます。……と，思いはどんどん膨らんでいきました。

「新おもちゃの家」を眺めながら，人が集って活動しているだけの，組織としては強い基盤をもたない「いちごの会」がよくぞここまでやってこれたと，一緒にやってきた仲間を称えるとともに，これまでお世話になってきた実に多くの方々の支えがあったからこそと深く思えたときでした。そして，「いちごの会」が一住民でもなく行政でもなく，その中間に位置するような組織だからこそ，両方のニーズをうまく取り込みながら運営できていて，それが大きな強みになっていると思えました。

子育て支援のヒントは常にユーザー側にあり，そこからの発信を受けて，できるところをできる部分からやってみようとしてきたことが「いちごの会」の取り組みだったように思います。行政からではなく住民からの発想で，しかし行政とは協働し，住民の力を合わせての取り組みは，私たち自身を受け身にすることなく能動的に主体的に活動でき，結局は，官民一体のような実践ができていました。その象徴が「新おもちゃの家」なんだと，改めて眺め直していました。

その後，「おもちゃの家」は町の単独事業となり，「いちごの会」がその運営を継続して委託されていましたが，市町の合併を経て，現在は市立保育所併設施設として市の直営となり，就学前の保育・教育に係る研修を実施するなどの機能をより充実させ，子育て支援の大事な拠点となっています。

たくさんの方々の協力を得て運営できている「おもちゃの家」は，親の思いとそれに応えようとする数々の思いとの合致によって実を結んだ，とても稀な子育て支援の場なのだろうと思っています。それまでの「いちごの会」が行っていた療育活動の実績の裏付けがあったからとはいうものの，「おもちゃの家」や保育所の先生方，行政の担当スタッフや保健師さんなど，だれ一人欠いていても，あるいはどこかのセクションが一部でも拒めば実現もできず事業継続もできなかったであろうと痛感するのでした。

🌱 私からのコメント

「おもちゃの家」の運営にはスタッフが必要です。それも乳幼児の子育てに悩み，家族関係に悩む保護者の悩み相談を引き受けることのできるカウンセリングの力をもった人，そして保育にも明るい人，そういう人的資源なくしては，建物ばかり立派になっても円滑に機能しません。その人選にも原さんを中心に「いちごの会」が当たり，行政は「金は出すけど口は出さない」姿勢で臨み，それによってこれまでやってくることができたとも言えます。もちろん，建物は大きな意味をもちます。「いちごの会」のシンボルでもあります。

行政というと，なにやら「無機質なお役所仕事」という悪しきイメージがありますが，それを担うのも人です。その人もこの町内で生活をし，「住んでよかった」「生まれてよかった」と思いたい人です。その人格をもった人が設置主旨に賛同し，自分のできることを懸命に考えたからこそ，行き着いた「おもちゃの家」でした。ここにも「奇跡」を見ないわけにはいきません。

（7）訪問教育を利用することを巡って

えりかちゃんを育てる父親としての原さんは，就学を迎えたえりかちゃんの就学先を考えなければなりませんでした。教育委員会の一員でもある原さんにとって，委員会の立場と，保護者の立場の板挟みになる苦しい局面でもありました。通常，えりかちゃんの障碍の重さからすると，「養護学校（いまは特別支援学校）相当」という判断がなされるのですが，しかし，特別支援教育に移行する前の特殊教育時代の養護学校は，子どものニーズに沿った教育というより，大人主導の療育型の教育がなされており，原さんはその教育のあり方に疑問を抱いていたこともあって，えりかちゃんの就学先をすぐさま養護学校にすることをためらっていました。

それとは対照的に，保育所での職員の対応には満足していましたから，なんとかそのような対応の延長線上にえりかちゃんの就学先を考えられないものかと模索していました。そしてそのとき思いついたのが訪問教育の制度を利用するという考えです。いま，特別支援教育に衣替えした障碍児教育の発想からす

れば，むしろとても自然な発想なのですが，その考えを換骨奪胎して，家庭を訪問してもらうのではなく，えりかちゃんの通う保育所に訪問してもらうという画期的なアイデアに基づく取り組みです。しかし考えてみれば，それは特別支援の基本理念と訪問教育の主旨とを重ね合わせてみれば，自然に導かれる考えでもありました。ですから，私も原さんの考えに賛同しました。この訪問教育に関連するエピソードも原さんの著書の中では重要な意味をもつものですが，残念ながら紙幅の制約があり，ここでは割愛せざるを得ません。

　ともあれ原さんのこの試みは，小学生の学齢の子どもが保育所に通い，そこで基本的には保育者の（原さんが個人的に雇った人）の世話になりながら，そこに養護学校から教員が訪問してきて，そこで義務教育を行うという，これまでにはない流れです。これは確かに，これまでの常識を打ち破った画期的な取り組みでした。しかし，同じ教育委員会の中にそれを好ましく思わなかった人もいたようで，原さんは板挟みの苦しみを味わわなければなりませんでした。残念ながら，そこは著書に盛り込まれていません。そこでの原さんの悩み，反対する人との接面で味わった苦渋，そうしたことがえりかちゃんの当時の姿とともに，また家族のさまざまな思惑とともに，もっと赤裸々に語られていたらと思わないでもありません。原さんの穏やかな人柄がそれを阻んだと考えるしかありません。

　こうしてえりかちゃんは2年間，保育所の場で訪問教育を受け，その後，近所の小学校の特別支援学級に場所を移して，そこで訪問教育を受け，最終的には自宅からかなり離れたところにある当時の肢体不自由養護学校に通学し（祖父の車で），そこを卒業するということになったのでした。

（8）原さんの当事者研究を読んで

　多数のエピソードの中から，書き手の声が聴こえると思われた箇所を中心に，そして多くの読み手がインパクトを得るだろうと思われた箇所（それは私自身がインパクトを与えられた箇所でもありましたが）を選りすぐって，取りあげてみました。それは冒頭にも述べたように，原さんの著書を紹介するという目的

よりも，当事者研究の意味を考える素材としてという意味が強かったと思います。

　これまで紹介してきた中身から，またその前後に付した私のコメントから明らかなように，原さんのこの当事者研究は何よりも本人の固有性（人柄）に根差す，原さんならではの声が聴こえるところがインパクトの源泉だという思いを強くします。本人が書けば声が聴こえるはずだと思われるところですが，これまでの体験吐露を中心とした類書と比べると，やはりその人の人柄に根差した声が人を感動させるのだということに改めて気付かされます。単に行政の不備を責めたり，医療的対応の不備を責めたり，周りの理解の乏しさを嘆いたりといった，まがまがしい声ではなく，悲しみに耐え，周りの善意に感謝し，家族の思い遣りの有難さに心の内で感謝するという，人が共に生きる上に欠かせない「善き人」の心根に根差した語りが，人の心を動かすのだとつくづく思います。

　それはまた，私のようなルサンチマンに満ちた人格の声高な声とは異なり，私にはない穏やかな資質の声だからこそ，それに教えられる思いがするのでしょう。

　その原さんの人柄にほだされるのか，ここに登場する人たちの善意もまた，今日の日本文化の現状に照らせば，稀有の，奇跡的と言ってよいほどのもので，それがインパクトを読み手にもたらします。手弁当で療育活動にやってきて，自分の得意技を披露して，子どもや保護者を支える地域の人たち，さらには障碍児保育に携わっているか否かに関係なく，優しい目線で子どもたちや保護者に接してくださる地域の保育士さんたち。その人たちの言動にも，頭が下がります。そして保健師を初め，行政に携わる人たちの努力と善意も見逃せません。それらが一つになって，「いちごの会」を盛り上げ，「おもちゃの家」をつくりました。その試みの中で，えりかちゃんと原さん家族の関係発達が営まれていくのです。

　第1章の図1に示した私の「関係発達の概念図」を思い起こしていただければ，えりかちゃんと原さん家族との関係発達は内側の楕円に，そして「いちご

の会」や「おもちゃの家」活動などは外側の楕円に描き込まれる内容です。その二重になった楕円が時間と共に移動していくのが，えりかちゃんと原さん家族の関係発達の20年間だったと言えるのではないでしょうか。

どの親も辿る道でありながら，そこに原さん親子だからこそ，という内容があり，そこに当事者研究の意義があるように思われます。単にこういう親子がいましたという報告ではありません。その生き様を綴った中身が，読み手自身の生き様を振り返る契機になり，そこから未来を展望できる限りにおいて，それは「接面」の人間学にとって重要な意味をもつものであると言えると思うのです。

第3節　書籍『慢性腎疾患の子どもとその母親・家族の関係発達の諸相』より

ここからは，渡部千世子著『慢性腎疾患の子どもとその母親・家族の関係発達の諸相——子どもは如何にしてその病気を自らの人生に引き受けるようになるか』（風間書房）を元に当事者研究についてみていきます。

（1）渡部さんについて

渡部さんは開業医の夫の医院で事務の仕事をする傍ら，3人の子育てをしている一人の母親でした。その次男のQくんが4歳のときに慢性腎不全を発病し，それ以来，その病気の息子がどのようにその慢性病を自分の人生に引き受けていくようになるか，その息子の成長と渡部さん自身の母親としての成長を関係発達という観点から描いて，青年期特有の問題，家族の問題，自分自身の問題を突き詰めようとしたのが，この学位論文です。

その経緯を渡部さんは冒頭で次のように書いています。

息子が病気を発症した当時は，今ほど慢性疾患をもつ青年の問題は注目されていなかった。しかし，私は息子を育てながら，「幼いころから病気をもった子ど

もたちは自分の病気について，いつ，どのようにそれを自分のこととして捉えるようになるのだろうか」という疑問を常に抱いていた。特に息子が思春期に入り，友人と「異なる」ことや病気のために「できない」ことがはっきりと自覚できるようになってくると，"治らない病気"をもった自分とどう折り合っていくのだろうかという私の疑問や心配は強くなった。というのも，私自身，この病気と折り合う作業が相当に苦しかったからである。

　息子は中学2年生の1年間，家族とほとんど言葉を交わさず，無気力で何も手につかない状態が続いた。おそらく，圧倒されるほど重い現実に身動きできない状態だったのであろうと想像した私は，息子をそっとしておいた。ところがその一時期が過ぎると，息子は切羽つまった様子もなく，自分の将来のことについて真剣に考えるふうでもなく，面白おかしく冗談を言いながら仲間と楽しく過ごすようになった。落ち込んだ様子を見せればもちろん心配だが，能天気にしていてもそれはそれで親としては心配だ。親とは身勝手なものである。とにかく私は，そういう息子の気持ちがわからなかった。まさに，「何考えてるの？」という思いであった。

　「慢性病をもつ子どもたちは，どのような思いをもって青年期をくぐり抜け，その病気を自分の人生に引き受けていくのだろうか？」

　この疑問は，息子が成長するにつれて膨らむばかりだった。

　この冒頭の一文に渡部さんの当事者研究の主旨が的確に示されています。そのことをしっかり理解したいと思い，渡部さんは人生の半ばにして臨床心理コースの修士課程で学ぼうと思い，同じ慢性腎疾患で苦しむ青年たちへのインタビューや質問紙調査を実施して，この問いに答えを出そうと努めました。しかし，青年の患者たちの生の声から聞こえてくるものを如何にまとめるかという方法論のところで行き詰まり，修士論文はインタビューや質問紙調査の結果をまとめて何とか提出したものの，手応えが感じられないまま，その方法論を模索して博士課程に進学し，定年退官後にその大学に赴任した私との出会いがあったのでした。

　そしてたまたま私の所属する発達領域の助教の職につくことになり，私の隣に研究室を得たこともあって，私のエピソード記述の方法論と関係発達論を学

び，Qくんと自分や家族との関係発達を描くことを通して，この問いに答えを見出すことができると確信したようでした。

　以来，私が名古屋に行く週の前半，大学で空いた時間があるときには，私の研究室に書いたエピソードと質問をもってやってきて，話し合いから何かの手がかりを得ると，次の日にはエピソードを書き直し，新しいエピソードをもってくるというようにして，精力的に博士論文の準備に向かっていました。大学の学部生時代は心理学とはまったく関係がなかったようですが，もともと力量のある人だったようで，打てば響く教えやすい院生だったと思います。もちろん，その経過は生易しいものでなく，考え込んで涙が溢れたり，そんなことにも気付いていなかったのかと愕然とした表情で落ち込んだりと，心乱れる日々でもあったことは端で見ていても感じるところがありましたが，ともかく，そのヴァイタリティと努力には目を瞠るものがありました。

　修士論文の取り組みから研究のベースは十分にあり，また子育てが一段落して時間もあったようなので，持ち前の努力もあって博士論文の準備は順調に進捗し，1年と少しで全体がまとまり，学位を取得し，他の大学に職を得て学生を指導する立場になりました。そして以前から主催していた「キドニークラブ」（患者会）の活動や，学生相談などの臨床の仕事，さらにはそれに関連した講演や執筆活動など，精力的に活動を続けて現在に至っている気鋭の女性です。

　この学位論文は何よりも病に苦しむ子どもと，その苦しむ子どもを育てながら自らも親として苦しむというように，私の「関係発達」という視点が最もよく活かされると同時に，その生き様がエピソードを通してアクチュアルに描き出されているところに価値があります。つまり当事者研究であるからこそ，自分の悩みも息子の悩みも生の声で伝えられるという強みがあり，それが強いインパクトとなって読み手を捉えるところに，何と言ってもこの研究の意義があります。これまで事例研究に対して，「単なる一事例ではないか」と揶揄してきた人でさえ，この論文を真摯に読めば，これが単なる一事例ではないことに気付くに違いありません。この論文はきわめて大部なものなので，ここにその

第4章　当事者研究のために

全体を取りあげることはもちろんできませんが，その関係発達の重要な節目になったエピソードを取りあげて，これが本章の第1節で見た広義の当事者研究として意義あるものであることを示したいと思います。

なお，渡部さんのこの論文は，〈背景〉と〈メタ観察＝考察〉は「である」調で示され，〈エピソード〉は「です，ます」調で示されています。後者は遠い過去を回想するかたちのエピソードが多くなり，誰かに語るというスタイルで書いた方がライブな感じが出てよいと思ったからでしょう。渡部さんが博士論文を準備していた当時，NHKの「朝ドラ」で若尾文子さんのナレーションが印象に残り，それにヒントを得たようです。それを読んでみて，私もよいアイデアだと思い，このスタイルでいくことを支持しました。

以下，各項はある時期の出来事の大きな拘りを示しています。一つの項には複数のエピソードが含まれている場合がありますが，それが同じ項に含まれるものであることを連続する縦線で示してあります。

（2）最初の発症

〈背　景〉

　Qの発病は冬だった。そのころ夫は，スキーを始めたばかりで，長男を連れて度々スキーに出かけていた。発病の直前には，私とQ，下の娘もそれについて行ったのだが，その旅行でQは風邪をひいたのか，体調を崩していた。そこで夫は，長男だけを連れてスキーに出かけていた。

エピソード1：「子どもたち，どうしよう？」

　「最初に気づいたのは，主人だったの。長男といっしょにスキーに3日ぐらい行ってて，夜帰ってきて，Qの顔見るなり，『太ったなあ。おばあさんちでお菓子たくさん食べてきたんだろう』って言ったの。私は，『また嫌み言ってるわ』って思った。私にはちっとも太ったふうには見えなかったから。ここ数日なんかおとなしくてごろごろしてたけど，少し前から風邪ひいてたから，そのせいだと思ってた。それでその日は気にせず，そのまま寝ちゃった」

「次の朝，主人が2階から降りてきて，『おかしいぞ！』って大声で言うの。私は，『何がおかしいの？』と思って振り返ったら，『すぐ尿検査してみなさい』と言うの。それで検査してみたら，蛋白が4プラスも出てたの！『何これ！』ってびっくりした！　でも，血尿はないし，何なの？　って。何の病気？　って思った。で，そのままテステープを主人に見せたら，『これは，まずい……』って黙っちゃった。一応医者だから，怖いよね，黙っちゃうと……。何？　って聞けなかった。で，黙ってたら，主人は『病院……。どこがいいか……。大学病院は，いろいろされるし……』と，ひとりでぶつぶつ言ってた。『とりあえず，A医院（小児科医院）に行ったら……』と私が言ったら，『そんなとこ，意味ないじゃないか！』と一喝！　ガツーンと言われた。それで，また沈黙……」。

「朝ごはん食べるうち中ずっと沈黙。子どもたちもシーン……。主人が仕事に出かける直前にやっと，『一応H病院に行きなさい。たぶん，すぐ入院って言われるけど，今日は診察だけで帰してもらいなさい』と言ったの。『一体何なの？』って聞いたけど，主人は答えなかった。そのまま仕事に行っちゃった。それから私，どうやって病院に行ったかよく覚えてない。車ないし，タクシー？　バス？　とにかく病院に行ったの。H病院に行くのは初めて。だいたい小児科に行ったことがない。子どもの病気はたいてい主人が診てたから。医者にかかったことがない。なんだかよくわからないうちに診察室に入ってた」。

「診察室には若い女医さんがいて。尿検査の結果見て『すぐに入院してください』って言われた。『普通は4ケ月ぐらい入院が必要だけど，お父さんが医者だから2ケ月ぐらいで』って。『え？　2ケ月も！』ってびっくりした。『子どもたちをどうしよう？　どうやって家のこと回していこう？』って思った。どうしたらいいかわからなくって，『主人から一度帰ってくるように言われてます』って言ったの。そしたらその女医さん，『えっ!?』ってびっくりしてた。でも，『できるだけ早く入院してください』って，帰してくれた。それで，家に帰って，昼ご飯に帰ってきた主人をつかまえて，『2ケ月も入院だって！』って言ったの。でも，主人は『うん』と言っただけ。わかってたのね。行く前

から。昼ご飯食べたら『今晩，先生に会いに行く』って言った。それだけ……」。

〈メタ観察〉
　Qが発病したとき，私は何が起こったのか，まるでわからなかった。しかし，医師である夫は，むくみと尿蛋白が4プラスも出ていることから，すぐにネフローゼ症候群だとわかったのだと思う。後に夫から聞いた話だが，発病時に，以前地方の病院に勤めていたころに見たネフローゼ症候群の子どもの姿を思い浮かべ，もうQの将来はないと思ったと言う。そのころのネフローゼ症候群の子どもはベッドに寝たきりで，ぶくぶくにむくみ，延々と入院していたそうだ。だから夫は，蛋白が4プラスも出ていることを知ったとき，既に相当ショックを受けていたのであろう。しかし，夫は何も言わなかったので，私は何がなんだかわからなかった。ネフローゼ症候群という病名すら知らなかった。だから，病院で"入院"と言われたとき，「子どもたちどうしよう？」ということの方がまず気がかりだった。そして，このときの私は，息子の病気は入院して治療すればすっかり治ると思っていた。
　このように，発病のときに必ずしもショックな状態に陥るわけではない。夫のように病気に関する知識があれば，"ことの重大さ"がわかるからショックを受けるのであろうが，私のように知識がなければ，病名を告げられたり病気の経過について説明されても実感はわかないのである。それよりも「生活どうするの？」ということの方が気がかりなのである。我が家の場合，最初から夫と私とは病気に対する知識に差があり，夫婦同じ認識でのスタートにはならなかった。そういうわけで，息子の発病時，私は夫の指示に従っていればいいと思っていた。

🌱 私からのコメント

　息子が慢性腎疾患だと分かり，医師である父親はその将来がほぼ見通せたので愕然としますが，病気がどのようなものかを知らない母親は何か大変なこと

になったらしいとしか分かりません。それから入院，退院を繰り返し，保育の場を変わらなければならなくなりと，さまざまな生活上の変化が現れる中で，母親にも次第に事態が飲み込めてくるという経過を辿ります。その渡部さん自身の体験が，患者会の活動の中に活かされ，病気についてしっかりした理解をまずは親がもつことが大切であるという指摘に繋がっていきます。

(3) 薬の副作用

エピソード6:「頭おかしくなっちゃうんじゃないかと……」

「ステロイドの副作用は最初の方がすごかった。すごい食欲！　すぐお腹がすくの。4歳の子が大人と同じ量のごはん食べて。しかも，がつがつ！　1時間もしないのに『お腹すいたあ』って言うの。どうやって紛らしたのかよく覚えてないけど，『もうちょっとね，もうちょっとね』と引き延ばしていた。それと，毎日近所の友だちが来てたから，遊びで紛れてたのが一番大きいと思う。でも，怖かったのは，遊びが次から次へと目まぐるしく変わったこと！　落ち着きがないどころではなくって，もう，異常？　って思うぐらい。友だちも『あれ？』って感じ。ついていけないの。だから，私，Qが頭おかしくなっちゃうんじゃないかと怖かった。でも，それは最初のころだけで，その後はなかった。その後はムーンフェイスと肥満。気をつけてはいたけど，背はぜんぜん伸びないし，顔が膨れるの。前はお目々ぱっちりで女の子と間違われるぐらい可愛い子だったのに……。それが，すごく変わっちゃった……。悲しかったなあ……」。

〈メタ観察〉

　私の場合，ステロイド剤の副作用がなぜ怖かったのかと言うと，「身体も心もめちゃめちゃになってしまうのではないか」と感じたからである。特に最初のころは，外見より行動の変化の方が怖く，脳への影響がとても心配であった。医学書を読むとステロイド剤の副作用として，ステロイド脳というのが挙げられていたので，益々心配になった。しかし，主治医に尋ねても，「子どもでそ

ういうことは聞いたことはないねえ」と言われた。ステロイド剤の子どもの脳に与える影響については今でも十分研究されているとは言えず，この点については小児科と精神科のさらなる連携が必要であるように思う。

さて，「外見の変化」は命に関わる問題ではないので，医療者側はあまり重大な問題と捉えていないように思う。しかし，患者や家族にとっては自分が変容してしまうような，あるいは，我が子が変容してしまうような恐ろしい体験なのである。しかもそれがかなり急激に起こるので，不気味さも加わる。このように「外見の変化」には，"自分"が内側から脅かされるような"怖さ"がある。つまり，患者や家族が「外見の変化」について，"怖い"とか"嫌だ"とか思うことは当然生じてくる自然な感情なのである。それに対して周りの人が，「たいしたことない」，「我慢するしかない」，「もっと大変な人がいる」などという言葉をかけることはよくあることだが，そのような言葉は何の役にも立たない。なぜなら，治療のために必要な薬の副作用にまつわるネガティブな感情については，患者や家族がそれぞれのペースで，それぞれの方法で，折り合いをつけていくしかないものだからである。

このように患児にとっても母親にとってもステロイドの副作用はとても恐ろしいものなので，再発を恐れるのである。そして，再発しないようにと試行錯誤を繰り返す。その中でも最も飛びつきやすい方法が，「安静」である。「病気のときは安静にした方がよい」という考えは，我が国において誰もが疑いもなく抱いている共通認識である。私の場合も，「Qの再発が多いのは安静にさせていないからではないか」という思いが何度も去来した。しかし一方で，安静は子どもにとって非常に苦痛を伴うものであり，身体的，心理的な発達に負の影響を与える可能性がある。つまり，「安静」によって「再発を減らせるかもしれない」という期待と，「子どもを苦しめ，発達に負の影響を与えるかもしれない」という不安とが同時に存在する。だからこそ，親は「安静」にまつわる心理的な葛藤に苦しむのである。夫は発病時に既にそれらについて十分知っており，その上で，覚悟をもって「安静にしないこと」を選択していたのだが，私はそうではなかった。私にとって安静にまつわる両義性に折り合いをつける

ことは，心理的な葛藤を伴う苦しい作業となった。

私からのコメント

慢性腎疾患にとってステロイド剤の服用は避けて通れない茨の道であることは，この論文の前半部でも語られていましたが，このエピソード6ではその副作用の怖さに触れられ，それを怖れるがゆえに再発を怖れ，再発を恐れるからさまざまな「生活制限」がもたらされ，それによって患児のQOL（生活の質）が低下するという負のスパイラルが導かれます。薬がなければ命が危うい，しかしその薬は生活の質を下げるかもしれない，この過酷なジレンマをQくんと母である渡部さんは生きなければならないのです。医療からすれば，命優先だから当然と思われる薬の使用が，当事者には単純な選択ではない事情が，あらためてこの短いエピソードからもうかがわれます。そしてこの経緯が思春期に至ってQくんの怠薬に繋がるのです。

（4）思春期と容姿への自意識：怠薬

〈背　景〉

　先の入院後，低身長を改善するために予定を早めて免疫抑制剤（シクロスポリン）を使用することになった。以前に比べて身長は少し伸び，ムーンフェイスや肥満は解消されたが，依然として背はとても低かった。Qが11歳（小学6年生）になると，短期間に何度も再発を繰り返すようになった。明らかにおかしな再発だったので，主治医は怠薬（医師の指示通り薬を飲まないこと）を疑っていた。怠薬は思春期の子にはよくあることで，ネフローゼ症候群の場合は「再発するだけだからそれほど問題ない」と主治医は言っていた。薬の管理は既にQに任せていたが，当時，免疫抑制剤も併用しており，ステロイドの量はそれほど多くなかったので，私はQがそれほど薬の副作用について悩んでいるとは思っていなかった。11歳の秋，Qは再発時に腹痛を訴えたので，私は主治医に電話をした。

エピソード20：「何も言わないで。ボクに任せてください。」

「先生に電話したら，『たぶん，薬をきちんと飲んでませんね。でも，お母さん，叱らないでくださいね。何も言わないで，ボクに任せてください』って言われた。でも，『そんなはずない』と思ってた。毎日薬飲むの見てたし。結局，そのときは入院になって……」。

「すぐに先生から電話があって，『やっぱりきちんと飲んでませんでしたね。怒らないから，薬飲まなかったことがあったら，うんってしてねって言ったら，頷いて……。泣かせちゃったけど……』と言われた。先生の前で泣いちゃったって聞いて，それほど辛い思いしてたのか……と，ジーンっときた。でも，ちょっとショックだった。私には嘘はつかないだろうって思ってたから。偉そうに言っていても，結局，他のお母さんたちといっしょじゃないかって，恥ずかしかった。そして，だんだん難しくなるなあと思った。だから，退院して帰ってきたとき，Qに何も言わなかった。Qも何も言わなかった。そのことがあってから，外来ではQに話をさせるようにしたの。私はついて行って，黙ってた。中学からは一人で行かせた。それからは，変な再発は一度もない。懲りたみたい」。

〈メタ観察〉

母親は少なからず皆そうかもしれないが，私も「うちの子に限って」と思っていた。私は，怠薬のことはよく知っていたし，思春期の子どもによく見られることも知っていた。しかし，薬を医師の指示通りに飲まないとかえって薬の量が増えることや急にステロイド剤をやめるとショック状態になることについては何度もQに伝えていた。だから，薬を自分の判断で操作することが危険であることについてQは十分理解していると思っていた。おそらくQは，知識としては怠薬の危険を理解していたのであろうが，危険を冒してでも「薬を止めたい」という強い思いがあったのであろう。しかし，そうした思いについて，Qは母親である私に言わなくなっていたので，当時の私にはQの気持ちが分からなかった。Qにとって私は，既に，「分かってもらえない」対象と捉えられ

ていたのかもしれない。最近になって，そのことを突きつけられるようなエピソードを私の母から聞かされた。

エピソード21：「漬け物みたいに，重しを載せられて……」

「ほんとに最近になって私の母がね，『いっつもあのときのこと，思い出すよ』って言うの。Qがね，小学校6年生か中学生ぐらいのときにね。そのころ，時々，母は家の手伝いに来てくれてたの。それでね，母が洗濯物とか畳んでいるときに，Qが寄ってきて，『ボクはねー，薬漬けで！ 漬け物みたいに，重い石，上から載せられてるみたいなものなの！ だから，背が伸びないの！』って言ったんだって。母は，『ふーん，そうなの。そういうもんなの』って感心したって言うけど。それが，何回かあったって言うの。今ごろになって……。私は，そんな話初めて聞いた！ そのころ，そんなこと，ぜんぜん私の耳に聞こえてこなかった！ Qからも，母からも……」。

〈メタ観察〉

　Qが怠薬をしたとき，私はQがそれほどまで悩んでいるとは思ってもいなかった。なぜかと言うと，薬の副作用が最も強く現れたのはそれより以前の小学校3年生ごろで，怠薬をしたころは，既に免疫抑制剤を使用しており，肥満やムーンフェイスはほとんど解消していたからだ。つまり，私から見たら以前の方がずっと大変であったので，「なんで今さら？」という思いであった。

　しかし，Qの身長は確かに低かった。小学校中学年ぐらいからクラスで一番低く，間もなく同学年の男子で一番低くなった。免疫抑制剤の使用を開始してステロイド剤の量は減っていたが，Qの場合，少量でもステロイド剤を飲んでいる時は身長がほとんど伸びなかった。しかし，これ以上改善する方法はなかったので，私は仕方がないと思っていた。しかしQにしてみれば「仕方がない」では済まされない。周囲の友達は身長が急速に伸びる時期でどんどん背が高くなるのに，自分だけはぜんぜん伸びない。思春期であったこの時期，Qは自意識が高まり，外見について非常に敏感になっていたのであろう。また，友

達関係を維持するために,「いっしょである」ということがとても重要であったのだろう。そしてまた,「違い」が容易に"排除"の理由になることをQは知っており,それに対して強い不安を抱いていたのかもしれない。

　もし,私が思春期にQと同じ状態に置かれたら,ものすごく苦しんだであろうということは,今なら十分に想像できる。しかし,当時の私は,そのような思いをQと同じようには感じていなかった。おそらく私は,そのように想像することを避けて,ただひたすら前を向いて生活していたのだと思う。その時の私は,既に最も苦しい状態から抜け出ており,もう以前の苦しい状態に戻りたくないという思いがあったのかもしれない。そして,Qの苦しみにもう付き合いたくないという思いがあり,目をそむけていたのかもしれない。

　Qが幼いころ,私は,Qが感じている以上に苦しみを感じていたように思う。そこから抜け出すまでにはいろいろ苦しいことがあり,私はそれらと折り合う方法を見つけていった。しかし,Qの方は,成長と共に自意識が高まり,病気についての理解も深まり,私が落ち着いたころから逆に悩みや苦しみを強めていったのだ。ここから少し一般化すれば,母親と子どもとでは,病気の辛さに対する認識に時間的なズレがあるように思う。そして,それが,母子間の気持ちのズレに大きく影響しているように思われる。そのような隔たりが生じる時期には,母親以外の人との関わりが重要な意味をもってくるように思われる。

🌱 私からのコメント

　怠薬がすべて思春期の自意識問題からきているとまでは言えないにしても,その動機が薬の副作用をどう受け止めるかからきていることは明らかです。これに関して渡部さんは次のようなエピソードを論文の中で紹介しています（前掲書30～31頁）。

　以下はある看護師が小児科病棟で経験したこと（駒松,2009）をもとに書かれたものである。

S君（中学2年生）は小学5年生のとき，ネフローゼ症候群と診断されて入院した。それ以来，何度も再発して入退院を繰り返した。中学1年生のときに4回目の入院をした。6ケ月間の闘病生活の後退院した。しかし6ケ月後に病状が悪化して再度入院となった。S君はステロイド剤を長期にわたり服用しており，減量すると蛋白尿が出現した。ステロイド剤の副作用であるムーンフェイス（満月様顔貌）が著明で，それを非常に気にしていた。その苦しみに耐えられなくなったのであろう。ある日，毎日記入する食事表の裏に，"嘆き"と題して，次のようなメッセージを書いた。

　「なに？　退院したらこんな化け物みたいな顔で学校へいけとでもいうの？　なんと残酷。この1年どんなに苦しんだことか……。通行人にふりむかれるのはいい。もっと悪くなると指をさされる。もっともっと悪くなると笑って通りすぎられる。この悲劇。かわいそうな私。絶対やせたい。やせたい（顔が）。近頃，こんなわけで，ノイローゼ気味。誰もこの気持ちをわかってくれない。『食べなきゃだめよ』ただそれだけ。そうだ薬がいけないのだ。そうだ，そうだ。しかし，世の中そんなことで納得するとでも思う？　あまい！　醜いものは醜いのだ!!　これだけ安静を守って，一生懸命に病気を治したって，退院をしたら地獄の生活が待っている。あー，やだやだ」。

　翌日の食事表の裏にもメッセージが続いた。

　「まあね。他人のことだから，なんとでも言えるよね。しかし，自分のことになったら誰だって，こういうことをすると思うよ。ご飯を食べなかったことだって，一種の慰めだった。やせたい。いや，やせなくてもいいからこれ以上太りたくない（顔が）という気持ちのあらわれだった。それなのに誰もかれもが食べろ食べろと僕の気持もしらんと!!　結局，太って苦しむのはこの私。副作用の苦しみを皆に味あわせてやりたい!!　もし退院する時点で今より太っていたら，皆のご飯にプレドニン（ステロイド剤）をまぜてやる!!　みんなも下ぶくれ顔の醜い姿にしてやる」。

　おそらくQくんもこのSくんと似た心境だったのではないでしょうか。命の危険と本来の自分が壊れる危険，この二つの危険はヤジロベエのようにあちら

立てればこちら立たずの関係にあり，その微妙なバランスを図るのが本来の医療のはずなのに，医療側は命の危険を優先して，本来の自分が壊れる危険（それこそが患者のQOLなのに）を軽視しています。もちろん命が最優先ですが，患児の切実なニーズを受け止める姿勢が見られないとき，本人は自分が壊れる危険を優先して，怠薬に走る可能性が生まれます。確かにそこには思春期特有の問題も被さっていて，自分の容姿への自意識問題だけでなく，他にも思春期問題は山積している可能性があります（たとえば性の問題や友人関係の問題など）。それら思春期特有の尽きない悩みが，まるでステロイド剤が諸悪の根源であるかのような思いに繋がって，怠薬に賭ける気持ちが生まれた可能性もあるかもしれません。

　Qくんの場合，この怠薬がどのような意味をもったのか正確には分かりませんが，いずれにしてもQくんが何らかの心理的危機を抱えていて，怠薬に踏み切らざるを得なかったことは確かなように思います。思春期の子どもが通過する内面の危機はなかなか周りには見えませんが，慢性腎疾患の子どもの怠薬という試みに，その一端が現れているように思われ，このエピソードはとても貴重だと私には思われました。

（5）結核の発病
〈背　景〉

　　Qが高校に入学し，音楽大学受験を目指してがんばり始めたころから，たびたび再発するようになり，Qの体調は不安定になった。大学のAO入試は高3の夏休みから始まったが，夏休み中，Qは自室にこもり，ひたすらドラムの練習をしていた。夏休み明けの9月，2回目の実技試験の直前にQは帯状疱疹になった。免疫力が下がっているためであろうと主治医に言われた。そして11月下旬，3回目の実技試験（最終審査）の直前に高熱を出した。抗生剤の内服によって一旦解熱し，試験を受けることができたが，帰宅後再び発熱し，入院となった。12月上旬，大学の合格通知が届いた2日後のことであった。

エピソード26：「もっていかれるかもしれない」

「入院してから1週間，抗生剤の種類をいろいろ変えてみたけれど，一旦下がっては，また上がる。あまりに急激に体温が変動するから，汗をぐっしょりかいて。1日に4回もパジャマを着替えるほど。体力も消耗するよね。すごく苦しそうだった。それに，薬が効かないっていうのは，怖いよ。そのときね，『もっていかれるかもしれない』って思った。死ぬかもしれないと……。そしてね，『私が無理させすぎたんじゃないか？』，『Qは，本当に音大行きたかったのだろうか？』，『私がこうして欲しいっていうのを感じて無理してがんばってきたんじゃないか？』など，次から次へと浮かんできて，自分を責めていた……」。

〈メタ観察〉

　私は，この時初めて，Qが死ぬかもしれないと思った。怖いというより死への入り口のようなものを感じた。主治医は，表情にこそ出さなかったが，「大変なことになった」ということは，私にも伝わってきた。そして，これから一体どうなっていくのかわからない状況の中で，私は自分を責めていた。身体の調子が悪いQに無理をさせてきたのではないか，Qは本当に音大に行きたかったのだろうか，私が行ってほしいという思いを感じてやってきたのではないかなど，いろいろな思いが浮かんできた。そう考えだしたら，Qのためと思ってしてきたことが，すべて自分のためだったのかもしれないと思えてきて，今まで自分がしてきたことが何がなんだかわからなくなってしまった。

〈背　景〉

　抗生剤が効かないことから，主治医は，「結核かカビであろう」と言った。既に肺に水が少し溜まっていたので，胸水を抜いて培養検査に出すことになった。呼吸器専門の医師が来て，エコーを見ながら胸水を採取した。結果は結核だった。配菌していないタイプだったので，隔離の必要もなく薬の内服のみでよかった。原因がわかり治療方針が確定したので，私はほっとした。6ケ月間

結核の薬を飲み続ければほぼ完治すると言われた。しかし，問題はネフローゼ症候群の治療の方であった。結核治療中，免疫抑制剤もステロイド剤も両方使用できない。主治医に「どのように治療していくのか」問うと，「その都度対処していくしかない」と言われた。結核の治療を始めるとすぐに熱が下がった。しかも不思議なことに，免疫抑制剤を切りステロイドを減量していっても，しばらく再発しなかった。結核感染によって免疫機構が動いているためであろうと主治医から説明された。その後何が起こるか具体的に予想できなかったので，その時は，むしろほっとしていた。Qは病室で18歳の誕生日を迎えた。

　3週間ほど入院した後にQは退院した。既に蛋白が降り始め，むくみが出て，その上発熱まであったが，Qは予定していたライブ参加を決行した。無謀過ぎると思ったが，私は引き留めることができなかった。そして，ライブ会場に同行し，終了後すぐに救急外来へ運び，点滴を受けさせた。インフルエンザに罹患していた。再入院となった。こうした経緯から，Qは自分の置かれている状況を十分理解していないのではないかと思った。そこで主治医に，Qに対してもう一度今の状況についてきちんと説明してくれるように頼んだ。

　その日，私はQの通う高校に，出席日数の件で考慮してもらえないか相談に行っていた。しかし病気を理由に特別な配慮はできないと言われ，帰ってきた。Qは病室から学校に2週間ほど登校しなければならなくなった。

エピソード27：「もう抱きしめることはできない」

　「なんか気が重いなあと思って病室に入ったの。出席日数のことは，なんとかしてもらえると思ってたから。こんなときにQに伝えるのはかわいそうだけど，来週から試験も始まるし……。それでね，洗濯物とか片付けながら，『どうしても（学校に）出ないといけないんだって。ひどいねえ。校長先生は会ってもくれない！』って言ったの。そしたらね，Qが，『卒業も大学も，もういい。大学はもう行かない』と言うの。『え？』と思って，Qの方を見ると，後ろ向きだったけど，肩が震えてるの。『何もかもなくなった』って，嗚咽をこらえながら言うの……。こんなQを見るの初めてだったから，なんか，オロオ

ロしちゃって……。『大丈夫だよ』って抱きしめることは，もうできないし……」。

「それでね。『結核の治療が終わったら，元通りの生活ができるじゃない』って言ったの。でも，それには答えず，『大人になったら治ると言われたのに希望がない。結核が治ってもこの先何があるかわからない。アルブミンのせいでわけのわからない病気になる可能性もある。治らないと言われていたら考え方も違ったのに！』と言ったの。『あー，先生から説明受けたんだー』ってその時，わかった。『先生，一体どういうふうに説明したの？』って思ったけど，先生に説明してって言ったのは私だし。どうしようもない気持ちを私にぶつけているのだろうと思ったけど，私もねえ，そんなこと言われても……，嘘ついてたわけじゃないし……。それでね，『そんなこと言っても……。先生は治るって言ってたし……』とか，もぐもぐ言ってたの」。

「その日はねえ，帰るとき，ほんとに心配だった。病室に泊まろうかと思ったぐらい。小さいころだったら，ベッドにいっしょに寝れたのに，もうできないし。Qは居てほしかったのかなあ。どうなんだろう？ 結局，『また，明日来るね』って言って帰ったの。でも，すごく心配だった。だから，ナースセンターの看護師に，『とても落ち込んでいるので気をつけて見てやってください』と頼んだの。看護師さんは，『はあ？』って感じだったけど。そのときは，ほんとに，病室の窓から飛び降りて自殺するかもしれないと思った。それで，その晩はずっと，枕元に携帯置いて……」。

「翌朝早く，病室に飛んでったの。そしたら，いつもと変わらないQがいた。ほっとした。でもね，心配だったから，主治医の先生にカウンセリングを頼んだの。すると，先生は，『これぐらい浮腫むのは珍しいことではないんだけど。Qくんは，少し気が弱いのかもしれない』と言ったの。それ聞いて，すごく腹が立った。昨日は，死ぬかもしれないってぐらい心配してたから。何，呑気なこと言ってんの！ と思った。こんな状況に置かれたら，誰でも同じような状態になるわ！ と思った。結局，カウンセリングは，『本人がその気にならないとできません』という理由でしてもらえなかった。わかってないんだなあっ

て思った」。

「ところがね，しばらくして，Qからこんな話を聞いたの。『呼吸器の先生もね，結核になったんだって。診察できないから1年間遊んでこいって上司の先生から言われて，旅行したりしてたんだって』と。私が，『そうなんだー，先生も結核やったんだー』って言ったら，Qは，ふっと笑って頷いた。あ，安心したんだって思った」。

〈メタ観察〉

　このエピソードは，いろいろな人の思いがズレていることがよく現れている部分だと思う。まず，Qは長く患っているので，アルブミン点滴のリスクや，ネフローゼ症候群の予後，結核治療に伴うむくみについて十分理解していると私は思っていた。だから主治医にもう一度説明してほしいと頼んだときは，注意点の確認のつもりで頼んだのであった。ところがQはこのとき初めて，自分の病気の重大さや結核を併発したことによる治療の難しさを理解したのであった。当然ながら強いショックを受けたであろう。「Qはわかっているであろう」という私の認識と，Qの認識との間にズレがあり，おそらく主治医の認識との間にもズレがあったのであろう。そしてまた，ショックを受けたQの心理状態に対する私の認識と主治医の認識との間にズレがあり，それが私には不満であった。

　Qは既に一人で外来に通い，薬の調整について主治医と相談して決めており，ネフローゼ症候群という慢性疾患をもちながら生活するという点においては何の支障もなかった。しかし，それはあくまでも病態が安定している状態においてのことであった。病態が悪化したり合併症を発病したりするという事態は想定していなかったのだと思う。慢性疾患の厄介なところは"先の予測ができない"ということである。経過を予想して備えることが困難なのである。つまり，病態が急変して「こうしたい」という人生の道筋を変更させられる可能性があるということを覚悟した上で，将来の計画を立てなければならないのである。この点については，医療者側が患者の自覚を促そうとしていろいろ説明したと

しても，本当に自分が困ったという事態に陥らないと，"慢性疾患の不可解さ"を丸ごと受け止めるということは困難なのではないかと思う。……中略……

ところで，「もう将来はない」と絶望していたQが希望をもちはじめたきっかけは，呼吸器科の医師の言葉であった。Qは呼吸器の医師の話を唐突に語り始め，私はそれを聴きながら，なぜかほっとして，「先生も結核にかかってたんだ」と言った。すると，Qも表情を和らげてふっと笑った。そのとき，私は，「Qは医師の話を聞いて安心したんだ」と思った。それと同時に，「呼吸器科の医師は，自分の話をしてQを励ましてくれたんだ」と思った。これはかつて私が，Qの最初の主治医から励まされたことと同型で，おそらくQも「きちんと治療をすれば結核は怖くない」という事実を知らされて安心したというだけでなく，医師が自分の体験をもちだしながら親身になってQを励まそうとした姿に心が動かされたのではないかと思う。当時の私は，臨床心理学について学び始めた段階であったこともあり，Qにはカウンセリングが必要だと思っていたのだが，Qを安心させたのは病室で毎日会っていた呼吸器科医師の言葉であったのだ。

最後に私の対応について考えてみたい。Qが絶望して泣いた夜，「自殺するかもしれない」と，とても心配しながら，なぜ私は病室を後にしたのだろうか。確かにあのとき，「今日はここに泊まろうか」という思いも浮かんだ。しかし，すぐに打ち消して，それはできないと思った。Qがそれを望んでいるわけではないように思ったこともあるが，たぶん心の底では，Qの甘えを受け止めたら，Qは崩れてしまうのではないかという不安を感じたからではないかと思う。この時の私は，すごく心配しているという気持ちも示しながらも，「それをQに見せてはならない」と，自分とQのあいだにきっちり線引きをしていた。それはおそらく，私自身が，ある年齢になったらきっちり自立すべきという発達モデルを信じ込んでいたからであるように思われる。

私からのコメント

渡部さんの著書の中でもこの二つのエピソードは，命の危険に晒されたとい

う意味と，青年の将来展望という青年期にとって欠かせない重要な問題が危機に晒されたという二重の意味で，欠かせない重要なエピソードだったと思います。

　ライブ演奏に入れ込み，将来ミュージシャンを志して音楽大学進学を目指し，その合格通知を手にするというように，一人の青年にとって希望に満ちた幸せなときが訪れたにもかかわらず，しかし免疫抑制剤を使用していることと重なって結核になり，入院によって高校卒業に必要な出席時間数が満たせなくなるなど，その折角の夢と希望が頓挫するような事態に陥りました。そのときのQくんの心情と，それを見守る母の渡部さんの思いが，痛いほど伝わってきます。ネフローゼ患者が直面しなければならない問題だと突き放しては語れない，まさに当事者ならではの悩みや苦しみが文章にも行間にも現れていて，自殺の可能性さえ考えられてしまう深刻な事態だったことがうかがわれます。

　それに加えて，悩める息子を「もう抱きしめることはできない」と渡部さんが思った背景には，「青年の親からの自立」という青年心理学のテーマが母である渡部さんの心に深く刻み込まれていて，それが抱きしめることをためらわせたのだと考察で述べられています。

　博士論文執筆の過程で，このエピソードとこの問題についての渡部さんの心の動きを取りあげて，私は再度「自立と依存の両義的な関係」について渡部さんに語ることになりました。「親からの自立」というこれまでの定説では不十分ではないかと思われたからです。それがこのエピソードの〈メタ観察〉の末尾で「ある年齢になったらきっちり自立すべきという発達モデルを信じ込んでいた」と語らせる結果になりました。

　しかし，いま読み返してみて，そのときのQくんの思いに寄り添って考え，渡部さんの思いに寄り添って考えてみると，これは単に自立と依存が両義的な関係にあるという議論では済まない，まさに青年期にあるQくんと母である渡部さんの微妙な心情の交錯に，私たち読み手が思いを馳せなければならない部分だと考えるようになりました。

　まずQくんの側には，怠薬を考えた思春期の頃以来，自分は母親とは違う存

在だ，母親に甘えても，母親から慰めてもらっても何の役にも立たない，これは自分で背負わなければならない問題だという，青年期特有の自立に向けた誇り高い思いがあったに違いありません。病と闘い，自分の将来に向けての努力もして，何とか自分で道を切り開いていこうとしてここ数年間を送ってきたQくんは，その努力が水の泡と消えるような事態に立ち至って，お先真っ暗な状態に陥りました。母親である渡部さんが「もう抱きしめられない」と思った裏で，Qくんもまた「もう甘えに逃げることはできない」と思ったに違いありません。しかし，そう思いながらも，いま自分が置かれている事態を真正面から受け止めて納得することもできない。後ろを見せて肩を震わせて嗚咽を堪えているQくんの体から，その思いのオーラが醸し出されていたからこそ，母親である渡部さんが「もう抱きしめられない」と思ったのかもしれません。

　他方，母親である渡部さんも，成長してきたQくんに対して思春期以来，自分とは別個の主体であるという思いを次第に強め，昔のように何でも自分が代わりに引き受けてあげるという態度では接することができないことを，たびたび実感してきたに違いありません。それが今回，肩を震わせて嗚咽を堪えている様子を見て，Qくんの大変な思いを感じ取り，抱きしめてあげたい，声をかけてあげたいと思いながら，しかしそれをためらうのは，それをQくんは望んでいないに違いないと思うからでしょうし，また自分が抱きかかえても，あるいは「大丈夫」と言葉をかけても，いまのQくんを支えることにならないし，Qくんに通じないと思ったからでしょう。さらにそのように振る舞うことで，渡部さん自身がいまの状況を持ち堪えられなくなるという危惧，さらには自分がQくんを受け止めきれないでいる気持ちがQくんに伝わってしまう危惧を，無意識のうちに感じたからかもしれません。

　自殺の危険があると一方で感じながら，しかし泊まることを回避してしまったというこの箇所は，これから独り立ちしていく息子の危機と，それを見守る母親の辛さという，関係発達の難しい局面が凝縮されたかたちで描写されていて，読み手としても何とも言い難い息苦しい思いを感じずにはいられませんでした。

それにしても，「青年期になると，青年は親からの自立を目指します」とどの教科書にも書かれていますが，それがいかに平板な言説であるか，渡部さんの当事者研究のこの箇所に接してみると，この一般的言説の軽さが読者にも分かるのではないでしょうか。それほどに，このエピソードには青年期の関係発達の問題が凝縮されて現れているように思われます。

（6）息子から母へ……伝えておきたいこと

　入院治療が続き，医師から治療方針が説明され，治療の選択肢が示されたときもQくん自身が選択してというふうに事態が進展し，入院先から車椅子で高校に通って出席時間数を満たし，入院したまま高校卒業，大学入学と時間が経過して，いよいよ退院になった時点でのエピソードです。

〈背　景〉
　3週間の入院を終えて，Qは4月下旬に退院した。治療はあと1ケ月となり，もう先が見えていた。Qのむくみは軽くなり，毎日通院する必要もなくなっていた。5月中旬の母の日に，Qは初めて私に母の日のプレゼントをくれた。花束だった。そして5月31日，結核の治療は終了となった。この日は祖父（私の父）の誕生日だった。すぐに免疫抑制剤とステロイド剤が再開され，体調も生活もほとんど元に戻った。
　Qは結核治療が終了してから真っ先に祖父に挨拶に行っている。それからバンド仲間，音楽塾の先生，教会の仲間など，半年前まで交流していた人々の元を次々に訪れた。私にはそれが「生還した人の挨拶」のように見えた。もとの生活に戻って2週間ほど経ったころ，私はQに呼ばれた。

エピソード31：「いろいろあって……」

　「Qがね，『話があるけど，時間ない？』って言うの。改めて何かな？　って思った。お金の相談かな？　って思った。で，『いつでもいいよ，何？』って言ったら，『食事でもしながら』って言うの。何だろう？　食事でもおごって

くれるのかな？　なんて思いながら，近くのお店でランチ食べることにしたの。なんか話を……って言われてたから，食事中に，いつ話すのか，いつ話すのか，気になって。Qもなんか，気まずそうな感じだった。お互いに，視線を合わせないようにして。結局，食後のコーヒーが出てきてから，Qはやっと話し始めたの。『いろいろあって……。まだ，整理ができていないけど。話しておこうと思って……』って。それで，わかった！　今までのこと，話してくれるんだと思った。だから，しっかり聞こうと思って，顔を上げて，Qの顔をきちんと見た」。

〈メタ観察〉

　結核の治療が終わり，私は「もう大丈夫！」と思っていた。大変だったころのことはもう思い返すこともなく，すっかり元の日常に戻っていた。Qもまたそうだと思っていた。そんな時に「ちょっと話が……」と言われたので，まさか過去の話とは思わなかった。しかも「家の外で」と言うので，「一体何の話？」と思いながら，「今までのお礼に食事でもおごってくれるのかな？」などと呑気に考えていた。だからQが切り出すまで，まったく話される内容について想像していなかった。しかし，Qが「いろいろあって……」と切り出したとき，「あ，これは，すごく大切なことを話そうとしている」と直感した。だから襟を正して真剣に聞こうと身構えたのだ。

〈背　景〉

　Qは結核を発病したころのことを振り返り，そのときどういう気持ちで過ごしていたのか，ゆっくりと，ぽつりぽつりと話した。私はほとんど質問を挟むことなく，ただただ聴いていた。最初はおおよそ私が想像していたことだったので，「そうでしょう」，「わかるよ」と思いながら聴いていた。しかし，最も大変だった３月下旬のころの話に及ぶと，思いがけないことが語られた。Qは，「お父さんやお母さんが大学のことを言ってきて……。もう，何もかも嫌になった……」と語った。夫は大学を休学するかそれとも退学するかということを

迷っておりQに尋ねたがっていたが，私は「そっとしておいてあげて」とQをかばっていた。それなのに私も"同罪"にされたのでとても驚いた。私は親に叱られた子どものようにうなだれていた。Qは最後に「これからどうなるかわからないけど，少しずつやっていこうと思う」と言った。

エピソード32：「おじいちゃんの言葉だから，信じられた。死ぬ思いをした人だから……」

「それでね。Qの話終わってから，私も何か，感想を言わなきゃいけないような雰囲気だったから……。ちょっとね，それこそ，おずおずと，という感じで聞いたの。『そうか……。ほんとに大変だったね。それでね，教えてほしいんだけど，大変だったとき，死にたいとか，思ったことあった？』って聞いたのね。するとね，『あるよ。本気で自殺を考えた』と，あっさり言ったの！ びっくりした！ そこまで危ない状態だったとは思ってなかったから。すごくショックだった。私にも責任あるし……。それでね，また，おずおずと……，『で……，どうして踏みとどまったの？』と聞いたの。病室に見知らぬ可愛いピンクのうさちゃんのぬいぐるみが置いてあったから，たぶん，ガールフレンドが支えになったんだろうなあと予想してたの。ところがね，なんと！『おじいちゃん』って答えたの。『え？ おじいちゃん？』って。急に力抜けた。だいたい，あの大変な時期に，父が来て，Qに会っていたことすら知らなかった。すごく落ち込んでいるときだったから，余分なこと言って刺激したら困るから，『来ないでね』って言ってたの。それで，『おじいちゃん，何て言ったの？』って聞いたら，『がんばれ』って。でも，それだけ？? そしたら，Qが，『おじいちゃんの言葉だから信じれた。死ぬ思いをした人だから……』って言ったの。それで，納得した。Qは，父の渡した本をちゃんと読んでたんだ。父が自分と同じぐらいのころ，いつも死を覚悟して生きてきたことを，心に留めていたんだ。父が救ってくれたんだ。そう思ったらね，もう自分がね，すごく情けなくて……。ほんとに恥ずかしかった。それでね，Qにね，『辛いときに，大学の話してごめんね』って，素直に謝った。そして，『こういうこと教えてくれて，

本当にありがとう』って言ったの。そしたらね，Qが，『お母さんも，こういうことしてるんだったら……』って言ったの。Qは，自分の辛かった体験を役立ててほしいと思って，話してくれたんだと思う」。

〈メタ観察〉

　Qが「本気で自殺を考えた」と言ったとき，私は冷や水を浴びせられたように凍りついた。3月中旬ごろ，大学の学費をどうするかという問題があった。私はQがあそこまで必死になって獲得した合格だったので，大学の籍だけは確保しておきたかった。しかしQの入学した大学は，休学してもほとんど学費が減額されず，ほぼ1年分の学費を支払わなければならなかった。そこで夫は，入学を辞退して再受験という方法もあるのではないかと言っていた。しかしQにしてみたら，あの状況では今後どうなるのかという見通しはとても立てられないだろうと思い，私は「籍は確保してあげてほしい」と夫に頼んでいた。しかし夫はこの件についてQに何度か相談していたし，私も自分の考えをQに伝えていた。ところがこのことがQを心理的にとても追い詰めていたのだ。私はQの味方になっていたつもりだったので，"同罪"にされていたことを知り，とてもショックだった。Qにしてみれば，次第に4月という新学期が迫ってきて，本来ならば新しい生活に希望をもってスタートしているはずなのに，それができないという悔しさや取り残され感を強く感じていた時期であったのだろう。そのような思いがピークになったのが3月末であった。そうしたQの気持ちも知らず，私は入学式に出かけていた。「なんてバカな母親なんだ！」と本当に恥ずかしかった。しかも，Qの辛さなどわかっていないだろうと思っていた私の父の言葉がQを救ってくれていたのである。私は自分が一番Qのことを理解していると思っていたのに，Qを追い詰めるようなことをしており，それを周りの家族に助けられていたということを，このときQからはっきり知らされたのである。

〈背　景〉

　Qは話が終わってから,「お父さんには伝わりにくいから」と言って，手紙を渡した。封筒に入ってなかったので読める状態だった。それで「お母さんも読んでいい？」と問うと,「いいよ。同じ内容だから」と言った。家に帰って夫に渡す前にその手紙を読んだ。レポート用紙2枚に手書きで丁寧に書かれていた。

エピソード33：「父親への手紙」

　結核が発病する前からネフローゼのことで不安を抱えていた。そして，受験に対してもある程度プレッシャーを感じていた。

11月下旬，結核発病

　11月下旬，大学の最終審査直前に高熱と共にたん白，血尿が出始め,「こんまま受けれずに終わるのか。」という思いと病気に対する不安と焦りを感じた。なんとか受験を受けることができたが，病気の不安で頭がいっぱいだった。しばらくして，急に右胸あたりが痛くなってきて，何が起こっているのか自分ではまったくわからず不安がかなりあった。

12月上旬

　大学の合格通知が来た。が，新たに別の病気になっているんではないかという不安で，まったく喜ぶことができなかった。そして数日後，再度高熱が出て，詳しく調べるために入院した。「せっかく合格したのになんでこんな目に会うのか。」とほんとに思った。検査の結果，結核であることが判明した。そのときは，結核は薬を飲めば治る病気だとわかっていたので，そこまで不安は感じなかった。しかし，たん白が3＋出ていたので，ネフローゼの方が心配だった。

12月中旬退院

　退院してからは，大学についていろいろ決め始めていた。（これからとても大変なことになるとは，誰も知らない。）何とか病気の原因もわかり，これから良くなると思っていたので，不安な気持ちもあったが，むしろ新しい生活が来るという希望の方が大きかったと思う。

12月下旬から1月

　たん白が出続けていたので，徐々に体がむくみ始め，おなかも痛くなり始めた。そして，1月上旬，インフルエンザにかかり，再度入院することになった。インフルエンザはすぐに治ったが，体がむくんだままでえらかった（苦しかった）。そして，この時初めて今，自分が置かれている状況を医師から聞かされたときはかなりショックだった。

　結核が再発すると大変なことになるから，ステロイド・免疫抑制剤の治療をするのは，かなり怖いということ。

　これからどうなるかわからない。

　点滴を細かく（間隔をあけずに）うたなければならないこと。

　これから先に対する不安，こんな状態では，大学もしくは，普通の生活ができないのではないかという不安，病気に対する不安，自分への怒り，絶望などが一気に来て，自分ではどうしたらいいのか，まったくわからず，かなり混乱していた。

　そして，高校までもが，卒業できないのではないかといった不安もあった。この時，自分が今までやってきたことは，何なんだ，と本気で思った。しかし，周りの人に元気のない自分の姿を見せたくなかったので，無理をして元気なふりをしていた。

2月から3月中旬

　何とかみんなの協力もあって，高校卒業することができた。しかし，本来とても喜ばしいことなのに，まったく喜べない自分がいた。大学に行くのが不可能だとわかったから。あまりにショックで悔しすぎた。みんなからは，「残念だったね」，「これから先どうするの？」そればっかり言われ，そのたびに自分を追いつめ，落ち込んでいった。そして，元気なふりまでもできなくなり，元気なふりをしていたら親からこれから何回か大学の話やら何やら言われるのではないか，とすごく怖かった。

　そして，毎日の点滴生活が始まり，不安がどんどん大きくなった。何とかその気持ちをごまかそう，と友人に会ったりして気を紛らわそうとしていた。し

かし，そのうち点滴をうっても体が注射を打っても体がどんどんむくみ，少しでもがんばろうという気持ちも持てなくなり，すべてが嫌になってきた。

3月中旬から下旬

そして，追い討ちをかけるように，大学の話を両親が言ってきた。そのとき，あまりに辛すぎて逃げ場もなく，ぶつけ所のない怒りを自分にぶつけて，本当にこのまま楽になりたいと思いはじめ，本気で自殺することも考えるようになった。

かなり思いつめていたとき，何気なくおじいちゃんが家に来ていて，心にくるようなことを言ってくれた。「こんな大変な状態なんて，これを乗りきったらもうないよ。それまで，なんとかがんばれ」と。本当にこの言葉に救われた気がする。他にも，もし友人との約束，高校卒業，大学に籍を取っていなかったら，もっと早く死を選んでいたと思う。本当に，両親，友人，他の人との関わり合いには感謝している。そして，何とか生きる希望を少し戻すことができ，治療方法を変えてもらって少し安心することができた。

4月上旬入院

これで3度目の入院になったが，2回目と比べると精神的には安定していたと思う。なかなか薬がきかない原因もわかり，検査の結果，腎臓は特に異常がないことを知り，今までかなり大きな重荷がサーと引いた気がした。

そして退院。残り1ケ月で結核治療終了まで来た。前向きに生きようとする気持ちが強くなり始めた。そして，5月31日，薬が終わり，今はステロイド16錠とネオーラル（ステロイド剤）という前では考えられない量の薬を飲んでいるけれど，何とか普通の生活を送っている。薬の量が多いという不安や結核の再発があるのではないかという不安があるけれど，そんなことはいろいろ考えても始まらない。

それより，今，普通の生活ができることが何より一番喜べることである。不安や悔しさ，もどかしさなどいろいろ残っているけど，それをゆっくりあせらず整理していって，自分に自信を取り戻していきたいと考えている。今までの6ケ月でやれなかったこと，今の自分にできることをチャレンジしていきたい。

今回のことで，大きな物を多く失ったけど，逆に得たものもいろいろあった。一つ言えることは，この状態を乗り切れたのは，みんなのおかげだと思っている。そして，人との関わりがどれだけ大切かということ。人のありがたさを感じた。
　これからは，自分なりに心の整理をつけていこうと考えている。大学についていろいろ聞きたいことや言いたいことがあるかもしれないけど，そこは何も言わず，見守っていてほしい。このことについて話すときがあれば，自分から話すから。とりあえず普通に接していてほしい。

〈メタ観察〉
　Qの手紙は小さめな字で丁寧に書かれていた。最初にこの手紙を読んだとき，こうして，自分の気持ちを振り返り，書くことができたQにまず感心した。読み進めるうちにどんどんQが追い詰められていく様子がありありと迫ってきて苦しかった。Qの手紙を読みながら，私が感じたのは"理不尽さ"や"無念さ"であった。それは，幼いころから病気にまつわる様々な苦しさを何とかやり過ごし，身体の不調にも耐えながら前向きに生きてきたQが，自分の努力で獲得した大切なものが踏みにじられる"理不尽さ"であり"無念さ"であった。この思いは序論で引用した江口の事例にある患者の"無念さ"に通ずるものであった。
　さて，Qは私と話したときには「親に対する感謝」についてほとんど語らなかった。私の言動について批判されたとき，私は叱られた子どものように縮こまってはいたが，一方でQが「本当のことを話してくれたこと」をうれしく感じていた。つまり私は母として，素直に，もっと言えば，喜んで叱られていたのである。私は話を聞き終えて，「話してくれてありがとう」と言っているが，それは本心からそう思ったことであった。むしろ手紙の中でところどころに書かれていた「両親への感謝」の言葉は，「これは父親への配慮だろう」と捉え，素直に受け取れない気持ちがあった。おそらくこの時の私は，「感謝される」という距離感が嫌だったのではないかと思う。Qは私に対して既に距離をとり，

批判も感謝も表明しているが，私の方がまだそこまで離れる心の準備ができていなかったように思う。

　さてQが母である私を自宅でなく公共の場に呼び出し，つまりフォーマルな場で自分の気持ちを伝えたことに，息子であるQの決意が感じられる。それは"出立"という決意で，そこには二つの意味が含まれていたように思う。一つは結核治療に伴う過酷な体験からの出立であり，二つめは「母からの出立」である。前者については，経験したことを振り返り，書き止め，それについて私と語り合うことによって，Qはこの怖ろしい経験を「過去のもの」として納め，そこから前を向こうとする出立する思いである。Qは既に父親に宛てた手紙を用意した上で私に会っているので，手紙を書くという作業そのものにも気持ちを整理する働きがあったと考えるが，その手紙も渡す相手を想定して書いたものである。語るにしても，手紙を書くにしても，必ず相手がいるのである。つまり，様々な感情に翻弄された自分の体験を整理し，それに区切りをつけるためには，「わかってくれそうな人を相手に語ること」が必要であったように思う。そしてこの時の語りの相手は，確かに危機を乗り越えたことを認める"倫理的証人（Kleinman, 1988）"という役割を果たすわけであるが，母である私はそういう人として選ばれたことがうれしくて，「話してくれてありがとう」と感じたのだと思う。

　もう一つの「母からの出立」についてであるが，Qは今回の経験を通して，自分の病気は自分しか引き受けられないということを学んだのだと思う。それまでは母親がなんとかしてくれる，あるいは，医師がなんとかしてくれるというような気持ちがあったのだと思う。しかし今回の件では，母親が当てにならないばかりか，医師さえも「最善の方法はわからない」として，治療方針を自分で選択するようにと言ってきた。そしてその決定によって起こる苦痛は，自分だけが引き受けることになる。結局，自分の病気については誰も頼りにならないということを，Qは今回，初めて実感したのだと思う。そしてまた，この体験を通して，Qは母である私とはまったく別の"主体"であるということを，はっきりと自覚したのではないかと思う。母親である私をフォーマルな場に呼

び出して話すという行為は,「母親と自分とは違う」という決意表明を,母親に対しても自分に対してもしたのではないかと思う。しかし他方で,その行為そのものが「母親ならわかってくれる」という前提のもとに行われているようにも思う。そして,手紙には「何も言わず,見守ってほしい」と書いている。つまりそこには,自分を親とは別の主体として切り分けるという"自立"と,親に甘えるという"依存"とが,コインの表裏のように同時に存在し,しかも母親の側にも自立を願う気持ちと,これまでのように依存して欲しい気持ちとが同居している。つまり子どもは「自分の足で歩んでいくから,少し離れたところから見守っていてほしい」と望み,親もまたそうしてくれることを望む。そして親もまた,「自分の足で歩んでいってほしいけれど,少し離れた所から見守っていたい」と望み,子どももまたそうしてくれることを望んでいる。ここでの母親と子どもは,「自立したい－自立して欲しい」,「依存したい－依存して欲しい」という,相互の自立と依存に向けた両義的な交叉する関係を生きようとしているのである。

　最後にこの件を通して私がとても不思議に感じたことを書いておきたい。私は,Qが児童期のころから,病気があってもしっかり生きていってほしいと願い,思春期以降は,Qを「自立させよう」と意識して育ててきた。しかし,Qはそれほど自分の将来のことを真剣に考えている様子もなく,そんなQの態度に私は内心,物足りなく思っていた。特に心理学を学び始めてからは,理想の発達ラインに添うかたちで「青年期には自立させねばならない」という気持ちが強まったように思う。加えて,当時の私の中には,病気にまつわる心配もQにすっかり明け渡し,身軽になりたいと思っていた部分もあったように思う。しかし,今回の危機を体験して,「最高に大変なことを経験したのだから,この先これ以上のことは起こらないであろう」という開き直った気持ちと危機を乗り越えることができたという自信から,これからもQの病気にまつわる心配を母として引き受けていこうという覚悟が私の中にできた。具体的には,「成人したのだからもうQのことは知らない,というのではなく,これからも何かあったらQを助けよう。一生見守っていこう」という気持ちになった。そして

「一人だけで何でもできる大人に育てなければならない」のではなく，「困ったことがあったら助けることは当然で，それが家族であろう」という考えに大きく転換したのであった。ところが，不思議なことに，私が「一生見守っていこう」と思ったとたんに，Qの方から決別状を突きつけてきた。そして１年後には，本当に私のもとから離れて行ったのである。Qもまた，この危機で自信を得たからこそ，離れていくことができるようになったのだろうが，その時の私には，親がしっかりと見守る覚悟ができると逆に子どもは安心して離れていくように思えた。これは幼児が母親を安全基地にして探索行動に出ることを想起させ，精神的に親から離れ新しい世界に出ていくためには，親が精神的な安全基地としてしっかり存在することが必要なのではないかと思う。Qにとっては，母親である私に，これからも見守り続けようという気持ちが揺るぎないものとしてあることが必要であったのであろう。

私からのコメント

　渡部さんも〈メタ観察〉の中で触れているように，この最後の二つのエピソードは「青年の出立」という青年期のテーマの見事な具体例だと感服して読みました。母と息子の関係発達というテーマは，両者が私の言う「依存と自立の両義性」を生きるということですが，それが両者の接面を通して描かれたエピソードから実感されるところが素晴らしいし，青年心理学のこれまでの平板な記述には決して見られなかった，一人の青年の生き生きした内面の動きと，またそれを見守る母親の生き生きした内面の動きが交叉する様が，読み手の心を打ちます。

　一番辛いときに支えてくれたのは祖父だったという話に母親である渡部さんは驚きますが，特攻隊の生き残りである渡部さんの祖父の励ましは，生死の狭間を潜り抜けた人の言葉としてそのときのQくんには真実味をもって受け取られたのでしょう。しかし，母を呼び出し，父への手紙を母に渡すところに，Qくんの母親への感謝と依存の気持ちは歴然と現れています。それが出立へのシンボリックな儀式だったのだと，Qくんに自分を重ねて読む一人の読み手とし

ては，そのように思わずにはいられませんでした。

　このエピソードによって，Qくんと母親である渡部さんの関係発達の展開は一応の終結を見せ，博士論文は総合考察へと移っていくことになります。そしてQくんはミュージシャンとして自立した生活を始めることになりますが，その後も再発を繰り返し，母である渡部さんは新しい大学に籍を移して准教授として活躍する傍ら，その都度Qくんの看病のために東京に出かけることを余儀なくされ，さらには足の血流の病気という，新たに抱え込まれた病気に苦しむQくんを支えるというふうに，さらに苦労を重ねます。その過程で，応援できるところは応援してという，最後の〈メタ観察〉で述べられていたことが実行に移され，そうこうしているうちに，遂にQくんはパートナーをみつけて結婚するまでに成長したのでした。

　一組の母子とその家族の関係発達というテーマは，まさに関係発達の当事者である母親の語りを通して，その具体的な生き様が紹介され，これまで示されたことがなかった青年と母の心の機微が抉り出され，一つの波乱万丈の物語として読み手を納得させてくれました。関係発達論を提唱してきた私にとっても，この博士論文はその主張点を確認できる格好の証拠とでもいえる内容で，これを読んで自分の理論的な立場への一つの手応えのようなものを感じることができました。そして両義性や主体性という関係発達論の主要概念についても，この論文を読み解く鍵となることが改めて確認できたように思います。

（7）渡部さんの当事者研究を読んで

　予期せぬかたちでQくんの慢性腎疾患が明らかになってからおよそ20年の，Qくんと母親である渡部さんとの関係発達の諸相を多数のエピソードを通して明らかにしてもらいました。Qくんが幼児期，学童期，思春期，青年期と成長していく過程で，特に思春期や青年期を迎えた頃の，表に現れた行動と内面の葛藤とが乖離する様子は，これまでの発達心理学が迫り得なかった内容だったと思います。またそのQくの成長過程に同道する母親の渡部さんの生き様からは，慢性疾患を抱えて生きるQくんに，母親としてできるだけの配慮をしなが

らも，同時に自分自身も視野を広げて一人の主体として成長していこうとする強い前向きの姿勢が伝わってきて，関係発達という言葉が包含する主体としていかに成長するかという意味を，具体的に抉り出して見せてもらえた感じがします。

そして最後の息詰まるような一連のエピソードは，そこでのコメントでも示したように，依存と自立が両義的に交叉するという関係発達論の重要なテーマが，Qくんによっても渡部さんによっても同時に生きられていることを示すもので，読み手もまた，Qくんに寄り添ったり，母親である渡部さんに寄り添ったりして，まるで自分のことのように息を詰めて読む他はありませんでした。そしてそれはまた，従来の青年心理学では決して問題にし得なかった大きな問題を提起してくれているように見えます。二人の関係発達の様相がこれほどまでに強いインパクトをもって読み手に伝わるのは，何よりも接面の当事者である書き手が，そこでの体験を一人称で描き出しているからでしょう。

慢性疾患を抱える子どもが成長する過程でいかに病を自分のものとして引き受けて生きるようになるかという冒頭の渡部さんの問題意識は，数々の家族ドラマをくぐり抜ける中で次第にQくんの生き様の中に深く浸み込み，再発によって将来展望が崩れかねない危機を乗り越える中で，ようやくQくん自身の考えになっていったように見えます。その意味でこの当事者研究は，慢性疾患が判明して動揺をきたしている親子に，大事なヒントを与えるものでもあるでしょう。一つの事例が一般論ではないかたちで他の人の生き方に影響を及ぼすという「接面」の人間学の一つの意義がそこにうかがえるように思います。

第4節　論文「てんかんと発達障碍を抱えた子どもとその母親の関係発達の諸相」より

これは頼小紅さんの修士論文「てんかんと発達障碍を抱えた子どもとその母親の関係発達の諸相」（中京大学大学院心理学研究科）を取りあげたもので，私の論文指導の最後となったものです。頼さんは名字からも分かるように中国か

らの留学生で，この修士論文の大よそのアウトラインは「発達」(第137号，ミネルヴァ書房)に掲載されましたから，それも併せて参照していただきたいと思いますが，以下，簡単にその概要をまとめておきます。

(1) 頼さんについて
1) 頼さんの来日から帰国まで

　頼さんはこの修士論文を書く10年前に夫と共に来日しました。頼さんは大学を出て中学校の化学の教師をしていましたが，夫が日本に留学することになったので，それに同行して来日したのでした。来日3年目に第1子のTくんを日本で出産し，最初の子育てを順調に進めていましたが，以下のエピソードに見られるように生後6カ月のときにTくんに痙攣発作と痙攣重積があり，以後，てんかんによる痙攣発作に頼さんは母として苦しむことになります。最初の発作が治まった後，それほどの重篤な病気とは思わずに祖父母にとって初孫になるTくんを連れて帰国することになりましたが，その折に，母国でまた大きな発作があり，中国では十分な医療を受けられないことが判明して，日本で医療を受けるという選択をせざるを得ませんでした。

　そして少し症状が安定したかと思われた2歳のとき，再度大きな痙攣重積の発作があり，一時は生命が危ぶまれるほどでした。一命はとりとめましたが，その後遺症のため，Tくんは言葉を初め，それまでできていたことができなくなるという状態に陥りました。何とか状態が落ち着いたので退院し，それ以降，日本で医療と療育を受けながら，頼さんはTくんの子育てをし，家庭生活を支えることになりました。

　その後，夫が日本で学位を取得し，母国の大学に就職することになりました。そのとき，頼さんもTくんを連れて帰国するつもりでしたが，一時帰国した折に，再び発作が起こり，中国の医療では生命の安全を確保できないとの判断から，Tくんと二人だけで再び来日し，Tくんを日本で就学させながら，医療的な対応を考えるという苦渋の選択を迫られることになりました。

　それ以来，発作の不安，子育ての不安，孤独の不安に苛まれ，自分自身を取

り戻す意味もあって，私の研究室の門を叩き，大学院の修士課程で学ぶという，波乱万丈の10年間を潜り抜けながらこの修士論文を完成させたのでした。

この間，Tくんの発作も落ち着き，また薬の使い方や対処法もかなり分かってきたので，障碍のある子どもの教育が進んでいない中国の教育体制に悩みながらも，帰国することになったのでした。以上が帰国までの10年間の大よその経緯です。

2）修士論文作成の経緯

頼さんの大学院進学は，自分の子育てがこれでいいのか，その不安を解消したいという目的と，自分自身のこれまでとこれからを見つめ直したいという二つの動機によるものでした。たまたま，図書館で私の著書と出会い，私の研究室で学ぼうと思ったようですが，最初からこのテーマで，自分とTくんとのドラマティックな出来事を綴るかたちで，その関係発達の諸相を描こうとしたわけではありません。当初は「外国人の母親が異国で子育てすることの困難」というようなテーマで調査研究のようなものを考えていたようです。しかし，指導教官である私は，その種の調査研究ではつまらないと主張し，頼さんの得た諸々の体験は，子どもと母親の関係発達という，私の関係発達論の骨格となっているテーマにぴったり重なるものなので，是非，当事者研究の枠組みで書いてみてほしいと私の立場をぶつけてみました。

そして大学院での勉強が進み，私の関係発達論の学びも，エピソード記述の方法についての学びも進み，大学院でのゼミ発表でも，最近の出来事を取りあげたエピソードを紹介できるまでになりました。そのこともあって，この分なら，自分のこれまで得た体験を振り返るかたちで，Tくんと自分との関係発達の諸相を描き出すことはそれほど難しいことではないはずだと私には思われました。

ところが，いざ，その方向で研究を進めようとすると，頼さんの内部に大きな抵抗が生まれました。それは自分の体験を綴ることにどれだけの意味があるのか，自分の苦しい体験を読んで，そこから読み手は何か得られるものがあるのか，自分の歩んできた道をただ同情の目で見られるだけではないか，という

ように，自分の体験を開示することへの抵抗とも言える迷いでした。しかし他方で，関係発達論の勉強が進んだ分，調査研究に対しては飽き足らない思いがあることも否定できません。てんかんについての論文や著書を読んでも，一般論としては自分の体験に該当する部分が多々ありながらも，自分がくぐってきた体験に重ならないことも多々あり，しかも，自分が味わった苦しみに迫るような論文や著書に出会うことは皆無でした。この事実は，多くの外国人母親に会って，質問紙に答えてもらうという類の調査研究では，自分自身納得できないというジレンマにも繋がりました。

こうして，論文のテーマがなかなか定まらないまま，当事者研究に臨むのか，調査研究に臨むのかのあいだで，行きつ戻りつして，ほぼ１年が経過してしまいました。ちょうどその折，前節に紹介した渡部さんの博士論文の草稿を読む機会があり，息子の病気と付き合いながら自分の関係発達を振り返るという渡部さんの論文の主旨は，同じ母親として自分と重なるところが多く，その渡部さんの論文に触発されるかたちで，ようやく，エピソード記述を方法論にして自分とＴくんの関係発達の諸相を描きながら，そこに孕まれている問題を抉り出そうと心に決めることができたのでした。

いまだから言えることですが，頼さんの「抵抗」には指導教官として，「手を焼いた」という思いがあります。昼休みなどの時間の合間に修士論文の相談というかたちで，私の部屋を訪れ，その方向性を巡って議論を交わすのですが，いつも同じところを堂々巡りするばかりで，ちっとも前に進みません。これで修士論文の締め切りに間に合わせられるのだろうかという不安さえ指導教官の私に芽生えます。しかし，私の学部の講義にもすべて顔を出して，関係発達論の大枠の学びはかなり進んでいましたし，書いてくるエピソードは日本語のハンディがあるにもかかわらず，しっかりした内容で，この調子でエピソードを丁寧に書き溜めていきさえすれば，きっとインパクトのある論文になるはずだという展望が揺らいだわけではありませんでした。「抵抗」に「手を焼いた」ものの，頼さんは控えめで内気な，真面目な性格でしたから，何とか締め切りには間に合うはずだとは思っていました。

3）論文の基軸になるもの

　この論文には，いくつか基軸になる問題があります。①異国での子育ての問題，②中国と日本の医療的水準の格差の問題，③障碍のある子どもの療育や教育の問題，④家族関係の問題，⑤書き手自身の主体としての成長という問題，の5点は，どのエピソードの背後にも流れる通奏低音としてあるものです。特に②，③の問題は，この頼さんの論文に出会うまで，私自身，考えてもみたことのない問題でした。頼さんの論文は，その意味では私の常識的判断を揺るがす「生きられる還元」の意味をもつものだったと言ってよいでしょう。日本と中国との医療的ケアのあいだにある大きな格差を前にしたとき，しかもその格差がわが子の生死に関わると考えられるとき，不本意ながらも，母国よりも日本での医療をという選択になってしまいます。そして，中国では障碍のある子どもを学校で受け入れてくれないという現実は，日本で障碍児教育を受けたいという願いにまっすぐ結びついてしまうのもやむを得ない判断だったでしょう。

　このように，異文化であるからこそ浮き彫りになってくるこの文化差の問題は，頼さん親子を翻弄し，母であり，一人の女性である頼さんが主体として生きるという問題に大きな重荷になって降りかかることになりました。

　夫が日本で学位を取得して母国の大学に就職し，自分は妻としてその生活を支え，という一組の夫婦が辿る道からすれば，もしもTくんに「てんかん発作」という予期せぬ出来事が起こらなければ，一つの成功物語にもなり得たことでしょう。しかし，現実にはそこでTくんの障碍が明らかになり，そこから大変な人生が展開することになります。それが人生だと言えばそれまでですが，その二人の関係発達は，上記の五つの問題によって，大きく翻弄され続けます。しかし，その体験を通して初めて見えてくるものがいくつもありました。それが，頼さんの研究を単なる「体験を綴ったもの」に終わらせずに，「当事者研究」と呼ぶ理由です。

(2) 最初の発作

〈背　景〉

　来日して3年目の春，私たちに初めての子—長男Tが生まれた。TはS病院で順調に生まれ，何も異常はなかった。初めての出産だったので，もちろん不安がまったくなかったわけではない。まだ日本語が十分に通じなかったから，少々ほろ苦い異国での子育て生活が始まることになった。私にとっては少し過酷な環境だったとはいえ，産褥期を過ぎて自分の健康が戻ると，特に困ったこともなく，子育ては順調で，Tはスクスクと成長していった。当時はいまほど頻繁に実家と連絡がとれるような環境ではなかったが，それでも夫の家族，筆者の身内もいろいろなかたちで応援してくれており，当時の子育て環境にとくに不満があるということはなかった。

エピソード1：「発病？」

　Tが6ヶ月になる頃のある日の午前中のことだった。いつものようにTに授乳した後，もう寝るかなと思って，Tをベッドに下ろし，少しTから離れて家事をしようと思った。けれどもTはいつものようには寝てくれなかった。ちょっと今日は機嫌が悪いのかなと思い，私はあまり気にせずにTを寝かせたまま家事を始めた。それでもTをいつも視野の中に置いていたように思う。しかし，ほんの一瞬の間があって，ふと気がついた時にはTに異変が起きていた。

　Tの眉のあたりがピクッピクッと動き，手足をビクッビクッと震わせている。名前を呼んでも反応がない。意識がない。呼吸があるかどうか分からない（この状態を当時の私はまだ日本語で言い表すことができなかった）。こういうTの状態を初めて見た私は，それだけで恐ろしく感じて，足がガクガク震えていた。目の前の状況をまだ呑み込むことができず，頭は一瞬で真っ白になった。「どうしよう，死んじゃう！」という恐怖に襲われ，私はとても慌ててしまった。すぐに主人に電話しようとしたが，携帯は繋がらなかった。とっさに育児書に熱性痙攣の症状が書かれていたことを思い出し，今のTの症状と似ているのではないかと思い，私はそれを確認するために慌てて本を取り出そうとした。し

かし，そのときの私はたった一人だったので気が動転し，余りの怖さに耐え切れず，先に救急車を呼んでしまった。

〈メタ観察〉

　痙攣を間近に初めてみる私は，仰天してパニック状態に陥っていた。身近に誰もいなかったことがより不安を募らせた。ただ目の前の状況に縛られ，身動きが取れなかったように思う。子どもの一般的な病気についてはある程度育児書を通して知っていたつもりだったが，その当時の私には熱性痙攣に関する知識はゼロに近く，そのことからも冷静な対応ができなかった。

　「まずは慌てず，落ち着いて，危険な要素を取り除いてあげること。余裕があれば，時計を見て，痙攣の持続時間を測り，子どもの様子を観察しながら静かに見守ること。体温計があれば熱を確認すること。5分過ぎても痙攣が続くようだったら，救急車を呼ぶこと（熱性痙攣の対処法より）」。このような一般的な熱性痙攣への対応の仕方をTの発作の前にもしも私が習得していれば，ある程度の心構えができて，それからの対応も随分変わってきたと思う。実際，もし私がそのような知識を持っていれば，熱を測って，時間を計って，様子を観察して，救急車を呼ぶことがスムーズにできたと思う。そうすれば，もしかしたら救急車を呼ぶ大変なシーンもなかったかもしれない。

エピソード2：「救急車，はやくきて！」

　手が震えながら，私は119番を押した。電話の向こうから何かを言ってきたが，私の耳には入らなかった。ただ「救急車，はやくきて！」と私は思わず叫ぶように言うだけだった。焦る一方で声まで震えている。パニックになり，電話のやり取りさえできなかった。

　「……」
　「どうしたんですか」
　「子どもが痙攣しているようです」
　「どんな様子ですか」

「痙攣している，様子が怖い，どうしたらいいのか分からない。救急車はやくきて！」

（話の最初か最後に「救急車はやくきて！」がつく，私は動転している。）

「……」

「おかあさん，落ち着いてください，場所を教えてください」

何とか家の住所は言えたが，家の電話番号は完全に記憶から吹き飛んでいた。

「救急車はすでにそちらに向かっていますから，落ち着いて，今の状況を詳しく説明してください」

しかし，私の片言の日本語ではTの様子を上手く説明できない。子どもが痙攣していることは伝わったようだが，詳しい状況は説明できなかった。

それから，「こちらの指示通りにやってください」と言われたが，話がよく聞き取れないから，余計に私は焦る一方だった。

「……」

電話機はTのいるところから離れていたため（その当時私はまだ携帯電話をもっていなかった），Tの様子がよく見えない。そこで，救急車がきてくれることが分かったので，私は電話をいったん切った。

「体温を測って」は聞き取れたので，Tのところに戻り，熱を測ったところ，38度5分の高熱があった。この時初めてTに熱があることが分かった。顔面の痙攣は治まる気配が全くない。Tの手足の痙攣は少し収まったものの，唇はだんだん紫色になっていった。これをみて，私はさらに慌て，心臓が飛び出しそうになった。ますますわけが分からなくなり，ただただ祈るばかりだった。救急車が到着するまでの数分間，まる一世紀のように長く感じた。痙攣が始まってすでに10分が過ぎたが，また治まらない。到着した救急隊員の表情も険しい。簡単な処置を行った後，至急，至急，と言って，Tをベッドにのせ，救急車に運んだ。隣人に主人への連絡を頼み，私も救急車に乗り込んで，K病院に向かった。

〈メタ観察〉

　私に限らず，親は子どもの痙攣発作を初めてみた時，酷く動揺してしまうと思う。熱性痙攣のことをある程度知っていて冷静になるように心がける親もいれば，どうしてよいか分からず慌てて救急車を呼ぶ親も少なくないだろう。その場合でも，救急車を呼ぶときのやり取りで，きちんとした対応を教えてもらうことができれば，落ち着いて対応できるかもしれない。パニック状態に陥った私は，なかなかその状態から抜け出せなかったが，それでも必死で何とか救急車を呼ぶことができた。しかし，言葉が通じなくて，救急隊員の指示した通りに対応できない。「どうしたらいいのか分からない」ことの上に「対処法があってもそれが理解できないから対応できない」が加わり，冷静になるどころか，不安を一層かき立てられたのであった。さらに，痙攣がなかなか治まらず，ずっと続いていたことも，私の不安をどんどん強めていったように思う。

エピソード3：「ただの熱性けいれん？」

　痙攣が治まることはなく，救急車は10分くらいでK病院に着き，病院の緊急入口からすぐに処置室に入った。先生が処置をするから外で待つようにと言われ，処置室の外で待っていた。私は心配でウロウロしていた。初めて泣きそうになったが，「病院に着いているから，もう大丈夫よ」と自分に言い聞かせ，自分を落ち着かせようとした。

　どのぐらいかかったかわからないが，ようやく先生が処置室から出てきた。「痙攣自体は止まって，薬の作用でTくんは眠っています。処置が終わるまで，もう少し待ってください」と言われた。これを聞いてほっとし，ずっと背負い続けてきた恐怖や不安が少し和らいだ。泣きたい気持ちを必死に抑え込んで先生の話を聞いていた。「痙攣が30分以上も続いたから，恐らく病名は「痙攣重積」でしょう。これから，いろいろな検査をしますが，今の時点ではなんとも言えません。これから一週間の入院の予定です」と言われた。それから，痙攣時の状態をいろいろ聞かれたが，あまり答えられなかった。先生の言葉が十分理解できないし，私の頭の中では，「Tの様子はどうなっているだろう？」と

いうことしかなかったからだ。「これは重い病気だなあ」という先生の暗い表情でのつぶやきも、そのときにはあまり気にならなかった。

　それから、ようやくＴのもとに行くことができた。Ｔは眠ったまま、酸素マスクをしており、手にも点滴がいっぱいついていて、胸にはモニターがつけられていた。そんなＴの姿を見て、私は思わず涙した。これまで堪えていた涙が溢れ出した。「お母さん、もう大丈夫よ」と看護師さんに励まされ、血液検査の結果を待っている間、頭のCT検査、胸部のX線検査に付き添った。

　検査が終わるころ、主人がようやく病院に着いた。主人を見て、私はまた思い切り泣き、少し落ち着いた。検査結果も出て、一緒に先生の説明を受けた。血液検査やCTの検査、X線の検査は異常なかった。熱が下がるまでそのまま入院して経過を見ることになった。

　病室に移動してからもＴは眠り続けた。私たちは病室で眠れない一晩を過ごした。幸いに再度痙攣は起きなかった。翌日、目が覚め、泣いておっぱいを求めるＴを見て、私はようやく一安心した。それから、熱も少し下がり、Ｔは少しずつ回復に向かった。これまでの恐怖や不安が一気に吹き飛ばされた感じがした。もう昨日のような怖い出来ごとを二度と思い出したくないと思った。

　重積の後遺症も見られずに症状は好転し、CT検査も血液検査も異常がなかった。先生方の昨日の暗い表情も一変して、ウイルス性の風邪による痙攣重積であると話してくれた。複合型の熱性痙攣と診断され、熱が下がったので、結局予定されていた一週間の入院は３日間になって退院した。

〈メタ観察〉

　病名は「痙攣重積」、いわゆる子ども達がよく起こす５分位で収まる「熱性痙攣」とはまったく違うものであった。血液検査からCT、その他諸々の検査をした。全ての検査は異常がなかったから、医者は熱性痙攣（複合型）という診断を下した。痙攣予防の薬であるダイアップを処方され、熱性痙攣の対応を教えてもらい、退院することになった。

　しかし、熱性痙攣の再発は30〜40％、３回以上の再発は10％。６歳までに自

然治癒するのが3％で，7歳までにてんかんを発症する。医学書ではこのように説明されているので，今回の痙攣重積はもっと重く受け止めるべきであった。

また，これほどTの命の危険を感じ，心臓が凍るほどの体験をした私は，もっと重く受け止めてよいはずだったが，そういうことにはならなかった。言葉の重みの受け止め方にズレがあったのは，言語の問題もその要因の一つであったかもしれない。今日のように，簡単にインターネットが利用でき，「痙攣重積」，「熱性痙攣（複合型）」を調べて，詳しく知っておけば，もしかしたら，もっと重大なこととして真摯に受け止められたかもしれない。

実際にはそういうことにならず，むしろ病気の後，Tが元の元気な姿に戻るのを見て，私たちは一過性の病気に過ぎないと信じ込んでしまった。発症時には命の危険を感じても，どこか盲目的な自信があって，もう大丈夫だと信じていた。というより信じ込もうとしていたのかもしれない。これから同じ様なことが繰り返しやってくることなど想像すらできなかった。また，これが重い病気の前兆であることは知る由もなかった。

〈三つのエピソードのまとめと考察〉

このエピソードをいま振り返ると，①子育てを始めたばかりの母親が突然出会う危機的場面という問題がまずあり，②外国人母親であるがゆえにその危機的場面が増幅されるという問題が次にきて，③その母親が支援を求めたときの，支援する人が傍にいるかどうかという問題，さらには④医療側の説明が保護者に分かるような説明，つまり，医療側の観点からの説明だけでなく，保護者側が陥り易い誤解を避ける説明の仕方の問題がある，というように，少なくとも四つの問題が折り重なったことが，筆者のパニック的な混乱や一過性のものという思い込みを招いたのだと思う。筆者の体験からの教訓を導くとすれば，この4点への対応策が考えられなければならないだろう。

私からのコメント

順調にきていた子育ての中で，突然の痙攣発作が起こり，母親の頼さんは予

期せぬ出来事に気が動転します。夫は出張中で連絡が取れず，まだ日本語が十分でない中で救急車を呼び，電話先の救急隊員の質問にもなかなか答えることができないまま，「救急車きて！」と叫ぶしかないときの頼さんの心中はいかほどだったかと思わずにはいられません。痙攣が収まらないまま病院に向かい，検査が終わる頃にやっと夫が来てくれて，「痙攣重積」という病名が付きますが，その病気の怖さはまだこの時点では頼さんに理解されていません。頼さんはまとめの〈考察〉の中でいくつかのことを指摘していますが，②と④は異文化の中で生活する子どもを抱えた若い母親の心すべき注意点，①と③は文化にかかわらず，子どもを抱えた親の心すべき注意点として地震や津波の際の心得となるものでもあるでしょう。

　このような「心臓が飛び出るほどの」体験をしたにもかかわらず，若い夫婦は痙攣が治まると，それが一過性のものだと思い込んでしまいます。「痙攣重積」という診断名があったにもかかわらずです。そして初孫を祖父母に見せるべく，Tくんを連れて中国に一時帰国することになったのでした。

（3）母国での発作

　初めの痙攣発作のときは，日本にきてまだ言葉が十分に通じなかった筆者が一人で必死にその場面に対処したために大きな不安を抱えることになったが，日本の優れた医療体制の下で迅速な対応と治療を受けることができた。しかし，母国に帰国したときの予期せぬてんかん発作の際には，これとは全く別の体験をすることになった。

> 〈背　景〉
> 　息子のTが8ヶ月になった頃，夫が中国のS市で行われる中日幼児交流イベントに参加するのを機に，私たちはTを連れて初めて帰国した。イベントに参加した後，私たちは夫の実家に帰った。
> 　田舎の義父母は暖かく迎えてくれた。初孫Tの顔を見ることができて，義父母はとても喜んでくれた。また私たちが過ごしやすいように，いろいろと環境

を整えてくれた。たとえば，私たちが帰ってくる前日までに，冷蔵庫や洗濯機などの家電製品を買い揃えてくれていた（その当時の田舎の家ではこうした家電製品はまだ珍しいものだった）。小学校の教員である義母はTのために一学期の休暇を取ってくれた（Tを育てるために，早めの定年も考えていたそうだ）。義父は田舎の診療所の医者で，何かあった時もすぐに相談できるので，安心した環境で，のんびりとTを育てることができるような気がした。

こうして，ゆったりとした，親戚に囲まれながらの田舎生活が始まった。夫は私たちを送り届けると，学業のため再び日本に戻り不在であったが，Tとの中国での生活は，親戚をはじめ地域の人々などいろいろな人に囲まれて，とても充実したものだった。なぜなら，日本では日中はほとんどTと私の二人きりでの寂しい生活だったからである。

このままこの充実した生活はずっと続くかと思っていた。それからしばらくして，私たち（義母とTと私）は実家から車で一時間半ほど離れた地方都市であるJ市に嫁いだ夫の妹のところを訪ねることになった。そしてそこでの出来事がその充実した思いを一変させることになった。

私たちは妹の家にしばらく滞在した。旅行気分を楽しんでいたところもあったように思う。Tも元気に過ごしていた。そんなある日の夜中のことであった。確か夜中の3，4時だったと思う。

エピソード4：「夜中の発作」

私は夢でうなされて目を覚ますと，横に寝ていたTが震えていることに気づいた。電灯を点けてみると，Tの体が少し震えて，顔がピクピクしているように見えた。私はただただびっくりしていた。「痙攣発作？　まさか！」と一瞬，日本での痙攣発作のことが私の頭の中をよぎったが，「そんなはずがない」と思い込もうとしていた。その時，横に寝ていた義母も目を覚まして，目の前のことが何ごとなのかさっぱり分からず，びっくりして，私に色々と訊ねた。しかし，私はこれまでのことを詳しく説明する余裕がなかった（日本での最初の発作のことはこれまで話していなかった）。目の前のことをどうするかで精一杯

だった。

　それから義母は，家族のみんなを起こして，「どうしたらいい？」と対応を訊ねたが，誰もどう対応してよいか分からず，みんな焦っていた。そんな騒ぎの中，私は，「冷静にならなければ」と自分を落ち着かせ，日本で教わったことをやった（熱を測る，時間を計る，呼吸しやすいようにする）。微熱があった。初めての痙攣発作のときとは様子がかなり違うが，痙攣は数分経っても続いている。痙攣発作であることは間違いないと思った。すっかり気持が動転して私の方も体が震えてきた。もう二度と見たくないと思っていたあの痙攣発作がTにまた起こったのだ。すぐに妹に救急車を呼ぶように頼んだ。

　Tに何もしてあげることがなくて焦るばかりで，救急車が早く来て病院に連れて行ってくれることを願うばかりだった。そんな中，隣で妹が120番（中国の救急番号）に電話するのが聞こえた。電話はなかなか繋がらなかった。ようやく繋がったと思ったら，電話先の担当者は，病状を詳しく聞くよりも先に，こんな夜中に救急車が行けるかどうかを確認させてほしいと言ってきた（中国の場合，救急車には必ず医者が同行しなければならないという事情がある。この時間帯に医者が同行できるかどうか確認する必要があるというわけだった）。それから，お金が払えるかどうかの確認もあった（救急車は有料で，医療料金とは別となる）。そのやり取りだけで数分もかかった。救急車がくるかどうかはまだ分からない。

　ただ時間が過ぎていくばかりで，Tの発作はまだおさまらない。私がもう耐えられないと思ったとき，妹の夫が「タクシーの方が早い」と言うのを聞いて，タクシーで行こうと決めた。妹の夫が先頭に立ってタクシーを拾いに行き，私は毛布をかけたTを抱っこして後ろについて行った。義母も後ろについて心配そうに必要な荷物を持ってくれた。冬の夜中，冷たい風のせいか，私はまだ体の震えが止まらず無言のままだった。必要以上に言葉を発したくなかった。いっときも早く病院に着きたいとだけ思っていた。幸い，妹の家は市の中心地に位置していたこともあって，タクシーはすぐに見つかった。病院も近かったので，10分ぐらいで病院に着いた。病院の入り口のところにまだ出発していない

第4章 当事者研究のために

救急車を見かけ，私は一瞬怒りを覚えたが，そんな場合ではなかった。
　病院に着いたからもう大丈夫だと思った私たちは，またしても衝撃を受けた。医者からは，救急処置の前に早く診察の手続きを済ませてくるように言われた（中国では，保証金を払わないと診察手帳が貰えず，診察手帳がないと医者は診察してくれない）。妹の夫が急いで手続きを済ませてくれた。それから，ようやく医者が処置を始めた。救急室の中，医者は私たちの目の前でTの処置をした。痙攣止めのダイアップはこの病院にはなくて，液体の痙攣止めの薬をTのお尻に入れてもらった。医者はしっかりお尻を抑えて薬を外に出さないようにと私に指示をした。液体の薬はかなりの量だったので，結局は出てしまった（私は医者の指示に従って必死にTのお尻を押さえていたが）。発作はまだ続いていた。
　それからいろいろな処置をする必要があるということで，小児病棟に移ることになった。すでに夜明けだった。点滴をして薬の投与を開始した。採血をした覚えはない。肝心の痙攣止めの処置や鎮静剤など薬の使用については，一切説明がなかった。心電図モニターはなかったから，Tの状態はよく分からなかった。単に顔面のピクピクがあるだけで，顔色は紫色にはならず，また全身の激しい発作はなかった。しかし発作は止まる気配がなく，私たちの不安は募る一方であった。そのころ，田舎から義父も駆けつけて来た。医者である義父も，痙攣重積する子どもをみるのは初めてで，この病院にいる以上，この病院の医師に任せるしかなかった。それでも義父は「何とかしてやって」と担当医師に懇願したが，担当医師からは，このような患者は稀で，やれることは全てやった，と固い口調で言われた。すぐに「危篤状態の通知書」を私に手渡し，私にサインするように迫った。この通知書は，後に担当医師や病院側が責任を取らなくて済むための承諾書みたいなもので，私はとにかくサインするしかなかった。
　そんな不安で一杯の中，日本にいる夫に連絡がついた。私は，「日本では発作にちゃんと対応してもらえたのに，こちらでは何もしてもらえない！」と泣き声で訴えた。夫も衝撃を受け，何とかできないかと一生懸命考えてくれた。

333

すぐに日本でかかった病院に行き，日本での対応・処置といった情報をこちらの病院に送ってもらえないかと頼んでくれた。日本の病院はすぐに対応してくれて，ファクスで情報をこちらの病院に送ることを承諾してくれた。だが，こちらの担当医師に説明したところ，この地方都市の病院では，国際ファクスは受付けできないということであった。仕方なく，妹の夫が病院外でファクスを受け取ることができるところを探したが，国際ファクスはうまく繋がらなかった。

　もう何もできないと私は思った。これ以上この担当医師に何とかしてほしいとは言えなかった。これ以上の医療処置を望むのなら，遠く離れた大都会の医療設備の整った大病院に移るしかなかった。私はやり場のない怒りや不満や恐怖や不安でいっぱいになった。

　私たちが不安で不安でたまらない中，その日の夕方頃，Tの発作はようやくおさまった。しかし，Tはまだ寝たままであったので，安心することはできなかった。義父母も心配して，私と3人病室で一晩を過ごした。次の日，Tがようやく目を覚まし，状況は一転して良くなってきた。

　病状が少し落ち着いたので，私はすぐに日本に戻ることを考えた。夫に伝えたら，夫も私と同じ考えであった。義父母も同じ意向であった。義父母は，次の日のN市からSH市までの飛行機のチケットを予約してくれて，N市の空港へ行く車の手配もしてくれた。それから，その日の内に日本に戻ることができるように，夫がSH市にいる友人に日本への飛行機のチケットの予約を頼んだ。片道代は往復代よりも何倍も高く，当日のチケットを入手するのは困難でなかなか入手できなかった。ようやくチケットを手に入れ，夫の実家に戻ることもなく，病院からそのまま日本に戻ることになった。

　日本に戻るとすぐに病院で診察してもらい，その結果，てんかん薬の投与がなされ，てんかんの治療が始まった。

〈メタ観察〉
　初めての発作から既に数ヶ月が経っており，発作のことは私たちの頭から霧

散していた。そうした中で，中国への帰国の計画を立てていた。母国にいる家族にＴの顔を見せたいという気持ちがあったからで，これからどうするのか，中国で暮らすか，日本で暮らすか，Ｔと一緒か，Ｔを中国に残すか，私の中で決めていたわけではなかった。しかし，少し長く滞在してＴが慣れてきたら，義父母に預かって貰うことも，当時の私たちの視野に入っていたように思う。義父母もそのように考えており，私たちが帰ってくるのを待ちかねていた。中国では，子どもを祖父母に預けて両親が働くということは当たり前のことであるし，私もそうして働きたいと思っていたからである。義父母は中国でＴを育てることを望んでいた。私もこのことに対して強く反対する気持ちはなかった。Ｔが，祖父母をはじめ親戚や地域の人などたくさんの人に囲まれ，すくすくと成長できる環境が整っているように思われたからである。

　しかし，母国でのＴの痙攣発作によってこれまでの考えが180度変わった。
　この２度目の発作は，私たち（私と夫）にとっては信じがたいものだった。最初の発作は一過性のものと信じ込んでいて，その時はまだ病気と認識していなかったからである。このこともあって，私たち（私と夫）は義父母（父母）に初めての発作のことを伝えていなかった。だから，義母をはじめ，みんなは初めて見るＴの発作に驚きや戸惑いを隠せなかった。いろいろと聞かれたが，私に詳細を問い詰めることはなかった。それから，みんなが一生懸命に協力してくれて，私も少し冷静に対応できたように思う。もしそれが私一人だった場合，きっと慌てて何もできなかったかもしれない。みんながいたから，救急車が来なければ，タクシーで病院に行けたこと，診察の手続きは面倒だが，早く済ませたこと，当時のここの病院はそれぐらいしかできなかったが，できる限りの治療はしてくれたこと，それはありがたいことであったが，当時の私にとっては不満ばかりであった。私の眼中にはＴのことしかなかったから，Ｔの命の保障がない限り，余裕を持って考えることは無理なことだった。もし私がずっと中国にいたら，これは現実として受け止めるしかないと思ったかもしれない。しかし，日本での医療体制を知っていた私にとって，母国での医療側の対応が，不安をかき立てるものであったので，当時の私は，とにかく１日でも早

く日本に戻りたかった。夫もすぐに帰れるように手配してくれて，心強かった。義父母はこの一連のことに，まだ愕然としているところもあったが，Tのために，日本に戻って治療をすることが優先すると理解してくれた。このようにして私とTは日本に戻り，病院で診察を受けることになったのである。

また，母国でのTの痙攣発作によって，甘く希望に満ちた将来への思いは，一瞬にして吹き飛んでしまった。それと同時に，この2度目の発作によって，「Tの発作は一過性のもので治る」という楽観的な予想は一瞬にして霧散し，私は重い暗雲の中に突き落とされてしまったように感じた。母国で家族や親戚に囲まれて育つことはTにとって望ましいことだという思いはないわけではなかったが，それよりTの命の方が大切で，そのためには，日本にいて治療を受けるしかないと，その時の私は心の中で強く思ったのである。

🌱 私からのコメント

「母国での発作」のエピソードやメタ観察を読むにつけ，日本と中国の医療的対応の水準の違いはもちろんのこと，救急車を呼ぶ手順や，医療を受ける手順など，日本では全く想像できない文化の違いに改めて目を瞠る思いがしました。そして，「一過性の熱性痙攣」と思い込み，あの恐怖を忘れてしまいたいと思っていたに違いない頼さんが，目の前のTくんの痙攣重積を見て最初の発作のときのことがフラッシュバックし，どれほど恐ろしい思いをしたか，また医療的対応の水準の違いを目の当たりにして感じた絶望感など，痛々しいまでに伝わってきます。かなりの痙攣重積が続いてようやく落ち着いたときにまず日本に戻って日本の医療を受けたいと思ったのも，当然の判断だったかもしれません。しかしそのことが結局は頼さんに長期にわたって日本に残ることを強いる結果になるのです。両親は働き，祖父母が孫の世話をするという中国の子育て文化も，このエピソードから僅かながらうかがわれます。

これによって頼さんはTくんと再来日し，日本の医療を受けて，また元の生活に戻りました。その後はTくんの痙攣発作が起こってもそれほど大変なことにはならず，頼さんが第2子を出産してTくんが2歳になった直後に，今度は

Tくんの将来を左右するような大発作が起きます。

（4）長期入院
〈背　景〉

　A病院に移ってもTの治療方針は大きく変わらず，病状も特に大きな変化はなかった。風邪などで熱を出すことも少なかったので，発作もほとんど起こらず，てんかん発作のことがいつのまにか私の頭から消え，しばらくは比較的穏やかに過ごしていたように思う。

　ところで，その頃，私は二番目の子（娘）を妊娠していた。出産時には入院しなければならないため，Tの面倒をみてもらえるように夫の母（以下義母と称する）に日本に来て貰った。Tが2歳になる1ヶ月前に，娘は予定より少し早めではあったが順調に生まれた。小さなアパートは5人家族になり少し賑やかになり，新しい赤ちゃんも加わり我が家には再び明るい団らんが戻っていた。そのような生活がしばらく続いたが，義母の帰国が迫ってきたので（家族訪問ビザは3ヶ月となっている），Tを近くの保育園に入れることにした。娘が1ヶ月になった頃，Tの入園を決めた。その通園初日のことである。

エピソード5：「熱が下がらない！」

　通園初日は半日だったので，Tは家に帰って午睡後，義母と家の中で遊んでいた。「Tの体がちょっと熱い」と義母が私に向かって心配そうに言った。すぐに熱を測ってみると高熱（38度）があった。しかし，Tは元気そうである。Tはこれまで熱がある度に痙攣重積を起こしていたので，すぐに病院に連れていこうかどうしようかと一瞬迷った。そのとき，突然，Tは私たちの目の前で発作を起こした。私は慌ててすぐに救急車を呼んだ。主人はこの日遠方に出張していたので，娘を義母に預かってもらい，Tと私は救急車でA病院に向かった。同じようなことはこれまでにも何度も経験しているので，落ち着いて対応できそうなものだが，私の場合は，何度経験しても初めての発作時のように慌ててしまい，「救急車早く来て！」と心の中で叫んでいた。救急車が来て救急

救命士が応急処置をする数分間も，私は，じりじりした思いに駆られていた。酸素値が下がっている！　心拍数が下がっている！　応急処置をしても今の状況では意味がない！　そんなことをするより「早く病院に連れていって！」と叫びたかった（体に刺激を与える応急処置はてんかんではしない方がよいことを，私はこれまでの経験から知っていた）。

　やっと病院に着き，先生たちはTのことをよく分かっていたので，すぐに対応してくれた。それでも私の身体の震えは治まらず，震える声で主人に「すぐ帰ってきて！」と電話をした。しかし，主人は仕事を抜けられず，すぐには帰れないとのことだった。病院到着後どのぐらい経ったのか分からないが，Tの痙攣は治まった。しかし，モニターや点滴の管をいっぱい体に付けているTを見ると，私は哀しくて涙が止まらなかった。いつもの痙攣重積であるようだが，今回は熱がなかなか下がらなかったので痙攣が長く続いた。Tは，高熱と痙攣重積のために入院観察となった。

　病室に運ばれてからもTはずっと眠っていた。胸が張ってきた私は（娘は母乳だった），この時に急に娘のことが心配になってきた。それまでにもふっと娘のことが頭をよぎる瞬間が何回もあったが，真剣に心配する余裕はなく，娘のことが思い浮かぶ度に，「おばあちゃんがいるから大丈夫」と自分に言い聞かせていた。しかし，病室に戻り少し余裕も出てきたので，すぐに義母に連絡を取った。すると，「ミルクを飲んで寝ているよ。心配いらない。Tをしっかりみてやって」と義母は言った。私は少し安心して，「Tの痙攣は治まって眠っているよ」とTの状況を説明し，「でも熱が高いから今日は帰れない」と伝えた。

　高熱が続き，痙攣重積の再発も心配されたので，私はTから一歩も離れることができなかった。食事もしたくない，シャワーもできない。Tのベッドの横に頭をもたせかけると，疲れきっているので眠くなるが，でも眠れる状態ではなかった。Tはずっと眠っており，40度近い高熱が続いていた。

　夜中の12時過ぎに，Tは二度目の発作を起こした。医師が痙攣止めの鎮静剤を打っている途中，モニターの酸素値は一瞬「0」になった。医師は慌てて

ICUの専門医を要請し，何人かの医師が手当てにやってきた。何をしていたのか，何を言われたのか，そのときのことを私は何も覚えていない。私は医師たちの慌てる様子を見て，恐怖に襲われ頭が真っ白になり，足が強張っていた。「誰か傍にいて欲しい！」と強く思った。「直ぐに来て！」と主人に電話を入れたが，たとえ主人が直ぐに戻ってきたとしても，Tのことは医師に任せるしかない。祈ることしか出来ない私は，無力感を強く感じて立っていられないほどだった。ICUに移ることを言われたとき（ICUがどんなところか，その時の私はまだ分からなかった），目の前のことは全部嘘のように思え，私はただただ泣いていた。

　ICUに移ってから，どのぐらいかかったかは覚えていないが，医師からの説明があった。「痙攣は止まった，痙攣止めの薬は呼吸が停止する心配があるので，人工呼吸器を付けた，意識が戻るまで様子をみましょう」というような内容だった。15分ぐらいの面会が許されたが，その時の私はただTの手を握ってずっと傍にいたかった。「お母さんは帰ってもいいです。明日の朝また来てください。もし何があったら連絡します」と言われたが，Tを置いて家に帰るなどとても考えられなかった。そこで，家族の控え室で待つことにした。病院が布団を貸してくれたので，仮眠も可能だった。しかし，様々な思いに呑み込まれて，眠ることはできなかった。それでも疲れ果てていたので，いつしか横になり，うとうとしていた。そして夢を見た。控え室に年配の女性が入ってきて，私は夢から目が覚めた。その女性は「夫が危篤なの」と悲しそうな顔で私に話しかけてきて，「あなたは？」と尋ねてきた。私はその答えに窮し，急に寒気がしてきて廊下に出た。そして，病院の冷たい床に一人うずくまり一晩を過ごした。

　朝になってもTはまだ眠っていた。これまでも，Tは痙攣重積で人工呼吸器をつけたことがあったが，次の日は元気になって身につけた医療器具を自分でふり払っていた。しかし，今日のTはまだ高熱で眠っていた。Tの手を握ることしか出来ない，おでこにキスすることしか出来ない，抱っこさえ出来ない悲しい現実を前に，私の涙は頬を伝って流れ，Tのおでこに涙がこぼれ落ちた。

「なぜ私の大切なTにこんなことが起こるの？ 代われるものならば，全部（病気も，苦痛も）私の身体にして！」と心の中で叫んでいた。医者からは，今日も，色々な検査をして治療方針を考えていくが，今は意識が戻るのを待つのみと告げられた。しかし，私の耳には何も入らず，ぼんやりしていた。その時の私は，Tの「ママ」という声を聞きたいと切に思い，その声にしか反応できない状態であった。しかし，看護師に入院に必要な物を持ってくるように促され，家に帰ることになった。

〈メタ観察〉
　以前の大発作のときにも底知れぬ恐怖や苦しみに襲われたが，それは一昼夜だけであった。翌日の朝になればTは元通りに元気になり，それまでの大騒ぎは何だったのだろうかと思わせてくれた。しかし，今回の発作は，最初の発作から熱が引くまで3日3晩かかった。その間私は，寝ずに看病しなければならず，心も身体も疲れきってしまった。それでも，TがICUに入っていたときはほんの少しの時間しか付き添ってあげることができず，自宅に帰るように言われたことの方が辛かった。もっとも，付き添っている間も意識の戻らないTの傍らで私は，ただTの手を握り，「早く目を開けて」と祈るような気持ちで絵本を読んでやることしかできなかった。この時ほど時間がゆっくりとしか進まないことを苦痛に思ったことはない。今から振り返れば，Tの意識が戻るまでは，私が傍にいても何の役にも立たないのだから，Tのことは医療側に任せてまだ乳飲み子である娘に付くべきだったという人もいるかもしれない。しかし，私は，Tが目覚めて「ママ」と呼んだときに傍にいてやれないのは，いたたまれないという思いがあった。苦しい思いをして頑張っているTの手を握って，一緒に頑張りたいと思っていた。これは幼児が入院という事態になったときに，親ならば誰もが思うことではないかと思う。どんなに疲れきっていたとしても，そして，付き添っていても何の役にも立たないように見えても，母親は目覚めない子どもとほとんど一体となって，そこに居るのである。あの時，ICUから追い出され，仮眠室にも居られず，病院の冷たい床にうずくまって

いたことを思い出すといたたまれなくなる。医療側はそのような母親の気持ちに配慮した対応をしてほしいと強く思う。

　さて、この入院で最も恐ろしかったのは、Tの体に付けられているカウンターの酸素値が0を指したときである。付き添っていた医師があわてふためいてICUの専門医を呼んだとき、私は、「もうTはダメになるかもしれない」と一瞬頭の中が真っ白になった。最初の発作のときもそうだったが、「こんな怖い思いはもう二度としたくない！」と強く思った。一方、その後の緊急措置でTは一命を取りとめたので、私はこの病院の医療チームがTの命を救ってくれたのだと、強い信頼を寄せた。このことが、後日、家族が離ればなれになってもTを日本で育てようという私の決断（エピソード6参照）に影響を与えたように思う。

エピソード6：「娘に「ごめんね」という気持ち」
〈背　景〉
　病院から自宅に帰るとき、私は、娘に対する後ろめたい気持ちと、義母にTの様子を聞かれたらどう答えたらよいか悩む気持ちの両方があり、複雑な思いで家に帰りついた。

〈エピソード〉
　1ヶ月になったばかりの娘はすやすや寝ていた。その寝顔を見たらほっと気持ちがゆるみ涙がこぼれ落ちそうになったが、涙をこらえて暫く抱っこしていた。一方、義母は娘の世話で少し疲れているように見えた。私は、義母をさらに心配させてはいけないと思い、「Tの痙攣はもう大丈夫よ。まだ眠っているので暫く入院になっただけよ」と、出来るだけ事態が重いことが分からないように説明した。その後、必要なものをまとめて、「C（夫）が戻るまで帰れないかもしれません。家のことはよろしくお願いします」と義母に言って、家を出ようとした。その時、突然、娘が泣き出した。「お腹がすいた」と私を呼んでいるように感じた。胸が締め付けられた。戻っておっぱいをあげたいと思っ

たが，なぜかその気持ちを振り切って，「お母さん，ミルクをお願い」という言葉を残して，私は逃げるように家を後にした。家を出てからも，「10分ぐらいなら戻ってもいいか……でも，病院にいるTが私を待っている……」と迷いながら，ずんずん歩いた。娘の泣き声が遠くなっていった。私の心は，Tと娘の間で引き裂かれ，身を切られる思いだった。「お乳をほしがる赤ん坊を振り切って出て行くなんて残酷で冷血な母親だ」と自分を非難する声が私の心の中で何度も繰り返された。

〈メタ観察〉

　生まれて間もない娘に授乳さえできない状況に追い込まれ，授乳を求める泣き声を耳にしながら，それを振り払うかのようにして，Tの下に駆けつけなければと思ったときほど，強い罪悪感に苛まれたことはなかった。これは私の中では思い出したくない記憶の一つとして長い間，記憶の奥底に抑え込まれていたものであった。今回，このエピソードを途中まで書き進めて，ある所から一歩も前に進めなくなったのは，この記憶を掘り出すことがあまりに辛かったからだと思う。その時の娘への申し訳ない思いや，母として何もしてやれなかった罪悪感は，時間が経過しても消えていかない。いつかは穴埋めしよう，穴埋めしなければと，ずっと思い続けてこれまできてしまった。『子どもは育てられて育つ』（鯨岡，2011年）の「関係性の障碍」という概念に出会ったときに真っ先に思ったのはこの経験であった。

　私の場合は幸いにも義母がいて，娘の面倒を私に代わって見てくれた。やはり身内の存在は大きい。それだけに義母への感謝の気持ちと，それに見合うお返しが何もできていない現実を思うと，義母に対しても申し訳ない気持ちがいっぱいになる。このことも私にとって心理的な負担になっていたように思う。しかし，もしも義母がいなかったなら，私は乳飲み子を抱えてTに付かなければならず，そのときはどうなっていたかと思わずにはいられない。

エピソード7：「Tの意識が戻った」

〈背　景〉

　病院に戻った私は，ただ先生の指示通りにしていた。まるで幽霊のようだった。2日目を過ぎても，Tの意識はまだ戻らなかった。3日目になっても，高熱が下がらなかったので，タンパク剤注射の治療を始めようと言われた。医者からは，血液製剤なので副作用があることなどの説明があった。この治療について夫と相談して決めたかったが，早く使ったほうがいいということで，私がサインをしてその日の夕方から治療を始めた。

　その日の夜中に夫は戻ってきた。夫の顔を見たら急に身体から力が抜けて涙が溢れてきた。泣いている私を抱えながら夫は，「ごめん，早く帰れなくて」「先生がちゃんとしてくれるから，大丈夫だよ」と言った。仕事の疲れと長途の疲れを抱えた夫を責める気持ちにはなれなかった。そもそも3日3晩寝ずの看病でへとへとに疲れ切っていた私には，そんな気力すらなかった。夫は「僕がいるから家に帰って（娘を）みて。少し休んで」と言ったが，その言葉には従えなかった。Tはまだ目覚めていないし，娘の泣き声を聞くのは胸を刺されるように苦しかった。その時の私には，ICUの廊下や控え室にいる方がよかった。夫が隣にいてくれたので，この3日間で初めて少し眠ることができた。

　4日目に，DNAの異常があるかどうかの検査も加えられたが，それについての判断はすべて夫に任せた。ICUでは面会の時間に制限があったが，日中は一日中Tの横にいることができるように頼んだら，許してもらえた。私は，いつも読んでいた絵本をTに読んでやったり，手足を温めるようにマッサージをしてあげたりした。3日目から使った血液製剤が効いてきたのか，4日目の夕方にTの熱が38度台に下がった。

〈エピソード〉

　少し熱が下がったので，ほっとした気分になっていた。何気なくTを見ているとき，Tはふと目覚めた。「あっ，Tが目を開けた！」と思うやいなや，私はTの名前を呼んでおでこにキスをした。Tの目はまだとろんとしていて，声

も出せなかったが，私は嬉しくて嬉しくて，涙が止まらなかった。「Tが私を見ている！　もう眠っているだけのTではない！」そう思うと，私は胸の上に置かれていた重い石がやっと除かれた気分だった。看護師さんたちも一緒に喜んでくれた。すぐに夫や義母に知らせ，みんなで喜び合った。そして，その晩はようやく家に帰って，娘を抱いて眠ることができた。しかし，おっぱいがあまり出なくなっていたので，娘に申し分けない気持ちでいっぱいになり，再び後悔の念に苛まれた。しかし，私は，その気持ちを紛らわすようにTの意識の回復の喜びを思い出し，翌日からはTの世話に専念した。

〈メタ観察〉

　長い眠りだった。目覚めてくれるのだろうか，もう目覚めてくれないのではないだろうか，と不安な思いで過ごした3日3晩だった。眠りから覚め，私と目が合うことがこんなにも生きていることを実感させてくれるものなのかと，つくづく思った。いつもの発作から意識が戻ったときの様子とは明らかに違ったが，それでもTは生きている，大丈夫だと思うと，自分の内側から力が湧いてくる感じで，Tの顔がそれまでにも増して愛おしく思えた。心の中で「神様，ありがとうございます，Tは生き返りました」と神を拝む気持ちだった。Tの生還は私の生還でもあったように思う。しかし，死の恐怖は薄らいだものの，これからどうなるのだろうかという不安もすぐに鎌首をもたげてきた。

私からのコメント

　発作の後の痙攣重積，そして高熱のまま意識を失って3日3晩，夫は遠方に出張で戻れず，乳飲み子を祖母に任せるしかない。この過酷な状態をまだ若い母親が一人で耐え，息子の無事を祈り，乳飲み子の娘への罪悪感に苛まれる……このエピソードを書く過程で，これまで封印してきた娘への罪悪感が甦ったというくだりは，指導教員である私にとってもとても重いものがありました。「体験のリアリティを丁寧に描いてこそ，当事者研究のインパクトがある」と言い続け，書けるはずの貴重なエピソードをなぜもっと積極的に書かないのか

と半ば責める気持ちがあった私でしたから，このくだりはぐさりとくるものがありました。「自分の負の経験を人前に晒すことに意味があるのか」という頼さんの言葉の裏には，これまで抑え込んできたもの，見つめたくないものがあって，エピソードを書き始めればそれに直面しなければならないという思いがあったのです。それに気付けないまま，「パンドラの箱を開けよ」と迫ってきたのだと思うと，申し訳ない気持ちにも駆られました。

　それにしても過酷な3日3晩でした。読む側も息をつけぬほどの緊張を強いられる展開でした。ICUでの様子の描写も凄みを帯びていて，「事実は小説よりも奇なり」という陳腐な言葉が霞むほどのアクチュアリティをもって迫ってきます。これは当事者の得た体験の記述だからこそのものです。

(5) 療育，保育の場で

　長期入院になる前，Tくんは歩行も言葉も比較的順調に育ち，知的な障碍を疑わせるところはなかったようです。ところがこの長期入院後，歩行もままならず，出ていた言葉も失われて，退行した印象を与えたようでした。長時間の高熱と痙攣の持続は，脳にかなりのダメージを与えたのでしょうか（CTの所見ではそれほど大きな障碍は見られないとのことでしたが）。退院後，頼さんはTくんを育てることに専念します。長女は祖母が連れて帰国したようでした。次第に回復し，歩行も可能になり，いくつか言葉も出てきました。しかし，頼さんはTくんを連れて他の保護者や子どもと集うことに気持ちが向きません。Tくんがどうしたのかと訊かれるのも嫌，同情されるのも嫌，他の子どもと交わって遊べるのかどうかも分からない。こうして，公園には行くけれども，多くの人が集まらない時間を選んでというように，後ろ向きの気持ちになっていた様子でした。

　その頃，近所で発達支援センターを紹介してくれる親切な人がいて，その人の運転でセンターに通うようになって，少し頼さんの気持ちがほぐれてきました。発作の心配からも少し解放されて，次第に，Tくんをどのように育てていくかに気持ちが向かうようになってきました。その頃のエピソードが次のもの

です。

エピソード8:「相談員さんの優しい対応」

　その後の子ども発達センターの面接の際，相談員の方にいろいろなことを訊かれた。そこにはTの持病のてんかんのことも，生育歴から現在の様子までも含まれていた。現在の様子を尋ねられたとき，私はつい「Tの様子に困っていることは特にありません。しかし，てんかんのことでいろんなことに支障が出てきてしまい，遊び場がないように感じます」と語り出した。その時，私は思いあまって，初対面の相談員さんの前で泣いてしまった。私が急に泣き出したので，隣にいたIさん（私を発達センターに連れてきてくれた人）をびっくりさせてしまった。しかし，そのとき相談員さんは，「お母さん，大丈夫よ，いつでもここに遊びに来てくださいね」「困ることがあったら，いつでも相談に来てください」と優しく言ってくださった。誰にも自分の苦しい胸の内を打ち明けられないと思っていた私だったのに，相談員さんの優しい雰囲気に，それまで溜まっていたものが一気に溢れ出てしまった涙だった。私はようやく，ここならTと気楽に遊べる気がした。そしてIさんが毎週のように，当時まだ車の運転のできない私のために，「子ども発達センター」まで私とTを送り迎えしてくれて，この療育グループに参加することを後押ししてくれたのだった。

　こうして療育グループに参加するようになり，そこで初めて障碍や病気をもつ子どもたちやお母さんたちと交流する機会をもつことができた。他のお母さんたちとの交流は必ずしも深められなかったが，私はここしかない場でホッとするときを過ごすことができた。Tは他の子どもたちと遊べるので，ここをとても気に入ってくれた。Tには，楽しく遊べるところならどこでも好きだったようだ。そこのところは場所を選んでしまう母親の私と違うところだったと思う。

〈メタ観察〉
　私の気持ちは孤立していたが，周りの人たちは私たちのことを気にかけてく

れていたようだ。そんな一人がIさんであった。Iさんは親切にも私を発達センターまで連れて行ってくれたのだ。その頃の私はTに障害があることはすでに認めていた。ただ，子どもに障害があるから，発達支援センターのような場にしか行けないのかと思うと辛かった。私は普通の親子と変わらないと思いたかった。だから，最初は相談員さんに対しても警戒心が強く，「何か困っていることはありませんか」と尋ねられたときも，「困っていることは何もありません」と支援を拒むような言い方をしてしまった。また，私の方から離れていったのに，「遊び場がない」という言い方までしていた。

　しかし，そんな私に対しても相談員さんは優しい雰囲気で対応してくれた。そんな雰囲気に包まれて，私はふーっと安心した。きつく縛っていた心の口からこれまで抑えてきたいろいろな感情が溢れ出してしまった。本当は，ひとりぼっちで寂しかったのである。心細かったのである。「これからどうしよう？私にはもう何もできない！」と，Tの将来についても不安でいっぱいだった。でも，誰にも相談できなかった。そうした思いが一挙に溢れ出て，初対面の相談員さんの前で泣き出してしまった。そんな私に対して相談員さんは，さらに優しく包み込むような雰囲気で，「大丈夫よ。いつでも相談に来てね」と言ってくれた。私はすっかり胸の重しがとれ，気持ちが軽くなった。こうして私は，Tと共に子ども発達センターに通い，再び仲間と共に過ごすことができるようになった。

　もともとTは同じぐらいの年齢の仲間と遊びたがっていたので，喜んでセンターに通った。センターには何かしら発達に障害がある子どもたちが来ていたので，私も，「自分の子どもだけ周りと違う」と負い目を感じることがなかった。それが，「ここしかない場でホッとする」感じがした理由だったと思う。

エピソード9：「Tの歓声」

　子ども発達センターに通い始めてしばらく経ったある日のこと。その日は屋外活動の日で，センターのすぐ近くにある川の堤防でのそり遊びだった。親子で一つのそりに乗って，堤防の斜面から滑るのである。少し急な斜面だったの

で，私は「Tには大丈夫かな」と少し心配になった（強い刺激はよくないと心配性になるのは以前からのことである）。でもTは，他の子が嬉しそうに「イエー」と歓声を上げて遊んでいるのを見てやる気満々だった。療育の先生の顔を見ると，「心配要らないよ」という表情がそこにあった。順番が来て，待ちきれずにワクワクドキドキするTと，心配でオドオドしている私がいる。そこでTをギュッと抱いて，目をつぶってそりに乗り，一気に滑り降りた。Tはとても楽しんだみたいだった。Tはすぐにまた「のる」と言う。何も起こらなかった。私も一安心だった。次に滑るときには余裕が出てきた。滑り降りていく中，Tの喜びが体から伝わってきて，Tと同じ喜びを私も味わうことができた。嬉しい気持ちを共感する喜びが私の発作に対する心配を和らげてくれた。てんかんのため小心翼翼として生きてきたこれまでの私の考え方をこの喜びが崩してくれた気がした。Tと「いま，ここ」での喜びを大事にしていきたいと心底思った。

〈メタ観察〉

　子ども発達センターに通い始めてから，私もTも以前より明るくなった。時々，遠足に行ったり親子で遊ぶ行事などもあったりし，私もTもそれらを楽しみにしていた。しかし，まだまだTのてんかん発作の誘因になるものに対する私の警戒は続いていた。だから，そり遊びの時に，エスカレーターのような緩慢な上昇や降下であっても発作を起こす誘因になるのに，「そり遊び」のような急激な降下をさせて大丈夫なのだろうか？　と，とても不安な気持ちになった。しかし，Tの方はやる気満々で，うずうずしていた。「どうしよう？」と不安な眼差しを相談員に向けると，「心配いらないよ」という表情が返ってきた。喜びに溢れた子どもたちの歓声とTのやる気持ちに押し出されるように，私はTをしっかりと抱いて，目をつむって一気に降りた。緊張の一瞬だった。しかし，何も起こらなかった。子どもは誰でもちょっとしたスリルが大好きだが，Tもそり遊びのスリルが大変気に入ったようであった。次に滑ったときには，Tの身体全体からわくわくする感じが私にも伝わってきて，私もそり遊び

を身体全体で楽しむことができた。

　この経験は私の気持ちを一変させた。発作を警戒してTの行動を制限するのではなく，「いま，ここ」でのTの喜びを優先させようという気持ちになった。私にとって，それはまさに「コペルニクス的転回」（『原初的コミュニケーションの諸相』，鯨岡，1997年）といえる出来事であった。しかし，それは私ひとりでなし得たものではなく，「私と息子のT」，「私と相談員」，「他の子どもと母親」など，Tを取り巻く様々な人と共に生きる中で起こった変化である。人との繋がりの中で生活することが大切だということが改めて分かった気分だった。

私からのコメント

　障碍のある子どもをもった母親は，同じ障碍のある子どものいる母親たちと横の繋がりをもち，それに支えられたり励まされたりして，障碍の現実をしっかり見つめるようになり，後ろ向きの気分を前向きに切り替えていくと一般的に言われています。しかし，頼さんは控えめな性格も手伝って，横の繋がりを求めようとせず，Tくんを連れて遊びの輪に入るよりも，それを避け，孤立感を深めていったようです。それが親切なIさんがいたこともあって，子ども発達センターに通うようになり，そこでの相談員さんの優しい対応を経験して，一つの転機を迎えたようでした。

　それまでの「発作が起きないように，発作の誘因になることから一切手を引いて」という自分の心の内側を見るような生き方から，坂滑りの楽しい経験をバネに，Tくんと共に楽しい経験がたくさんできるように，という生き方へと切り替えられるようになったことが上のエピソードから分かります。

　以来，3歳をすぎてから集団の場に出かけるようになり，次にはどこに就学させるかが問題になって，結局は自宅に近い小学校の特別支援学級に通うことに決まりました。ちょうどその頃，夫の学位取得が決まり，また母国の大学に就職も決まって，夫は帰国することになりました。頼さんも当然Tくんと共に帰国を考えますが，まだTくんの発作問題は解消したわけではありません。そ

れでも，家族での帰国を考えて，一緒に中国に戻ったところ，またしてもＴくんは中国で発作を起こし，そのときの医療的対応が十分でなかったこともあって，夫も祖父母も日本での医療的対応を主張し，頼さんも発作のフラッシュバックの恐怖から，家族で一緒に生活することを諦め，Ｔくんと二人だけで再び日本に来ることになりました。その判断の裏には，中国では障碍のある子どもの就学が難しく，学校に通えないという問題もあったようです。こうして，日本での二人だけの生活が始まり，夫は１カ月に一度くらいの頻度で様子を見に来るという具合でした。

　二人きりの生活になり，発作の不安と孤独の不安に加えて，自分の子育てはこれでよいのかという不安，つまり，冒頭に示されていたように，「自分の子育てが拙いがゆえに，Ｔの様子が改善しないのではないか」という問いに取り憑かれ，自分自身を取り戻したいという気持ちもあって，大学院に進学することになったのでした。

(6) 大学院に進学して

　大学院進学の経緯は冒頭に示しました。Ｔくんが学校に行ってしまうと一人だけの時間になりますが，そうなると自分の子育てのことが気になります。そこから子育てについてもっと知りたいと思うようになったようです。

　そして大学院に進学してみると，再び学ぶことができる喜びと共に，気持ちが解放される思いもあり，少し明るい展望がもてるように思われてきました。次のエピソードはそのようなときのものです。

〈背　景〉
　息子Ｔの発病後，私はその病気が治るに違いないと思い，発作を予防するために手を尽くしてきた。しかし，何度も発作を繰り返すうちに，息子の病気を治すことが難しいということが分かってきた。それ以来，私の人生は，果てしなく続く暗い道のりを重い足取りで下を向いてとぼとぼと歩き続けているようなものだった。しかし，大学院入学後，（慢性腎疾患の子どもをもつ）渡部先生

とこれまでのことを語り合う中で、混沌としていた私の心の中は少しずつ整理されていき、様々な気づきが得られていった。それと同時に、関係発達論を学ぶことを通して、これまで暗く先が見通せなかった将来に急に光が差し込み、ぱあっと明るくなったように感じていた。私は、未来に向かって、顔を上げて元気よく駆け上がりたいような気分だった。しかし、その一方で、大学院入学後、Tにかかわる時間が減ってしまい、いつも寂しい思いをさせて申し訳ないという気持ちもあった。そして、その償いに、いっしょにいる時間には何かをしてあげたいという気持ちが強まっていた。そんな中での出来事である。この日私は、いつもより早めに学校にTを迎えにいった。いつもだったら6時半にしか迎えに行けないのだが、その日は出来るだけ早目に迎えに行き、どこかに連れて行こうと思っていた。

エピソード10：「リセットされた」

　私はTを連れてOさん（Tを可愛がってくれるおばあちゃんのような方）の家に行った。私はその方の畑で野菜を作っており、その収穫に出かけたのだった。Tに収穫の喜びを味わってもらいたかったからである。私はいつになく浮き浮きした気分だった。いつもの道にいつも通りに白いクチナシの花が咲き、ほのかな香りがしていたが、今日に限ってなんだか私に微笑んでくれているように見えて、とても愛しく感じた。そんなうっとりした気分のうちに、私たちは畑に着いた。

　Tは、ナス、トマトの収穫にはあまり興味を示さなかったが、ジャガイモ掘りには興味津々だった。力いっぱいジャガイモの茎を抜き、抜けた瞬間、Tはとても嬉しそうな笑顔を見せた。Tの喜ぶ姿を見て、私もとても嬉しくなった。幸せのひと時だった。

　ところが、帰ろうとした時、Tが何の前兆もなく急に後ろに倒れ、痙攣発作を起こした。久しぶりの発作だった。2分弱で収まったものの、ついさっきまであんなにうれしそうにジャガイモ掘りをしていたのに、それがまるで嘘のように、今、Tは意識なく眠ったままである。私がしてあげられることは、ただ

Tを抱いて帰ることだけだった。私は無力感に全身が襲われた。そのときの私は，ジェットコースターの高い所から投げ出されたような気分だった。先ほどまでの浮き浮きした気持ちは泡のように消え，一瞬に全てがリセットされたように感じた。

家に着いてからも，Tはいつものように2時間ほど深く眠っていた。その間，私はただソファーに座り込んだまま，何をする気力もなく，「何でこんなことになってしまったの？」と自問し続けた。

「私は自分の都合であれもこれもしようとしていたのではないか。自分の都合でTの迎えが遅くなることが多くなってしまい，せめて空いている時は工夫して一緒に楽しく遊んであげようと思ったのだが，それも私の思いばかりで，Tの気持ちを考えていなかった。自分の気持ちが昂るあまり，全てが良い方向に見えてしまい，Tのちょっとした変化を見過ごしてしまっていたのではないか。そういえば，Tは朝からいつもと違って寝坊してしまった。それは少し疲れ気味だったからではないか。学校の帰りにおばあちゃんの畑に行こうと伝えた時も，いつもの張りきった答えではなかったな。Tがちゃんとサインを出していたのに，私は見過ごしてしまっていたのだ。普通の子ならば，「疲れた」とか言えただろう。Tは言葉が遅れているせいか，「疲れた」という自分の状態を言葉にして言えない。それなのに私は，高揚した自分の気分を優先させて，Tの疲れに気づかないまま出かけてしまった。疲れていたのに無理をさせたことが発作に繋がったのではないか。何で駄目な母親だろう！」

このように考えているうちに，罪悪感が私の心の中に重く沈殿していき，高揚していた気持ちは一転し，再び暗くて重い気持ちになっていった。

〈メタ観察〉

Tの発作は予測できるものではない。しかしなぜか私はいつも自分のせいだと思ってしまう。だから，前向きの気持ちは決まってリセットされ，発作にまつわる様々な過去の記憶や感情が亡霊のように私の心のどこかに潜んでしまう。上記のエピソードのような出来事はこれまでにも何十回とあった。その度に，

ようやく上向いてきた気持ちがリセットされ，再び沈んでしまうということの繰り返しであった。何故，私はここで折り合いを付けられないのだろうか。その理由は今だに分からない。

　母子一体とよく言われるが，子どもが幼いほどこの一体感は強いであろう。しかし，子どもが成長するにつれ，「主体としての自分」を前面に押し出して生きることができるように，母親は少し引いてそれを暖かく見守る必要があると言われる。ところが私の場合，Tが幼いころから病気だったことから，この子をしっかり見守らなければという思いが強く，常にこの子は私と一体と思い込んできた。そのため，Tが「主体としての自分」を押し出して生きられないばかりか，私自身も「主体としての自分」を押し出して生きられない状態にあった。というのも，Tが「こうしたい」という思いを押しだそうとするときに，私はTを手放すことができない。その一方で，私が，「こうしたい」という思いを押しだそうとするときに，そうすることがTに負の影響を及ぼすのではないかと不安になり，すぐにそれを引っ込めてしまうのである。これまで，そのような悪循環に陥っていたように思う。しかし，今までを振り返って一つ言えることは，高揚した気持ちがリセットされてどんと落ち込むというジェットコースターのように波打つ私の気持ちの変化は，激しいものからだんだん緩やかなものになってきているということである。これからも，この波動状の変化は減衰しながらもずっと続くのだろう。そして，また，大きな発作が起きれば動揺も大きくなるだろう。それゆえ，私の気持ちがこのまま穏やかに落ち着いていくとは言い切れない。しかし，波動の周期がゆったりと穏やかになっていくにつれて振幅も次第に小さくなっていくように思えるようになった。そして，そのことによって私はTから少し距離をとることが出来るようになり，かつ，私自身の人生についても目を向け直すことが少しずつ出来るようになってきたように思われる。

　このように，波動が減衰するようなかたちで，不安から少しずつ解き放たれ，心が前向きになってくると，ちょっとしたことをTと楽しめるようになってき

た。以下のエピソードは筆者自身の新しい心境から導かれたように思われたエピソードである。

〈背　景〉
　息子のTは現在一般の小学校の特別支援学級の3年生である。てんかんの多くの患者のように，息子にも若干の知的な遅れが見られる。体には特に明らかな異常はない。背は少し高め，一見何処でも見かける男の子。学校の先生からは元気よく挨拶ができる，人懐こい子と言われている。しかし，同じ年齢の子と比べると，言葉の発達の遅れをはじめ，できないことは多いし，精神的な面では園児のように思われる場面がまだある。最近では，こだわりが強くなって，わがままな面も多くなってきたように思う。
　最近，Tはシャボン玉に夢中になっている。買い物に行く度に，シャボン玉を見つけて手に取ったら絶対放さないこともしばしばである。お家にはまだあるのに，シャボン玉を楽しむTの姿を思い浮かべると，やっぱり私は負けて，ついつい買い与えてしまっている。そのため，遊び部屋にあちこちシャボン玉のセットが散らばっているようになっていた。そんなこともあって，Tは時々，自分でシャボン玉セットを取り出して，一人でベランダで遊んでいることもあった。

エピソード11：「雨中のシャボン玉」
　梅雨の季節，この日も朝から曇っていた。登校の直前に，Tは先日買って貰ったシャボン玉のセットをどこからか探し出した。それを今やりたいと言い出して，なかなか登校の準備をしない。いくら私が「ダメ」と言ってもTの耳には全然入らなかった。時間に間に合うように，焦って支度している私の怒っている顔も気にせず，Tは玄関から出てからも，シャボン玉のセットを手から離さなかった。無理やり取ることもできたが，いつものことだからと諦めの気分も働いて，私は強引には取りあげずにそのまま持たせて学校に向かった。とうとう校門まできた。それでもTは頑固にシャボン玉のセットを私に渡してくれ

なかった。他の子の視線も気になり、私は聞き分けがないとTを怒りたい気持ちがあったが、Tのどうしてもやりたいという気持ちが伝わってきたとき、ふと怒る気持ちが切り替わり、「わかったよ、Tはシャボン玉で遊びたいんだね」と柔らかい声で優しく言った。ずっと下を向いていたTは顔を上げて「うん」と頷き、「遊びたい」という期待の目をこちらに向けてきた。「でも今はだめよ。それを学校に持っていくのはだめよ。学校が終わったら一緒にやろうね」と私は午後に一緒に遊ぶことを約束した。それを聞いてTはようやくシャボン玉のセットを私に渡してくれた。そのTの様子に、なぜ私は怒りの感情に呑み込まれてしまって、もっと早く優しい言葉を掛けられなかったのだろうと反省しながら、納得して校舎に向かって走っていくTの背中を見送った。

　生憎、この日は午後から雨だった。迎えに行ったとき、シャボン玉の約束を聞かれたらどうしようかと頭を悩ませた。覚えていなければいいのにと願っていた。しかし、期待は見事に外れた。案の定、Tが私を見るなり発した言葉は、やっぱり「シャボン玉」であった。「見て、雨だよ、今日は遊べないかも」と私は説得しようとしたが、「シャボン玉、シャボン玉」とTは不満な声を重ねて抗議した。「雨だから仕方ないよ、家でボウリングしようか」と私は他の遊びを提案してみたが、Tは怒り出し、「シャボン玉、シャボン玉」の一点張りだった。そこで、「わかったよ、シャボン玉がしたいね」とTの思いを受け止め、仕方がないな、約束だし、帰って雨でも一緒にやろうと私は決めた。旨くできなかったら、そこで諦めてくれればいいと思っていた。

　帰るなりTはランドセルを玄関に置いたまま、急いでシャボン玉セットを取り出すと、直ぐにベランダに向かった。雨はTには全然気にならないようで、わくわくした表情で、シャボン玉液をつけると、一気に吹いてシャボン玉を飛ばした。どしゃぶりの雨ではなかったが、こんな勢いの雨の中では、シャボン玉はきっと一瞬にして消えるだろうと私は思っていた。しかし、予想とは違って、Tが吹いた一連のシャボン玉は消えることなく、雨の中をふわふわと遠くに飛んでいった。「ワァー、みてみて」とTの嬉しさ溢れる声につられてTの方に向くと、ちょうど私の方を見ていたTのキラキラした目と目が合い、思わ

ず二人とも笑顔になった。「きれい〜」予想外のことに私も興奮気味に声を上げ,「すごいね,良かったね」と言葉を繋いだ。「きれい〜」と言葉を返してくるTの無邪気な笑顔に,心からの嬉しさが溢れていて,私も神経がほぐれた気がした。いろいろな嫌な思いもこの瞬間にシャボン玉に乗って飛んで消えてゆく気がした。嬉しくなったTは「ママも」と言い,もう一つのシャボン玉の容器を私に渡し,一緒にやってほしいと目で訴えた。私は軽く息を吸って,ゆっくり吹いてみた。大きなシャボン玉ができて,「すごい!」とTは歓声を上げた。その眉間に溢れた喜びが私にも伝わって,まるで子どもの頃に戻ったようで,私の童心が蘇った(童心未泯)。暫くTと雨の中のシャボン玉を一緒に満喫した。

〈メタ観察〉

　日々通り過ぎてゆく数々の出来事がある。忘れられていくもの,記憶に留まるもの,いろいろである。私たちの日常の中にはこのようなことが溢れている。このエピソードはTと私のあいだに生まれた無数の出来事のほんのひとかけらに過ぎない。特別に感動的なことではないが,何故か私の心の中に刻み込まれ,楽しい思い出として頭に浮かんできたものである。

　登校の時,Tはシャボン玉セットから目を離さず,シャボン玉で遊ぶことにこだわった。私はTを学校に間に合うよう送ってから,自分も大学に間に合うように出かけようと思い,時間ばかり気にしており,ゆっくりTの気持ちを受け止めることができていなかった。私は「駄目」の一点張り,Tは「やる」の一点張りで,思いと思いが衝突するばかりだった。私が無理やりシャボン玉セットを取りあげることはしなかったので,とうとうTはそれを校門のところまで持っていくことになった。その間に,私は自分が感情的になっていることに気づき,Tの今の気持ちを受け止める対応に切り替えることができた。それによってTは納得して教室に入って行くことができた。

　なぜ最初からこのような対応ができなかったのだろうか。その一つの理由に,Tのこだわりが強くなってきていて,そのことに私が悩まされているというこ

とがあった。Tは最近自分の思い通りにしたい気持ちが強く，思いが通らないと気が済まないようで，思いを通すことにこだわる場面が増え，私の言うことを聞き分けてもらえないことが増えてきた。それに対する周りの目がやはり気になり，私はだんだん余裕を持ってTに接することが出来なくなっていたように思う。

　その一方で，確かにTは他の子どもに比べると出来ないこともまだ多いが，しかし私はTなりの成長を感じていたし，Tが人からどう見られようとも気にしない，Tを暖かく見守っていきたいと心の中では決めていた。しかし，できないことが多いTの現実を前に，いらつく思いは当然私にもある。また，同じ年齢の子どもとの差に，親としてプライドが傷つく思いをすることが私の中になかったわけではない。あるがままでよいのに，あるがままではいけない。その相容れないと思われる両義的な気持ちが，校門での場面で露わになっていた。

　朝に怒っていたことの反省を含めて，Tの学校が終わったら，一緒にゆっくりシャボン玉を楽しもうと決めていた。あいにくの雨で，シャボン玉は出来ないのではないかと思ったが，雨の中でもよく飛ぶシャボン玉をみて，思わず笑顔になってTと目を合わせ，一緒にこの時間を楽しむことができた。その時の無邪気な笑顔に表れたTの心の動きは，すぐさま私の心に響いた。こんな些細なことを私はTとこれまで楽しんできていただろうかと思いながら，これからもっと些細なことを楽しんで生活しよう，それがTの心の成長に繋がると思った。これまでもTの笑顔は私たちの生活に絶えなかったと思う。しかし，負の出来事ばかりに目が行き，重い気分がそれを覆い隠していたのに違いない。この日の経験をもとに，この笑顔のために，これを分かち合う喜びのために，日々過ごしていこうと心に誓った。

私からのコメント

　〈エピソード10〉は頼さんが大学院に入学して初めて大学院のゼミで発表したエピソードです。初回の発表は「外国人母親が異国で子育てするうえで抱える困難」といったテーマで，これまでの論文をレビューし考察を加えるという

ものでしたが，エピソード記述について学び，一つのエピソードを初めて書いてみたのがこのエピソードでした。私は頼さんのこれまで味わってきた苦労をその時点ではまだ十分に把握していなかったのですが，このエピソードを読んで，発作の恐怖とそのフラッシュバックにこれまで悩み苦しんできたことがよく分かりました。少し光明が見えて，もっと前向きになれるという思いを粉砕するように，突如として襲いかかる発作の恐怖，そしてまた元の木阿弥のようになって茫然自失してしまう様子は，第3節で見た慢性腎疾患の再発にもよく似ています。

　それでも，メタ観察にあるように発作の時間間隔が伸び，振幅が小さくなって，時間と共に全体として減衰していくというイメージは，頼さんの中に希望が生まれる源にもなっているように思われます。そして発作の恐怖が少し背景に退くと，Tくんとの生活を楽しむ姿勢が前面に出るようになってきます。それはTくんがゆっくりではあるけれども主体として成長を遂げてきた結果であり，また頼さん自身が母親として，また一個の主体として成長してきた証でもあるのでしょう。〈エピソード11〉の「雨中のシャボン玉」の体験をエピソードに書くことができるようになったところに，頼さんの心が前向きになり，多くの母親と同じように子育てに悩みながらも，Tくんを主体として育てる意気込みが伝わってきて，指導する立場としてもホッとする思いになることができました。

（7）頼さんの当事者研究を読んで

　最初の発作から最後の「雨中のシャボン玉」まで，およそ10年間のTくんと母親である頼さんとの関係発達の様相を一連のエピソードによって生き生きと描き出してもらいました。ここには，能力発達の観点からは決して描き得ない，まさに「関係発達の諸相」が描き出されており，人は二面二重の心を抱えた主体として生きるという関係発達論の主張を，主に頼さんの生き様を通して読み手が深く考えさせられる内容になっていたと思います。

　この当事者研究のそれぞれのエピソードが読み手に強いインパクトを与える

のは，やはり接面での出来事が接面の当事者によって生き生きと描かれていて，書き手であり母親である頼さんの心の動きがしっかりと読み手に伝わってくるからでしょう。書き手の息詰まる思いや恐怖感，あるいは緊張感，そこからの解放感，落胆する気持ち，崖滑りの力動感やシャボン玉遊びの高揚感など，各エピソードに浸透している情動の動きや心の動きが読み手の心に流れ込んで，書き手と同型的な心の動きに駆られるところにその強いインパクトの源があります。

　関係発達はそのすべてが悲喜こもごもの家族ドラマからなるとはいえ，これほどまでの大変な家族ドラマがそれほどあるわけではありません。しかし，思いがけない一つの出来事が起これば，家族の関係発達はこのようなドラマティックな展開を余儀なくされるのです。この事例はまずそのことを教えてくれていると思います。

　それにしても，中国と日本の医療水準の格差，医療体制の相違など，この事例を読んで初めて考えさせられたことがたくさんありました。私たち日本人にとって日本の文化はあまりに身近で，自明なものになっていますが，こうした異文化に接してみて，自国の文化が改めて私たちに見えてくる感じがします。私は自明なものが自明なものとして急に見えてくる事情を第1章で「生きられる還元」と呼びましたが，この事例はこの「生きられる還元」を多くの読み手にもたらすものだったのではないでしょうか。

　この当事者研究は関係発達生涯論の枠組みでも関係発達障碍論の枠組みでも考えられるもので，ここに収録されたエピソードはみなそれぞれの領域の資料になるものだと言ってよいと思います。大変な思いをしてきた頼さんでしたが，Tくんの発作がかなり減ってきたようですから，これから思春期や青年期を迎えるTくんの成長を期待し，また頼さんの母親としての，また一人の人間としての成長を期待したいと思います。

第5節　三つの当事者研究を読んで

　第2節，第3節，第4節と，三つの当事者研究を見てきました。原さんの研究は，地域社会の中でいろいろな人に支えられながら，えりかちゃんと原さん家族の関係発達が生きられる様子を描き出したところに，大きな特徴がありました。渡部さんの場合には，Qくんの青年期の発達が渡部さん家族の関係発達と同時進行する様が生き生きと描かれているところに特徴がありました。そして，頼さんの場合には，最初の発作から次々に大きな発作が起こり，その出来事を異文化の中で，また他の家族からも孤立して潜り抜けなければならなかったTくんと頼さんの関係発達の様子が，迫力をもって伝わってくるところに特徴がありました。この三つを読んだ感想を当事者研究という観点から以下にまとめてみたいと思います。

(1) 当事者という意味

　自閉症であったドナ・ウィリアムズの当事者研究も，浦河べてるの家の当事者研究も，障碍を得た本人が当事者であるというものでした。それはウィリアムズにしても，べてるの家の人たちにしても，自分の体験を語ることができ，また綴ることができたから可能になった当事者研究でした。これは障碍であれ，慢性疾患であれ，精神疾患であれ，「病の当事者」という意味での当事者研究であったと言えます。というより，従来は「病の当事者」の語りが当事者研究と称されてきたのだと言ってもよいでしょう。

　これに対して，上に紹介した3人の当事者研究は，「病の当事者」の研究ではありません。「病の当事者」と共に親の立場で関係発達を生きる当事者，つまり，「関係発達の当事者」の研究だと言ってよいでしょう。3人の研究の副題に「関係発達」という言葉が入っているところにそれが現れています。書き手である関係発達の当事者は，自らの生涯発達過程を進行中の人であり，我が子の生涯発達過程がそれと同時進行しています。そして渡部さんのQくんの場

合は,最後の両親への手紙にもあるように,「病の当事者」として自分の体験を振り返り,それについて語ることができますが,原さんのえりかちゃんも頼さんのTくんも「病の当事者」としては自分の体験を語ることができません。

このように当事者という考えを「病の当事者」から「関係発達の当事者」に広げてみると,「関係発達の当事者」がもう一人の「関係発達の当事者」である我が子を関係発達の中で描き出すことができるのは,両者が「接面」を共有しているからだということに思い至ります。つまり,「関係発達の当事者同士」はそれぞれが「接面の当事者」でもあるということです。書き手は「接面の当事者」だからこそ,我が子との接面で起こったことを生き生きと綴ることができたのだと言えます。

こうして「接面の当事者」というところまで当事者の概念を広げると,接面の当事者がそこでの自分の体験を描いたもの(たとえば保育者の描くエピソードなど)も,それが保育の質の向上に寄与するものである限りにおいて,広い意味での当事者研究であると言ってもよいのではないかという考えに導かれます。

そこから翻って考えれば,狭義の「当事者研究」がもしも自分の内面を覗き込むかたちでその内的世界を描くだけであるなら,その内的世界の特異性を描き出すことに成功したとしても,共に生きる他者との「接面」が描かれていない以上,共に生きる地平が見えてこないに違いありません。べてるの家の当事者たちは,「自分自身で,共に」という合言葉で,自分の内的世界を描くだけにとどまらないことを表明し,共に生きる他者との「接面」への言及が見られました。しかしながら,「関係発達の当事者」という視点はそこには含まれていなかったように思います。その点で,渡部さんのQくんの両親への手紙は,「病の当事者」であって,なおかつ「関係発達の当事者」でもあるQくんが自分の病と家族への思いを語った,貴重な資料だったのではないでしょうか。

「病の当事者」は,本来,同時に「関係発達の当事者」であって,「接面」の当事者でもあるはずで,その「病の当事者」が自らを語り得ないときに,もう一方の「関係発達の当事者」である親が,「病の当事者」の思いを代弁しながら,併せて自分の思いを描き出すことを試み,それを通して「共に生きる」こ

とを考えるというのが，上に見た3人の当事者研究から一先ず言えることではないかと思います。

（2）三つの当事者研究が与えるインパクト

　3人のそれぞれの当事者研究は，一事例の研究です。客観科学の立場からすれば，観察例がn＝1に過ぎない，したがって一般化が展望できない未然の研究に過ぎない，あるいはもっと言って，研究とは言えないものだということになるのかもしれません。しかし，慢性疾患の子どもは発病以来，このような転帰を辿るといった，一般的言説を導くことがこれらの当事者研究の目的ではありません。渡部さんも頼さんも，研究に臨む当初，「一般的言説を導くものでないとすれば，それは研究と言えるのでしょうか？」という疑問にとらえられていました。客観主義パラダイムの下で長年学んできたのですから，その問いは当然のものだったと言えます。しかし，多数の事例が一般的言説にまとめ上げられる瞬間に，そのまとめられた言説に寄与した個別具体の事例のもつあらゆる固有性，独自性は，一挙に消し去られてしまうのです。ですから，一般的にはそのように言えるだろうけれども，自分の体験として一番言いたいところが，そこでは掻き消されてしまっているというように，当事者性がすべて消去されてしまいます。当事者性が消去されるということは，その当事者が周囲の人と共に生きる中で体験するありとあらゆる「生き生きした心情の動き」が消し去られることを意味します。

　そこから振り返ると，当事者研究はまさに体験の当事者が「生き生きした心情の動き」を含めてその体験を綴るからこそ，このようなインパクトを読み手に与えることができるのだということに改めて気付きます。言い換えれば，たとえ一事例であっても，そこに綴られた当事者の生き生きした体験は，読み手の身体を含む固有性に強く働きかけてその心情を強く揺さぶる結果，読み手に強いインパクトを与え得るのです。絶望したQくんが背中を向けたまま肩を震わせて嗚咽を堪えている様子の記述は，その体験の当事者以外には描き出せないものです。そしてQくんの心情に自分自身を重ねる読み手は，絶望に打ちひ

しがれているQくんがまるで自分であるかのように思えてしまうでしょう。あるいは，ICUの外で，我が子の命が消えないことを祈る頼さんが，傍らにきて「主人が危篤なの」と語る見知らぬ女性を描写するとき，読み手はそのときの頼さんの胸の塞がる思いに共感し，その状況をまるで自分も体験しているかのような思いに駆られるのではないでしょうか。

　個別具体の事例はみな，その固有性と独自性が醸し出す生き生きとした心情（力動感）の動きを伴っています。そしてそれが接面での出来事として描写されるときに，初めてその当事者の求めるものが何か，それを読み手が考える地平が切り開かれるのです。

　「接面」の人間学を提唱するのは，一般的言説を導くことに反対するためではありません。これまでの客観科学が多数のデータを一つの言説にまとめ上げる瞬間に，その言説化に寄与した個々の事例の生き生きした内容を一挙に捨て去ることに反対しているのです。一般的言説がなにがしかの意味をもつにしても，独自性と固有性を備えた個別具体例のもつ意味が他の人の生き様にとっていかに貴重なものであるかを思えば，安易にそれを消し去ってよいとは思われません。というのも，それが読み手にインパクトを与え，場合によっては読み手のこれからの生の営みを大きく揺るがす可能性さえあると思うからです。

　この三つの当事者研究は，これまでの心理学が決して及ばなかった人間への深い理解を読み手にもたらしてくれます。そして，こうした個別具体の事例は，障碍や疾患を抱えた人がそれぞれに固有のニーズを抱え，それへの支援を求めているのだということに改めて気付かせてくれます。一般的な対応，一般的な支援，一般的な治療である前に，一人ひとりが異なるニーズをもっていることに，私たちは虚心に目を向け，そこに当事者研究の必要性を考えるべきではないでしょうか。

（3）当事者研究への抵抗

　頼さんが「関係発達の当事者」として当事者研究に向かうことに強い抵抗を示したことについては，第4節で触れました。自分がこれまで必死で抑えてき

たものを人前に開示するということは，パンドラの箱を開けるような危険を伴います。自己開示は，相手の開示とバランスされてこそ（自己開示の返報性），開示の危険から自分を守ることができるのですから，物言わぬ不可視の読者に対して，自分の負の体験を開示することがためらわれたとしても不思議ではありません。これは頼さんだけでなく，原さんもそのように思っていたかもしれませんし，渡部さんも同じでしょう。

しかし他方で，その体験を開示することで，それまでの自分を振り返り，それまでの殻を破り，自分の新しい方向性が切り開かれる可能性が生まれるというのも事実でしょう。それでも，頼さんが乳飲み子の娘を置いて病院に向かったときに抱いた罪悪感は，それを綴った後に薄らいだわけではなく，それが思い返されるたびに頼さんを苦しめる結果になりました。本書の事例には取りあげられていませんが，Tくんの意識が戻って家族で喜び合った直後に，ビザの関係もあって祖母は長女を連れ帰国することになりました。そのこととも結びついて，授乳をしないで病院に向かったときの罪悪感は，自分の手で育てられなくなってしまったことへの罪悪感にも繋がっていたはずです。それが祖母への感謝という言葉に隠されている頼さんのもう一つの苦しみなのだと思わされました。

そのように考えると，誰もが当事者研究に向かえるわけではないという事情も理解できる気がしてきます。パンドラの箱を開けた後のことを見通せない限り，体験の開示は危険を伴うことを私は頼さんの指導を通して痛感しました。起こった出来事から時間が経ち，そのときの負の心情が少し整理されていればともかく，それがまだしっかり残っている時点で，その体験を描くということは，ちょうど神経症の患者が自分の抑圧してきた無意識を意識化するのと同じように，それを見つめる心の準備が必要だということを考えないわけにはゆきません。それが当事者研究への抵抗をもたらすのだというのが，三つの当事者研究を読んで（指導して）一つの教訓として私が導いたものでした。

（4）当事者研究に取りあげられなかったこと

　いま見たことを振り返ると，当事者研究は当事者の体験の開示だとは言いながら，そのすべてが開示されるわけではないことも見えてきます。開示できないものにはおのずから蓋をされ，開示できるものが開示されるということなのでしょう。それを書き手の不実だと思わないことが読み手に求められます。開示できることはできる限りその通りに，というのが「ありのまま」の意味であって，その人が経験したことを洗いざらいすべてをという意味で「ありのまま」と言っているのではないことを，読み手もわきまえるべきです。

　たとえば，頼さんの論文指導に当たっていて，夫が帰国して大学に勤務するようになったときに，たとえ中国での医療的対応の問題はあったにしても，なぜ一緒に帰国しなかったのか，なぜ二人だけで日本で暮らすことになったのか，そこに関してのエピソードがほしい，そこが見えないので，ジグソーパズルのピースが一つ欠けている感じがすると，私の率直な感想を頼さんにぶつけてみました。頼さんは「そのうちに書きます」と言って，ついに最後まで書きませんでした。真面目な頼さんでしたから，書くと言って書かなかった裏には，開示できないほどの重い記憶が折り畳まれていたからでしょう。

　いまから思えば，指導する立場の私がある意味で開示を強要したようにも思われ，配慮が足りなかったと反省しています。

　この例からも分かるように，そして渡部さんの著書の中でも少し言及されているように，当事者研究といえども語り得ないことがあることを読み手は認め，その語り得ないところに当事者の固有性と独自性が生きていると考える必要があります。

　確かにここには当事者研究の困難があります。自分の体験をどこまで開示するのか，限定的な開示は「ありのまま」を描くという現象学の精神に悖るものではなのかという問いが想定されるからです。しかし肉親が絡む当事者研究での自己開示は，書き手自身の開示にとどまらず，肉親を取りあげることを含むものです。その肉親への配慮を考えたときに，開示が限定的にならざるを得ないことも起こり得るのではないでしょうか。

これまで私は上記の三つの当事者研究以外に，自分の父親の老化を娘の立場で描いた当事者研究や姉の立場で障碍のある弟のセクシュアリティの問題を取りあげた当事者研究に接したことがあります。それらはいずれも，それぞれの領域が抱える問題をかつてないかたちで抉り出すことに成功し，従来の数量的な研究には見られない，深い人間理解がそこから得られ，読み手として深い感動を覚えました。そこでも，当然ながら限定的開示という問題はあったはずですが，そうした制約を超えて強く訴えるものがありました。そのことを想うとき，当事者研究に伴われる開示の限定性という問題は，当事者研究を否定したり排除したりする理由にはならないことを再確認し，この問題は当事者研究が積み重ねられていく中で，多くの人の議論の中であるべき方向性を見出していかなければならないことがまず指摘できると思います。

（5）当事者研究から教えられたこと

　上に取りあげた三つの当事者研究は，どれも私の経験してきたこととは異質なものです。しかし，なぜかそこに取りあげられた一つひとつのエピソードは私の身体の内奥を揺さぶり，ときには感動を，ときには重苦しい気分を，ときには息の詰まるような思いをもたらし，そこから教えられることがたくさんありました。それは心理学の研究書から得られる一般的言説がもたらすものとは異なり，自分のこれからの生き方を考えさせるという意味で，教えられることでした。

　その一つは，目の前で起こった負の出来事を何とか受け止めて対処しようとする当事者のもつ気概です。当事者本人にしてみれば，「そうするしかなかった」ことなのでしょうが，おろおろし，右往左往して，そこから逃避する可能性もある中で（実際にそうする人もいるでしょう），その出来事に目を塞がずに，それを受け止めようとする姿勢は，「共に生きる」ことへの志向に裏打ちされているからこそ発揮されるものではないかと思われてきます。読み手にとって，当事者たちが示すその気概は，尊敬の念，畏敬の念をもって受け止められると同時に，自分がもしもそのような状況に置かれたとき，一つの範例として自分

の態度や行為の導き手になるという思いが生まれてきます。これが他の心理学の論文や研究書にはない，当事者研究ならではの教えだと言えると思います。

　もう一つは，気概とも重なりますが，「主体として共に生きる」という関係発達論にとっての最も重要なテーマが，個別具体の相において，まざまざと目に見えるかたちで展開されていることです。「自分が主体として生きる」という問題が「相手を主体として受け止める」という姿勢をもって初めて語り得ることだということを，この三つの当事者研究はこぞって教えてくれています。「共に生きる」とは相互主体的に生きることだと繰り返し述べてきましたが，それをこの三つの当事者研究はそれぞれの当事者の生き様として示して見せてくれた感じがしています。これは哲学者たちの独我論的で思弁的な言説よりも，はるかに上をいくものだということを改めて感じないではいられません。あるいは「人はこう生きる」と簡単にまとめた書物からは決して得られない，人が生きることへの複雑極まりない実践知が示されていると言ってもよいでしょう。

　また，「共に生きる」ということが「親子」という狭い意味を超えて，周囲の人と共に生きるということなのだということも，改めて教えられたことでした。原さんの「いちごの会」のボランティアに集まる善意の人たち，あるいは渡部さんのQくんに優しく接してくれる医療関係者や友人，知人，祖父母たち，そして頼さんの場合には，子ども発達センターの相談員の方やそこに連れて行ってくれた善意の人，そういう人たちとの繋がりが「共に生きる」ことの中身であり，そこから人は勇気をもらい，それに支えられて前を向いて生きるのだということが深い感慨をもって読み手に伝わってきます。

　しかし，その周りの善意は，当事者たちが懸命に生きる真摯な姿を見せるからこそ，周りの人から惹き出されてくるものでもあるように見えます。周りに不満をぶつけてストレスを発散するという生き方では周りの人と「共に生きる」ことはできません。共に生きることは相手への配慮を示し，「善き人」として普段から振る舞うことを必要としています。自分がそういうふうに生きているからこそ，窮地に陥ったときに，周りがおのずから善意を示そうとするのでしょう。

最後に，当事者研究は読み手にとってはある意味で異文化に接することだということです。もちろん，頼さんの論文に含まれる中国文化の実態（医療体制や医療水準，さらには障碍児教育の遅れなど）に触れるという点で，異文化に接する意味をもつというのは当然ですが，そういう意味ではなく，当事者研究に接するということは，読み手がこれまで体験していないことに出会い，そこから自分のそれまでの生き方を振り返る契機になるという意味で，異文化に接したときに経験することに酷似していると言いたいのです。

　私たちが外国に出かけ，そこで異文化体験をして，自国の文化を振り返るのと似て，障碍や慢性疾患をもつ子どもとその親や家族の関係発達の生き様は，ある意味での異文化に接することに似た意味合いをもちます。それが自分の人生をいろいろなかたちで振り返る契機になり，それがまた単なる感動を超えて，読み手がそこからいろいろなことを学びとる可能性が生まれるのです。本書の前半で「生きられる還元」と私が呼んできたこととも重なって，他者の体験は読み手にとっては広い意味での異文化体験になると言ってもよいのではないでしょうか。

　以上，三つの当事者研究を読んだ感想を述べてみました。こうした真摯なエピソードの集積が，「接面」の人間学を展開するための基礎資料となるのです。

文献一覧

　私の研究史に何らかの影響を及ぼした参考文献は，『関係発達論の構築』および『ひとがひとをわかるということ』に取りあげていますから，詳しくはそちらを参照してください。以下に示すのは，本書に取りあげた人名に直接関連する著作，および，本書で言及した私の論文および著作です。

綾屋紗月（2013）「当事者研究と自己感」（石原孝二（編）『当事者研究の研究』誠信書房　177-216頁）

Blankenburg, W. (1971) *Der Verlust der naturlichen Selbstverstandlichkeit*. Ferdinand Enke Verlag.（木村敏（訳）（1978）『自明性の喪失』みすず書房）

Bowlby, J. (1969) *Attachment*. (Attachment and Loss. Vol. 1) New York: Basic Books.（黒田実郎ほか（訳）（1976）『母子関係の理論Ⅰ　愛着行動』岩崎学術出版社）

Bowlby, J. (1973) *Separation*. (Attachment and Loss. Vol. 2) New York: Basic Books.（黒田実郎ほか（訳）（1977）『母子関係の理論Ⅱ　分離不安』岩崎学術出版社）

Bowlby, J. (1975) *Loss, Sadness and Depression*. (Attachment and Loss. VOl. 3) New York: Basic Books.（黒田実郎ほか（訳）（1980）『母子関係の理論Ⅲ　対象喪失』岩崎学術出版社）

Bullowa, M. M. (Ed.) (1979) *Before Speech: The Beginning of Interpersonal Communication*. New York: Cambridge University Press.

Deutsch, H. (1944) *Psychology of Women*. Vol. 1, 2. New York: Grune & Stratton.

Freud, S. (1901-1905) *Bruchstück einer Hysterie-Analysis*.（細木照敏・飯田真（訳）（1969）「あるヒステリー患者の分析の断片」『フロイト著作集5』人文書院　276-336）

Freud, S. (1905) *Drei Abhandlungen zur Sexualtheorie*.（懸田克躬・吉村博次（訳）（1969）「性欲論三篇」『フロイト著作集5』人文書院　7-94）

Freud, S. (1909) *Analyse der Phobie eines fünfjährigen Knaben*.（高橋義孝ほか（訳）（1969）「ある5歳男児の恐怖症分析」『フロイト著作集5』人文書院，173-275頁）

Freud, S. (1916-1917) *Vorlesungen zur Einfuhlung in die Psychoanalyse*.（懸田克躬ほ

か（訳）（1971）「精神分析入門」『フロイト著作集1』人文書院，5-383頁）

原広治（2014）『障碍のある子とともに歩んだ20年──エピソード記述で描く子どもと家族の関係発達』ミネルヴァ書房

Husserl, E. (1931) *Méditations Cartesiennes*. Collin: Paris.（船橋弘（訳）（1970）『デカルト的省察』中央公論社）

Husserl, E. (1950) *Die Idee der Phänomenologie*. Haag: Martinus Nijhoff.（立松弘孝（訳）（1965）『現象学の理念』みすず書房）

Husserl, E. (1954) *Die Krisis der europäischen Wissenschaften und die transzendental Phänomenologie*. Husseliana Bd VI. Haag: Martinus Nihoff（細川恒夫・木田元（訳）（1995）『ヨーロッパ諸学の危機と超越論的現象学』中央公論社）

池田喬（1913）「研究とは何か，当事者とは誰か」石原孝二（編）『当事者研究の研究』誠信書房，113-149頁

石原孝二（編著）（2013）『当事者研究の研究』医学書院

木田元（1970）『現象学』岩波書店

木田元（1984）『メルロ・ポンティの思想』岩波書店

Klein, M. (1957) *Envy and Gratitude: A Study of Unconscious Sources*. London: Tavistock Publications.（松本善男（訳）（1975）『羨望と感謝』みすず書房）

Klein, M. (1975) *Love, Guilt, and Reparation and Other Works*. (Writings of Melanie Klein Vol. 3) The Melanie Klein Trust.（西園昌久・牛島定信（責任編訳）（1983）『愛，罪そして償い（メラニー・クライン著作集3）』誠信書房）

Kleinman, A. (1988) *The Illness Narratives: Suffering, Healing and the Human Condition*. New York: Basic Books.（江口重幸・五木田神・上野豪志（訳）（1996）誠信書房）

熊谷晋一郎（2013）「痛みから始める当事者研究」石原孝二（編）『当事者研究の研究』誠信書房，217-270頁

Lock, A. (Ed.) (1978) *Action, Gesture and Symbol*. New York: Academic Press.

Merleau-Ponty, M. (1942) *La structure du comportment*. Paris: Press Universitaires de France.（滝浦静雄・木田元（訳）（1964）『行動の構造』みすず書房）

Merleau-Ponty, M. (1945) *Phénoménologie de la perception*. N. R. F., Paris.（竹内芳郎・小木貞孝・木田元・宮本忠雄（訳）（1967-1974）『知覚の現象学1・2』みすず書房）

Merleau-Ponty. M. (1962, 1964) *Les sciences de l'homme et de la phénoménologie, Les relations avec autrui chez l'enfant*. Les cours de Sorbonne 1962. L'Oeil et l'esprit. Gallimard, 1964.（滝浦静雄・木田元（訳）（1966）『眼と精神』みすず書房）

Merleau-Ponty, M. (1988) *Merleau-Ponty à la Sorbonne: résumé de cours 1949-1952*

Editions Cynara.（木田元・鯨岡峻（訳）（1993）『意識と言語の獲得』みすず書房）
頼小紅（2014）「てんかんと発達障碍を抱えた子どもとその母親の関係発達の諸相」中京大学大学院心理学研究科修士論文
Stern, D. N. (1985) *The Interpersonal World of the Infant.* New York: Basic Books.（丸田俊彦（訳）（1989）『乳児の対人世界』岩崎学術出版社）
Sullivan, H. S. (1953) *Conceptions of Modern Psychiatry.* New York: Norton & Company.（中井久夫・山口隆（訳）（1976）『現代精神医学の概念』みすず書房）
Sullivan, H. S. (1954) *The Psychiatric Interview.* New York: Norton & Company.（中井久夫・松井周悟・秋山剛・宮崎隆吉・野口昌也・山口直彦（訳）（1986）『精神医学的面接』みすず書房）
Sullivan, H. S. (1953) *The Interpersonal Theory of Psychiatry.* New York: Norton & Company.（中井久夫・宮崎隆吉・高木敬三・鑪幹八郎（訳）（1990）『精神医学は対人関係論である』みすず書房）
Trevarthen, C., & Hubley, P. (1978) *Secondary intersubjectivity: Confidence Confiding, and Acts of meaning in the first year.* In Lock, A. (Ed.) "Action, Gesture, and Symbol." Academic Press.（鯨岡峻（編訳著）（1989）『母と子のあいだ』ミネルヴァ書房）
Trevarthen, C. (1979) *Communication and cooperation in infancy: The beginning of intersubjectivity.* In Bullowa, M. M. (Ed.) Before Speech: The Beginning of Interpersonal Communication.（鯨岡峻（編訳著）（1989）『母と子のあいだ』ミネルヴァ書房）
渡部千世子（2013）『慢性腎疾患の子どもとその母親・家族の関係発達の諸相——子どもはいかにしてその病気を自らの人生に引き受けるようになるか』風間書房
Wener, H., & Kaplan, B. (1963) *Symbol Formation.* New York: Wiley & Sons（鯨岡峻・浜田寿美男（訳）（1974／復刻版2016）『シンボルの形成』ミネルヴァ書房）
Werner, H. (1948) *Comparative Psychology of Mental Development.* New York International University Press.（鯨岡峻・浜田寿美男（訳）（1976／復刻版2016）『発達心理学入門』ミネルヴァ書房）
Winnicott, D. W. (1965) *The Maturatinal Processes and Facilitating Environment.* London: The Hogarth Press.（牛島定信（訳）（1977）『情緒発達の精神分析理論』岩崎学術出版社）

本書に取りあげられた私の論文・著作一覧

鯨岡峻（1986）「母子関係と間主観性の問題」心理学評論，29(4)，509-529．

鯨岡峻（1986）『心理の現象学』世界書院

鯨岡峻・鯨岡和子（編訳著）（1989）『母と子のあいだ』ミネルヴァ書房

Kujiraoka, T. (1989) Some consequences of the absence of attachment figure: The development of an institutionalized child and his reared environment. *Research and Clinical Center for Child Development Annual Report; Faculty of Education, Hokkaido University*, 11, 33-47.

鯨岡峻（1997）『原初的コミュニケーションの諸相』ミネルヴァ書房

鯨岡峻（1998）『両義性の発達心理学』ミネルヴァ書房

鯨岡峻（1999）「間主観的アプローチによる関係発達論の構築」京都大学大学院文学研究科学位申請論文

鯨岡峻（1999）『関係発達論の構築』ミネルヴァ書房

鯨岡峻（1999）『関係発達論の展開』ミネルヴァ書房

鯨岡峻（編著）（2000）『養護学校は、いま』ミネルヴァ書房

鯨岡峻・鯨岡和子（2001）『保育を支える発達心理学』ミネルヴァ書房

鯨岡峻（2002）『〈育てられる者〉から〈育てる者〉へ』（NHKブックス）日本放送出版協会

鯨岡峻（編著）（2002）『〈共に生きる場〉の発達臨床』ミネルヴァ書房

鯨岡峻・鯨岡和子（2004）『よくわかる保育心理学』ミネルヴァ書房

鯨岡峻（2005）『エピソード記述入門』東京大学出版会

鯨岡峻（2005）「ウェルナー——比較発達論的全体心理学を目指して」末永俊郎（監修）河合隼雄・木下冨雄・中島誠（編集）『心理学群像2』第37節，アカデミア出版会，405-423頁

鯨岡峻（2006）『ひとがひとをわかるということ』ミネルヴァ書房

鯨岡峻・鯨岡和子（2007）『保育のためのエピソード記述入門』ミネルヴァ書房

鯨岡峻・鯨岡和子（2009）『エピソード記述で保育を描く』ミネルヴァ書房

鯨岡峻（2010）『保育・主体として育てる営み』ミネルヴァ書房

鯨岡峻（2011）『子どもは育てられて育つ』慶應義塾大学出版会

鯨岡峻（2012）『エピソード記述を読む』東京大学出版会

鯨岡峻（2013）『なぜエピソード記述なのか』東京大学出版会

鯨岡峻（2013）『子どもの心の育ちをエピソードで描く』ミネルヴァ書房

鯨岡峻（2015）『保育の場で子どもの心をどのように育むのか』ミネルヴァ書房

あ と が き

　「「接面」の人間学に向けて」という副題を見て戸惑われ，「「接面」の心理学に向けて」ではないの？　と思われた方もおられたかもしれません。私は一応，発達心理学者としてこの40数年間やってきたのですから，その疑問は当然です。しかし，本書を通読された方は，この副題に納得していただけたのではないでしょうか。
　私は心理学者という肩書に以前から何かしらそぐわないものを感じてきました。それというのも，行動科学中心の現行の心理学が生活の場や実践の場から遊離したものになっていることに，若い頃からずっと違和感を覚え続けてきたからです。本文にも記したように，私は現象学の精神に沿って，生活の場に密着したところで，また実践の場に密着したところで，研究に臨もうとしてきました。その構えは，取りあげる生活の場に私自身が含まれること，つまり私自身も研究の対象の側に回ることを意味し，私が私を研究するという，ある意味では当事者研究に連なる研究姿勢を含意するものでした。
　そのこともあって，私は数年前からもう心理学という肩書を下ろしてもよいと思うようになりました。それがこの副題になった理由の一つです。また，「接面」の人間学の射程に入ってくるのは大半が実践領域ですから，「接面」の人間学ではなく「接面」の実践学とすることも少し考えてみました。しかし，実践が取りあげるのも結局は様々な生活の中での人間の営みです。私が問題にしたいのは，周囲との関係の中で，前向き，後ろ向きの様々な思いを抱えながら，懸命に自分の人生を生きつつある一人ひとりの人間の生き様でした。その生き様を描き出すことを通して，人が生きることの意味を考え，隠された意味を掘り起こすことが私の研究の目的でした。そこから考えれば，「「接面」の人間学に向けて」という副題の方がやはり自然ではないかと思われたのです。

*

　古希を迎える直前にようやく「接面」という概念に辿り着き，この概念によって，これまで闘ってきた客観主義的行動科学のパラダイムと真っ向から対決できると考えるようになりました。そのことに気付いて大急ぎで書いた2013年の2冊と2015年の1冊の本は，急いでいたこともあって，いまだ接面パラダイムについてのスケッチにとどまっていて，概念として未整理のところがありました。そこで，これまでの研究全体をも振り返り，もう少し精緻に接面パラダイムについて語る必要があると考え，この本の準備に取りかかったのでした。

　ところが，取りかかったのが二度目の定年を迎える年で，大学人として最後の年だったこともあって，「接面」の概念に至るまでの私の研究の流れを振り返る第1章の作業の中に，これまでの私の研究の集大成ないし自伝的な研究の歴史を書くかのような，いかにも定年症候群を匂わせる総決算ふうの書き方が，いつのまにか文章の中に忍び込んでしまっていたようです。出来上がった第1章の草稿を読んだ妻がその私の姿勢に異議を唱え，接面パラダイムの意義を書こうとしているのか，それとも自伝を書こうとしているのか，これでは分からないと厳しい査読結果を突きつけてきました。

　実は，学生時代のアイデンティティ拡散にとらえられた転専攻にまつわる話，心理学研究室に馴染めない私の大学院ゼミ発表にまつわる話，大学闘争に関わる話，就職にまつわる話，等々のエピソードが旧稿には含まれていたのです。しかし，「接面」の考えに辿り着くまでの研究の流れを書くという本筋からすれば，その余分な話は関係がありません。ですから妻の指摘はまさにその通りで，それらのエピソードは全部削ることにしました。こうして出来上がった第1章だったので，もしかしたら旧稿の名残がどこかに残っているかもしれません。

　そういう紆余曲折があって何度も書き直した結果，これまで考えてきたことを整理して，接面パラダイムをより精緻に提示するという本書の目論見は，ある程度果たせたのではないかと思います。

　そして「接面」の概念を考える中で，「接面の当事者」という考えが自然に

あとがき

導かれてきて、そこから当事者研究をもっと幅広く考えることができるはずだという新しい構想が生まれてきました。実際、生活や実践の接面に即してエピソードを描くということ自体、広い意味での当事者研究を意味するはずです。また、その意味での当事者研究に、エピソード記述を方法論として編み上げてきた私自身の研究も、ひいては保育者の描くエピソード記述も（それが保育研究に繋がる限りで）、含まれてよいはずだと考えるようになりました。これが本書の最後の第4章に3本の当事者研究を配した理由です。そしてこれらの当事者研究を私の関係発達論の立場から読み込んでみたとき、手前味噌の話ですが、私の方法論も関係発達論の理論も、これらの当事者研究を理解する上に欠かせないことが改めて見えてきた気がします。

　それを敷衍すると、様々な生活の場、実践の場で取り組まれた当事者研究にもっと踏み込んでみれば、そこで取りあげられた事象と関係発達論の四つの基本概念との繋がりがより明らかになり、また当事者研究に対してももっと踏み込んだ考察ができるのではないかと思われてきました。たとえば、第4章第3節のＱくんと渡部さんの息詰まるようなエピソードは、「接面」の概念はもとより、関係発達、間主観性、両義性、主体（相互主体性）という概念のどれを欠いても、その関係の機微をしっかり読み解くことができません。ところが、その二人の生き様を描いたエピソードは、厳めしく見えるこれらの概念に生命を吹き込んでくれるとともに、人が生きることをどのように考え、その生をどのように支えるかに寄与する生きた概念に磨きあげてくれます。これは他の当事者研究にもそのまま言えることです。これが「次」に繋がるかどうかは分かりませんが、本書を書くことを通して私に新たな課題が浮かびあがってきたことは確かです。

　それにしても、第3章の末尾で取りあげた事例や第4章で取りあげた当事者研究は、これまでのどんな心理学研究も及ばないと言ってもよいほどの強いインパクトがあったと思います。一人の人間の生き様のもつ重みは、決して安易な一般化を許しません。一般化とは個別の事象間に共通項を括り出すことですが、共通項が括り出される瞬間に捨てられてしまう個々の人間の生き様の差異

性こそ，人が生きるということの重みを伝える部分であり，それを捨ててしまった共通項にはほとんど意味がないとさえ，私は思ってきました。これが個別具体の事例を大事にしてきた理由でもありました。この点も「接面」の人間学にとっては肝心なところなので，もう少し突っ込んだ議論が必要だったかもしれません。これも「次」以降の私の課題だと思っています。

*

　この本の草稿の準備が終わりかけた頃，私は中京大学の研究室を明け渡すための掃除に取りかかり，たくさんの本や資料を思い切って捨てました。空っぽになった研究室を振り返り，9年間ここにいたことを思い，またこれが学者として大学という場に籍を置く最後となることを改めて思うと，京都大学を定年になるときとはまったく違う，「いよいよこれで終わりだ」という深い感慨に襲われました。身体もここ数年とはどこか違い，明らかにいろいろな面に衰えを感じます。本当に「次」があるのかどうかは分かりませんが，ひとまず本書を何とか書き上げて「やれやれ」という気分に浸っています。こんなふうに思うのも衰えなのでしょうか。

＊＊＊

　本書を準備するにあたり保育のエピソードを寄せていただいた方々，また障碍者支援の事例を提供していただいた金沢信一さん，そして事例研究の掲載をお許しいただいた原広治さん，渡部千世子さん，頼小紅さんに深く感謝いたします。また今回もミネルヴァ書房の編集者の丸山碧さん，西吉誠さんには大変お世話になりました。いつになく大部な本となったにもかかわらず，そのまま本にしていただくことができ，また納得のできる編集をしていただきました。心より感謝申し上げます。

　最後に，今回も接面をどう理解するか悪戦苦闘をしているときに，考えるヒントを与え，また自伝に流れかけた中身を正してくれた妻，和子にも，紙上を借りて感謝します。

平成28年9月　　鯨岡　峻

《著者紹介》

鯨岡　峻（くじらおか・たかし）

現　在　京都大学名誉教授　京都大学博士（文学）
主　著　『原初的コミュニケーションの諸相』ミネルヴァ書房，1997
　　　　『両義性の発達心理学』ミネルヴァ書房，1998
　　　　『関係発達論の構築』ミネルヴァ書房，1999
　　　　『関係発達論の展開』ミネルヴァ書房，1999
　　　　『保育を支える発達心理学』（共著）ミネルヴァ書房，2001
　　　　『〈育てられる者〉から〈育てる者〉へ』NHKブックス，2002
　　　　『よくわかる保育心理学』（共著）ミネルヴァ書房，2004
　　　　『エピソード記述入門』東京大学出版会，2005
　　　　『ひとがひとをわかるということ』ミネルヴァ書房，2006
　　　　『保育のためのエピソード記述入門』（共著）ミネルヴァ書房，2007
　　　　『エピソード記述で保育を描く』（共著）ミネルヴァ書房，2009
　　　　『保育・主体として育てる営み』ミネルヴァ書房，2010
　　　　『子どもは育てられて育つ』慶應義塾大学出版会，2011
　　　　『エピソード記述を読む』東京大学出版会，2012
　　　　『子どもの心の育ちをエピソードで描く』ミネルヴァ書房，2013
　　　　『なぜエピソード記述なのか』東京大学出版会，2013
　　　　『保育の場で子どもの心をどのように育むのか』ミネルヴァ書房，2015
　　　　他，多数。

　　　　　　　　関係の中で人は生きる
　　　　　　　──「接面」の人間学に向けて──

　　　2016年11月30日　初版第1刷発行　　　　〈検印省略〉
　　　2017年11月30日　初版第2刷発行
　　　　　　　　　　　　　　　　　　　　　定価はカバーに
　　　　　　　　　　　　　　　　　　　　　表示しています

　　　　　　　　著　者　　鯨　岡　　　峻
　　　　　　　　発行者　　杉　田　啓　三
　　　　　　　　印刷者　　田　中　雅　博

　　　　　　発行所　株式会社　ミネルヴァ書房
　　　　　　607-8494　京都市山科区日ノ岡堤谷町1
　　　　　　　　　　　電話代表　(075)581-5191
　　　　　　　　　　　振替口座　01020-0-8076

　　　　　　©鯨岡　峻，2016　　創栄図書印刷・新生製本

　　　　　　　　ISBN 978-4-623-07865-3
　　　　　　　　　　Printed in Japan

◇鯨岡峻の著書◇

原初的コミュニケーションの諸相

鯨岡　峻著
Ａ５判　320頁　本体3500円

ひとがひとをわかるということ

鯨岡　峻著
Ａ５判　312頁　本体3000円

保育のためのエピソード記述入門

鯨岡　峻・鯨岡和子著
Ａ５判　256頁　本体2200円

エピソード記述で保育を描く

鯨岡　峻・鯨岡和子著
Ａ５判　272頁　本体2200円

子どもの心の育ちをエピソードで描く
──自己肯定感を育てる保育のために

鯨岡　峻著
Ａ５判　296頁　本体2200円

保育の場で子どもの心をどのように育むのか
──「接面」での心の動きをエピソードに綴る

鯨岡　峻著
Ａ５判　312頁　本体2200円

─────── ミネルヴァ書房 ───────
http://www.minervashobo.co.jp/